Kloster
Unser Lieben Frauen
Magdeburg
Stift · Pädagogium · Museum

Kloster Unser Lieben Frauen Magdeburg

Stift · Pädagogium · Museum

Magdeburger Museen · Kloster Unser Lieben Frauen
dr. ziethen verlag

Inhalt

Zum Geleit
7

Hans-Joachim Krause
Das Kloster als Bauwerk -
seine Gestalt, Geschichte und
denkmalpflegerische Instandhaltung
25

Matthias Puhle
Die Anfänge
des Klosters Unser Lieben Frauen
37

Ludger Horstkötter
Norbert von Xanten (†1134),
erst Ordensmann, dann Erzbischof
von Magdeburg
43

Olaf Eversmann
Von Jerichow bis Palästina -
der Auszug der Magdeburger
Prämonstratenser
51

Kaspar Elm
Norbertus triumphans
57

Gudrun Wittek
„na des godeshuses wonheit":
Klosterfrieden und Stadtfrieden
im Mittelalter
91

Christof Römer
Die Magdeburger Prämonstratenser -
1524-1632 - ein isolierter Konvent
im konfessionellen Zeitalter
101

Heike Simon
Kreuzgang und Brunnenhaus
119

Uwe Förster
Notizen
zur Baugeschichte des Klosters
127

Karl-Heinz Kärgling
Die verschnürten Gedanken
eines Gerechten
141

Uwe Förster
Lernen wie im Spiel
159

Wolfgang Mayrhofer
Intrigen und Verfassungskämpfe
Probst Zerrenner und das Kloster
nach dem Tode Rötgers
167

Martin Wiehle
Zur Erinnerung
an bekannte Schüler des Pädagogiums
193

Gudrun Olbrich
Die Anfänge der Bibliothek
nach dem Dreißigjährigen Krieg
201

Martin Wiehle
„... eine Dank verdienende Achtsamkeit
und belobend prüfende Beurtheilung ..."
215

Brit Reipsch
„... auf eine wohlfeile Art das Vergnügen der
Musik zu gewähren"
223

Renate Hagedorn
Neuere Nutzungen nach 1945
251

Renate Stahlheber
Zur frühen Norbert-Ikonographie
in der ehemaligen sächsischen Zirkarie
263

Uwe Jens Gellner
Aspekte einer späten Genese -
Das Kunstmuseum
Kloster Unser Lieben Frauen
277

Renate Hagedorn
Die Entstehungsgeschichte
der fünf Bronzetür-Reliefs
289

Ulrich Bremsteller
Ein Genuß für Ohr und Aug'
299

Vergleichende Zeittafel:
Baugeschichte und Nutzung
324

Bibliographie
335

Die Patronate des Klosters
341

Die Pröpste des Klosters
342

Ausstellungen 1974-1995
- Auswahl -
343

Konzerthalle „Georg Philipp Telemann"
- Zeittafel -
346

Publikationen des Klosters
- Auswahl -
347

Abbildungen
348

Autoren
350

Zum Geleit

Mit seiner nahezu 1000jährigen Geschichte gehört das einstige Kollegiatstift mit wenigen erhaltenen Zeugnissen Magdeburgs zum Beginn der Stadtentwicklung. Seine Inbesitznahme durch die Prämonstratenser im frühen 12. Jahrhundert verlieh ihm unter dem Ordensgründer Norbert von Xanten als zweites Mutterkloster eine Bedeutung mit europäischem Bezug.

Baugeschichtlich gehört es zur Hochkultur sächsischer romanischer Architektur, territorial heute etwa mit den Ländern Sachsen-Anhalt und Niedersachsen zu beschreiben. Verwandtschaften zu den Stiftskirchen Quedlinburg, Gernrode und Königslutter, St. Michael in Hildesheim und dem ehemaligen Prämonstratenserstift Jerichow wie vielen anderen, lassen eine in Deutschland seltene Geschlossenheit hochmittelalterlicher Architektur erkennen. Die 1993 begründete „Straße der Romanik" in Sachsen-Anhalt, mit dem Initial und Zentrum Liebfrauen Magdeburg, rückt vor allem den Kirchen- und Klosterbau zwischen dem 10. und 13. Jahrhundert umfassend ins Licht. Gleichwohl ist festzustellen, daß der heutige Befund des Magdeburger Klosters mit dem sichtbaren Kernbau nicht mehr dem historischen Gesamtorganismus entspricht. Besonders prägend haben Nutzungsänderungen, Kriege und auch Brände seine Gestalt beeinflußt.

Vor allem nach Aufgabe der klösterlichen Heimstatt im frühen 17. Jahrhundert folgten Eingriffe in die Bausubstanz. Nach zögerlichem Beginnen einer Gelehrtenschule im späten 17. Jahrhundert erwies sich diese Umwidmung zu einem Pädagogium über mehrere Jahrhunderte keineswegs als Verlegenheitslösung, vielmehr als Antwort auf das zeitgemäße Erfordernis einer humanistischen Bildungsanstalt. Erst die jüngste Forschung kann in ihr neben dem Pädagogium Kloster Berge eine über die Region führende und mit anderen deutschen Zentren vergleichbare Institution der erzieherischen Aufklärung im späten 18., frühen 19. Jahrhundert erkennen.

Die vorhandene Bauhülle reichte nicht, erforderliche Schul- und Alumnatsräume, Bibliothek und Verwaltung unterzubringen. Neoromanische Zubauten in der 1. Hälfte des 19. Jahrhunderts adaptierten zwar stilistische Äußerlichkeiten, führten aber zu neuen Konturen der Anlage. Eine solche kulturgeschichtlich bedingte Mutation zum Mittelalterbau zu akzeptieren, ist offenbar besonders in der jüngsten Vergangenheit schwergefallen.

Nach den Kriegszerstörungen 1945 zielten erste Sanierungsarbeiten auf Erhalt des Vorhandenen. Eine ab Ende der 50er Jahre determinierte neue kulturelle Nutzung, ab 1966 definitiv als Museum, leitete einen dritten großen Abschnitt für Sinngebung und denkmalpflegerische Entscheidungen ein. Baukonzeptionell war die Freilegung des Mittelalterbaus realisiert worden, d. h., daß mit Ausnahme des östlichen Schulanbaus sämtliche Ergänzungen des vorigen Jahrhunderts zurückgebaut bzw. abgetragen wurden. So erscheint das Kloster heute als ein kostbarer Solitär, freistehend wie nie zuvor in seiner Geschichte. Der neu errichtete zweistöckige Westbau aus den 60er Jahren unseres Jahrhunderts korrespondiert in seiner sachlichen Linearität gelungen mit Kirche und Klausur.

Seit Mitte der 70er Jahre sind neue und wichtige Bezüge zwischen dem fast 1000jährigen Geschichtsdenkmal und der Öffentlichkeit entstanden. Für seine Widmung zu mehrdimensionaler Nutzung als Museum und Konzerthalle/Klosterkirche wird der mittelalterliche Sakralbau nicht nur als hochrangiger Rahmen verstanden. Vielmehr gilt er als ein maßstabsetzendes Geschichtszeugnis, zu dem geistig-künstlerische Prozesse unserer Gegenwart in eine lebendige Beziehung treten.

Diesem kulturgeschichtlichen Ereignisort, seinem Wert und seiner Historie gilt die Bemühung, erstmalig eine größere Publikation herauszugeben und im Jahre 1996 eine Ausstellung zum gleichen Thema einzurichten.

Daß beides nicht wie geplant zeitgleich geschehen kann, hat zwingende Gründe. Da kein Klosterarchiv existiert, gestaltet sich das Auffinden aussagefähiger Exponate als langwierig. So stellt das vorliegende Kompendium mit wissenschaftlichen Aufsätzen, Abbildungen, Bibliographie und Zeittafeln einen ersten wichtigen Schritt der systematischen Erforschung dar.

Ursachen für diesen späten Beginn liegen im Geschichtsverständnis der ehemaligen DDR. Seine Traditionslinien suchte der sozialistische Staat in revolutionären Bewegungen der Arbeiter- und Bauernklasse. Weder die Nutzung durch einen katholischen Orden noch ein bildungselitäres Pädagogium gehörten daher zum Forschungsspektrum. In einem gewissen anachronistischen Gegensatz dazu wurden für die Restaurierung und den Erhalt des Baudenkmals sehr erhebliche Mittel aufgewendet. Die fachliche Gesamtaufsicht lag beim Halleschen Denkmalamt, die bauliche Umsetzung beim Magdeburger Denkmalpflegebetrieb Schuster.

Der Stand der wissenschaftlichen und dokumentarischen Bearbeitung muß aus oben genannten Gründen als noch ungenügend eingeschätzt werden. Dabei bestehen Disproportionen, die in diesem Buch ablesbar sind. Während zur Geschichte des Pädagogiums, einzelner Pröpste und Lehrer bereits Untersuchungen vorliegen, auch die Vita Norbert von Xantens erschlossen ist, besteht ein Defizit in der fehlenden Aufarbeitung der Baugeschichte. Hauptursache dafür ist die noch nicht ausgewertete archäologische Grabung in der Kirche in den Jahren 1975 - 1977.

Für die Magdeburger Museen als Nutzer besteht das notwendige, aber auch mit Leidenschaft betriebene Anliegen in einer möglichst ausführlichen Rekonstruktion aller geschichtlichen Vorgänge, sowohl die vom Kloster ausgehenden als auch die von außen einwirkenden betreffend. Ohne eine große Bereitschaft zur Mitarbeit und Unterstützung von vielen Wissenschaftlern, Geistlichen, Museen, Archiven und Institutionen wäre der gegenwärtige Arbeitsstand bei weitem noch nicht erreicht.

Ihnen allen gilt unser herzlicher Dank, an der Spitze den Autoren der vorliegenden Aufsätze. Aber auch der seit etwa zwei Jahren im eigenen Haus intensiv tätigen Arbeitsgruppe soll unsere Anerkennung ausgesprochen werden.

Nicht zuletzt bedanken wir uns für finanzielle Förderung des Landes Sachsen-Anhalt und des Fördervereins der Magdeburger Museen zur Herstellung des Buches, für die in Aussicht gestellten Mittel zur Realisierung der Ausstellung im kommenden Jahr bei :

Toto-Lotto GmbH, Preussen-Elektra, Hannover, Stiftung Mitteldeutscher Kulturrat, Bonn.

Dezember 1995

Dr. Matthias Puhle
Leitender Direktor der
Magdeburger Museen

Dr. Renate Hagedorn
Leiterin des Klosters
Unser Lieben Frauen

Blick in den Klosterhof

Ansicht von Nordwesten

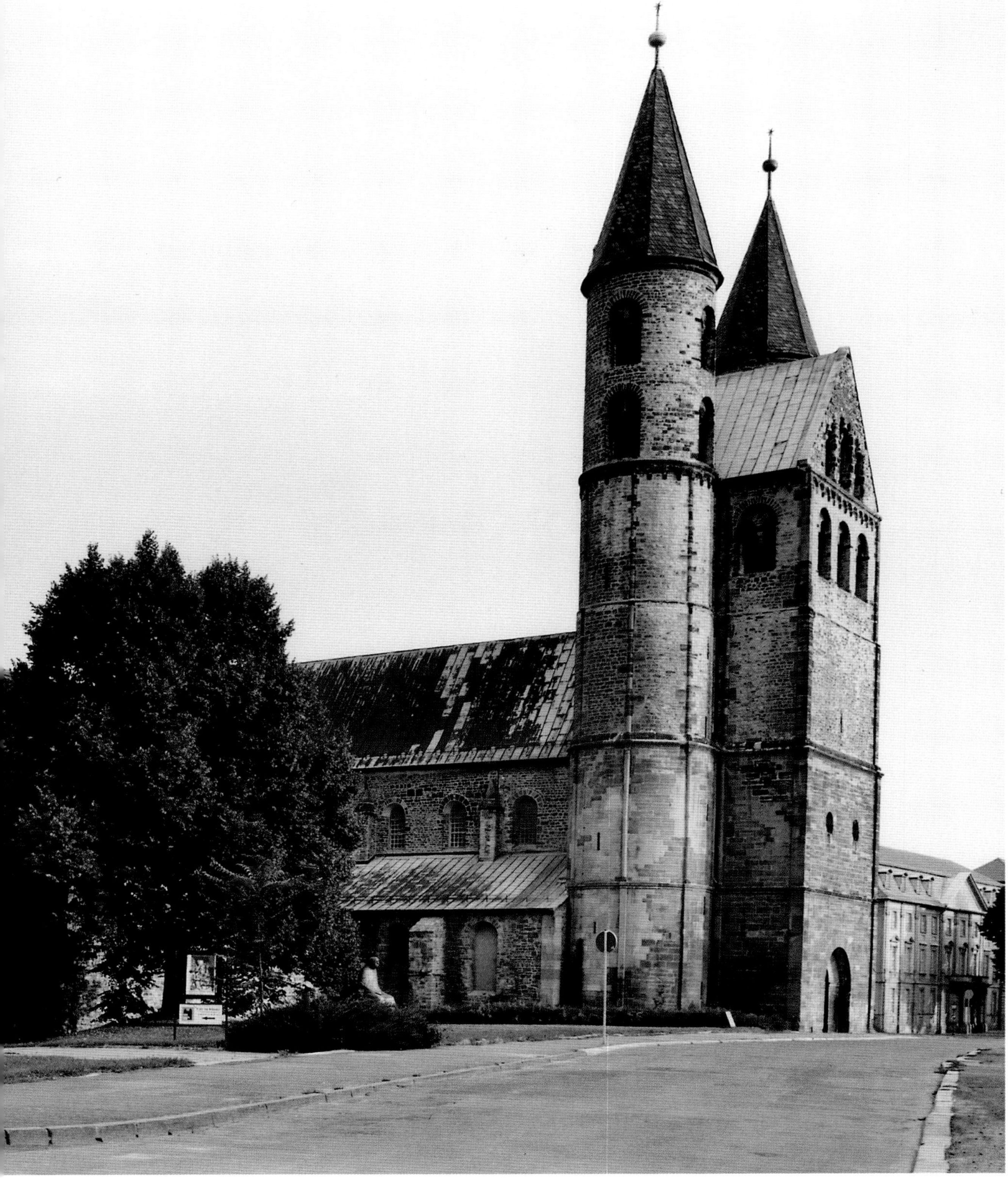

Kirche nach Westen

rechts:
Säule im zweiten Pfeiler des nördlichen Seitenschiffs

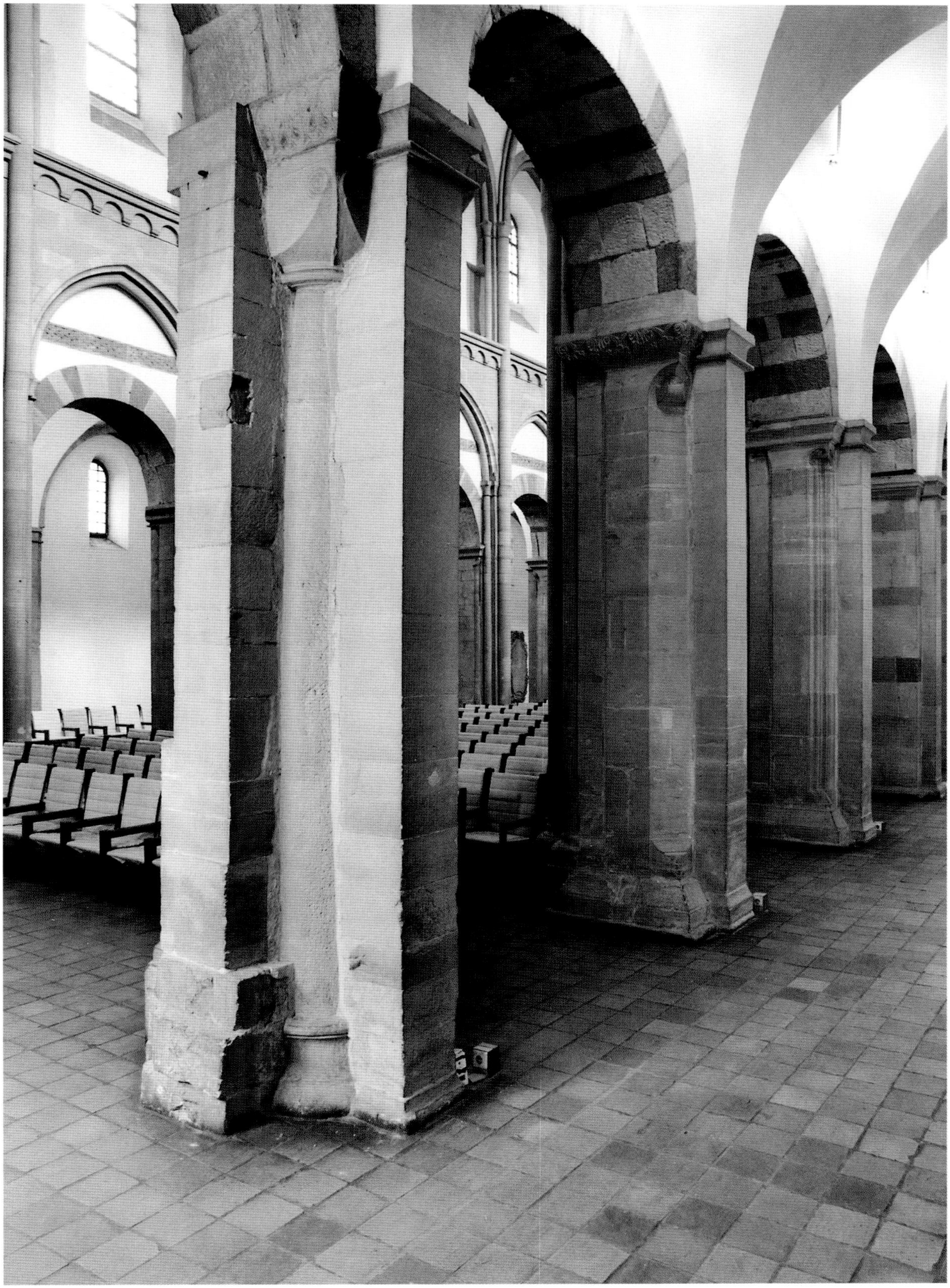

Nördliches Seitenschiff nach Westen

Querhaus nach Norden

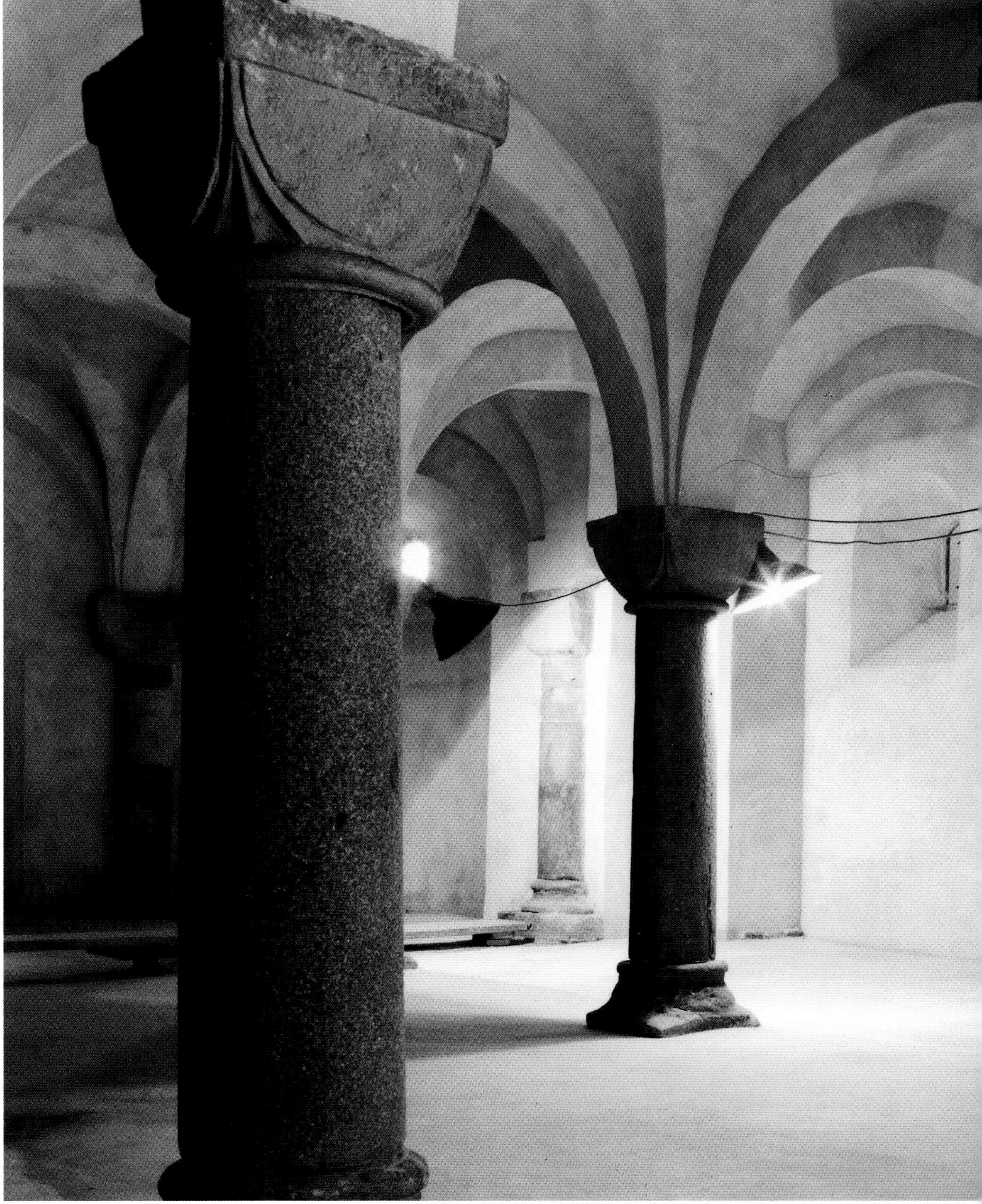

Krypta nach Südosten während der Restaurierung, 1993

Epitaph des Samuel Closius, Propst am Kloster Unser Lieben Frauen, nach 1678,
Sandstein. nördliches Kirchenschiff

Epitaph des Johann Heinrich Reich, 1. Syndikus der Pfälzer Kolonie
der ehemaligen deutsch-reformierten Gemeinde, nach 1713, Sandstein, südliches Seitenschiff

Kapitell in der westlichen Vorhalle

Westbau, Vorhalle nach Westen
mit dem zu Beginn des 18. Jahrhunderts eingebauten Portal

Waldemar Grzimek, Gefahren und Kreatur,
1974/76, Bronze, Südportal

Doppelturmfassade
von Westen

Spätgotisches Portals der ehemaligen Wallfahrtskapelle zum Ölberg

Hans-Joachim Krause

Das Kloster als Bauwerk - Seine Gestalt, Geschichte und denkmalpflegerische Instandsetzung

Das Kloster Unser Lieben Frauen*, neben dem Dom das bedeutendste erhaltene Architekturdenkmal des Mittelalters in Magdeburg, bietet sich heute, nach dem Verlust der gesamten Umbauung auf der Nord- und Südseite, als eine fast zur Gänze freistehende Baugruppe von einprägsamer Geschlossenheit dar. Gebildet aus der Kirche mit seinem hochaufragenden Westbau und den nördlich sich anschließenden, um den Kreuzgang gruppierten Klausurgebäuden, beeindruckt die Anlage in ihrer äußeren Erscheinung durch eine auffallende Zurückhaltung, ja Schlichtheit der Formen, während das vielteilige Innere einen erstaunlichen Reichtum verschiedenartiger Raum- und Detailbildungen aufweist. Diese seine Gestalt verdankt das Kloster vor allem der in mehreren Etappen vom 11. bis ins 12. Jahrhundert sich hinziehenden Hauptbauzeit, besonders unter den Magdeburger Erzbischöfen Werner und Norbert, sowie den Umbaumaßnahmen im späten 12. und frühen 13. Jahrhundert, die ausschließlich die Kirche betrafen.

Spätere Eingriffe, vornehmlich im 16. Jahrhundert, in der Barockzeit und im 19. Jahrhundert, haben das damals Geschaffene nur in Einzelheiten verändert oder entsprechend einer gewandelten Zweckbestimmung Teile hinzugefügt; viele dieser nachmittelalterlichen Veränderungen sind aber inzwischen rückgängig gemacht, die Zutaten zumeist beseitigt worden. Empfindlicher beeinträchtigt wurde die Bausubstanz durch die Zerstörungen im Zweiten Weltkrieg. Doch haben die umfassenden Restaurierungsarbeiten nach 1945 das ursprüngliche Bild soweit wiederhergestellt, daß Kirche und Klausur erneut als eines der großartigen Ensembles mittelalterlicher Klosterbaukunst erlebt werden können.

Von den Bauten aus der Frühzeit des um 1017/18 von Erzbischof Gero (1012-1023) gegründeten Kanonikerstifts ist nichts erhalten geblieben, selbst ihre Lage und Grundrißgestalt sind unbekannt. Aus den Quellen geht lediglich hervor, daß Gero eine offenbar nur bescheidene Kirche errichten ließ. Sie wurde abgebrochen, als Erzbischof Werner (1063-1078) einen vollständigen Neubau in Angriff nehmen ließ - die große frühromanische Stiftskirche, die im wesentlichen auf uns gekommen ist. Von ihr entstanden zunächst die Ostteile und das Langhaus über dem Grundriß einer dreischiffigen kreuzförmigen Basilika. Im Langhaus öffnet eine Folge von beidseits acht Arkaden den Steilraum des Mittelschiffs zu den nur halb so hohen Seitenschiffen. Östlich schließt sich das aus drei Jochen zusammengesetzte Querhaus und an dieses wiederum das Chorquadrat mit breiter halbkreisförmiger Hauptapsis an. Von den schmaleren, ebenfalls halbrunden Nebenapsiden an der Ostseite der beiden Querhausarme ist die nördliche im 12. Jahrhundert beim Bau der sogenannten Hochsäuligen Kapelle beseitigt worden. Unter dem hochgelegenen Chor erstreckt sich eine durch Säulen mit schlichten Würfelkapitellen in drei gleichbreite Schiffe unterteilte Hallenkrypta, deren später abgebrochener und jetzt rekonstruierter Westteil in die Vierung hineinragt. Diese Unterkirche ist von Anfang an gewölbt gewesen, während die Kirche sonst nur flache Decken erhielt.

Außen zeigt der klar und streng gefügte Werner-Bau ein für die Zeit typisches kleinquadriges Bruchsteinmauerwerk, das ursprünglich sicher verputzt war. Wandgliedernd kamen dazu aus Werkstein gearbeitete schlanke Ecklisenen und unter den Deckgesimsen entlanglaufende Bogenfriese, die heute jedoch zum Teil fehlen. Im Sinne einer Bedeutungsanzeige reicher ausgestattet waren die Außenseiten der Apsiden, wie die südliche Nebenapsis mit ihrer Gliederung aus schlanken Halbsäulen, Ecklisenen und verbindendem Rundbogenfries auf Konsolen noch deutlich erkennen läßt. Die bauplastische Zier beschränkte

Eingefaßtes Kirchenkapitell

sich offensichtlich auf die wenigen Kapitelle und die Kerbschnittornamentik einiger Konsolen sowie die nur in spärlichen Resten noch vorhandenen Blattfriese an der Westseite des Querhauses. Ungleich aufwendiger bot sich das Innere dar. So waren in die Wände des Chors und der Hauptapsis knapp über dem Boden beginnende schmalhohe Rundbogennischen in dichter regelmäßiger Reihung halbkreisförmig ins Mauerwerk eingetieft. Dieses Motiv der Wandausnischung findet sich bereits in der ottonischen Baukunst, besonders in den Rheinlanden und in Bayern, aber auch in Sachsen, wie z. B. in Hildesheim und in der Krypta des Magdeburger Doms, und bleibt das ganze 11. Jahrhundert hindurch gebräuchlich. Im Falle der Magdeburger Liebfrauenkirche gaben sie dem Altarraum eine seiner liturgischen Bedeutung entsprechende hoheitsvolle Würde. Der Wechsel von hellem und dunkelrotem Sandstein, der diese Wandzone jetzt außerdem auszeichnet, war ursprünglich möglicherweise gar nicht sichtbar. Reste einer Rotfärbung auf den hellen Werksteinen legen die Annahme nahe, daß hier eine durchgehende rote Farbfassung über diese Teile hinwegzog. Im Querhaus und Langhaus wurde der (wohl nur technisch bedingte) Farbwechsel an allen gliedernden Werksteinteilen des Werner-Baus weitergeführt und ist an den Pfeilern und Bogen noch heute ablesbar. Von den arkadentragenden Stützen des Mittelschiffs sind allerdings nur die beiden in frühgotischer Zeit teilweise ummantelten Säulen am Ostende und das Pfeilerpaar in der Kirchenmitte, teilweise auch die ehemals gewiß kreuzförmigen Pfeiler am Westende des Langhauses erhalten geblieben. Die übrigen hat man nach dem Brande von 1188 durch spätromanische Pfeiler ersetzt. Es darf angenommen werden, daß diese an die Stelle von wahrscheinlich beim Brande beschädigten Säulen traten, der Bau des 11. Jahrhunderts also eine Säulenbasilika mit einem in der Mitte eingeschobenen Pfeilerpaar gewesen ist. Die Kämpfer der noch vorhandenen Säulen und Pfeiler zeigen entweder eine feingliedrige Profilierung oder einen in flachem Relief gehaltenen Flechtwerkdekor, verschiedentlich auch einen stilisierten Blatt- oder Vogelfries. Außerdem zieht auf beiden Seiten des Mittelschiffs knapp über den Arkaden ein Flechtbandstreifen entlang - sämtlich Schmuckformen, die wie die ganz ähnliche und annähernd gleichzeitige Bauornamentik in der Stiftskirche zu Quedlinburg unter dem Einfluß oberitalienischer Vorbilder entstanden.

Daten für den Baufortgang und die Vollendung sowie für die Weihe der Kirche sind nicht überliefert. Es spricht aber manches dafür, daß Ostteile und Langhaus in einem Zuge errichtet und mit kleinen Plankorrekturen wohl noch im 11. Jahrhundert fertig wurden. Ob sie allerdings schon unter Werner „bis zu einem gewissen Abschluß" gediehen waren, wie man angenommen hat, muß vorerst dahingestellt bleiben. Auf alle Fälle wurde Werner in „seiner" Kirche bestattet.

Auch die Anfänge des Westbaus reichen noch in die erste große Bauphase des 11. Jahrhunderts zurück. Verschiedene Beobachtungen während der jüngsten Untersuchungen deuten sogar darauf hin, daß seine Fundamente bereits vor dem Hochführen der Langhausmauern, d. h. in einem sehr frühen Baustadium, verlegt worden sind. Das aufgehende Mauerwerk der Turmgruppe hingegen gehört einem neuen Bauabschnitt an, wie die andersartige Mauerstruktur und vor allem die gewandelte Formensprache deutlich machen. Die unteren Geschosse des quadratischen Mittelturms und der flankierenden Treppentürme sind sehr sorgfältig aus zumeist großen Sandsteinblöcken gefügt, die oberen, das Langhaus bereits überragenden Stockwerke aus hammerrechten Bruchsteinquadern. Lisenen, schlanke Halbsäulen und horizontal geschoßteilende Gesimse gliedern das Ganze bis hinauf zu einem die Dreiturmgruppe zusammenschließenden Rundbogenfries. Höchst reizvoll erscheint auch die Verteilung der Wandöffnungen: Bleibt der untere Teil des Baukörpers bis auf den Westeingang und die beiden kreisförmigen Fenster darüber sowie die schmalen Schlitzfenster in den Treppentürmen völlig geschlossen, so wirken das Glockengeschoß mit den bekrönenden Giebeln und die frei aufsteigenden Stockwerke der Flankentürme durch die großen Schallöffnungen und gekuppelten Fenster stark durchlichtet. Der straffen Gliederung der äußeren Gestalt entspricht eine klare räumliche Disposition: Über der bandrippengewölbten Eingangshalle ist eine in weitem Rundbogen zum Mittelschiff sich öffnende, flachgedeckte Empore angeordnet, die man über stattliche steinerne Wendeltreppen in den Seitentürmen erreicht. Faßt man den Westbau als Ganzes ins Auge, so stellt er in seiner mit asketischer Strenge gepaarten Monumentalität und symmetrischen Ausgewogenheit ein hervorragendes Beispiel hochromanischer Architektur dar. Sichere Angaben über seine Entstehungszeit fehlen. Die neuere Forschung ist sich aber einig, daß die Turmgruppe ihrer Formensprache zufolge erst nach 1129 aufgeführt wurde, d. h. nachdem Erzbischof Norbert das Kanonikerstift mit Prämonstratensern besetzt hatte. Tatsächlich dürfte damals das Bauschaffen einen starken Aufschwung erhalten haben, beendete doch die Reformierung des Stifts in kurzer Zeit den zu Beginn des 12. Jahrhunderts plötzlich eingetretenen wirtschaftlichen Verfall, der größere bauliche Unternehmungen wie die Errichtung der Turmfront im ersten Jahrhundertviertel schwerlich zugelassen hat.

Vordringlicher als der Westabschluß der Kirche waren aber wohl zunächst die den Reformvorstellungen des neuen Ordens entsprechenden Klausurgebäude. Ihr Bau wurde daher bald nach dem Einzug der Prämonstratenser in Angriff genommen und war kaum viel später als um die Mitte des 12. Jahrhunderts abgeschlossen, vollzog sich also mindestens teilweise parallel zur Vollendung der Kirche.

Spätromanisches Portal am südlichen Seitenschiff, nach teilweiser Entfernung der Umbauung, 1935

Die Anlage der damals erbauten Klausur ist im wesentlichen erhalten. Der Kreuzgang, den schon F. von Quast 1856 wegen seiner Geschlossenheit und stilistischen Einheitlichkeit rühmte und „zu den schönsten und merkwürdigsten (zählte), die jetzt in Deutschland noch existieren", legt sich mit seinen vier kreuzgratgewölbten Flügeln um einen rechteckigen Hof und ist zu diesem hin in breiten Arkaden geöffnet. In die großen Öffnungen wurden kleinere Bogenstellungen auf jeweils zwei Säulchen eingefügt, die einen bemerkenswerten Formenreichtum aufweisen. Vor allem die Kapitelle sind höchst mannigfaltig gebildet. Unter ihnen finden sich schlichte Würfelkapitelle ebenso wie reiche Blatt- und Palmettenkapitelle, die trotz ihrer eigentümlich schematischen und starren Formgebung letztlich noch die antiken Vorbilder erkennen lassen. Vor dem Ostflügel steht im Kreuzganghof der kleine zweigeschossige Rundbau des Lavatoriums - im deutschsprachigen Raum das älteste erhaltene Brunnenhaus. Hier ist im Erdgeschoß das Arkadensystem des Kreuzgangs vergrößert und in den künstlerischen Mitteln gesteigert fortgesetzt, indem die Zwischenstützen als zierliche Bündelpfeiler mit aufwendigem Kapitell- und Kämpferdekor ausgebildet wurden. Strebepfeilerartige Mauerverstärkungen erlaubten es, beide Geschosse des Brunnenhauses zu überwölben und ein steinernes Kegeldach aufzusetzen. Diente der untere, gleich dem Kreuzgang offene und von dort bequem erreichbare kuppelgewölbte Raum ursprünglich der Aufstellung des (nicht erhaltenen) Brunnenbekkens, so waren im oberen, einst nur vom Dormitorium aus erreichbaren Rundraum, der besondere Sicherheit bot, wohl außer dem Kirchenschatz das Archiv und die Bibliothek untergebracht.

Die ursprüngliche Bestimmung der um den Kreuzgang herum angeordneten und früher im Erdgeschoß sicherlich durchweg gewölbten Klausurräume läßt sich nur teilweise ausmachen und bedarf noch weiterer Untersuchungen. Zwischen Kirche und Kreuzgang ist westlich des Querhauses das in zwei übereinanderliegenden Geschossen tonnengewölbte sogenannte Poenitentiarium eingeschoben, östlich des Querhauses der als Hochsäulige Kapelle bezeichnete und auf jeden Fall in späterer Zeit als Sakristei verwendete Raum, der seine innere Gestaltung mit den außerordentlich schlanken Pfeilern und steilen Kreuzgratgewölben nach Ausweis der typisch spätromanischen Bauornamentik dem ausgehenden 12. Jahrhundert verdankt. Zum Osttrakt gehörte außer den wohl erst in jüngerer Zeit als Brauhaus genutzten und dann im 19. Jahrhundert beim Neubau der Schulgebäude beseitigten Räumen das riesige Dormitorium. Dieses war entgegen der allgemeinen Regel, wonach der Schlafsaal das Obergeschoß der parallel zum Kreuzgang gelegenen Räume einnimmt, ein eigener, langgestreckter und weit nach Osten

Grabanlage des hl. Norbert westlich der Krypta nach der Freilegung, 1976

vorspringender Bau, der 1631 abgebrochen wurde. In seinem Erdgeschoß befand sich vielleicht der vom Kreuzgang aus betretbare Kapitelsaal. Der Westteil des Nordtrakts war angeblich der Klosterküche eingeräumt, an die sich östlich sinnvollerweise das erhaltene sogenannte Alte Refektorium, der Speisesaal anschließt: ein ungewöhnlich großer Raum von 45 m Länge und 8 m Breite, den ein mächtiges Tonnengewölbe überspannt. Unter ihm liegt ein gleichgroßer Keller, der bis auf zwei von einem Pfeiler getragenen Kreuzgewölbe am Westende ebenfalls tonnengewölbt ist und teilweise in das zur Elbe hin stark abfallende Gelände eingetieft wurde. Den kleinen Raum darunter hat man erst nachträglich angelegt. Wirkt die nördliche Außenfront des Refektoriumsbaus mit ihren glatten, aus hammerrechten Quarzitsteinen sorgfältig gemauerten Wänden und den kleinen Fenstern fast karg, so hat der Baumeister die weit nach Osten vorgezogene Schmalseite als eindrucksvolle Fassade gestaltet: Über dem „eingesunkenen" Portal zu ebener Erde mit den beinahe völlig im Boden verschwundenen Fenstern rechts und links daneben öffnet sich in Höhe des oberen Tonnenraums eine monumentale Dreifenstergruppe mit drei kreisförmigen Lichtern darüber und im Giebelfeld eine zur Mitte staffelförmig ansteigende fünfteilige Arkatur, über der noch zwei Okuli angeordnet sind. Prächtigster Raum im Westtrakt war bis zur Zerstörung 1945 die lange zweischiffige und zum Kreuzgang offene Halle, die man unterschiedlich als Sommerrefektorium, „Konvent", Kapitelsaal oder Sepultur angesprochen hat. Ihre durch die Kriegseinwirkungen verlorenen, gewölbetragenden Säulen bestanden zum Teil aus antiken Spolien, die vermutlich schon durch Kaiser Otto I. zusammen mit weiteren für seinen Dombau verwendeten Säulenschäften und Kapitellen aus Italien nach Magdeburg gekommen waren.

Ein Jahrhundert nach der Vollendung, zwischen 1220 und 1240, erfuhr das Innere der romanischen Kirche eine durchgreifende Umgestaltung.

Chorraum mit freigelegten Wandnischen während der Restaurierungsarbeiten, 1976

Mittelschiff, Querhaus und Chor erhielten hochstrebende Gewölbe mit kräftigen Wulstrippen, die Seitenschiffe in einfacher Kreuzgratform. Dazu blendete man den im ganzen unangetastet bleibenden romanische Pfeilern und Mauern einen vielteiligen Stützenapparat vor, der die Wände völlig neu gliederte und den Gewölben das notwendige Auflager bot. Im Mittelschiff und Querhaus wurde das Wandsystem reich differenziert und mit Vorlagen, Diensten, Blendarkaden, Bogenfriesen und einem Laufgang unterhalb der Fenster zweigeschossig ausgebildet, im Chor etwas zurückhaltender und mit den sehr hohen rundbogigen Blenden nur eingeschossig. Die Seitenschiffe bekamen zur Unterstützung der Gratgewölbe sowohl an den Pfeilern als auch an den Außenwänden lediglich einfache Pilaster. Mit dieser konstruktiv wie baukünstlerisch damals höchst modernen Einwölbung war der Kirche innen ihre endgültige Gesamtgestalt gegeben: Das Raumbild der romanischen Flachdeckbasilika hatte sich - werkmäßig wahrscheinlich in enger Verbindung mit dem Neubau des Doms, hinsichtlich der formalen Bildung unter dem Einfluß niederrheinischer Vorbilder (etwa St. Aposteln in Köln) - in das einer frühgotischen Gewölbebasilika gewandelt.

Von den späteren Veränderungen an Kirche und Klausur, von den Ein- und Anbauten seien in diesem Überblick nur die wichtigsten kurz genannt. - Im 16. Jahrhundert, wohl im Zusammenhang mit der Heiligsprechung Norberts 1582, schuf man die eigenartige große Grabanlage des Erzbischofs und Ordensgründers mit seinem von einem Altar überbauten Sarkophag im Zentrum. Sie verlor aber bald ihren Sinn, nachdem 1626 die Gebeine des Heiligen nach Doxan und dann nach Prag in das Prämonstratenserstift Strahov übertragen worden waren, und wurde daher später ebenerdig abgedeckt und schließlich gänzlich verschüttet. Im Jahre 1652 stürzte ein Teil des Chors samt dem Gewölbe ein. Erst 1696-1700 konnte dieser Schaden endgültig beseitigt werden, indem man die Hauptapsis mit den massigen Strebepfeilern und die südliche Chormauer weitgehend neu aufmauerte und dabei die großen spitzbogigen Fenster einfügte. Im frühen 18. Jahrhundert, als die barocke Bebauung längs der Regierungsstraße beidseits bis an die Turmgruppe herangeführt wurde, erhielt der ursprünglich offene große Eingang zur Turmhalle seine sandsteinerne Türeinfassung. Am Geviert der Klausurgebäude kam es, abgesehen von verschiedenen kleinen, durch die Einrichtung des Pädagogiums (1701) bedingten Eingriffen, die hauptsächlich die Innenräume betrafen, erst im 19. Jahrhundert zu umfassenderen Baumaßnahmen. So entstand im Zuge der architektonischen Umgestaltung des Klostergymnasiums zwischen 1848 und 1860 anstelle des ehemaligen Osttrakts das neue Alumnat und über dem Refektorium und Kreuzgangnordflügel die große Aula. Eine würdige Wiederherstellung der Kirche, die seit dem 17. Jahrhundert unterschiedlichen, zeitweise sogar profanen Zwecken gedient hatte, forderte 1856 der „erste Konservator der Kunstdenkmäler des preußischen Staates" Ferdinand von Quast. Die Restaurierung konnte jedoch unter inzwischen veränderten Gesichtspunkten erst 1890/91 erfolgen. Einschneidendste Maßnahme war dabei die völlige Neugestaltung des Westabschlusses von Chor und Krypta, mit der ein vermuteter romanischer Zustand zurückgewonnen werden sollte. Außerdem wurde das Innere im Sinne der Zeit ausgemalt und mit einer Ausstattung in romanisierenden Formen versehen. Den Nachtrag zu dieser Restaurierung bildete 1907 der Einbau einer steinernen Orgelempore am Westende des Mittelschiffs.

Bei dem ersten schweren Luftangriff auf Magdeburg im September 1944 wurde auch das Kloster Unser Lieben Frauen schwer getroffen. Außer großen Teilen der Umbauung sanken der Westflügel der Klausur mit dem sogenannten Sommerrefektorium, teilweise auch der Nordtrakt in Trümmer, und die Kirche erlitt besonders am Chor beträchtlichen Schaden. Die der Denkmalpflege nach Kriegsende gestellte Aufgabe war es, das Erhaltene zu sichern und das Fehlende behutsam, doch soweit wie möglich und für die Gesamterscheinung unerläßlich, wiederherzustellen, was selbstverständlich nur abschnittweise geschehen konnte.

Unter schwierigen Bedingungen erfolgte zunächst die Instandsetzung der Ziegeldächer und die Aufmauerung der zerstörten Teile der Chorumfassung. Anstelle des Chorgewölbes, auf dessen Rekonstruktion man verzichtete, wurde eine flache Balkendecke eingezogen. Zur Wiedergewinnung des ursprünglichen Raumbilds der Kirche erachtete man es für notwendig, die massive Orgelempore von 1907 herauszunehmen und damit die bislang verdeckten großen Bogenöffnungen der Eingangshalle und Empore im Turmzwischenbau freizulegen. Die steinernen Schranken des Hochchors wurden durch schlichte Metallgeländer ersetzt. Statt der Kanzel von 1890 kam eine aus Leitzkau stammende Renaissance-Kanzel

Grab des hl. Norbert

zur Aufstellung. Nach Ausbesserung der Putzflächen und Reinigung aller Werksteinteile sowie der Erneuerung des Fußbodens und anschließender Ausmalung konnte die Kirche 1952 der zeitweiligen Nutzung durch die reformierte Gemeinde übergeben werden.

Umfangreicher gestalteten sich die Arbeiten am Nord- und Westtrakt der Klausurgebäude. Die Reste des im 19. Jahrhundert aufgesetzten dritten Geschosses samt der Aula wurden abgetragen. Der Westflügel erstand über dem alten Grundriß und unter teilweiser Verwendung des originalen Materials sowie geborgener Werkstücke neu, wobei man in der Raumaufteilung gegenüber der ursprünglichen Anlage einem veränderten Plan folgte. Völlig in der alten romanischen Form wurde nur der Kreuzgang wiederaufgebaut. Von der Rekonstruktion der zweischiffigen gewölbten Halle des sogenannten Sommerrefektoriums nahm man Abstand. Das Obergeschoß erhielt hofseitig seine vom 19. Jahrhundert geprägte Form zurück, während für die Gestaltung der Außenseiten mit den großen Fenstern - bereits im Hinblick auf die künftige museale Einrichtung - moderne Zweckvorstellungen maßgebend waren. Nach Beendigung dieses Bauabschnitts 1966 ging das Kloster mit Kreuzgang und Kirche in die Obhut des Kulturhistorischen Museums der Stadt Magdeburg über; allein die Räume im Ostflügel dienten weiterhin schulischen Aufgaben.

In der Folgezeit liefen die Arbeiten zunächst nur in geringem Umfang weiter. Erst als man sich entschlossen hatte, das Kloster Unser Lieben Frauen als Kulturzentrum der Stadt einzurichten, konnte die Wiederherstellung verstärkt und nach zum Teil erweiterten Plänen fortgesetzt werden. Bis 1975 war es möglich, die Neugestaltung des Klausurwestflügels abzuschließen und den Refektoriumsbau innen und außen instandzusetzen. Die mächtigen tonnengewölbten Räume des ehemaligen Speisesaals und des darunter befindlichen Kellers gewannen weitgehend ihr einstiges Aussehen zurück, wobei auch die originalen Türen und Fenster freigelegt und wenn nötig ergänzt bzw. rekonstruiert wurden. Die fehlenden Strebepfeiler an der Außenseite führte man entsprechend den Untersuchungsbefunden neu auf. Der westlich anstoßende Eingangstrakt mit dem bereits vorhandenen Treppenhaus nahm im Erdgeschoß nunmehr die Kasse und Sanitärräume sowie die Garderobe auf. Die Türflügel des Hauptportals gestaltete Heinrich Apel. Auch für das ehemalige Sommerrefektorium war mit der Bestimmung, die Kirche künftig als Konzertraum zu nutzen, eine neue Funktion gegeben: Variabel verwendbar, sollte der vom Kreuzgang durch große Glasfenster mit Türen geschiedene Raum als Durchgang zum Konzertsaal, als Foyer und als Café dienen. Umfangreiche Installationen, Maurer-, Tischler-, Schlosser- und Malerarbeiten waren notwendig, bevor diese Teile des Klosters in Gebrauch genommen werden konnten.

Der Bauabschnitt 1975-1977 war nochmals der Kirche gewidmet. Einmal erforderte die Nutzung als Konzertraum eine entsprechende Instandsetzung und Einrichtung des Innern, zum andern verlangte der Bauzustand Sanierungsmaßnahmen,

Nördliches Schiff der Krypta mit erhaltener Partie des originalen Kalkestrichs,
Zustand während der Restaurierung

die zum Teil aufgrund neuer Schäden sich als dringlich erwiesen. Außen war das Mauerwerk an zahlreichen Stellen ausbesserungsbedürftig und der Werksteinverband, vornehmlich an den Türmen, durch Auswechseln vieler Quader und Architekturglieder zu erneuern. Den in späterer Zeit erweiterten Seitenschiffenstern wurde nach dem Vorbild von drei originalen Öffnungen, die freigelegt werden konnten, ihre alte Form und Größe zurückgegeben. Sämtliche Fenster des Langhauses und Querhauses erhielten eine neue Verglasung. Das seit langem vermauerte spätromanische Südportal wurde wieder geöffnet und mit bronzenen Türflügeln nach dem Entwurf von Waldemar Grzimek ausgestattet. Die neue Bronzetür des Kirchenzugangs vom Kreuzgang aus schuf Gerhard Marcks. Eine der wichtigsten Maßnahmen der Bausicherung war die Eindeckung der ganzen Kirche mit Kupfer anstelle der inzwischen wieder schadhaften Ziegeldächer.

Im Innern galt die Hauptarbeit dem Einbringen einer Fußbodenheizung sowie der Rekonstruktion des ursprünglichen Westabschlusses von Hochchor und Krypta. Aufgrund der Untersuchungsbefunde wurde der Krypta - unter Einbeziehung wiederaufgedeckter Reste - ein gangartiger, aus drei kreuzgewölbten Jochen gebildeter Schmalraum vorgelegt, in den wie einst auf der Nord- und Südseite von den Querhausarmen aus jeweils eine Treppe zur Krypta hinabführt. Für die ursprüngliche Form massiver Chortreppen, die sich analog zu anderen romanischen Bauten am Nord- und Südende der Krypta-Stirnseite befunden haben dürften, waren bauarchäologisch keine eindeutigen Anhaltspunkte zu gewinnen, so daß ihre Rekonstruktion unterblieb. Stattdessen wurde - weil funktional unerläßlich - lediglich ein schmaler Chorzugang von der Nordseite her in den Mauerblock eingefügt. Die an den Chorwänden hinter der frühgotischen Wandgliederung entdeckten und soweit wie möglich geöffneten Nischen des 11. Jahrhunderts blieben zusammen mit den bereits vorher offenen Wandnischen als ein baugeschichtlich bedeutsames Zeugnis sichtbar. Über die freigelegte Grabanlage des heiligen Norbert, mußte mit Rücksicht auf die neue Nutzung der Kirche eine flache Massivdecke hinweggespannt werden. Dem teilweisen Neuverputz der Wände und Gewölbe folgte eine erneute Ausmalung der Kirche. Nachdem schließlich die ehemalige Klosterkirche im September 1977 ihrer neuen Zweckbestimmung als Konzerthalle „Georg Philipp Telemann" übergeben war, wurde 1978 im Glockengeschoß des Westbaus noch ein aus zehn Glocken bestehendes und in der Apoldaer Glockengießerei nach Entwürfen von Peter und Margarete Schilling hergestelltes Geläut eingebaut und ein Jahr später im Chorraum die vom VEB Orgelbau Dresden geschaffene große Orgel aufgestellt.

Gleichzeitig mit den Instandsetzungsarbeiten des Klausurnordflügels und vor allem der Kirche wurden in diesen Räumen auch umfangreiche Bauuntersuchungen und archäologische Sondierungen durchgeführt. Ihre Ergebnisse waren die unerläßliche Voraussetzung aller für die Restaurierung notwendigen denkmalpflegerischen Entscheidungen, ermöglichte doch erst die genauere Kenntnis des Bauwerks, seines ursprünglichen Zustands und der wiederholten Veränderungen eine der künstlerischen wie geschichtlichen Bedeutung angemessene Wiederherstellung. Darüber hinaus bilden die Untersuchungsergebnisse Ausgangspunkt und gesicherte Grundlage neuer Forschungen und tragen sowohl zur Erhellung der weitgehend noch im Dunkel liegenden Vor- und Frühgeschichte des Stiftsgebiets als auch zur Klärung der in nicht wenigen Punkten strittigen Baugeschichte des Klosters bei. Insbesondere die Grabungen im Bereich der Kirche - ausgelöst durch die mit dem Bau der Heizungsanlage verbundenen, unumgänglichen Eingriffe in den Boden - und im Klausurnordflügel brachten wichtige Resultate, auf die hier freilich nur kurz hingewiesen werden kann, zumal ihre Auswertung noch nicht abgeschlossen ist. So belegt der Fund mehrerer Bodengruben eine Besiedlung des späteren Stiftsgebiets bereits in der Bronzezeit. An verschiedenen Stellen wurden auch frühmittelalterliche Siedlungsschichten angetroffen. In die gleiche Zeit (etwa 7. bis 9. Jahrhundert) gehören die Reste eines Spitzgrabens, der möglicherweise die Nordgrenze des Befestigungssystems markiert, das man vor einigen Jahren bei den Ausgrabungen auf dem Domplatz angeschnitten hat. Von besonderer Bedeutung dürfte daneben die Entdeckung eines großen Rundbaus sein, der spätestens beim Bau der großen Stiftskirche im 11. Jahrhundert verschwinden mußte und dessen Fundamente schließlich im 16. Jahrhundert bis auf die jetzt freigelegten Teile weiter ausgeräumt worden sind. Worum es sich bei diesem Bauwerk handelt, läßt sich nach den geringen Resten nicht mit Sicherheit ausmachen. Vielleicht war es ein mächtiges Gebäude fortifikatorischen Charakters, vielleicht aber auch die in der Chronik Thietmars von Merseburg genannte „ecclesia rotunda", die Runde Kirche. Beide Möglichkeiten müssen noch näher geprüft werden. Ebenso bedarf es weiterer Klärung, ob ein älterer Fundamentzug im südlichen Seitenschiff zu dem unter Erzbischof Gero nach der Gründung des Stifts 1017/18 errichteten, sonst nicht bekannten Vorgängerbau der bestehenden Kirche gehört. Zahlreiche Einzelerkenntnisse vermittelten die Untersuchungen auch für den Werner-Bau, angefangen bei der bislang falsch gedeuteten Bauabfolge von Osten nach Westen über die Frage der einstigen Gestaltung des Chors mit der bereits erwähnten Wandnischengliederung und des im Bereich der Vierung gelegenen Westteils der Krypta bis hin zur ursprünglichen Planung des Westbaus. Keine Bestätigung fand die von der Forschung vertretene Ansicht, nach der Besetzung des Stifts mit Prämonstratensern sei die Krypta nach Westen bis zum Beginn des Mittelschiffs verlängert und damit eine Bauform geschaffen worden, die den Kirchen der von Mgdeburg aus gegründeten Ordensniederlassungen, z. B. in Jerichow und Brandenburg,

Wiederaufbau des sogenannten Sommerrefektoriums im Westflügel der Klausur

zum Vorbild gedient habe. Statt einer solchen bühnenartig über offenen Bogen gebildeten „Vierungskrypta" wurde vielmehr die bisher gänzlich unbekannte, im 16. Jahrhundert geschaffene große Grabanlage des heiligen Norbert freigelegt, die in ihrer architektonischen Gestaltung als eingetiefter und nach oben vollständig geöffneter „Raum" mit Renaissancepilastern an den umgebenden Wänden zumindest in der deutschen Architektur ohne jeden Vergleich dasteht. Zur Vertiefung der baugeschichtlichen Erkenntnisse trugen auch die Untersuchungen in der Krypta vor deren Wiederherstellung 1993/94 bei, wobei die Befunde an den Wänden und Gewölben und im Boden die völlige Baueinheitlichkeit aller Teile bestätigt haben. Weitere wichtige bauarchäologische Feststellungen können im Zuge kleiner, noch ausstehender Restaurierungsarbeiten erwartet werden, z.B. in und an der westlichen Eingangshalle der Kirche. Von den nach Eröffnung der Konzerthalle 1977 im Klausurbereich abgeschlossenen Baumaßnahmen sind besonders drei hervorzuheben: Im Dachgeschoß des westlichen Klausurflügels wurde die Bibliothek des Klosters in einer modernen Ansprüchen genügenden Form untergebracht und im September 1982 der Öffentlichkeit wieder zugänglich gemacht. Und im Jahre 1983 konnte das Obergeschoß des Kreuzgangnordflügels nach seiner denkmalpflegerischen Instandsetzung als ein weiterer Raum der musealen Nutzung übergeben werden. Ein wichtiges bauliches Anliegen war schließlich die Einbeziehung und Adaption des elbseitig angefügten ehemaligen Alumnatsgebäudes, dessen Platz bis 1631 die Westhälfte des Dormitoriums und das Brauhaus einnahmen. Die vom Kreuzgang aus erreichbare sogenannte Hochsäulige Kapelle ist als Lapidarium eingerichtet und dient der Ausstellung mittelalterlicher Bildwerke: Außer einigen überkommenen Ausstattungsstücken aus dem Kloster selbst haben hier Skulpturen aus verschiedenen, auch nicht mehr erhaltenen, Magdeburger Kirchen ihren Platz gefunden. Bei den im Zuge der städtebaulichen Einbindung des Ensembles notwendigen Geländeregulierungen rings um das Kloster traten, vor allem an der Südseite, nach Abtragen des im Laufe der Jahrhunderte stark aufgeschütteten Terrains architektonische Reste, im wesentlichen Mauerzüge der nachmittelalterlichen Bebauung, zutage, die in die gärtnerische Gestaltung einbezogen wurden. Denkmalpflegerisch haben die genannten Maßnahmen der Restaurierung entscheidend dazu beigetragen, das Kloster als eines der bedeutenden Denkmale der Architektur und Geschichte in seiner individuellen Ausprägung wieder zur Geltung zu bringen und im Rahmen seiner vielseitigen neuen Nutzung dem allgemeinen Verständnis zu erschließen.

*Wir behalten die gängige und zu einem festen Begriff gewordene Bezeichnung „Kloster" bei, obwohl es sich hier zu keiner Zeit um ein Mönchskloster, sondern von Anfang an um ein Kanonikerstift - zunächst ein Kollegiatstift, dann ein Stift regulierter Chorherren (Prämonstratenser) - gehandelt hat.

LITERATUR (AUSWAHL)

Berger, Hans: Magdeburg, Ehemaliges Kloster Unser Lieben Frauen. In: Denkmale der Geschichte und Kultur. Ihre Erhaltung und Pflege in der Deutschen Demokratischen Republik. Berlin 1969, S. 211 (2. Auflage 1974, S. 236-237)

Berger, Hans: Magdeburg. Wiederaufbau und Erschließung großer Baudenkmale. In: Denkmale in Sachsen-Anhalt. Ihre Erhaltung und Pflege in den Bezirken Halle und Magdeburg. Weimar 1983, 2. Auflage 1986, S. 125-148 (zum Kloster Unser Lieben Frauen S. 135-138)

Beutler, Jürgen: Das Kloster „Unser Lieben Frauen" in Magdeburg. In: Bauten der Kultur 5 (1980), Heft 2, S. 11-15

Das Kloster Unser Lieben Frauen zu Magdeburg in Vergangenheit und Gegenwart. Festschrift zur Feier des 900jährigen Bestehens. Magdeburg 1920 (mit Bibliographie S. 266-278)

Dehio, Georg: Handbuch der deutschen Kunstdenkmäler. Der Bezirk Magdeburg. Berlin 1974, 2. Auflage 1975, S. 279-284 (unveränderter Nachdruck: Georg Dehio: Handbuch der deutschen Kunstdenkmäler, Sachsen-Anhalt I. München/Berlin 1990)

Hartmann, Alfred: Klosterkirche Unserer Lieben Frauen zu Magdeburg. In: Zeitschrift für praktische Baukunst 14 (1854), Sp. 135-148

Hasak, [Max]: Die Liebfrauenkirche zu Magdeburg. In: Geschichtsblätter für Stadt und Land Magdeburg 49/50 (1914/15), S. 371-394

Knitterscheid, Emil: Der Kreuzgang des Klosters Unser Lieben Frauen in Magdeburg. In: Zeitschrift des Architekten- und Ingenieur-Vereins Königreich Hannover 32 (1886), S. 645-650

Kohte, Julius: Das Kloster und die Kirche Unser Lieben Frauen in Magdeburg. In: Zeitschrift für Bauwesen 45 (1895), Sp. 25-46 und 339

Kosch, Clemens: Wasserbaueinrichtungen in hochmittelalterlichen Konventanlagen Mitteleuropas. In: Die Wasserversorgung im Mittelalter (Geschichte der Wasserversorgung 4), Mainz 1991, S. 87-146

Kunze, Hans: Die kirchliche Reformbewegung des zwölften Jahrhunderts im Gebiet der mittleren Elbe und ihr Einfluß auf die Baukunst. In: Sachsen und Anhalt 1 (1925), S. 388-476

Magdeburg, Liebfrauenkirche. In: Deutsche Kunstdenkmäler. Ein Bildhandbuch. Sachsen-Anhalt, ausgewählt und erläutert von Hans-Joachim Krause. 2., überarbeitete Auflage, Leipzig 1993, S. 433-434

Modde, Maximilian: Unser Lieben Frauen Kloster in Magdeburg. Magdeburg 1911

Möbius, Helga: Das Liebfrauenkloster in Magdeburg (Das Christliche Denkmal, 84). Berlin 1972

Mrusek, Hans-Joachim: Magdeburg. Leipzig 1959

Müller, F. O.: Zur Baugeschichte des Klosters U. L. Frauen zu Magdeburg. In: Geschichtsblätter für Stadt und Land Magdeburg 16 (1881), S. 196-209

Neumann, Helga: Das Kloster Unser Lieben Frauen zu Magdeburg (Große Baudenkmäler, 438) München/Berlin 1993

Neumann, Helga: Kloster Unser Lieben Frauen. In: Straße der Romanik. Kunst- und Kulturführer Sachsen-Anhalt. Leipzig 1994, S. 143-149

Quast, Ferdinand von: Archäologische Reiseberichte, In: Zeitschrift für christliche Archäologie und Kunst 1 (1856), S. 167-180, 213-216

Rüger, Reinhard: Wiederaufbau und neue gesellschaftliche Nutzung des Klosters Unser Lieben Frauen in Magdeburg. In: Denkmalpflege in der Deutschen Demokratischen Republik 2 (1975), S. 11-21

Schmitt, Reinhard: Magdeburg, Kloster Unser Lieben Frauen. In: Christliche Kunst in der Deutschen Demokratischen Republik. Berlin 1982, und dass. unter dem Titel: Kirchen, Klöster und ihre Kunstschätze in der DDR. München 1982, S. 378 (2. Auflage 1984, S. 377)

Schneider, Johannes: Ein Spitzgraben unter dem Kloster Unser Lieben Frauen in Magdeburg. In: Vom Faustkeil bis zur Kaiserpfalz. 25 Jahre Bodendenkmalpflege im Bezirk Magdeburg. Magdeburg 1980, S. 84-86

Thies, Harmen: Magdeburg, Ehem. Prämonstratenser-Kloster Unser Lieben Frauen. In: Wege in die Romanik. Das Reisehandbuch. Bd. 1, Hannover 1993, S. 234

Weidel, Karl/Kunze, Hans: Das Kloster Unser Lieben Frauen in Magdeburg (Germania Sacra, Serie B: Germania Sacra Regularis I, C). Augsburg 1925

Geringfügig veränderte und ergänzte Fassung des Beitrags zur Baugeschichte und Denkmalpflege, der zuerst 1977, in 4. Auflage 1987 in der Schrift „Basilika, Baudenkmal und Konzerthalle. Kloster Unser Lieben Frauen Magdeburg" veröffentlicht wurde.

Matthias Puhle

Die Anfänge des Klosters Unser Lieben Frauen

„He buwede ok ein hospital den armen luden to Rottersdorp"[1], so steht es in der Magdeburger Schöppenchronik. Der Vermerk „Er baute auch ein Hospital für die armen Leute in Rottersdorf" bezieht sich auf Otto d. Großen, ohne dieses Ereignis mit einer genauen Jahreszahl zu versehen. Der Herausgeber der Schöppenchronik, in der sich dieser Satz findet, kommentiert diesen so: „Die Urkunden Otto's des Großen wissen nichts von einem Hospital zu Rottersdorf"[2]. Die Schöppenchronik ist eine erzählende Geschichtsquelle des 14./15. Jahrhunderts, deren Angaben für die früheren Jahrhunderte wegen der großen zeitlichen Distanz nicht immer zuverlässig sind. Angesichts der Quellenarmut des 10. Jahrhunderts kann - zumindest von der Urkundenlage her - weder der Beweis noch der Gegenbeweis der Existenz eines „hospitalis pauperum" zur Zeit Ottos d. Großen angetreten werden. Dieses Hospital hat wohl im Falle seiner Existenz „in der Feldmark und nicht im Dorfraum des später wüst gewordenen Ortes Rottersdorf südwestlich der alten Sudenburg gelegen."[3] Die Magdeburger Schöppenchronik ist allerdings nicht die erste mittelalterliche Chronik, die von der Existenz eines Xenodochiums (Fremdenherberge und Hospital), gegründet von Otto d. Großen in Rottersdorf, kündet. Die „Gesta archiepiscoporum Magdeburgensium", die „Annales Magdeburgenses" und der „Annalista Saxo" berichten „fast wörtlich übereinstimmend über die Gründung des Klosters"[4] und erwähnen dabei das Xenodochium. Die Gründung des Klosters Unser Lieben Frauen wird hierbei mit der zeitgleichen Aufhebung des Rottersdorfer Hospitals in Zusammenhang gebracht. „Das Rottersdorfer Xenodochium, unmittelbar vor den Toren Magdeburgs gelegen, da, wo die von Halberstadt und die von Leipzig her kommenden Heerstraßen zusammentreffen, ist das älteste Hospital, von dem wir bei oder in Magdeburg Kunde haben. Als Elendenhaus diente es vornehmlich zur Aufnahme der durchreisenden Fremden, war aber nach dem Sinne jener Zeit nicht nur Herberge, sondern ebenso Krankenhaus, Armenhaus und Heim für Altersschwache."[5] W. Möllenberg hält es für „unfraglich", daß die in der Chronik Thietmar von Merseburgs erwähnte „ecclesia extra urbem posita, que de rubro facta est ligno" (Kirche, außerhalb der Stadt gelegen, aus rotem Holz), mit dem Rottersdorfer Hospital identisch ist, da diese als kirchliche Einrichtung selbstverständlich mit einer Kapelle oder Kirche verbunden war. Aus dem Bericht bei Thietmar und den „Annales Magdeburgenses" geht nun hervor, daß ein Unwetter und ein darauf ausbrechendes Feuer im Mai 1013 das Xenodochium zerstörte.

Drei Jahre später, 1016, hat Markgraf Bernhard von der Ostmark das, was von der Rottersdorfer Herberge noch übrig geblieben war, vermutlich endgültig zerstört, als er Erzbischof Gero befehdete und Magdeburg und das Umland angriff. Gero verlegte daraufhin 1017/18 das Armenhospital in die „urbs" und gründete ein Marienkloster, dessen wirtschaftliche Existenz durch die Güter des zerstörten Hospitals gesichert wurde und aus dem sich später das Kloster Unser Lieben Frauen bildete. Erzbischof Gero gründete neben dem Marienkloster auch das Johanneskloster, aus dem die spätere Sebastianskirche hervorging.[6]

In vielen Darstellungen der Geschichte des Klosters Unser Lieben Frauen ist von einer Gründungsurkunde, die vom 13. Dezember 1015 oder 1016 datiert und auch im Urkundenbuch des Klosters Unser Lieben Frauen abgedruckt ist, die Rede.⁷ Diese Urkunde ist längst aber als eine Fälschung entlarvt worden.⁸ In dieser Urkunde erklärt Erzbischof Gero von Magdeburg, „daß er zur Vermehrung des Gottesdienstes und zum Heil seiner Seele und der Seelen seiner Vorgänger auf dem erzbischöflichen Stuhle zu Magdeburg eine Kirche zu Ehren der heiligen Maria von Grund auf erbaut, darin eine Kongregation von Geistlichen eingesetzt und die Kongregation in die Brüderschaft der Kongregation der Heiligen Mauritius und Innocentius, also des Domkapitels, aufgenommen habe. Der neu gegründeten Kirche überträgt er gleichzeitig eine Reihe namentlich aufgeführter Besitzungen. Er befreit die Kanoniker von allen Verpflichtungen und Diensten und trifft Bestimmungen über die Wahl des Propstes oder Dekans als des Oberhaupts des Konvents und über die Stellung des Magdeburger Burggrafen zum Kloster als dessen Vogt. Es folgen sodann die Zeugen und die Beglaubigungsformeln, sowie die Datierung."⁹

An einer Reihe von anachronistischen Bestimmungen in der Urkunde kann W. Möllenberg schlüssig nachweisen, daß es sich hier um eine spätere Fälschung handeln muß.¹⁰ Als Beispiel sei auf die Nennung des Magdeburger Burggrafen in der Urkunde verwiesen, der erst viel später nachzuweisen ist. Wann und zu welchem Zweck ist aber die falsche Gründungsurkunde des Klosters Unser Lieben Frauen angefertigt worden? C. Rodenberg setzt die Urkunde in die Zeit kurz nach 1129, nachdem das Kloster durch den Magdeburger Erzbischof Norbert dem Prämonstratenserorden übergeben worden war, während Möllenberg die Zeit nach 1268 als Entstehungszeit für wahrscheinlich hält, was er aus Güterzuweisungen Geros an das Kloster in der gefälschten Urkunde ableitet. „Der Zweck der Fälschung: für eine Reihe von Gütern einen Besitztitel zu schaffen, da inzwischen die in Frage kommenden Güterurkunden abhanden gekommen waren, ist besonders durchsichtig. Daß man dazu die Gründungsurkunde auswählte, ist fein ausgeklügelt, denn da das Kloster hundert Jahre nach der Gründung durch Erzbischof Norbert von Grund auf umgewandelt worden war, so war die Tradition unterbrochen und eine Nachprüfung daher weniger zu befürchten oder zum mindesten doch erheblich erschwert."¹¹

In welcher Situation befand sich Magdeburg zur Zeit der Klostergründungen Erzbischof Geros? Der Ort Magdeburg, erstmals 805 als karolingischer Grenzhandelsort an der Elbe erwähnt, war als karolingischer Königshof angelegt worden, an dem wahrscheinlich seit dem letzten Viertel des 8. Jahrhunderts fränkisch-slawischer Grenzhandel abgewickelt wurde. Im zerfallenden Karolingerreich sank die Bedeutung Magdeburgs, bis der gerade gewählte liudolfingische König Otto I. 937 ein Moritzkloster dort anlegte und Magdeburg zu seinem bevorzugten Aufenthaltsort machte. Eine Pfalz wurde errichtet, nach 955 begann Otto mit dem Bau eines Domes. Handwerkern und Kaufleuten wurden Handelsprivilegien zuerkannt, der Ort um den Domfelsen herum befestigt. Den Höhepunkt erreichte Ottos Wirken für Magdeburg mit der Errichtung des Erzbistums Magdeburg 968, womit die Herrschaft über die Stadt vom Kaiser auf den Erzbischof überging. Einen Rückschlag erlebte Magdeburg im Rahmen des großen Slavenaufstands im Jahr 983.

Für die Zeit danach stellte Johannes Canaparius, der Autor der ersten Biographie des ersten Magdeburger Erzbischofs Adalbert, fest: „Diese gottgeweihte Stadt, vormals berühmt unter den Völkern und eine von den großen Städten, so lange Otto I. das königliche Zepter führte, ist jetzt um der Sünden (Gisilers) willen ein halbzerstörter Ort und ein unzuverlässiger Aufenthalt für Schiffer."¹² Giselher, Erzbischof von Magdeburg von 981 bis 1004, war zuvor Bischof von Merseburg gewesen. Seine Investitur als Magdeburger Erzbischof, die gegen den Willen des Magdeburger Domkapitels durchgesetzt wurde, machte den Weg für die von Kaiser Otto II. wohl schon seit längerem geplante Aufhebung des Merseburger Bistums frei.¹³ Der Vater Ottos II., Otto d. Große, hatte das Merseburger Bistum wegen eines Gelübdes, das er nach der Schlacht gegen die Ungarn auf dem Lechfeld 955 getan hatte, gegründet. Bei den Zeitgenossen stieß die Auflösung des Merseburger Bistums auf großen Widerstand. Vor allem dem Ehrgeiz Giselhers wurde diese Maßnahme angelastet.¹⁴ Thietmar, der bei der späteren Wiederherstellung des Bistums Bischof von Merseburg wurde, kritisiert in seiner Chronik die Handlungsweise Giselhers scharf. So ist die negative Einschätzung des Johannes Canaparius eher als eine Reaktion auf die Vorkommnisse, die zur Aufhebung des Merseburger Bistums führten, zu verstehen, denn als eine realistische Zustandsbeschreibung der Situation in Magdeburg.

Diese Deutung wird auch durch die Darstellung der Aufhebung des Merseburger Bistums in den „Quedlinburger Annalen" gestützt: „Destructus est episcopatus in Mersiburg; et mire magnitudinis edificium cecidit in Magadeburg".[15] Zum Jahr 982 melden also die Quedlinburger Annalen die Zerstörung des Merseburger Bistums und bringen diese Zerstörung mit dem Einsturz eines großen Gebäudes in Magdeburg zusammen, so als ob der Magdeburger Erzbischof Giselher durch diese Maßnahme den Zorn Gottes auf sich gezogen hätte.[16]

D. h. es ist gar nicht sicher, ob der Slawenaufstand von 983 den Ort Magdeburg so nachhaltig geschä-

digt hat, wie es in der Schilderung von Canaparius den Anschein hat. Magdeburg war wohl durch seine naturräumliche Lage an der Elbe und eine Reihe von Burgen auf der Ostseite der Elbe so geschützt, daß es nicht zu Angriffen und Zerstörungen Magdeburgs gekommen ist.[17] Eher ist

Gefälschte Gründungsurkunde: Magdeburg, 1016, Dez. 13
Erzbischof Gero von Magdeburg stiftet das Kloster Unser Lieben Frauen
und stattet es mit reichen Besitzungen aus

seine handelspolitische Lage durch den Slawenaufstand für eine gewisse Zeit beeinträchtigt gewesen. Aber zu Beginn des 11. Jahrhunderts waren die Folgen des Slawenaufstandes, so scheint es, im wesentlichen überwunden. Gerade die Klostergründungen Geros (1012-1023) lassen ja auf einen Aufschwung Magdeburgs und eine Bevölkerungszunahme schließen.

In der Forschung wird häufiger auf die Verlegung des Alexiushospitals im Jahr 1022 aus Rottersdorf in die urbs und die Zusammenlegung mit dem Kloster Unser Lieben Frauen hingewiesen.[18] Möllenberg hat diese Annahme widerlegt, indem er die Gründung des Alexiushospitals in die Zeit Erzbischof Adelgots (1107-1119) legt.[19]

Adelgot gründete das Alexiushospital in der Nachbarschaft des Marienklosters, Erzbischof Norbert (1126-1134) schenkte 1130 dem Kloster Unser Lieben Frauen das benachbarte Hospital,[20] „...doch bildete es keinen Vermögenszuwachs: die Stiftung Adelgots war materiell verkommen; die dort untergebrachten Armen waren gezwungen, ihren Lebensunterhalt in der Stadt zu erbetteln.

Die Prämonstratenser sollten das Hospital wieder emporbringen."[21]

Wie aber ging die Geschichte des Klosters Unser Lieben Frauen nach seiner Gründung um 1017/18 durch die Umformung des von Erzbischof Gero in die urbs verlegten Xenodochiums weiter? Das Marienkloster war durch diese Umformung zu einem Kollegiatstift, d. h. einer „Vereinigung zu mönchsähnlichem Zusammenleben"[22] geworden. „Durch das ganze Mittelalter geht ja die starke und weitverbreitete Strömung, das höchste Ideal christlicher Vollkommenheit in der Loslösung von der Welt und ihren Gütern zu erleben. Der Einsiedler, der Asket, der Mönch sind die vollkommenen Christen."[23] „Das charakteristisch Mönchische in dem Leben der meist etwa 12 Mitglieder der Gemeinschaft war zunächst eben diese Gemeinsamkeit des Lebens abgesondert von der Welt. Frauen, Laien, ja selbst andere Kleriker hatten keine oder doch nur ausnahmsweise Erlaubnis, das Kloster zu betreten. Gemeinsam waren die Mahlzeiten, gemeinsam der Schlafraum. Alle unterstanden der Disziplinargewalt des Propstes, der für Aufrechterhaltung der Ordnung zu sorgen hatte. Alle waren verpflichtet zur Abhaltung des Kirchendienstes, besonders der regelmäßigen Betstunden, der 'horae canonicae'. Auch der Zölibat, der Verzicht auf Ehe und Familie, der ja damals bei der Geistlichkeit noch keineswegs herrschte, war bei diesem gemeinsamen Leben selbstverständlich."[24]

Das Kollegiatstift war weltlich und geistlich den Magdeburger Erzbischöfen unterstellt.[25] Unklar ist, welche Ordensregel dem Stift zugrundelag. Eine wie auch immer beschaffene exponierte Stellung des Klosters läßt sich zunächst nicht feststellen. „Unzweifelhaft sollte es zur Entfaltung eines größeren kirchlichen Aufwandes des Domstiftes und zugleich - ebenso wie das neue Johannisstift - zur Vervollständigung des geistlichen Stadtteiles beitragen. Denn dadurch mußte es zu einem wünschenswerten Bindegliede mit dem weltlichen Stadtteile werden, da dieser und das Domstift damals durch ausgedehnte unbebaute Flächen noch getrennt, weit voneinander entfernt lagen."[26]

Die Entwicklung des Marienklosters im Verlauf des 11. Jahrhunderts liegt durch die Quellenarmut dieser Zeit und besonders in bezug auf die Geschichte des Klosters weitgehend im Dunkeln. Eine Besitzübereignung, die nach 1024 durch Erzbischof Hunfried von Magdeburg (1023-1051) vorgenommen wurde, zeigt immerhin, daß sich das Kloster konsolidierte und wirtschaftlich erstarkte.[27] Das Dorf Volkmarsdorf wurde dem Kloster als Leibgutstift übereignet. Zu einem regelrechten Aufschwung kam es offenbar unter Erzbischof Werner (1063-1078). Das von Gero gegründete Marienkloster wurde von Werner, da es klein und unbedeutend war, abgerissen und wesentlich prächtiger wiedererrichtet, wodurch ein schönes (satis pulchrum) Kloster entstand.[28] Teile dieses Baus haben sich bis heute erhalten.[29] „Werners Vorliebe für dieses Stift kommt auch dadurch zum Ausdruck, daß er - zweifellos auf eigenen Wunsch - dort seine letzte Ruhestätte fand."[30]

Das Kloster wurde mit weiteren Besitzungen ausgestattet und mit Kirchenschmuck versehen.[31] Die nachfolgenden Erzbischöfe Hartwig (1079-1102) und Heinrich (1102, 1105-1107) setzten wohl die Bautätigkeit am Kloster fort. Auch Heinrich ließ sich im Liebfrauenkloster beisetzen, und zwar am 19. April 1107.[32]

Als eine entscheidende Wende in der Geschichte des Klosters Unser Lieben Frauen ist der Entschluß Erzbischof Norberts (1126-1134) anzusehen, das Marienkloster zu einem Prämonstratenserkloster umzuformen und die 12 Kanoniker an anderer Stelle unterzubringen. Für den Begründer des Prämonstratenserordens lag eine solche Entscheidung natürlich nahe, auch wenn in der Urkunde vom 29. Oktober 1129 andere Gründe für die Klosterumwidmung als die Verbreitung des jungen Ordens genannt werden.[33] Erzbischof Norbert macht eine starke Verweltlichung und Verwahrlosung des Marienklosters aus, die seine Maßnahme rechtfertigte. Ohne starke Widerstände wurde die erzbischöfliche Entscheidung in der

Magdeburger Geistlichkeit nicht aufgenommen. Die Umwandlung des Klosters war aber nicht mehr zu ändern. Das Kloster Unser Lieben Frauen war von nun an ein Prämonstratenserkloster und entfaltete in der kommenden Zeit eine rege Missionstätigkeit.

ANMERKUNGEN

[1] Die Magdeburger Schöppenchronik. in: Die Chroniken der deutschen Städte, Bd. 1, Magdeburg, hg. v. Karl Janicke, Leipzig 1869, S. 8

[2] Ebd., S. 8, Anm. 4

[3] Vgl. Berent Schwineköper: Die Anfänge Magdeburgs, S. 389-450. In: Studien zu den Anfängen des europäischen Städtewesens, (Vorträge und Forschungen 4, hg. v. Th. Mayer), Lindau/Konstanz 1958, S. 417

[4] Vgl. ebd. Damit kann die Existenz des Rottersdorfer Xenodochiums und der Ursprung des Klosters Unser Lieben Frauen aus diesem heraus als bewiesen angesehen werden.

[5] Walter Möllenberg: Aus der Geschichte des Kloster Unser Lieben Frauen zu Magdeburg. S. 116-126, in: Geschichtsblätter für Stadt und Land Magdeburg, 56.-59 (Jg.) 1921/24, S. 124

[6] Vgl. Maximilian Modde: Unser Lieben Frauen Kloster in Magdeburg. Magdeburg 1911, S. 2

[7] Urkundenbuch Kloster Unser Lieben Frauen, bearb. v. Gustav Hertel, Halle 1878, Nr. 1, S. 1f. Vgl. Modde, S. 2 und Kratzenstein, Geschichte des Klosters, S. 1-43, in: Das Kloster Unser Lieben Frauen zu Magdeburg in Vergangenheit und Gegenwart. Magdeburg 1920, S. 2

[8] Vgl. C. Rodenberg: Die ältesten Urkunden zur Geschichte der deutschen Burggrafen, S. 481-489, in: Neues Archiv der Gesellschaft für ältere deutsche Geschichtskunde 25, (1900)

[9] Möllenberg, S. 117

[10] Vgl. ebd., S. 177ff.

[11] Ebd., S. 123

[12] Zit. nach Hertel, G./Hülße, Fr.: Friedr. Wilh. Hoffmann's Geschichte der Stadt Magdeburg. Magdeburg 1885, S. 37

[13] Vgl. Dietrich Claude: Geschichte des Erzbistums Magdeburg bis in das 12. Jahrhundert. T. 1., Köln/Wien 1972, S. 137ff.

[14] Vgl. ebd., S. 144

[15] Monumenta Germaniae Historica, Scriptores II, S. 65

[16] Vgl. Claude, T.1, S. 144

[17] Vgl. Willibald Mengert: Magdeburg in der deutschen Geschichte. Magdeburg o. J., S. 11

[18] Vgl. Modde, S. 4; Kratzenstein, S. 3

[19] Vgl. Möllenberg, S. 125; siehe auch Claude, T. 1, S. 406

[20] Urkundenbuch Kloster Unser Lieben Frauen, Nr. 5, S.5; vgl. Dietrich Claude: Geschichte des Erzbistums Magdeburg bis in das 12. Jahrhundert. T. 2, Köln/Wien 1975, S. 355

[21] Claude, T. 2, S. 355f.

[22] Kratzenstein, S. 2

[23] Ebd.

[24] Ebd., S. 3f.

[25] Vgl. Modde, S. 3

[26] Ebd.

[27] Urkundenbuch Kloster Unser Lieben Frauen, Nr. 2, S. 3

[28] Regesta Archiepiscopatus Magdeburgensis, hg.v. G.A.v. Mülverstedt, 1. Teil, Magdeburg 1876, Nr. 735, S. 296; vgl. Claude, T. 1, S. 346

[29] Vgl. Claude, T. 1, S. 346

[30] Ebd.

[31] Vgl. Regesta, Nr. 735 S. 296

[32] Vgl. Claude, T. 1, S. 389

[33] Urkundenbuch Kloster Unser Lieben Frauen, Nr. 3, S. 3f.

NORBERTVS DEI GRA
TIA SANCTÆ MAG DE
BVRGENSIS ECCLE
SIÆ ARCHIEPISCO
PVS ORDINIS PRÆMON
STRATENSIS INSTITV
TOR ET HVIVS MONAS
TERII RESTAVRATOR
SVB HOC CONDITVR
MARMORE OBIIT AÑO
DNI M C XXXIIII
VI IVNII

Gedächtnisplatte für den hl. Norbert,
um 1582, Marmor

Ludger Horstkötter

Norbert von Xanten (†1134), erst Ordensmann, dann Erzbischof von Magdeburg

Bei einem Gang durch die Klosterkirche Unser Lieben Frauen in Magdeburg fragen viele Besucher nach der Bedeutung der mächtigen Steinplatte, die vorn an der rechten Wand des Querhauses steht, etwa 2,13 Meter hoch und 1,24 Meter breit. Man will kaum glauben, daß die so modern aussehenden Buchstaben schon vor im Mittelalter eingemeißelt sein sollen. Diese Platte erinnert an das Grab Norberts, des wohl bekanntesten Magdeburger Erzbischofs, der in dieser Kirche am 11. Juni 1134 bestattet wurde.

Die lateinische Inschrift lautet in freier Übersetzung: „Norbert, aufgrund der von Gott verliehenen Gnade zum Erzbischof der heiligen Magdeburger Kirche eingesetzt, rief den Prämonstratenser-Orden ins Leben und reformierte dieses Kloster. Er starb am 6. Juni 1134 und wurde unter diesem Marmorstein beerdigt."

Kurz und zutreffend wird hier Norberts Leben und Wirken gewürdigt, das im folgenden näher entfaltet werden soll.

NORBERTS JUGEND

Norbert wurde um das Jahr 1080 am Niederrhein geboren. Sicher ist, daß er aus dem Geschlecht der Herren von Gennep stammte, einem Adelsgeschlecht, das zwar nie die Grafenwürde innehatte und wohl nicht mit dem Kaiserhaus verwandt war, das aber einen hohen Rang gehabt haben muß, andernfalls wäre Norberts Werdegang nicht denkbar.

Sicher ist auch, daß Norbert seit seiner frühesten Jugend am St. Viktor-Stift in Xanten weilte, wo er seine schulische Ausbildung erhielt und wo man ihn in die Reihen der Kanoniker aufnahm. Xanten war ein sogenanntes „weltliches" Stift. Seine Kanoniker waren weder zum Ordensleben noch zur persönlichen Armut verpflichtet. Norberts Name wird erstmals 1112 erwähnt, als der Kölner Erzbischof Friedrich eine Urkunde für das Stift Rees (bei Xanten) ausstellte und Norbert unter den Zeugen genannt wird.

Als Kleriker oder sogenannter „Kapellan" begleitete Norbert nicht nur den Kölner Erzbischof, zu dessen Sprengel das Stift Xanten zählte, sondern 1110/1111 auch König Heinrich V. auf dessen Romzug zur Kaiserkrönung. Nachdem Papst Paschalis II. den Forderungen des Königs nicht entsprochen hatte, ließ ihn Heinrich V. gefangen abführen. Das soll Norbert so zu Herzen gegangen sein, daß er sich als Mann der Kirche innerlich vom Kaiser abgewandt habe. Andere Zeitgenossen sahen den entscheidenden Anstoß für seine Bekehrung im Sturz vom Pferd, verursacht durch einen Blitz auf dem Ritt ins westfälische Vreden. Jedenfalls zog sich Norbert vom Leben bei Hofe zurück.

Bekehrung oder Neuorientierung des Lebens ist meist kein plötzlicher dialektischer Sprung, sondern ein zeitaufwendiger Vorgang. Was er nicht wollte, mag er gewußt haben. Aber wo sein künftiger Platz in Kirche und Gesellschaft sein sollte, danach suchte er intensiv weiter.

Er lebte eine Zeitlang bei den Benediktinern in Siegburg bei Bonn. Aber er trat dort nicht ein, er war ja Kanoniker von Xanten und wollte Kanoniker bleiben. In ihm reifte die Erkenntnis, daß zum seelsorglichen Wirken unabdingbar die Priesterweihe gehörte.

Dieser Gedanke drängte ihn so sehr, daß er 1115 den Kölner Erzbischof Friedrich entgegen allen kirchenrechtlichen Vorschriften veranlaßte, ihn sofort, und zwar an ein und demselben Tag zum Diakon und zum Priester zu weihen.

Voll Reformeifer kehrte Norbert nach Xanten zurück. Er hätte seine Mitkanoniker gern zu der gleichen Innerlichkeit bewegt, die ihn inzwischen ergriffen hatte. Sein Vorbild war das Leben, das Christus nach dem Zeugnis des Evangeliums geführt hatte und das seine Apostel übernahmen. Er wollte sich und sein Stift in den Dienst der von Rom ausgehenden Kirchenreform stellen, die damals allenthalben Zuspruch fand. Doch seine Xantener Mitkanoniker weigerten sich, eine strengere Lebensform anzunehmen. Das war legitim. Sie waren ja unter ganz anderen Bedingungen eingetreten.

Norberts Eifer, von manchen wohl als „Übereifer" des Neubekehrten falsch eingeschätzt, verflachte nicht. Als es ihm nicht gelang, das Xantener Kapitel durch sein Beispiel und seine Ermahnungen auf den radikalen Weg Christi zu führen, stieg er aus der Stiftsgemeinschaft aus und suchte seinen eigenen Weg, aber stets innerhalb der Katholischen Kirche, von der er sich zeit seines Lebens bei allem Suchen und Ausprobieren nie abwandte. Norbert erprobte sich zuerst in bewährten Entwürfen für das geistliche Leben. Er holte sich Rat bei Abt Kuno von Siegburg. Er suchte mehrmals den Einsiedler Liutolf auf, den man gern mit Lutold identifiziert, dem späteren Gründer des Klosters Lonnig bei Koblenz. Er weilte in Klosterrath (Rolduc) bei Aachen, wo er einen eremitisch-asketisch ausgerichteten Konvent von Regularkanonikern kennenlernte, die nach der Augustinusregel lebten und die ihm für sein späteres Reformwerk offensichtlich entscheidende Anregungen vermitteln konnten.

Danach zog sich Norbert für etwa zwei Jahre an eine Kapelle auf dem Fürstenberg bei Xanten zurück. Dort lebte er als Einsiedler, hungernd, die Nacht hindurch wachend und betend, vom Teufel versucht. Dort feierte er täglich die heilige Messe. Dort studierte er das Wort Gottes, die Heilige Schrift. Er fühlte sich berufen, seine Mitchristen durch Buß- und Reformpredigten zur Besserung des Lebens aufzurufen. Dabei verhärtete sich zusehends seine Haltung. Geduld war ihm fremd. Statt der Liebe Gottes predigte er mehr den Zorn Gottes, das künftige Strafgericht für die Unbußwilligen.

NORBERT, DER PREDIGER

Keine Eigenschaft Norberts wird von den Zeitgenossen stärker gerühmt als seine außerordentliche Begabung zur Predigt, welche die Massen aufrüttelte. Er war ein Mann des Wortes, nicht der Schrift. Er hinterließ kein einziges literarisches Werk, auch keine geschriebene Predigt.

Was Norbert selber vorlebte, sprach er aus. Und das überzeugte. Allerdings mißbilligte am 28. Juli 1118 eine Kirchenversammlung in Fritzlar, daß sein privater Besitz im Widerspruch zu seiner ordensähnlichen Kleidung stehe und daß er ohne kirchliche Erlaubnis predige. Daraufhin verschenkte Norbert seinen Besitz an die Armen, verzichtete auf seine Einkünfte (Pfründen) und begab sich im Herbst 1118 als Pilger nach Südfrankreich. Vom dort eher zufällig in Saint-Gilles-du-Gard weilenden Papst Gelasius II. erhielt Norbert im November 1118 die Predigterlaubnis und die Dispens von der Unregelmäßigkeit, zwei höhere Weihen am gleichen Tag empfangen zu haben. Norbert zog danach mit einigen Gefährten predigend durch Frankreich, Belgien und das Rheinland, barfuß auch bei Eis und Schnee. Nur so glaubte er, dem Auftrag Christi buchstabengetreu zu entsprechen.

Hier fällt seine Kompromißlosigkeit auf. Er blieb nie auf halbem Wege stehen. Wohl als Folge dieser Lebensweise wurden er und seine Gefährten Ende März 1119 in Valenciennes todkrank. Norbert erholte sich zwar, doch drei seiner Begleiter starben.

Männer und Frauen sollen von weither gekommen sein, um Norbert bei seinen Wanderpredigten ergriffen zuzuhören. Er war heimatlos wie die Apostel, zog von Ort zu Ort, immer neu Versöhnung und Frieden stiftend, stets angefeindet, aber dennoch stets das Gute anregend - im Vertrauen darauf, Gott werde schon sorgen, daß das Ausgesäte wachsen werde. Dabei kümmerte er sich nicht um die regulären Amtsinhaber der Kirche und ihre Zuständigkeiten.

In seinen Schriften greift Rupert von Deutz einen nicht genannten Volksprediger wegen seiner falschen christologischen Lehre an. Nahezu alle Autoren beziehen dies auf Norbert. Doch wie Grauwen nachweist (Anal. Praem. 1995), kann Norbert nicht gemeint sein.

NORBERT, DER GRÜNDER DER PRÄMONSTRATENSER

Seine Wanderpredigt führte Norbert im Herbst 1119 auch nach Laon in Nordfrankreich. Auf Anraten des neuen Papstes Calixtus II. und auf Betreiben der Bischöfe, die seiner ungebundenen Predigttätigkeit eher ablehnend gegenüberstanden, suchte ihn Bischof Bartholomäus zur Bleibe in seinem Bistum Laon zu bewegen. Er bat ihn, das Stift Saint-Martin in Laon zu reformieren. Doch sein Versuch scheiterte aus den gleichen Gründen wie in Xanten. Daraufhin entschloß er sich zur Gründung einer eigenen Reformgemeinschaft.

Im unwegsamen Waldtal von Prémontré bei Laon begann Norbert im Jahre 1120 mit einigen Gefährten, aus dem Geist Christi und dem Ideal der Urkirche ein religiöses Gemeinschaftsleben zu führen. Als Grundlage wählte er die altbewährte Augustinusregel, vermehrt um eine Klosterordnung, die man damals fälschlich ebenfalls Augustinus zuschrieb und die konkrete Anweisungen für gemeinsames Beten, Stillschweigen, Handarbeit, häufiges Fasten und Verzicht auf Fleisch enthielt. Das weiße Bußkleid aus ungebleichter Wolle, das Norbert seit seiner Bekehrung trug, wurde zum Vorbild der künftigen Ordenskleidung, sichtbarer Ausdruck äußerster Armut. Am Weihnachtsfest 1121 legten die „Prämonstratenser" die Gelübde auf ihre eigenständige Variante der kanonikalen Lebensweise ab.

Norbert als der geistliche Initiator und unbestrittene Leiter - er trug nie den Abtstitel, sondern wurde „Vater" genannt - zog in der wärmeren Jahreszeit wie bisher als Wanderprediger durchs Land, unter anderem nach Antwerpen, wo Tanchelm (†1115) eine falsche Lehre über das Altarssakrament verbreitet hatte.

Bei diesen Predigtreisen stießen Frauen und Männer, auch Geistliche, zu ihm, die ein entschiedenes christliches Leben in einer Güter- und Gebetsgemeinschaft führen wollten. Norbert ließ die Neubekehrten nicht in ungeordneten Massen mit sich umherziehen, sondern führte sie in Klöstern zusammen, die er entweder selbst gründete (Floreffe, Cappenberg, Antwerpen) oder nach dem Vorbild Prémontrés reformierte (Saint-Martin in Laon, Cuissy). Das erklärt die schnelle Ausbreitung dieser religiösen Bewegung.

NORBERTS STREBEN NACH EINER REFORM DES KIRCHLICHEN LEBENS

In Norberts Reformvorstellung sollte das einzelne Kloster Abbild der Urkirche sein. Um die Gruppe der Priester als Repräsentanten der Apostel sammelten sich Männer und Frauen zum gemeinsamen Gebet und zu gemeinsamer Arbeit für den Lebensunterhalt. Auch trug man Sorge für die Armen und die durchreisenden Pilger.

Es gab außer der Augustinusregel keine schriftlich festgelegte Verfassung. Norbert allein leitete den Großkonvent, der sich bis 1126 auf mindestens zehn Klöster in Nordfrankreich, Belgien und Westdeutschland aufteilte. Norbert ließ alle Klöster besitzrechtlich auf sich (und seinen Konvent) als Eigentümer überschreiben, gemäß dem alten germanischen Rechtsprinzip vom „Eigenkirchenherrn" (Weinfurter). Nur so glaubte er, vor dem Hineinregieren des jeweiligen Bischofs in sein Reformsystem sicher zu sein. Etwa 100 Jahre vor den Bettelorden leitete Norbert damit erstmals in der Kirchengeschichte eine zentral geführte religiöse Gemeinschaft, die sich über mehrere Bistümer erstreckte. Sein Ideal wäre gewesen, wenn alle Christen Zugang zur Lebensform der Urkirche gefunden und sich seiner kanonikalen Erneuerungsbewegung angeschlossen hätten.

Obwohl Papst Honorius II. am 16. Februar 1126 die Lebensweise Prémontrés und die Klöster der Prämonstratenser bestätigte, wuchs die Opposition der Bischöfe und der anderen Regularkanoniker gegen den Großkonvent und die Neuerungen Norberts. Sie wurde so stark, daß er die Flucht nach vorn antrat. Statt eine Reform der Kirche von unten ohne nennenswerten Einfluß der Bischöfe anzustreben, versuchte Norbert ab 1126 eine Reform von oben, indem er sich unverkennbar selber um einen Bischofssitz bewarb. So hoffte er, in der Kompetenz des Bischofs innerhalb seines Kirchensprengels die Umsetzung der urkirchlichen Ideale verwirklichen zu können, wie dies zum Beispiel sein Zeitgenosse, der Salzburger Erzbischof Konrad, im Bereich seines Bistums ebenfalls anstrebte. Dieser althergebrachte Weg zur Reform war ihm vermutlich seit dem Spätherbst 1125 von den Reichsfürsten, vom königlichen Hof Lothars III. und von der Römischen Kurie nahegelegt worden. Um sein bisheriges Reformwerk vor dem Verfall zu retten, entließ Norbert, nachdem er 1126 Erzbischof geworden war, seine Klöster in die Selbständigkeit. Sie durften sich einen eigenen Oberen (Propst oder Abt) wählen. Vorbildfunktion erhielt dabei das Kloster Prémontré. Hugo von Fosses, einer der ältesten und engsten Vertrauten Norberts, wurde auf dessen Anregung zum ersten Abt von Prémontré bestellt. Er formte den bestehenden „dislozierten Großkonvent" (Weinfurter 1994, 49) organisatorisch zum Prämonstratenser-Orden um, zu einem Zusammenschluß von relativ selbständigen Einzelklöstern unter einem jeweils eigenen Klosteroberen. Dabei erwies sich auch das Konzept des Doppelklosters als ein zu hochgestecktes Ideal, und bald darauf erhielt durchweg jeder Männer- und Frauenkonvent räumlich voneinander entfernt sein eigenes Kloster.

Das bleibende Verdienst Norberts ist es, die prämonstratensische Bewegung ins Leben gerufen und entscheidend geprägt zu haben; doch ohne Hugo als Organisator hätte sich diese - wie mehrere zeitgleiche kanonikale Reformversuche - sicher rasch aufgelöst.

NORBERTS REFORMWERK ALS ERZBISCHOF VON MAGDEBURG

W. M. Grauwen hat in sorgfältiger Analyse herausgearbeitet, daß die „Wahl" Norberts im Juni/Juli 1126 auf dem Hoftag zu Speyer zuvor schon abgesprochen war, nachdem Norbert den ihm im April 1126 angebotenen Würzburger Bischofsstuhl abgelehnt hatte. Norbert zog barfuß am 18. Juli 1126 in Magdeburg ein und empfing dort am 25. Juli die Bischofsweihe.

Beseelt, das ihm anvertraute Gebiet zu verchristlichen, ging er sofort ans Werk. Er brauchte reformeifrige Priester und Prediger, die er als Multiplikatoren einsetzen konnte, um auch die letzte Gemeinde seines Bistums zu erreichen. Dabei bleibt zu bedenken, daß die Elbe damals die Grenze zu den heidnischen Ländern der Slawen bildete und daß auch westlich der Elbe der christliche Glaube noch keine tiefen Wurzeln geschlagen hatte. Norberts erstes Augenmerk galt den Ausbildungsstätten der Priester, vor allem dem Magdeburger Domkapitel, den Stiftskapiteln und den schon bestehenden Klöstern. Doch weil er zu Beginn seiner Amtszeit auch das Eigentum des Erzbistums vom Adel zurückforderte, der es zu seinen Gunsten entwendet hatte, schuf er sich in Adelskreisen erbitterte Gegner. Nun waren die Mitglieder derselben Adelshäuser auch im Domkapitel und in den Stiften tonangebend. Selber reformunwillig, hintertrieben sie seine Reformpläne. Ja, sie steckten im Juni 1129 offensichtlich selber hinter einem Aufruhr der Bürgerschaft gegen Norbert, der ihm fast das Leben gekostet hätte und der ihn zwang, für einige Zeit aus der Stadt Magdeburg zu entfliehen.

Vorausgegangen war im Frühjahr 1129 die Umwandlung des Stiftes Unser Lieben Frauen in ein Kloster, eine Reform, von der die oben erwähnte Grabplatte Norberts lobend berichtet. Er hatte dort eine Klostergemeinschaft nach denselben urkirchlichen Prinzipien eingerichtet, nach denen er auch das Kloster Prémontré ins Leben gerufen hatte. Doch im Gegensatz zu Prémontré, das er der Aufsicht des Ortsbischofs mit allen Mitteln entzog, unterstellte er nun (aufgrund des Neuansatzes seines Reformwerks) das Kloster Unser Lieben Frauen sich und seinen Nachfolgern auf dem erzbischöflichen Stuhl. Als sichtbares Zeichen für den Neuansatz paßte er die dort lebenden Ordensleute in Liturgie und Kleidung nicht den „Prämonstratensern", sondern den althergebrachten Traditionen der übrigen Kanoniker an. Dieses Kloster bildete mit seinen Tochterklöstern bis zur Umwandlung infolge der Reformation Luthers einen eigenständigen Verband, der nie in den Gesamtorden von Prémontré voll eingebunden, diesem jedoch zeitweise angegliedert war. Norbert ging es bei der Klerusreform nicht nur um seine eigenen Gefolgsleute, für die er um 1130 das Magdeburger Eigenkloster Pöhlde am Südharz reformierte und 1131 das Kloster Gottesgnaden bei Calbe/Saale gründete, sondern vor allem um eine Erneuerung der bestehenden Stifte und der Benediktinerklöster. Sie alle wurden nach ihrer Reform zu Stützen für die christliche Glaubensverkündigung und den Landesausbau im Osten des Reiches.

Beim Ordnen der Finanzen dürfte Norbert auch wohl die früher üblichen Abgaben der Slawen aus dem Raum um Havelberg erneut eingefordert haben, denn andernfalls wäre die feindliche Einstellung dieser Stämme ihm gegenüber nicht zu

erklären, wie sie bereits im Mai 1128 erkennbar wird (Horstkötter 1989, 282f.).
Norbert hatte also von Anfang an auch die Mission im Auge und schuf dafür zielstrebig nicht nur die personellen und materiellen, sondern auch die rechtlichen Voraussetzungen: Er ließ sich 1131 und 1133 vom Papst bestätigen, daß alle Gebiete östlich der Elbe einschließlich Polens zur Magdeburger Kirchenprovinz gehörten und damit der Zuständigkeit des Erzbischofs unterstellt waren. Bedenkt man, daß ihm nur acht Lebensjahre als Bischof vergönnt waren, in denen seine Arbeitskraft zunehmend von König und Papst beansprucht wurde, dann blieb ihm keine Zeit für persönliche Missionsreisen ins Gebiet der Slawen. Jeder Vorwurf, Norbert habe nichts oder zu wenig für die Mission getan, erweist sich als unberechtigt.

NORBERT ALS DIPLOMAT IM DIENST VON KÖNIG UND PAPST DER SACHSENHERZOG

Lothar war 1125 gegen den Widerstand der Staufer zum König gewählt worden. Norbert stellte sich als Erzbischof von Magdeburg, der Hauptstadt Sachsens, von Anfang an treu auf die Seite des Königs, begleitete ihn auf seinen zeitaufwendigen Reisen, besuchte viele Reichs- und Hoftage und übernahm im königlichen Auftrag diplomatische Missionen. Dabei war ihm die Freiheit der Kirche ein Herzensanliegen, für das er den immer wieder gegen das „Wormser Konkordat" aufbegehrenden König zu gewinnen wußte.
Nachdem sich im Jahre 1130 zwei Päpste gleichzeitig als gewählt betrachteten, entschied sich Norbert nach Prüfung der Wahl für Innozenz II. – Daß dieser von König Lothar und den deutschen Fürsten anerkannt wurde, ist vor allem Norberts Eifer und Geschick zu verdanken. Mit der Anerkennung ging die Verpflichtung einher, den Gegenpapst aus Rom zu vertreiben und die Herrschaft Innozenz' II. zu festigen. Norbert begleitete König Lothar ab August 1132 auf dessen Romzug, der das gesteckte Ziel zwar nicht erreichte, aber dennoch für Lothar am 4. Juni 1133 die Kaiserkrönung ermöglichte.
Todkrank kehrte Norbert im März 1134 nach Magdeburg zurück, wo er am 6. Juni 1134 starb.

NORBERT, EIN MANN DER WANDLUNGEN UND WIDERSPRÜCHE?

Norberts Leben verläuft so wechselhaft, ja geradezu so voller Sprünge und Kehrtwendungen, daß man ihn neuerdings schon als „Wende-Norbert" bezeichnet hat. Als nachgeborener Adelssohn für den geistlichen Stand bestimmt, hätte er in seiner Xantener Pfründe ein sorgenfreies Leben führen können. Doch das schien ihn nicht zufriedenzustellen, und wir finden ihn in aufstrebender Karriere in der engsten Umgebung des Kölner Erzbischofs, ja sogar des Königs.
Er vollzog eine völlige Kehrtwendung, als er aus allem „Weltlichen" ausstieg und eine neue Lebensform suchte, in der er seinen Glauben entschiedener leben konnte. Seine Wanderpredigt und die Gründung Prémontrés waren Meilensteine auf diesem Weg. Eine erneute Kehrtwendung, manchmal gedeutet als Rückfall, war allem äußeren Anschein nach sein Bemühen um ein Bischofsamt und sein Aufgehen in der neuen Aufgabe als Reichsfürst, verbunden mit dem wenig klösterlichen Leben, das zu diesem Amt gehörte.
Gesehen wurden diese Brüche schon von Norberts Zeitgenossen.
Negativ darüber urteilte Gottfried von Cappenberg. Er hatte 1122 seine Burg für Norberts Reformbewegung zur Verfügung gestellt und sich ihr angeschlossen. Nach Aussage seiner Vita suchte er Norbert kurz nach dessen Bischofsweihe auf. Aber das weltliche Treiben und die unruhige Atmosphäre des erzbischöflichen Hauses habe er nicht ertragen können und sich deshalb enttäuscht ins Kloster Ilbenstadt in der Wetterau zurückgezogen.
Der Zisterzienser Idung von Prüfening beschreibt kurz nach 1150 die Stimmung unter den Prämonstratensern: Sie möchten nicht gern als „Norbertiner" bezeichnet werden, weil von ihrem Gründer, dem Herrn Norbert, gesagt werde, er sei von seinem ursprünglichen Ideal abgefallen. Während er nämlich in der ersten Zeit seines öffentlichen Wirkens barfuß auf einem Esel geritten sei, habe er später gut beschuht und gut gekleidet ein geschirrtes Pferd bestiegen. Von einem einsiedlerartigen Leben sei er zum Höfling bei Kaiser Lothar emporgestiegen. Von Graubrot und gewöhnlicher Alltagskost sei er zu gleißenden königlichen Fest-

mählern übergewechselt. Von einem großen Verächter des rein Irdischen sei er zu einem großen Vorkämpfer für die Angelegenheiten dieser Welt geworden.

Sein Zeitgenosse Arno von Reichersberg beurteilte den gleichen Wandel im Leben Norberts positiv. Er wies mit Befriedigung darauf hin, daß Norbert zwar zunächst Tuniken aus Wollstoff für den Klerus eingeführt, später seinen Irrtum aber selber rückgängig gemacht habe. Nach Arno hatte Norbert die wollene Kleidung in Nachahmung der Mönche nur aus jugendlich unbesonnener Gedankenlosigkeit gewählt. Nachdem er älter geworden und zum Erzbischof aufgestiegen sei, habe er sich der Autorität der Kirche und der Tradition beugen müssen. Er selbst habe sich dann in Leinen gekleidet und auch seinen Gefolgsleuten, die er bei sich hatte, befohlen, sich so zu kleiden.

Stefan Weinfurter, ein Forscher unserer Tage, weist auf eine andere Ungereimtheit im Leben Norberts hin. Im Hinblick auf die Rolle Norberts bei der Gründung des Klosters Prémontré urteilt er etwas scharf, daß Norbert 1119 von den kirchlichen Amtsträgern „dem Bischof Bartholomäus von Laon geradezu in Verwahrsam gegeben wurde", daß dieser Bischof den Auftrag erhalten habe, „diesen Reformidealisten für die Hierarchie dadurch ungefährlich zu machen, daß er ihm einen Ort zur Gründung eines Klosters überweise, mit dem dieser beschäftigt und an das er gebunden wäre." Deshalb sei die Gründung Prémontrés „gezwungenermaßen" zustande gekommen, „im Grunde gegen den Willen und die ursprünglichen Absichten Norberts" (1994, 46).

Alle diese Stellungnahmen sind ernst zu nehmen und wohl richtig beobachtet. Sie beziehen sich auf Norberts Person und Charakter.

Doch wie bereits seine Zeitgenossen positive und negative Wertungen zu denselben Spannungen und Widersprüchen abgaben, so ist das Meinungsbild bis heute geteilt. Sucht man eine durchgängige Linie im Leben Norberts, dann verlagert sich der Blick von seiner Person auf die Ziele, die er zu verwirklichen suchte. Und unter diesem Blickwinkel bietet sich ein viel geschlosseneres Bild.

Denn nach seiner jugendlichen Sturm- und Drangzeit stellte sich Norbert zeitlebens in den Dienst jener gesamtkirchlichen Reformbewegung, die als „Gregorianische Reform" in die Geschichte einging, kompromißlos, mit harten Forderungen an sich und seine Mitarbeiter, ungeduldig, willensstark, nicht frei von Ehrgeiz, auf Erfolg bedacht, nie auf halbem Wege stehenbleibend. Dabei wechselte er quer durch Europa sein Tätigkeitsfeld, gab liebgewordene Positionen auf, ergriff neue Initiativen, immer in der konsequenten Verfolgung seines Zieles: die Erneuerung der bestehenden Lebensverhältnisse nach den Prinzipien der Urkirche, so wie er sie - wohl etwas zu idealistisch - sah.

Dabei wurde Norbert von einem starken Sendungsbewußtsein erfaßt. Überall, wohin er kam, suchte er die Mitmenschen für dieses Ideal zu gewinnen. Er hatte wohl niemals vor, einen Orden zu gründen, also einen separaten Kreis innerhalb der Gesamtkirche, sondern ohne Rücksicht auf amtskirchliche Zuordnungen und Bistumsgrenzen wollte er möglichst alle Menschen zur Nachfolge Christi bewegen, um sie aus dem Kampf mit dem Bösen für Gott zu retten. Dazu brachte er gute Voraussetzungen mit: Sein glänzendes Predigertalent, sein achtungsgebietendes Auftreten, auch seine adlige Herkunft, die Aufsehen erregte (Weinfurter 1992, 17).

Die Christen haben ihr Urteil über Norbert gesprochen, indem sich nach seinem Tode die allgemeine Überzeugung verbreitete, er sei jetzt bei Gott im Himmel. Papst Gregor XIII. erlaubte den Prämonstratensern 1582 auch weiterhin die Verehrung Norberts als eines Heiligen, wie das seit unvordenklicher Zeit üblich sei.

Mit Recht darf Norbert als „eucharistischer Heiliger" angesprochen werden, nicht weil er die Monstranz verehrte, mit der er seit den Tagen der Gegenreformation abgebildet wird, die es aber zu seiner Zeit noch nicht gab, sondern weil er täglich die Messe feierte und die bibelbezogene Predigt über alles liebte.

Auch die Nichtchristen staunen über das Engagement dieses Mannes, der die engen nationalen Grenzen übersprang und der im Rheinland, in Frankreich, in Belgien, in Sachsen wie in Italien eine umfangreiche Wirksamkeit entfaltete. Auch für sie ist Norbert eine große Persönlichkeit, ein „Europäer" der ersten Stunde.

LITERATUR

Analecta Praemonstratensia 41 (1965) - 71 (1995), darin über 50 Artikel zu Norbert von W. M. Grauwen (in niederländischer Sprache

Backmund, Norbert: Geschichte des Prämonstratenserordens. Grafenau 1986

Elm, Kaspar (Hg.): Norbert von Xanten. Adliger, Ordensstifter, Kirchenfürst. Köln 1984, mit Literaturhinweisen

Elm, Kaspar: Norbert von Xanten. In: Lexikon des Mittelalters 6 (1993) S. 1233-1235, mit Literaturhinweisen

Elm, Kaspar: Norbert von Xanten, in: Theologische Realenzyklopädie 24 (1994) S. 608-612, mit Literaturhinweisen

Grauwen, Wilfried Marcel: Norbert, Erzbischof von Magdeburg (1126-1134). 2. Auflage, Duisburg 1986, mit Literaturhinweisen

Horstkötter, Ludger: Die Beurteilung des Magdeburger Erzbischofs Norbert von Xanten in den Otto-Viten. In: Bischof Otto I. von Bamberg (125. Bericht des Historischen Vereins Bamberg). Bamberg 1989, S. 261-291

Horstkötter, Ludger: Der heilige Norbert von Xanten und die Prämonstratenser. 8. Auflage, Duisburg 1992

Weinfurter, Stefan: Norbert von Xanten. Ordensstifter und „Eigenkirchenherr". In: Archiv für Kulturgeschichte 59 (1977), S. 66-98

Weinfurter, Stefan: Der Prämonstratenserorden im 12. Jahrhundert. –In: Müller, Max, usw. (Hg.), Marchtal, Ulm 1992, S. 13-30, mit Literaturhinweisen

Weinfurter, Stefan: Norbert von Xanten im Urteil seiner Zeitgenossen. In: Xantener Vorträge 1990-1992, Xanten 1994, S. 37-62

Filiationsgründungen der Prämonstratenser

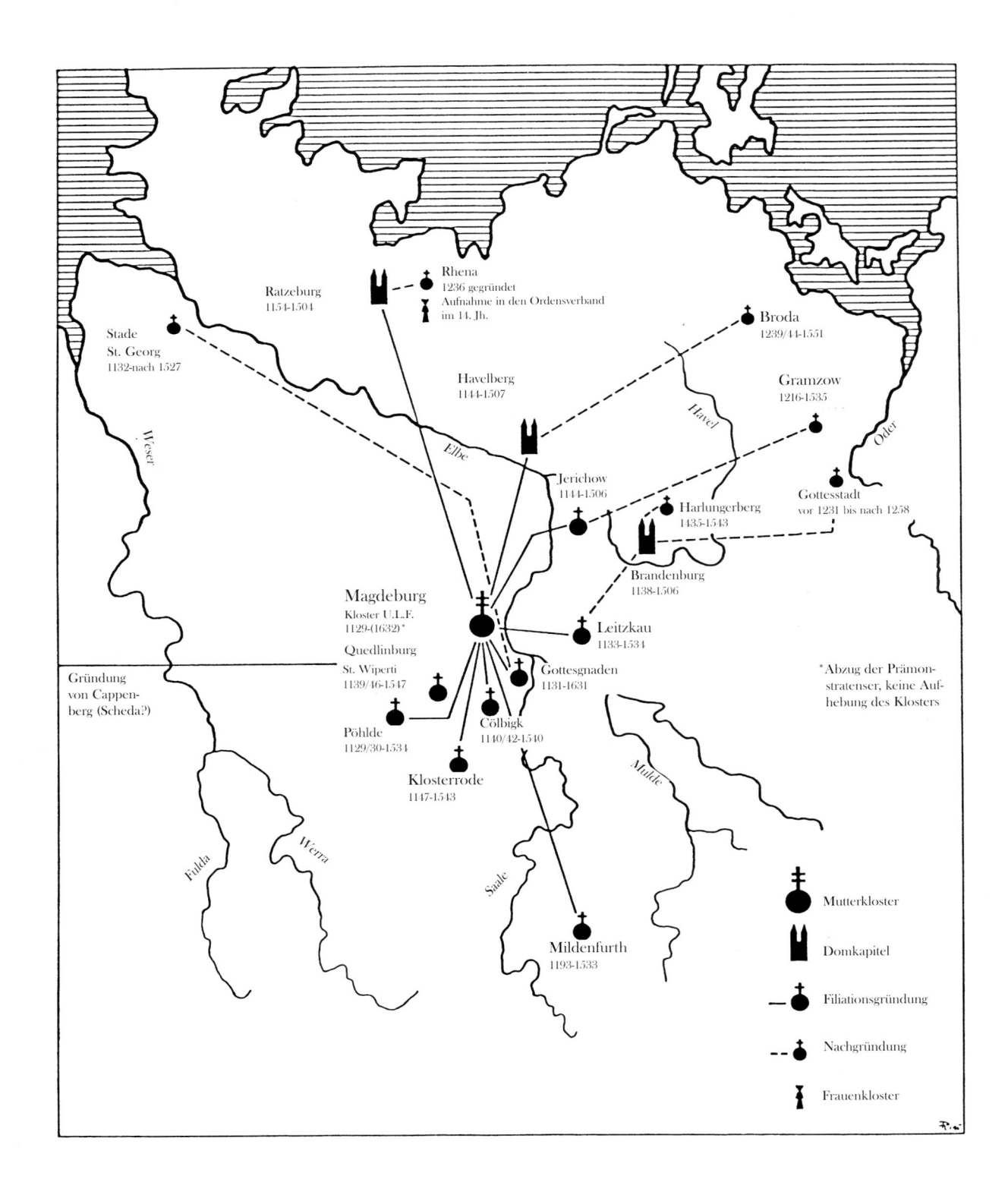

Olaf Eversmann

Von Jerichow bis Palästina - der Auszug der Magdeburger Prämonstratenser

1126 erreicht der erste Prämonstratenser Magdeburg: Ordensgründer Norbert von Xanten. Soeben in Speyer zum Magdeburger Erzbischof erwählt, wird er mit den Gegebenheiten eines vernachlässigten Erzbistums konfrontiert. Sein harter Kurs zur Zurückgewinnung entfremdeter Besitzungen verärgert die Magdeburger Oberschicht und die umliegenden Adelsfamilien, in deren Besitz wohl mehrere Ländereien übergegangen waren.

Weiteren Unmut ruft seine Absicht hervor, das von Erzbischof Gero 1017/18 gegründete Marienstift, welches hauptsächlich Bürgern der Stadt offenstand, mit Kanonikern seines Ordens zu besetzen.

Drei Jahre dauert es, bis sich die Stiftsgeistlichen dazu bereit erklären, entweder in anderen Stiften aufgenommen zu werden, oder aber eine Art Pension zu erhalten.

Zwischenzeitlich werden zwei Mordanschläge auf Norbert verübt, und am 29. Juni 1129 bricht ein Aufstand gegen ihn los. Da aber müssen die Prämonstratenser schon von den Stiftsgebäuden Besitz ergriffen haben, denn ihr Auszug aus diesen ist eine der Norbert präsentierten Forderungen[1].

Der Erzbischof kann sich letztendlich durchsetzen, und auch seine zwischenzeitliche Vertreibung aus der Stadt ändert nichts mehr an der Tatsache, daß das Stift in den Händen der Prämonstratenser bleibt.

Die Magdeburger Niederlassung wird zum Hauptkloster des Ordens im sächsischen Raum. Es wird zum Ursprung einer Filiationsreihe, die im weiteren untersucht werden soll.

Woher die Prämonstratenser in Magdeburg stammen, ist nicht genau nachvollziehbar, Claude[2] vermutet Lothringen und Westfalen.

Vor und nach der Umwandlung leben etwa 12 Kanoniker im Konvent[3].

Als erster Propst fungiert bis zu seinem Tode Erzbischof Norbert möglicherweise selbst († 1134)[4]. Doch noch zu seinen Lebzeiten breitet sich der Orden im sächsischen Raum weiter aus. 1129, oder wahrscheinlicher 1130[5] besetzt er das heruntergekommene Benediktinerkloster Pöhlde am Südwestrand des Harzes mit Geistlichen seines Ordens. Backmund[6] nimmt an, daß es sich dabei bereits um Kanoniker aus dem Marienstift in Magdeburg handelt.

Das kann zweierlei bedeuten: Entweder erhält Norbert als Ordensgründer trotz der teilweisen Kritik an seinem nunmehrigen Lebenswandel starken Zustrom von Schülern, oder aber der Orden wird in Magdeburg allmählich akzeptiert und erhält Zulauf von Einheimischen. Diese Frage wird besonders mit der Gründungswelle Magdeburger Töchterklöster ab 1133 interessant.

Noch davor und ebenso auf Initiative Norberts fällt die Gründung des Klosters Gottesgnaden, südlich von Calbe gelegen. 1131 legt er dafür zusammen mit dem Stifter Otto von Reveningen den Grundstein[7]. Mit 22 Kanonikern und 19 Laien[8] ist die Gründung sehr stark besetzt.

Während nun für Claude[9] der Stifter das einzige Konventsmitglied aus Mitteldeutschland ist, erwähnt Backmund[10] erneut Kanoniker aus Unser lieben Frauen in Magdeburg, die neben anderen aus Prémontré, Floreffe und Cappenberg das Stift bewohnen.

Zur gleichen Aussage kommt Grauwen[11], der sich auf die *fundatio monasterii gratiae dei* stützt. Dort wird allerdings nur von einem Magdeburger namens Gumbert berichtet, der der Stiftung auch bald wieder den Rücken kehrt[12].

Die klösterliche Gemeinschaft scheint am Anfang nicht so richtig funktioniert zu haben[13], so daß bereits (und wohl auch wegen der starken Belegung) 1132 eine Gruppe von Gottesgnadener Prämonstratenser nach Stade weiterzieht, um dort eine Stiftung der stadischen Grafenfamilie und Bischofs Adalbero von Bremen mit Leben zu erfüllen. Möglicherweise fallen auch zwei weitere Magdeburger Tochtergründungen noch in die Lebenszeit Norberts, wenn auch dieser, mit Reichsangelegenheiten beschäftigt, sich darum wohl kaum kümmern konnte[14]. Die Rede ist von Leitzkau und Vessra.

Leitzkau, etwa 20 km östlich von Magdeburg gelegen, ist in der Forschung ein umstrittener Fall. Immerhin berichtet eine Leitzkauer Chronik[15], daß 1128 die ersten Prämonstratenser nach Leitzkau kamen. Daraufhin entwickeln Bormann/Hertel[16] die Theorie, daß der dort vorhandene Hof den Norbert gefolgten Ordensbrüdern als eine Art klosterähnliche Ersatzunterkunft diente, und zwar solange, bis die Stiftsgebäude in Magdeburg zur Verfügung gestanden hätten. Kurz darauf allerdings deutet Wernicke[17] diese Jahreszahl als Folge einer Ungenauigkeit - die römische V wäre eine X, und das Datum somit 1133.

Diese Jahreszahl hält sich lange Zeit[18]. Fest steht, daß Bischof Wigger von Brandenburg den Convent 1139 bestätigt, und Leitzkau in der Folgezeit provisorischer Sitz des Brandenburger Domkapitels wird. Davon ausgehend gibt es aber in neuerer Zeit auch Meinungen, die die Gründung des Stiftes kurz vor 1139 legen[19].

1140 bereits zieht dann der an der Peterskirche angesiedelte Convent zum heutigen Ort und beginnt dort die Kirche St. Maria in monte zu errichten[20]. Zur Herkunft der Leitzkauer Kanoniker wird nichts weiter gesagt, allgemein wird das Magdeburger Liebfrauenstift als Mutterconvent angeführt[21].

Zeitlich genauer eingrenzen läßt sich die Gründung von Vessra, ebenso mit Magdeburger Ordensbrüdern besetzt. Zwischen 1131 und 1135 stiften Gotebold, Graf von Henneberg, seine Gemahlin und Bischof Otto von Bamberg diese Ordensniederlassung, 1135 wird sie von ebengenannten Otto von Bamberg bestätigt sowie die Vogtei eingerichtet[22]. Bereits 1138 findet eine Kirchweihe statt.

Ebenfalls 1138 wird Evermod, ein Lieblingsschüler Norberts[23], Propst am Magdeburger Liebfrauenstift. Unter seiner Leitung setzt sich die dichte Filiationsreihe des Magdeburger Klosters weiter fort. Möglicherweise steht die Besetzung des Leitzkauer Convents am Beginn seiner Ära, sicher aber unterstützt er die Leitzkauer bei der Entsendung von neun Ordensbrüdern nach Parduin (bei Brandenburg), was in den meisten Fällen auf 1138 oder später angesiedelt wird[24].

1140 oder spätestens in der ersten Hälfte des Jahres 1142 wird von Magdeburg aus das heruntergekommene Benediktinerpriorat Kölbigk (bei Bernburg) von Prämonstratensern übernommen[25]. Das geschieht auf Bitten Bischof Engelbert von Bambergs, der Papst bestätigt diesen Wechsel am 30. September 1142[26].

Zwei Jahre später beginnt sich der Orden auch nach Norden zu orientieren: Die Stifte Jerichow und Havelberg werden eingerichtet.

Der Jerichower Convent, gegründet durch Hartwig von Stade, erhält seinen Platz zuerst an der schon vorhandenen Pfarrkirche. Erneut finden sich hier Magdeburger Prämonstratenser, die allerdings der Trubel am Markt stört[27]. Daher wird das Stift 1148 in etwa 1 km Entfernung neu eingerichtet und gleich darauf mit den Arbeiten für die Gebäude begonnen. Offenbar wurde die Kirche zuerst in Grauwacke begonnen, dann aber durch die in damaliger Zeit als minderwertigerer Baustoff geltenden Backsteinziegel abgelöst, da die Grauwacke bald darauf für den Havelberger Dom gebraucht wurde[28].

Unklar ist, ob und inwieweit Jerichow als Bischofssitz fungierte. Ein Teil der Forschung jedenfalls nimmt an, daß auch das Havelberger Domstift 1144 bereits am Ort eingerichtet wurde[29]. Ein anderer Teil dagegen hält das erst nach dem Wendenkreuzzug von 1147 für möglich[30]. 1150 wird dieses Havelberger Stift von Bischof Anselm in ein ordentliches Domkapitel umgewandelt. Die Mitglieder sind auch hier Magdeburger Prämonstratenser.

Gleiches wird für das Stift Klosterrode (bei Sangerhausen) angenommen. Gegründet von den Herren von Querfurt als Hilburgerode, liegt die Gründungszeit hier wohl zwischen 1147 und 1150[31]. Die erste urkundliche Erwähnung fällt in das Jahr 1160[32].

1154 wird der oben erwähnte Evermod Bischof des neugegründeten Bistums Ratzeburg. Er richtet hier ein Prämonstratenser-Domkapitel mit Magdeburger Ordensbrüdern ein, was 1157 vom Papst bestätigt wird[33].

Vor 1155 ziehen Magdeburger Prämonstratenser schließlich noch nach Grobe auf Usedom, um dort eine Niederlassung auf Bitten Fürst Ratibors von Pommern zu gründen. Aufgrund der unsicheren Lage und kriegerischer Auseinandersetzungen in dieser Gegend wird diese Stiftung aber vorerst wieder aufgegeben[34].

Damit bricht die Reihe von Tochtergründungen des Magdeburger Marienstiftes beinahe ab. Erst 1193 folgt mit Mildenfurth (bei Weida) noch eine letzte Filialgründung. Gestiftet durch Vogt Heinrich von Weida, wird der Convent an einer schon bestehenden Pfarrkirche errichtet[35].

Es scheint so, als ob mit dem Weggang von Evermod der missionarische Elan in Magdeburg etwas erlahmt. Ursache kann sein, daß Evermod als Schüler Norberts über gute Beziehungen zum Ursprungsgebiet des Ordens verfügt, stammt er doch selbst daher[36]. Somit könnte er, das Andenken an den Ordensgründer nutzend, durchaus an Norberts Grab pilgernde Kanoniker zur Mission an neugegründete Tochterklöster bewegt, oder gar selbst in Hinblick auf die möglichen Ziele Norberts für die weitere Missionierung des sächsischen Gebietes geworben haben.

Es scheint mir dagegen nicht so, daß der einheimische Zustrom diese breite Filiation tragen konnte, auch wenn man sich die Widerstände vor Augen hält, die Norbert bei der Einführung des Ordens in Magdeburg zu überwinden hatte.

Die Herkunft der Gottesgnadener Prämonstratenser mit ihren Schwerpunkten Lothringen und Westfalen zeigt aber, daß die Akzeptanz des Ordens in den sächsischen Landen noch nicht groß genug ist, eine so dichte Filiationsreihe aus eigener Kraft aufzubauen. Das wird noch deutlicher, wenn man sich später die Filiationsreihen der Magdeburger Tochterklöster ansieht. Die Anzahl ihrer gesamten Tochterklöster ist geringer als die der von Magdeburg aus gegründeten, auch wenn sie natürlich mit ihren Filialgründungen die weitere Ausbreitung des Ordens fördern.

Die Besetzung von Stade durch Gottesgnadener Prämonstratenser wurde bereits erwähnt. Es wird auch die einzige Tochtergründung von Gottesgnaden bleiben. Aktiver scheint Vessra zu sein, von wo aus 1236 in Griffen und 1366 in Schweinfurt (St. Nikolaus) Niederlassungen der Prämonstratenser errichtet werden[37].

Von Havelberg aus erfolgt 1177 oder früher[38] die zweite Gründung von Grobe auf Usedom; diesmal dauerhaft und nur 1184 von einem Ortswechsel unterbrochen, da auch hier von den Brüdern das Markttreiben der Stadt als störend empfunden wurde[39].

Und noch eine zweite Gründung der Havelberger ist zu vermelden: Schon 1170, während der Domweihe, stellt der Pommernfürst Casimir den Havelberger Prämonstratensern ein Gebiet am Tollensesee zur Verfügung. Doch wegen der kriegerischen Auseinandersetzungen zwischen Pommern und Brandenburgern erfolgt die Aussendung einer Kolonie erst um 1240[40]. 1244 scheint das neue Kloster Broda (heute Ortsteil von Neubrandenburg) schon zu existieren, denn es werden zwei Kirchen in Broda erwähnt[41].

Das in der Nähe von Havelberg gelegene Jerichow kann in dieser Region ebenfalls ein Tochterkloster errichten, und zwar in Gramzow (bei Prenzlau). Erste Aktivitäten zu einer Gründung an diesem Ort scheint es schon um 1177 gegeben zu haben, damals waren die Pommernfürsten Ratibor, Boguslaw und Casimir sowie der Bischof von Kammin daran beteiligt. Allerdings sollte die Besiedlung von Grobe ausgehen, doch dort hatte man wohl noch genug mit dem Aufbau der eigenen Niederlassung zu tun[42]. Daher finden sich etwa um 1216 Jerichower Kanoniker an diesem Ort ein und errichten das Stift[43].

Die von Norbert reformierte Niederlassung in Pöhlde besiedelt 1190 das von Graf Eilger von Hohenstein gegründete Stift Ilfeld (bei Nordhausen)[44].

Der Bischof von Ratzeburg gründet zwischen 1230 und 1236 das Frauenkloster Rhena, welches aber erst später in den Ordensverband der Prämonstratenser aufgenommen wird[45].

Als letzte Magdeburger Gründung mit eigenen Tochterklöstern wäre Brandenburg zu nennen. Kurz vor 1231 besetzen Brandenburger Prämonstratenser die Gründung Gottesstadt (bei Oderberg). Wohl mehr als Hospital gedacht für nach Osten ziehende Kreuzfahrer, wird die Niederlassung nach 1258 aufgelöst und die Güter an die Zisterzienser in Chorin übergeben[16]. Möglicherweise ist auch das bisher nicht lokalisierte Themenitz eine Brandenburger Gründung[47]. 1435 wird - als Abschluß der mittelalterlichen Expansion der sächsischen Prämonstratenser - von Brandenburg aus das Stift Harlungerberg (bei Brandenburg) gegründet.

Erwähnenswert wäre in diesem Zusammenhang noch, daß um 1200 Jerichower und Gottesgnadener Prämonstratenser das Rigaer Domstift bilden[18]. Noch weiter entfernt liegt die Gründung St. Habakuk, nämlich bei El-Kenisey in Palästina. Sie wurde inspiriert vom Gottesgnadener Prior Amalricus, der 1136 in das Heilige Land aufbrach und um 1137/38 diese Niederlassung veranlaßte. Allerdings wurde ihr Dasein bereits 1187 durch das Vorrücken Sultan Saladins beendet[49].

Als im Laufe des 12. Jahrhunderts die Prämonstratenserstifte in regionale Verwaltungsbereiche, genannt Zirkarien, aufgeteilt werden, bleiben nicht alle auf Magdeburg zurückgehenden Filialgründungen in der vom Marienstift geführten sächsischen Zirkarie.

Bis 1224 sind die Niederlassungen Arnstein, Grobe, Ilfeld und Vessra in andere Zirkarien übergegangen[50], Stade zählt wohl ab 1235 zur sächsischen Zirkarie und das von Cappenberg oder Scheda aus gegründete Quedlinburg (St. Wiperti) schon 1224[51].

Eventuell soll auch das von Lund bzw. Mariengarde gegründete Belbuck eine zeitlang zu Magdeburg gehört haben[52].

Somit ergibt sich am Ende des 13. Jahrhunderts folgende Zusammensetzung der sächsischen Zirkarie: Magdeburg Liebfrauen, Stade, Ratzeburg, Havelberg, Brode, Gramzow, Jerichow, Brandenburg, Leitzkau, Quedlinburg, Gottesgnaden, Kölbigk, Pöhlde, Klosterrode und Mildenfurth. Zeitweilig, d.h. bis zu ihrer Auflösung kommen Gottesstadt und Themenitz hinzu, später dann Harlungerberg und das Frauenkloster Rhena. Diesen Bestand wahrt die sächsische Zirkarie bis zum Beginn des 16. Jahrhunderts.

ANMERKUNGEN:

[1] Zum ausführlichen Verlauf siehe Grauwen, Wilfried Marcel: Norbert, Erzbischof von Magdeburg. Duisburg 1986, S. 197ff.

[2] Claude, Dietrich: Geschichte des Erzbistums Magdeburg bis in das 12. Jahrhundert. Teil II, Köln/Wien 1975, S. 349

[3] Grauwen (Anm. 1), S. 202

[4] Grauwen (Anm. 1), S. 207f.

[5] für 1130 plädieren Grauwen (Anm. 1), S.253f., und Albert Bormann/Gustav Hertel: Geschichte des Klosters Unser Lieben Frauen zu Magdeburg. Magdeburg 1885, S.66; dagegen für 1129 Backmund, Norbert: Monasticon Praemonstratense. Tom. I, Straubing 1949, S.237, und ebenso datieren Israel, Friedrich/Möllenberg, Walter: Urkundenbuch des Erzstifts Magdeburg (im folgenden UB abgekürzt), S. 217, die Urkunde Norberts über die Einrichtung von Prämonstratensern in Pöhlde (Nr. 272)

[6] Backmund (Anm. 5), S. 237

[7] UB (Anm. 5), Nr. 228, S. 286,

[8] Grauwen (Anm. 1), S. 318

[9] Claude (Anm. 2), S. 390

[10] Backmund (Anm. 5), S. 218

[11] Grauwen (Anm. 1), S. 317

[12] *fundatio monaterii gratiae dei*, abgedruckt bei Winter, Franz: Die Prämonstratenser des 12. Jahrhunderts und ihre Bedeutung für das nordöstliche Deutschland. Berlin 1865, S. 333

[13] Grauwen (Anm. 1), S. 318f.

[14] vgl. Grauwen (Anm. 1), Itinerar Norberts S. 462, sowie allgemein Teil 3

[15] UB (Anm. 5), S.291, Nr. 230

[16] Bormann/Hertel (Anm. 5), S. 60

[17] Wernicke, Ernst: Der älteste steinerne Kirchenbau östlich der Elbe. In: Beiblatt zur Magdeburgischen Zeitung. Blätter für Handel, Gewerbe und soziales Leben 1888, Nr. 2 und 3; schon Winter (Anm. 12), S. 125 geht vorsichtshalber von 1139 aus

[18] diese übernommen durch Sello, G.: Zur Geschichte Leitzkaus. In: Geschichtsblätter für Stadt und Land Magdeburg, XXVI (1891), S. 245-260; dann Brackmann, Albert: Magdeburg als Hauptstadt des deutschen Ostens im Mittelalter. Leipzig 1937, S. 53; ebenso Backmund (Anm. 5), S. 230, und Dehio, Georg: Handbuch der deutschen Kunstdenkmäler: Bezirk Magdeburg. Berlin 1974 (unver. Nachdruck 1990), S. 246

[19] Badstübner, Ernst: Klosterbaukunst und Landesherrschaft, in: Möbius/Schubert: Architektur des Mittelal-

ters - Funktion und Gestalt. Weimar 1983, S. 187, akzeptiert es als Möglichkeit neben 1133; Schwineköper, Berent: Handbuch der historischen Stätten Deutschlands, Band XI: Provinz Sachsen - Anhalt. Stuttgart 1987, favorisiert es ohne Angabe von Gründen

[20] so Dehio (Anm. 18), S. 246, und Nickel, Heinrich L.: Pfarrkirche und Stiftskirche zu Leitzkau. München/Berlin 1993, (Große Baudenkmäler, Heft 456) S. 4/8; Winter (Anm 12) S. 125 geht von einem Baubeginn um 1147 aus, während Backmund (Anm. 5), S. 230, die Übersiedlung erst mit der Weihe 1155 ansetzt

[21] so Winter (Anm. 12), S. 125, Dehio (Anm. 18), S. 246, Claude (Anm. 2), S. 350, und Schwineköper (Anm. 19), S. 273

[22] so Backmund (Anm. 5), S. 138, ähnlich Möbius, Friedrich und Helga: Sakrale Baukunst. Berlin 1963, S. 226; die Urkunde dazu im Landeshauptarchiv Magdeburg U 19 C5, Nr. 2

[23] Grauwen (Anm. 1), S. 318

[24] die Meinungen sind zahlreich: Backmund (Anm. 5), S. 215 setzt die Gründung auf 1138; Winter (Anm. 12) auf 1139 oder später; Georg Dehio: Handbuch der deutschen Kunstdenkmäler. Bezirke Berlin - Hauptstadt der DDR und Potsdam, Berlin 1983, S. 141, nimmt 1147 an, Sello (Anm. 18), S. 250, geht ähnlich, wenn er die Übersiedlung vor Pribislaws Tod 1150 ansetzt

[25] Backmund (Anm. 5), S. 228, legt das in das Jahr 1140, Schwineköper (Anm. 19), S. 246, plädiert für 1142

[26] nur bei Bormann/Hertel (Anm. 5), S. 70 erwähnt

[27] UB (Anm. 5), Nr. 268 S. 337, ...*propter tumultum forensis populi*...

[28] nach Untermann, Matthias: Kirchenbauten der Prämonstratenser. Köln 1984, S. 268

[29] Winter (Anm. 12), S. 155, nimmt für dieses Jahr das Bestehen eines Domkapitels an, das im Verlauf des Jahres eventuell nach Havelberg übersiedelte; Backmund (Anm. 5), S. 223, gibt die Neuerrichtung des Bistums in diesem Jahr an

[30] Wentz,G.: Germania sacra, I. Abteilung, II. Band: Das Bistum Havelberg. Berlin 1933, S. 143, schließt eine gleichzeitige Gründung mit Jerichow aus und setzt die Besiedlung nach dem Wendenkreuzzug an; Dehio (Anm. 18), S. 175, geht von einer Bistumserneuerung kurz vor 1150 aus

[31] Backmund (Anm. 5), S. 227, erwähnt 1147; Schwineköper (Anm. 19), S. 245, vertritt um 1150; Bormann/Hertel (Anm. 5), S. 76, gingen von um 1154 aus; nach Dehio, Handbuch der deutschen Kunstdenkmäler: Bezirk Halle, Berlin 1976, S. 44, tritt erstmals 1504 die Bezeichnung Klosterrode auf

[32] Schwineköper (Anm. 19), S. 246, ohne Angabe der Urkunde

[33] Winter (Anm. 12), S. 171

[34] Winter (Anm. 12), S. 187ff., datiert die Gründung auf 1150 sowie das Verlassen um 1164/66, für ihn sind Havelberger auch die ersten Ansiedler; Backmund (Anm. 5), S. 256, nimmt die erste Gründung vor 1155 an; Claude (Anm. 2), S. 351, hält dagegen Magdeburger für die ersten Besiedler

[35] Backmund (Anm. 5), S. 235

[36] dazu Grauwen (Anm. 1), S. 316

[37] Backmund (Anm. 5), S. 138

[38] Winter (Anm. 12), S. 191f., setzt die Zeit bald nach 1166, Claude (Anm. 2), S. 351, und Backmund (Anm. 5), S. 256, gehen von 1177 aus

[39] Winter ebd., Backmund ebd.

[40] so Dolista, K.: Die Triennal und Annualkapitel der sächsischen Zirkarie des Prämonstratenserordens. Analecta Praemonstratensia, L (1974) S. 71, und Backmund (Anm.5), S. 217

[41] Wentz (Anm. 30), S. 218f.

[42] Backmund (Anm. 5), S. 221

[43] die ältere Forschung setzt das früher an: Winter (Anm. 12), S. 210, nimmt vor 1178 an; Bormann/Hertel (Anm. 5), S. 76, sehen die Gründung durch Casimir 1180 oder später; Kratzenstein: Geschichte des Klosters. In: Das Kloster Unser Lieben Frauen in Vergangenheit und Gegenwart - Festschrift zur Feier des 900 - jährigen Bestehens. Magdeburg 1920, S. 14, nimmt die Übersiedlung der Jerichower für das Jahr 1177 an; ebenso Wentz (Anm. 30), S. 196, die neuere Forschung vertritt um 1216: Backmund (Anm. 5), S. 221; Dolista (Anm. 40), S. 71

[44] Dolista (Anm. 40), S. 70, vermeldet den Fakt ohne Datum; die Jahresangabe bei Bormann/Hertel (Anm. 5), S. 76, sowie Backmund (Anm. 5), S. 127, der vor 1190 angibt

[45] Backmund, Norbert: Geschichte des Prämonstratenserordens. Grafenau 1986, S. 97f.

[46] so Dolista (Anm. 40), S. 71, und Backmund (Anm. 5), S. 220; Winter (Anm. 12), S. 224f. sieht es hauptsächlich als Hospital und weniger als Kloster

[47] Bormann/Hertel (Anm. 5), S. 72f., sehen es als Leitzkauer Gründung, wenn es wirklich in der Nähe Brandenburgs gelegen haben sollte

[48] so Kratzenstein (Anm. 43), S. 14; Winter (Anm. 12), S. 226 ebenso, auf S. 116 kommen bei ihm aber noch Ratzeburger dazu

[49] Backmund (Anm. 5), S. 404

[50] Dolista (Anm. 40), S. 70, nach ihm tritt Grobe schon um 1184 aus der sächsischen Zirkarie aus, Ilfeld spätestens 1246; Backmund (Anm. 5), S. 151, zählt Arnstein schon 1151 als eigenständiges Kloster

[51] Dolista (Anm. 40,) S. 70f.

[52] ebenda

S. NORBERTVS

Teutonicus, Xantis illustri genere ortus, in Præmonstrato candidum Ordinem sub regula S. Augustini instituit anno 1120. probante Honorio II. Moritur Archiepiscopus Magdeburgensis aº 1134.

Cornelius Galle sculpsit.   Io. Galle excud. cum priuilegio

Kaspar Elm

Norbertus triumphans

Als Erzbischof Norbert von Xanten am 11. Juni 1134 in Gegenwart zahlreicher Bischöfe, vieler hoher Adliger und einer großen Volksmenge in der Kirche des Klosters Unser Lieben Frauen beigesetzt worden war, trug man seinen Namen nicht nur in Magdeburg und im heimatlichen Xanten, sondern auch in zahlreichen anderen Städten und Klöstern des mittelalterlichen Europas in die Nekrologien ein, um an seinem Todestag, dem 6. Juni, für sein ewiges Seelenheil beten zu können. Die Prämonstratenser begnügten sich nicht damit, ließen ihren geistlichen Vater vielmehr schon unmittelbar nach seinem Tode als Heiligen die Anschauung Gottes genießen. So berichten die Viten von dem Wohlgeruch, der seinem Leichnam trotz der Sommerhitze des Jahres 1134 entströmt sei, ja sie wissen von wunderbaren Erscheinungen, in denen er *in veste candida et pulchra effigie, ramum olivae in manu*, in einem weißen Gewand, mit strahlendem Antlitz und einem Olivenzweig in der Hand, seine Söhne über die Glückseligkeit, die er im Himmel genoß, unterrichtet und zu Friede, Eintracht und einem Leben in Armut ermahnt haben soll. Trotz dieser und anderer Bemühungen der Prämonstratenser, die *Sanctitas* ihres Ordensgründers zu dokumentieren, blieb Norbert von Xanten jahrhundertelang die Ehre versagt, die Bernhard von Clairvaux, Franz von Assisi und Dominikus von Calaruega schon bald nach ihrem Hinscheiden zuteil geworden war, nämlich die offizielle Kanonisierung als Heiliger. Es ist immer wieder nach den Gründen für diese Zurücksetzung gefragt worden. Man hat behauptet, daß sich die Prämonstratenser zu wenig für die Heiligsprechung eingesetzt hätten, weil sie mehr auf die Gnade des Herrn als auf die Fürsprache der Heiligen vertrauten, und darauf hingewiesen, daß sich die Kurie im 12. und 13. Jahrhundert auch in anderen vergleichbaren Fällen wie denjenigen Romualds von Ravenna und Brunos von Köln restriktiv verhalten habe. Andere sahen den Grund in der Person des Erzbischofs selbst: Der radikale Wanderprediger, der von seinen Söhnen nicht immer verstandene Ordensstifter und der in reichs- und kirchenpolitische Auseinandersetzungen verwickelte Kirchenfürst habe nur wenig dem Bild entsprochen, das man sich im Mittelalter von einem Heiligen gemacht habe.
Erzbischof, Domkapitel und Bürgerschaft von Magdeburg pflegten dennoch die Erinnerung an den heiligmäßigen Erzbischof und Ordensgründer, verehrten seine Reliquien und bemühten sich, seinen Ruhm zu mehren. Die Erzbischöfe bezeichneten ihn als ihren *venerabilis predecessor*. Einer von ihnen, Wichmann von Seeburg, stiftete 1184 eine Memorie, die seither am Jahrestag seines Todes in St. Marien begangen wurde. Bei der Bestätigung des Besitzes des Stiftes Gottesgnaden durch Erzbischof Konrad von Querfurt war schon am 4. März 1135 das Wort von Norbert als dem *magnus et incomparabilis vir* gefallen, das in den sechziger Jahren des gleichen Jahrhunderts von Erzbischof Wichmann wiederholt wurde. In erster Linie waren es aber die Magdeburger Prämonstratenser, die sich nach Kräften bemühten, deutlich zu machen, *qualiter prefata ecclesia Sancte Marie tam jugiter quam preclare pre ceteris sit dotata ac profulgeat corpore reverendissimi patris Norberti*, wie es 1308 der Bischof von Brandenburg, Friedrich von Plötzke, formulierte. Alljährlich beginnen sie am 6. Juni mit einer Seelenmesse das Gedächtnis ihres Stifters. Bei dieser Gelegenheit versammelten sie sich, seit dem Ausgang des 13. Jahrhunderts in jedem dritten Jahr auch

die Prälaten der zur sächsischen Zirkarie gehörenden Klöster, am Grabe Norberts. Wie Erzbischof Wichmann 1184 vorgeschrieben hatte, wurde den Armen Brot, Käse und Bier gereicht. Wenn die Chorherren *post aliquot annos* die Gebeine vom ursprünglichen Ort der Beisetzung, im Hauptschiff vor dem Kreuzaltar, auf den Chor transferierten, *ut sine oblivione memoriae ipsorum commendaretur*, könnte dies ein Hinweis darauf sein, daß sie sich damals um nichts weniger bemühten als um die Kanonisierung des „Erzbischofs der heiligen Kirche von Magdeburg, des Institutors des Prämonstratenserordens und Restaurators des Klosters", wie Norbert auf dem heute noch in der Klosterkirche befindlichen Xenotaph genannt wird.

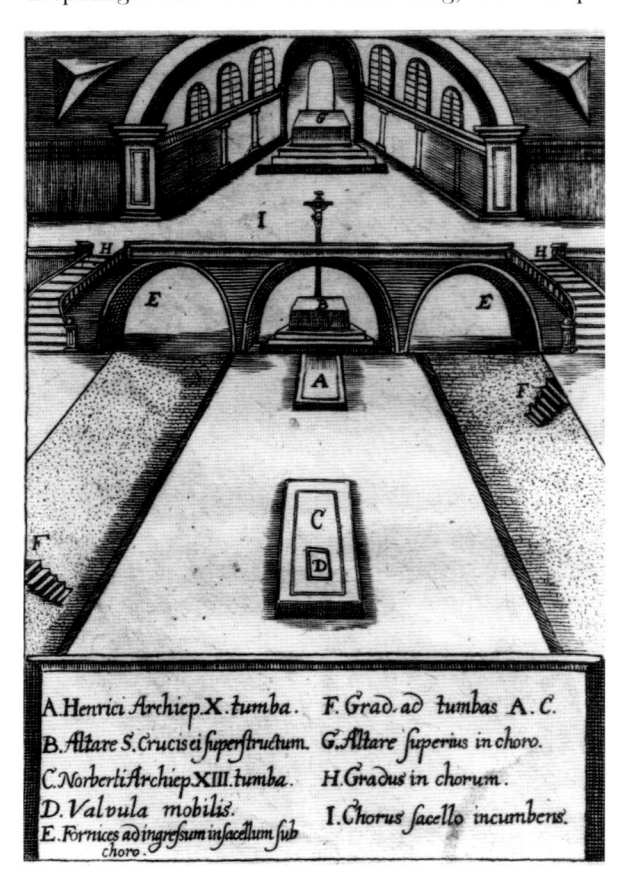

Die nach dem Tode Norberts im Kloster Unser Lieben Frauen einsetzende Verehrung war nicht nur Ausdruck der Pietät, die die Söhne ihrem Vater schuldeten. Sie hatte auch ordenspolitische Gründe. Die Magdeburger Chorherren machten auf diese Weise aller Welt, vor allem aber Prémontré und den ihm unterstellten Klöstern, deutlich, daß ihre Kirche in einer besonderen Beziehung zum Ordensvater stand und als die *prima et principalis ecclesia* allen anderen in den Diözesen Magdeburg, Brandenburg, Havelberg, Halberstadt, Kammin, Bremen und Mainz, ja selbst in Rom gegründeten Prämonstratenserstiften vorstände. Daß die Sonderstellung ihrer Kirche nicht allein auf das Wirken Norberts, sondern auch auf den Besitz seiner Reliquien zurückgeführt wurde, zeigte sich 1446, als Johannes Busch mit der Reform des Stiftes beauftragt wurde. Als Erzbischof und Domkapitel ihn aufforderten, dessen Leitung zu übernehmen und es in ein Augustinerkloster umzuwandeln, lehnte er dies ab, da nach seiner Meinung in einem Kloster, in dessen Kirche die Gebeine Norberts in *sarcophago marmoreo* ruhten, nur seine Söhne, die Prämonstratenser, das Recht hätten, ein Ordensleben zu führen. Wegen der Reliquien des Ordensstifters nahmen es 1590 zwei Steinfelder Kanoniker auf sich, nach Magdeburg zu gehen und in der evangelisch gewordenen Stadt den katholischen, aus Knechtsteden stammenden Propst Adam Helffenstein zu unterstützen. Das Grab Norberts und seine angeblich durch einen Spalt von außen sichtbaren Reliquien gaben ihnen die Kraft, ungeachtet aller Anfeindungen in dem *ordinis ... praecipuum et fundatoris Norberti SS. cineribus clarum Phrontisterium* auszuhalten. Als der letzte der beiden, Theodor Kessel, den Mut verlor und Magdeburg verlassen wollte, meinte er, dies nur mit den Reliquien Norberts, *collectis et assumptis patris nostri Norberti ossibus vel exuviis*, tun zu können.

Der nolens volens erfolgte Verzicht auf die Kanonisation Norberts wurde im 16. Jahrhundert nicht mehr unwidersprochen hingenommen. Die Prämonstratenser empfanden die mangelnde offizielle Approbation seiner Heiligkeit vielmehr als Zurücksetzung hinter die anderen durch heilige Stifter ausgezeichneten Orden, stand sie doch nicht mehr im Einklang mit dem Geist der Zeit und noch weniger mit dem Selbstbewußtsein des Ordens. Zu Beginn des Jahrhunderts hatten in England, Ungarn und Spanien, dann auch in Lothringen, in den Niederlanden und im Reich energische Reformbemühungen eingesetzt. Auch wenn sie zur Bildung weitgehend autonomer Kongregationen führten, waren sich die reformierten Ordensleute doch in dem Bestreben einig, dem gemeinsamen Vater eine angemessene Verehrung zuteil werden zu lassen. Mit Nachdruck bemühte sich der 1574 zum Generalabt des Ordens gewählte Jean Despruets, den Vorwurf zu entkräften, der Orden habe es bisher aus Trägheit unterlassen, sich um die Kanonisation Norberts zu bemühen. Er machte sich 1578 daran, das zu erreichen, was dem 1541 vom Generalkapitel beauftragten römischen Ordensprokurator und späteren Bischof von Verdun, Nicolas Psaume, nicht gelungen war, nämlich die Kurie zu einer Heiligsprechung des Ordensgründers zu bewegen. Mit Hilfe des Generalprokurators der spanischen Ordenskongregation, Hieronymus de Villaluenga, und des Kardinalprotektors der Prämonstratenser, des Papstneffen Kardinal Boncompagni, konnte er Papst Gregor XIII. dazu veranlassen, dem Orden mit den Breve *Immensae divinae sapientiae altitudo* vom 28. Juli 1582 zu erlauben, Norbert am Tage seines Transitus als heiligen Bischof und Bekenner zu feiern. Die zunächst auf den Orden beschränkte, nach Erweiterungen und Präzisierungen später auf die ganze Kirche ausgedehnte Verehrung Norberts erfuhr 1626 ihren Höhepunkt, als die Reliquien des Heiligen aus der Kirche des Magdeburger Klosters Unser Lieben Frauen nach Böhmen überführt, im Jahr darauf in der Abtei Strahov in einen kostbaren Schrein gelegt und in einer Seitenkapelle der Klosterkirche der Verehrung der Ordensleute und des gläubigen Volkes zugänglich gemacht wurden.

Der Gedanke, Norberts Überreste aus der seit 1524 dem neuen Glauben zugewandten Bischofsstadt an der Elbe in ein katholisches Land zu überführen und dort in die Obhut seiner dem alten Glauben treu gebliebenen Söhne zu geben, war nicht neu. Er war ungefähr gleichzeitig mit dem Plan aufgekommen, die Heiligsprechung des Ordensgründers mit größerem Nachdruck als zuvor zu betreiben. Auf Anregung des Steinfelder Abtes Jakob Panhausen, der mit den katholisch gebliebenen Stiftsherren von Unser Lieben Frauen in Kontakt stand und ihnen durch Entsendung von Mitbrüdern aus dem Rheinland und Westfalen half, ihre Position gegenüber Rat, Domkapitel und den evangelischen Angehörigen des Liebfrauenstiftes zu behaupten, hatte schon in den achtziger Jahren des 16. Jahrhunderts der reformeifrige, später zum Erzbischof von Prag erhobene Strahover Abt Johannes Lohelius auf Veranlassung des Generalabtes Jean Despruets versucht, Unterstützung für eine Translation der Norbertre-

Entwürfe von Reliquienschreinen für den hl. Norbert

liquien von Magdeburg nach Prémontré zu gewinnen. Als dieser Versuch trotz der Fürsprache des Prinzen Philipp Wilhelm von Oranien und der Herzöge Ernst und Ferdinand von Bayern ergebnislos blieb, wandte sich Despruets 1596 an Dionys Feyten, den Abt von St. Michael in Antwerpen, der sich - auch diesmal umsonst - zur Durchsetzung seines Anliegens der Hilfe der Erzherzöge Albert und Isabella, der Unterstützung zahlreicher Mitbrüder sowie der Kenntnisse eines im niederländischen Exil lebenden Magdeburger Dompropstes aus dem Hause Hohenzollern bediente. Erst dem Nachfolger des Lohelius, dem Strahover Abt Kaspar von Questenberg, gelang es, das Ziel zu erreichen und die seit langem angestrebte Translation vorzunehmen. Sie erfolgte freilich nicht von heute auf morgen, war vielmehr das Ergebnis mehrerer Anläufe und die Folge einer für ihn und sein Unternehmen günstigen politischen Konstellation. Der Abt von Strahov und Visitator der im Reich gelegenen Prämonstratenserklöster, der aus einer Kölner Patrizierfamilie stammte und sich mit Hilfe seines in kaiserlichen Diensten stehenden Bruders Zugang zum Hof zu verschaffen vermochte, hatte schon 1604 Kaiser Rudolf II. dazu bewegen können, den Rat von Magdeburg zu bitten, die Reliquien Norberts den Prager Prämonstratensern zu überlassen. Es dauerte mehr als zwei Jahrzehnte, bis er einen neuen Versuch unternahm, am Hof vorstellig wurde und den Kaiser um Unterstützung für seinen Plan bat. Dieser - es war Ferdinand II. - beschränkte sich nicht darauf, dem am 15. Januar 1626 nach Magdeburg aufbrechenden Abt Empfehlungsschreiben an den Rat, das Domkapitel und den evangelischen Propst von Unser Lieben Frauen mit auf den Weg zu geben. Er hatte schon zuvor die in der Nähe von Magdeburg operierenden Feldherren Wallenstein und Aldringer aufgefordert, von Questenberg, wenn nötig mit Gewalt, zu unterstützen. Dieser machte nicht weniger als dreimal den Versuch, sein Ziel zu erreichen, scheiterte jedoch trotz der allerhöchsten Unterstützung immer wieder an der Hinhaltetaktik der Magdeburger geistlichen und städtischen Obrigkeiten und dem offenen Widerstand der Bevölkerung. Erst der am 27. August 1626 bei Lutter am Barenberge von Tilly errungene Sieg der Liga über Christian IV. von Dänemark und die antihabsburgische Koalition sowie der daraufhin einsetzende massive Druck des Grafen Heinrich Schlick brachten die entscheidende Wende. Am Morgen des 3. Dezembers 1626 begab sich der Abt, begleitet von Martin Stricer, Propst von St. Agnes in Magdeburg, und Crispin Fuck, dem Propst des Prämonstratenserinnenklosters Doxan, mit den Magdeburger Ratsherren Andreas Rohr und Nikolaus Gente sowie dem kaiserlichen Hauptmann Rudolf Sbrajavacca in das Kloster Unser Lieben Frauen, dessen Konvent nach zweistündiger Verhandlung unter Vorbehalt die Erlaubnis zur Erhebung und Translation der Reliquien erteilte. Als man nach längerer Suche das unterhalb von Chor und Kreuzaltar gelegene Grab genau lokalisiert, den Altar mit großer Mühe beiseite geräumt und den steinernen Sarg geöffnet hatte, konnte man, wie die bald danach angefertigten Protokolle berichten, den in liturgische Gewänder gehüllten und mit Stab und Ring, den Insignien des bischöflichen Amtes, ausgestatteten Leichnam so lange wahrnehmen, bis er trotz aller Vorsicht, mit der man ihn behandelte, bis auf die Knochen zu Asche zerfiel. Schon am Nachmittag des nächsten Tages brach die Gesellschaft mit den sorgfältig verpackten Reliquien nach Böhmen auf. Wenige Tage später - am 11. Dezember - erreichte sie Doxan, wo die Gebeine vorläufig deponiert wurden. Questenberg reiste am 7. Januar des neuen Jahres nach Wien, um dem Kaiser persönlich Bericht zu erstatten und ihm Teile der Reliquien zum Geschenk zu machen, nachdem er schon am 12. Dezember 1626 seine Mitbrüder im ganzen Reich aufs genauste darüber unterrichtet hatte, auf welche Weise es ihm gelungen war, die Gebeine des Ordensvaters „den Händen seiner Feinde zu entreißen". Bald darauf erhielten die Prämonstratenser wie zahlreiche andere Ordensleute und Prälaten die Einladung, Anfang Mai 1627 nach Prag zu kommen, um gemeinsam mit Adel, Klerus und Volk an dem im Januar in Wien beschlossenen *Triumphus Norberti*, seiner endgültigen Übertragung von Doxan nach Strahov, teilzunehmen. Die Feierlichkeiten, die am 1. Mai mit dem Empfang der von den Doxaner Prämonstratenserinnen würdig hergerichteten Reliquien am Wener Tor und ihrer Verehrung in der Teynkirche begannen und am Tag darauf mit der Beisetzung in der Kirche der Abtei Strahov einen ersten Höhepunkt erreichten, waren von solcher Pracht, daß die Teilnehmer glaubten, sagen zu können: *a condita Praga similem triumphum non fuisse conspectum*. In der Tat entfalteten das habsburgische Herrscherhaus, der mit ihm verbundene Adel, die Angehörigen der Universität, die Vertreter der Prager Civitates, der böhmische Episkopat mit dem Prager Erzbischof Ernst-Adalbert von Harrach an der Spitze und nicht zuletzt der mit zahlreichen Angehörigen vertretene Welt- und Ordensklerus in den Kirchen und auf den mit Blumen und Triumphbögen geschmückten Straßen und Plätzen der Stadt eine ganze Woche lang mit Gottesdiensten, Predigten, Prozessionen und Actiones scenicae ein von Chören, Musikkapellen und Bombardenschüssen akustisch begleitetes Schauspiel, das nicht nur die

Triumph des hl. Norbert, G. Appiani 1750, Entwurf für Deckenfresco in Obermarchtal, Detail

zu diesem Anlaß mit Gedenkmünzen beschenkten Teilnehmer, sondern auch diejenigen, die schon wenige Monate später die ausführlichen Schilderungen der Ereignisse in mehreren gedruckten Büchern nachlesen konnten, tief beeindrucken mußte. Die Freudenfeiern des Octiduums fanden noch im gleichen Jahr ihre Fortsetzungen in zahlreichen anderen Prämonstratenserklöstern, die sich darin überboten, mit feierlichen Gottesdiensten, kunstvollen Predigten, Singspielen und Sinngedichten den Triumph des Ordensvaters zu feiern oder, wie in St. Marien zu Steinfeld und St. Michael in Antwerpen, die ihnen als Zeichen besonderer Verbundenheit von Strahov geschenkten Reliquienpartikel ähnlich wie in Prag würdig in Empfang zu nehmen.

Die Intensität, mit der man sich am Ende des 16. und zu Beginn des 17. Jahrhunderts im Rheinland, in Flandern und Brabant um die Kanonisation Norberts und die Überführung seiner Gebeine bemühte, erst recht aber der Enthusiasmus, mit dem man den Heiligen in Prag feierte, hatte nicht nur ordensinterne Gründe. Wenn sich der Kaiser und das Haus Habsburg samt Adel und Episkopat mit Nachdruck für die Translation einsetzten, einen großen Anteil der sich auf ca. 11.000 Reichstaler belaufenden Kosten übernahmen und sich persönlich um Einzelheiten der zu einem *Triumphus* stilisierten Deposition der Norbertreliquien kümmerten, hatte das, ähnlich wie die sich intensivierende Norbertverehrung in den spanischen Niederlanden, neben religiösen auch politische Gründe. Rund sieben Jahre nach der Niederlage des böhmisch-pfälzischen Heeres in der Schlacht auf dem Weißen Berg, der Kapitulation Prags und der Hinrichtung zahlreicher Aufständischer, wenige Jahre nach der Vertreibung der evangelischen und utraquistischen Geistlichkeit und genau im Jahre der „Erneuerten Verfassungsordnung", die die böhmischen und mährischen Stände weitgehend entmachtete, wurde mit der prunkvollen Reliquientradition nicht allein der Triumphus S. Norberti, sondern auch der Sieg Habsburgs und damit des römisch-katholischen Bekenntnisses über die Irr- und Ungläubigen, die Hussiten, Utraquisten und Protestanten, gefeiert. Die Prediger und Dichter, bildenden Künstler und Musiker, die sich in Prag und anderswo mit Elaboraten zum Lobe Norberts hervortaten, meinten denn auch nicht den armen und nackten Wanderprediger, den Kritiker an der Lebensweise des Klerus, den Vermittler zwischen Kaiser und Papst, erst recht nicht den den widersprüchlichen Forderungen des Evangelismus nur mit Mühe gerecht werdenden Christen, wenn sie Norbert überschwenglich priesen. Er war für sie der mit den Insignien des Ordensstifters und Erzbischofs geschmückte Prälat, der als des rechten Glaubens die Teufel austrieb, den Ketzer Tanchelm von Antwerpen in den Staub warf und die Gläubigen demutsvoll die Eucharistie verehren ließ - und damit eine aktuelle Bedeutung erlangte, die mit aller nur wünschenswerten Deutlichkeit Prag und seinen Bewohnern vor Augen geführt wurde: *Gaude Praga Bohemorum et exulta, quia quae paucos ante annos insignem victoriam de haereticorum castris sumptam vidisti hodie illustriorem eorundem victorem recipis Norbertum.* Nur unbedeutend nahm sich daneben der Wunsch aus, daß der *pacis componendae semper studiossimus* der Stadt nach dem vielen Ungemach Friede bringen und die Rückkehr zum alten Glauben erleichtern möge.

Als die seit langem angestrebte Reliquientranslation zu Beginn des 17. Jahrhunderts in die Tat umgesetzt werden sollte, zeigte sich, daß die Beziehungen der inzwischen protestantisch gewordenen Magdeburger zu ihrem 13. Erzbischof enger waren, als man vermuten sollte. Nicht nur das Volk, das wegen des Verlustes der Reliquien um die Sicherheit der Stadt bangte und deswegen mit einem Aufstand drohte, sondern auch Rat und Geistlichkeit, das Domkapitel und die evangelischen Stiftsherren von Unser Lieben Frauen suchten durch hartnäckige Weigerung und dauernde Verschleppung die Auslieferung der Reliquien zu verhindern. Auch nachdem sich diese angesichts der politischen und militärischen Überlegenheit der Kaiserlichen nicht hatte verhindern lassen, dachten sie nicht daran, sich mit der nach ihrer Ansicht gewaltsamen Entführung abzufinden. Als man in Prag mit großem Aufwand die Jubiläen der Translation feierte, empfand man dies in Magdeburg immer noch als eine solche Provokation, daß man meinte, ihr energisch entgegentreten zu müssen. Die Rolle des Vorkämpfers gegen die Anmaßungen der Böhmen übernahm der 1679 zum Propst des nach kurzzeitiger Restitution evangelisch gewordenen Stiftes gewählte Philipp Müller aus Sangershausen. Er war nicht nur ein streitbarer Herr, der, wenn es um die Rechte seines Stiftes ging, Mut auch vor Fürstenthronen zeigte, sondern auch ein allseits gebildeter Gelehrter, der als Hofprediger der Grafen von Mansfeld und Professor der Beredsamkeit und Dichtkunst in Jena gelernt hatte, mit dem Wort umzugehen und schlagkräftige Argumente vorzubringen. Das tat er denn auch am 18. Oktober 1683 in einem unter seinem Vorsitz von dem Theologen Christian Schneider in Jena bestrittenen *Publicum examen*, in dem mit staunenswerter Gelehrsamkeit, in ständigem Rückgriff auf das Alte und Neue Testament, die griechischen und lateinischen Klassiker, die Kirchenväter und die Theologen des alten und neuen Glaubens über den Sinn der Heiligenverehrung im allgemeinen und die Berechtigung von Reliquientranslationen im besonderen diskutiert wurde. Noch im gleichen Jahr schlug der Hallenser Elias Andreas Schubart in die gleiche Kerbe, als er ebenfalls in Jena unter dem Vorsitz des Historikers Caspar Sagittarius Leben und Wirken Norberts zum Gegenstand seines zur Erlangung der Doktorwürde erforderlichen öffentlichen Examens machte. Was mit der Jubiläumsfeier von 1677 begonnen worden war, wiederholte sich anläßlich der Erinnerungsfeiern des nächsten Jahrhunderts. Auf die in Prag in lateinischer, deutscher und tschechischer Sprache gehaltenen und zum Druck gebrachten Panegyrica reagierte man in Magdeburg, Jena und Halle mit denselben gelehrten Deduktionen, die bereits ein Jahrhundert zuvor angestellt worden waren und in dem Vorwurf gipfelten, daß es sich bei den nach Prag entführten Reliquien keineswegs um die Gebeine Norberts von Xanten, sondern um diejenigen des 1107 verstorbenen Erzbischofs Heinrich I. handelte, der wie er in der Kirche des Klosters Unser Lieben Frauen beigesetzt worden war.

Die Intensität, mit der man in Magdeburg nach all den Schrecken und Veränderungen, die Stadt und Stift inzwischen erlebt hatten, den Verbleib und die Echtheit der Reliquien erörterte, hat zweifellos damit zu tun, daß man sich der politischen Bedeutung dieses Ereignisses bewußt war und sich - von den Böhmen als *Tancheliniani* geschmäht - gegen den Vorwurf des Irr- und Unglaubens zur Wehr setzen wollte. Der Eifer, den man in Magdeburg an den Tag legte, läßt sich jedoch nicht allein aus politischen und konfessionellen Gründen erklären oder gar als bloße Rechthaberei abtun. Auch wenn die gelehrten Autoren in ihren Schriften beredt darauf hinweisen, sie wollten lediglich nach dem Brauch der Alten über die Ruhe der Toten wachen und hätten als gute Lutheraner nichts mit der Heiligenverehrung im Sinn, spürt man bei der Lektüre der sich in ihrer Argumentation oft wiederholenden Texte, wie stark sich ihre Verfasser durch die Gestalt Norberts angezogen fühlten. Am deutlichsten kommt dies bei Johannes Christian Schneider zum Ausdruck. In seiner im Herbst 1683 vorgetragenen Replik auf den Translationsbericht der Prager Prämonstratenser erklärte er es zur Pflicht der Magdeburger Stiftsherren, das zu erhalten und fortzusetzen, was Norbert *recte et praeclare* begonnen habe. Was schon 1591 in der von dem Domprediger Siegfried Sack in Unser Lieben Frauen gehaltenen ersten evangelischen Predigt angeklungen war, was den als Retter des Stiftes gefeierten Propst Malsius 1650 veranlaßte, sich auf einem in den renovierten Turmknopf der Kirche eingeschlossenen Pergament mit Worten Norberts gegen die Schädiger des Klosters zu wenden, bewog den Propst Philipp Müller, der sich mit unermüdlichem Eifer für die Rechte und Privilegien des Stiftes und die Erneuerung eines der Erziehung und Wissenschaft gewidmeten klösterlichen Lebens einsetzte, in sein Demissions-Diplom vom 27. Februar 1702 die Zusicherung aufnehmen zu lassen, „es solle ihm nach seinem Tode gestattet werden, sich in dem im benachbarten Closter befindlichen Norbert-Grab begraben zu lassen". Der Grund für diese Hochschätzung Norberts als Erzbischof und Reformer des Stiftes Unser Lieben Frauen ergab sich nicht allein aus dem Traditionsbewußtsein des sich bis 1722 als *Monasterium B. Mariae Virginis Ordinis Praemonstratensis* verstehenden Stiftes, auch nicht aus der in der Reaktion der Magdeburger Bevölkerung auf den „Reliquienraub" deutlich werdenden Anhänglichkeit an den Schutz und Schirm gewährenden Heiligen und seine Reliquien. Sie war, wie mehr als einmal betont wurde, nicht zuletzt das Ergebnis der Einsicht, daß der Prediger Norbert, der ganz und gar im Sinne des Evangeliums hatte leben wollen, als Vorbild für ein christliches Leben gelten und als Zeuge der Wahrheit des Evangeliums verehrt werden könne. Diese Auffassung wurde auch noch in den folgenden Jahrhunderten vertreten. Die Mitglieder des Stiftes und später die Vorsteher und Lehrer des 1722 in St. Marien eingerichteten Pädagogiums, aber auch die nicht durch solche institutionellen Bande mit Norbert und der prämonstratensischen Vergangenheit des Stiftes verknüpften Magdeburger Historiker befleißigten sich dem Orden und seinem Stifter gegenüber eines Wohlwollens, das auch durch konfessionelle, wissenschaftliche und ideologische Polemik nicht wesentlich gemindert werden konnte.

Weniger aus wissenschaftlichen als vielmehr aus religiösen Gründen wandte sich die nach der Reformation zunächst um das katholisch gebliebene Zisterzienserinnenkloster St. Agnes gescharte katholische Gemeinde Magdeburgs Norbert von Xanten zu. Die nur zum geringeren Teil aus der Stadt und ihrem Umland stammenden Katholiken sahen in ihm, ähnlich wie in Mechthild von Magdeburg, eine Gestalt, die es ihnen ermöglichte, Anschluß an die vorreformatorische Geschichte der Stadt zu gewinnen. Was im 17. und 18. Jahrhundert begann und im 19. Jahrhundert, als die Magdeburger Katholiken zeitweise im Besitz der Klosterkirche Unser Lieben Frauen waren, zunahm, erreichte in unserer Zeit einen Höhepunkt.

Nicht einzelne Kirchen, sondern das ganze Bischöfliche Amt Magdeburg wurde am 24. November 1981 auf Bitten des damals in diesem Teil der Erzdiözese Paderborn amtierenden Bischofs Johannes Braun von Papst Johannes Paul II. unter den Schutz des hl. Norbert gestellt. Die bei dieser Gelegenheit getroffene Feststellung, *Sanctum Norbertum, episcopum, circumscriptionis Magdeburgensis haberi et esse patronum apud Deum*, gilt sinngemäß auch für das 1994 errichtete Bistum Magdeburg, wobei es dahingestellt sein mag, ob die Reliquien des seit 1626 als Patron Böhmens geltenden Heiligen in der Prager Abteikirche mit Recht als seine Gebeine verehrt werden oder ob sie, wie es die Magdeburger Theologen und Historiker des 17. und 18. Jahrhunderts glaubten, nachweisen zu können, in dem Stift an der Elbe verblieben sind: eine Frage, auf die man am ehesten bei den in den siebziger Jahren anläßlich des Wiederaufbaus der im Januar 1945 stark zerstörten Klosterkirche durchgeführten Grabungen eine Antwort hätte suchen und vielleicht auch finden können.

LITERATUR

Im folgenden wird nur eine Auswahl der einschlägigen Literatur geboten. Eine Liste der älteren Streitschriften hat - unvollständig und korrekturbedürftig - C. Straka in den Analecta Praemonstratensia 3. (1927) 333-335, veröffentlicht. Der Verfasser, der bereits in seinem Beitrag zu der von ihm 1984 herausgegebenen Norbertfestschrift auf Bedeutung, Persönlichkeit und Nachleben Norberts eingegangen ist und dort Hinweise auf weitere Quellen gegeben hat, hofft, an anderer Stelle eine detaillierte Darstellung der für die Einschätzung von Heiligenverehrung und Reliquienkult im Zeitalter der Reformation und Konfessionsbildung aufschlußreichen Polemik vorlegen zu können.

Ardura, Bernard: La Congrégation de l'Antique Riguer de l'Ordre de Prémontré. L'Etablissement d'une réseau de réforme aux XVIe-XVIIe siècles. In: Naissance et fonctionnement des rèseaux monastiques et canoniaux. Actes du Premier Colloque International du C.E.R.C.O.M., Saint Etienne, 16-18 Septembre 1985, Saint-Etienne 1991, S. 687-704. Backmund, Norbert: Monasticon Praemonstratense, I/2 Berlin/New York 1983, S. 300-305, S. 378-382

Baudenkmal und Konzerthalle. Kloster Unser Lieben Frauen, hg. vom Rat der Stadt/Magdeburg, Abt. Kultur, Museen, Gedenkstätten und Sammlungen, Magdeburg 1977

Bormann, Albert/Hertel, Gustav: Geschichte des Klosters Unser Lieben Frauen zu Magdeburg. Magdeburg 1885

Brandt, Dwaine Charles: The City of Magdeburg before and after the Reformation: A Study in the Process of Historical Chance, Diss. Phil. University of Washington 1975.

Büttner, Franz: Pseudo-Norbertus ex Narratione Pragensi translati e Saxonia in Boioemiam Corporis Norberti Archiepiscopi Magdeburgensis, Germaniae Primatis, Conditoris et Patriarchae Ordinis Praemonstratensis detectus et sub praesidio Barthol. Christ. Richardi ... publice excussus a Francisco Buttner. Jena 1709

Claude, Dietrich: Geschichte des Erzbistums Magdeburg bis ins 12. Jahrhundert. (Mitteldeutsche Forschungen, 67/II) Köln/Wien 1975

Fischer, Benedikt: Vita et Mors S. Norberti Canonicorum Regularium Praemonstratensium Fundatoris ... compilata per D. P. Benedictun Fischer Can. Reg. Praem. Plagensem in Austria. München 1670

Grauwen, Wilfried Marcel: Norbert, Erzbischof von Magdeburg (1126-1134). Zweite, überarbeitete Auflage, übersetzt und bearbeitet von Ludger Horstkötter, Duisburg 1986

Grube, Karl (Hg.): Johannes Busch, Liber de reformatione monasteriorum. (Geschichtsquellen der Provinz Sachsen, 19) Halle 1881

Hagedorn, Renate: Zur Ikonographie von Figurengrabplatten. Deutsche Beispiele zwischen dem Ende des 11. und der Mitte des 13. Jahrhunderts. In: Puhle, Matthias (Hg.): Erzbischof Wichmann (1152-1192) und Magdeburg im hohen Mittelalter. Stadt, Erzbistum, Reich. Magdeburg 1992, S. 124-140

Hertel, Gustav (Hg.): Urkundenbuch des Klosters Unser Lieben Frauen zu Magdeburg. (Geschichtsquellen der Provinz Sachsen, 10) Halle 1878

Hertel, Gustav: Urkundenbuch der Stadt Magdeburg. I-III. (Geschichtsquellen der Provinz Sachsen, 26; 27,2; 28) Halle/S., S. 1842-1896

Hertel, Gustav, Über den Tod und die Begräbnisse der Magdeburgischen Erzbischöfe. In: Geschichts-Blätter für Stadt und Land Magdeburg, 37 (1902), S. 196-225

Horstkötter, Ludger: Die Feier des 900. Geburtsfestes des heiligen Norberts in Deutschland im Jahre 1980. Analecta Praemonstratensia, 57(1981), S. 81-100

Horstkötter, Ludger: Die Erhebung des heiligen Norbert zum Patron des Bischöflichen Amtes Magdeburg durch Papst Johannes Paul II.. Analecta Praemonstratensia, 58 (1982), S. 324-331

Israel, Friedrich/Möllenberg, Walter (Hg.): Urkundenbuch des Erzstiftes Magdeburg. I; 937-1192, (Geschichtsquellen der Provinz Sachsen, NR 18) Magdeburg 1932

Das Kloster Unser Lieben Frauen zu Magdeburg in Vergangenheit und Gegenwart. Festschrift zur Feier des 900jährigen Bestehens. Magdeburg 1928

Lefévre, Placide: Une tentative de transférer en Belgique le corps de Saint Norbert (1613-1626). Analecta Praemonstratensia, 26 (1950), S. 113-116.

Leuckfeld, Johannes Georg: Antiquitates Praemonstratenses oder Historische Nachricht von zweyen ehmals berühmten Praemonstratenser-Clöstern S. Marien in Magdeburg und Gottes-Gnaden bey Calbe. Magdeburg/Leipzig 1721

Mader, Wilhelm, S.P.N.: Norberto Ordinis Praemonstratensis fundatori pietatis christianae restauratori, haeresum domitori, nuper ingenti bonorum omnium laetitia Magdeburgi reperto, recepto, hodie summo Praemontratensium plausu Pragam in Monte Sion translato, coenobium Rotense ... gratulabundum hos anagrammatismos panxit, pinxit, cecinit, hunc triumphum instituit. Ravensburg 1627

Merz, Martin: Norbertus Triumphans in vita et translatione ... illustratus opera et studio R. P. Martini Merz eiusdem Ordinis Canonici in Rothensi Coenobio. Ravensburg 1627

Möllenberg, Walter: Aus der Geschichte des Klosters Unser Lieben Frauen zu Magdeburg, Geschichtsblätter für Stadt und Land Magdeburg, 56-59 (1921/24), S. 116-126.

Narratio Translati e Saxonia in Boemiam Sacri Corporis Beatissimi Viri Norberti, Parthenopolitani olim Archiepiscopi, Germaniae Primatis ... referentibus Fratribus Monasterii Strahoviensis. Prag 1627

Neubauer, Ernst: Die Fortführung der Gebeine des Erzbischofs Norbert aus Magdeburg im Jahre 1626. In: Geschichtsblätter für Stadt und Land Magdeburg, 25 (1890), S. 15-46

Heiliger Norbert von Magdeburg. Festschrift zur Erhebung des heiligen Norbert zum Patron von Magdeburg aus Anlaß der 400. Wiederkehr des Jahres seiner Heiligsprechung. Magdeburg 1982

Octiduum S. Norberti Triumphantis: ut Audiant, qui non viderunt. Repraesentantibus Triumphatoris ipsius in Monte Sion Pragae filiis F.F. Strahoviensibus. Prag 1627

Olearius, Johann Christoph: Dissertatio Epistolica ad virum Exc. Dn. Christoph. Krausium ... qua Numus Argenteus in Memoriam Norberti, Archiep. ...Pragam Magdeburgo translati cussus, una cum adjecta numismatis Icone illustratur. Arnstadt 1704

Paas, Theodor: Reliquien des heiligen Norbert in der Abtei Steinfeld. Analecta Praemonstratensia, 5 (1929), S. 66-70

Papebroch, Daniel: Ad acta vitae et translationum Sancti Norberti commentarius praevius. Acta Sanctorum, Jun. XXI, Paris/Rom 1867

Petit, Francois, La Dévotion á St. Norbert au XVIIe et au XVIIIe siécles. Analecta Praemonstratensia, 49 (1973), S. 198-213

Pichert, K.: Johannes Lohelius. Sein Leben und seine Tätigkeit im Prämonstratenserorden und als Erzbischof von Prag. Analecta Praemonstratensia, 3 (1927), S. 125-422

Schneider Christian: Vindiciae Norbertinae sive Ostensio Summaria de Norberti, Archiepiscopi Magdeburgensis et Primatis Germaniae Reliquiis e Coenobio B. Virginis Magdeburgicae Templo, Pragam in Strahoviense FF. Praemonstratensium Monasterium numquam translatis, cum Responsione brevi ad Libellos Strahoviensium FF subsidarios de Translatione et Cultu Reliquiarum, Veritatis et Pietatis Caussa edita et in Academia Jenensi ... ad Publicum Examen proposita. Jena 1683

Schrader, Franz (Hg.): Reformation und katholische Klöster. Beiträge zur Reformation und Geschichte der klösterlichen Restbestände in den ehemaligen Bistümern Magdeburg und Halberstadt. (Studien zur katholischen Bistums- und Klostergeschichte, 13) Leipzig 1971

Schubart, Elias Andreas: Historiam Norberti Archiepiscopi Magdeburgensis Praemonstratensis Ordinis Conditoris publico examini exponunt Praeses Caspar Sagittarius D. Hist. Prof. Publ. et respondens Elias Andreas Schubartus Hallensis. Jena 1683

Schwineköper, Berent (Hg.): Gesamtübersicht über die Bestände des Landeshauptarchivs Magdeburg. Bd. 1, (Quellen zur Geschichte Sachsen-Anhalts 1,2) Halle 1954, S. 109-114

Stahlheber, Renate: Die Ikonographie Norberts von Xanten. Themen und Bildwerke. In: Elm, Kaspar (Hg.): Norbert von Xanten. Adliger, Ordensstifter, Kirchenfürst. Köln 1984, S. 217-245

Straka, Cyrillus: Historica Evolutio atque Exornatio Sepulchri S. P. Norberti in Aedibus Strahoviensibus. Pragae, Analecta Praemonstratensia, 3 (1927), S. 336-346

Straka, Cyrillus: Litteratura de Translatione S. P. Norberti A. 1627 eiusque Jubelaeis. Ebd., S. 333-335

Tilger, Friedrich: Aus der Geschichte des Neustädter Agnetenklosters. In: Geschichtsblätter für Stadt und Land Magdeburg, 47 (1912), S. 200-230

Translatio S.S.P.N. Norberti consummata referentibus iterum ipsius in Monte Sion Pragae filiis FF Strahoviensibus. Prag 1628

Valvekens, Emile: La „Canonisation" de Saint Norbert en 1582. Analecta Praemonstratensia, 10 (1934), S. 10-47

Van der Velden, Gilbert M.: De translaties van de relieken van de H. Norbertus. Pro Nostris, 49 (1984), S. 112-123

Van Liempd, C. A.: De lotgefallen van het St. Norbertusoffice. Analecta Praemonstratensia, 10 (1934), S. 48-89

Van der Sterre, Johannes Chrysostomus: Echo S. Norberti triumphantis, sive commentarius eorum, quae ab Antverpiana S. Michaelis Praemonstratensium ecclesia, tam pro impetrandis SS. Norberti nonullis sacris reliquiis, quam pro iisdem debito cum honore, ac communi civitatis laetitia excipiendis, peracta sunt. Antwerpen 1629

Walter, Samuel: Norbertum male consecratum coli, facetae vendictae loco FF. Strahoviensibus in Urbe Praga, qui Magdeburgensis vocaverant Tanchelinianos aperit Samuel Walter. Magdeburg 1728

Weidel, Karl/Kunze, Hans: Das Kloster Unser Lieben Frauen in Magdeburg. (Germania Sacra Bd. I C) Augsburg 1925

rechts:
Klosterkirche von Osten

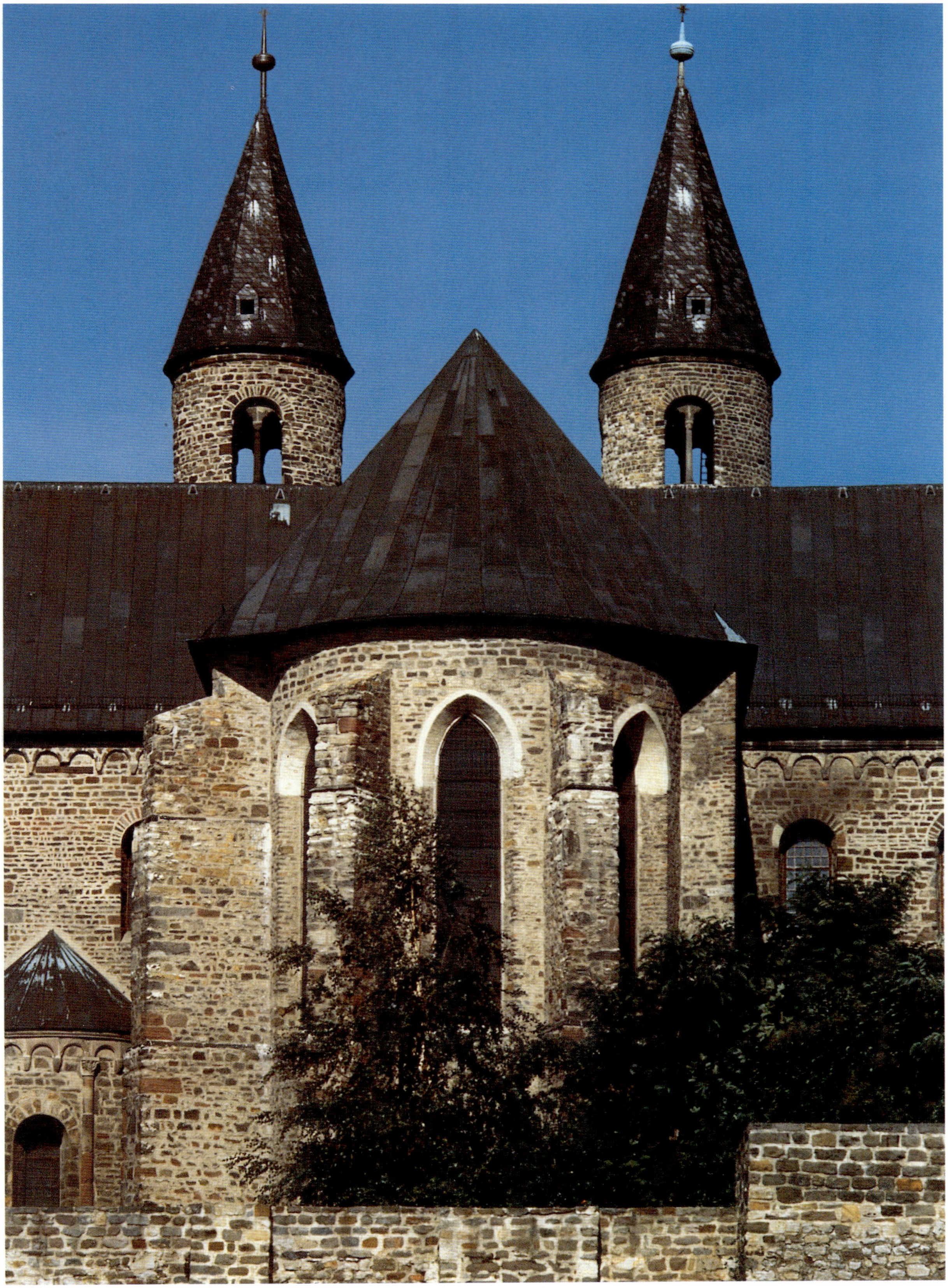

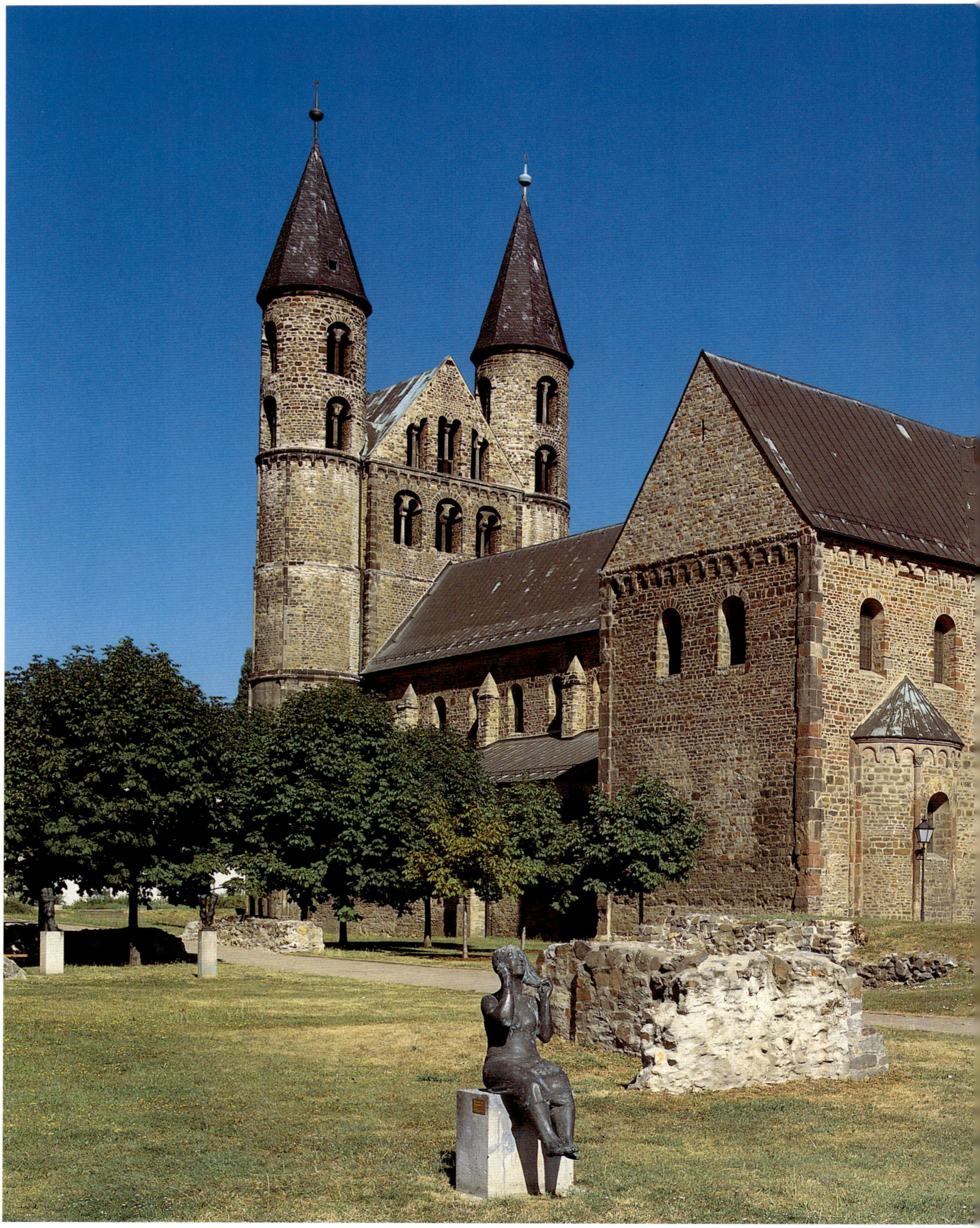

Ansicht von Südosten

Kirche nach Osten

Romanischer Tierfries am nördlichen Vierungspfeiler

Detail der gotischen Wandvorlagen und des romanischen Flechtbands
an der nördlichen Mittelschiffswand, Mittelpfeiler

Südliches Querhaus, Osterleuchter aus Resten einer Säule
des sogenannten Sommerrefektoriums

Innenhof nach Osten mit Lavatorium

Westlicher Kreuzgang nach Süden

Kapitelle am Südportal, um 1150

Hochsäulige Kapelle nach Westen

Kirche,
Chorkonzert anläßlich der Georg-Philipp-Telemann-Ehrung, 1981

Refektorium nach Osten/Obere Tonne,
ständige Ausstellung der Plastiksammlung

E decreto ordinis Theologorum
Halensium,
Ego Promotor legitime constitutus h. t. Decanus,
Viro summe Reverendo atque
excellentissimo

Gotthelf Sebastiano Roetger

B. M. Virginis Parthenopolitani Coenobii
Praeposito et Praelato, Paedagogii Directori,
Potentissimo regi Borussorum a consiliis
scholasticis, ordinis aquilae rubrae
Equiti
ante hos quinquaginta annos,
post absoluta in Academia Fridericiana literarum studia,
in numerum magistrorum scholae sub ejus auspiciis
florentissimae cooptato,
de re tam publica quam ecclesiastica et scholastica exemplo, scriptis, consiliis, indefessisque laboribus
optime merito,
ipso semisaecularium solemnium die

Doctoris Theologiae Dignitatem et Gradum

honoris et observantiae causa confero,
idque actum esse publice declaro.

Carl Sieg, Porträt von Gotthilf Sebastian Roetger,
1821, Klosterarchiv
links: Promotions-Urkunde der Theologischen Fakultät der
Universität Halle zum Ehrendoktor für Gotthilf Sebastian Roetger, Jahrbuch 1821, Klosterbibliothek

Pit Arens, Labyrinth, Installation,
Ausstellung „Kunst aus Ton - Wege", 1993

Schang Hutter, Aufhalten in Berlinen,
Ausstellung „Die Schlachtfeldbühne und andere Holzfiguren", 1992/93

Kellerraum unter dem Refektorium
nach Osten / Mittlere Tonne

Madonna, Schwaben, evtl. Ulm, um 1480, Linde,
Plastiksammlung

Max Lachnit, Artisten II, 1950/53, Gips, Plastiksammlung

Katharina Heise, Tänzer, um 1919, Sandstein, Plastiksammlung

Refektoriumsbau von Osten

Blick zum Nordflügel der Klausur

Ansicht von Nordwesten,
Zugang zum Kloster Unser Lieben Frauen

Gudrun Wittek

„na des godeshuses Wonheit": Klosterfrieden und Stadtfrieden im Mittelalter

„'Herr, öffne meine Lippen und mein Mund wird dein Lob verkünden!' Ja, wir, die Brüder dieses Stiftes müssen dich, huldreichster Gott, immerdar lobpreisen; denn du hast uns aus dem Ägypten des Weltlebens mit dem starken Arme deiner Vorherbestimmung durch die Wüste der Buße und Bekehrung an diesen Ort in das Ordenskleid berufen." (MGH SS XXIV, pp 678)

Dieses Klosterlob stammt aus dem zweiten Teil der Chronik des schwäbischen Klosters Marchtal. Verfaßt hat ihn der Prämonstratenser Heinrich. Dem Magdeburger Liebfrauenkloster fehlt eine vergleichbare Chronik. So mag denn der Marchtaler zum uns interessierenden Klosterfrieden zu Wort kommen.

Klosterfrieden und Stadtfrieden waren wichtige Ordnungsfaktoren und Regulative des täglichen Lebens. Von beiden weiß man wenig. Aber die Beschäftigung mit ihnen verspricht neue Zugänge zur Magdeburger Stadt- und Klostergeschichte und eine neue Sicht bei der Erforschung des Verhältnisses von Klerus und Bürgerschaft.

Die Chronik führt hinein in die Gedankenwelt eines im Mittelalter lebenden Prämonstratensers. Das Kloster erscheint ihm als erstrebenswerter Aufenthalt, der sich wohltuend abhebt vom Weltleben, das er als „Ägypten" bezeichnet. Damit benennt der Kanoniker Heinrich mit unverkennbarem Bezug zur Heilsgeschichte das Land, in dem als Frieden zwischen den Menschen die pax Aegypti, eine pax perniciosa, ein schädlicher Friede, gegolten habe. Diese Friedenscharakteristik spielt auf die dreifache Friedensweise der Menschen untereinander an, wie wir sie aus Rufinus' Ende des 12. Jahrhunderts erstelltem Traktat „De bono pacis" (Migne, Patr. Lat., t.150 -81854, 1611) kennen, eine Vorstellung, die in großer Breite popularisiert und praktiziert worden sein dürfte. Danach war der ägyptische Friede ein gänzlich negativer weltlicher Friede, der unter dem Schutz des Teufels stand (Hohmann 1992, 48; Janssen 1975, 550). Die Anspielung Heinrichs auf die pax Aegypti, hat hier somit ganz offensichtlich die Funktion, das Kloster und den in ihm geltenden Frieden mit Hilfe dieses Kontrasts besonders stark positiv herauszuheben. Das Kloster wurde verstanden als Ort der Gottesnähe und damit eines höheren, über das Normale weit hinausgehenden Friedens, den zu erreichen es nach der Aussage Heinrichs besonderer Gottesgunst und besonderer eigener Anstrengung bedurfte.

Bei dem weltlichen Frieden mußte es sich hingegen für ein innerhalb der Mauern einer Stadt gelegenes Kloster zunächst einmal um den Stadtfrieden, um die pax urbana, handeln. Was unter dem Stadtfrieden zu verstehen ist, erfahren wir für das 14. und 15. Jahrhundert aus der Magdeburger Schöffenchronik. Der erste Verfasser, der damalige Stadtschreiber und Ratsbeauftragte, berichtet für das Jahr 1361, daß die Magdeburger Bürgerschaft dem Erzbischof Otto anläßlich seines Begräbnisses mit einer besonders zahlreichen Trauergemeinde das letzte Geleit geben wollte. Zu diesem Zweck gewährt sie allen, die an dieser Feierlichkeit teilnehmen wollen, einen besonderen Schutz. Sie läßt „alle(n) den vrede kundigen, de to siner bigraft wolden komen" (Schöffenchronik, 232). Das bedeutet nichts anderes, als daß der Rat und seine Organe die Herren über Ordnung und Sicherheit in der Stadt und damit Herren des örtlichen öffentlichen von der Bürgerschaft beschworenen Friedens sind, den sie den nunmehr von ihnen geschützten Personen in besonderer Weise garantieren. Das setzt zunächst zumindest die

Schlüsselgewalt des Rates über die Tore voraus, mit anderen Worten: die Entscheidungsfähigkeit darüber, wer die Stadt betreten und wer sie verlassen darf. Und das impliziert die Ausübung der Polizeigewalt sowie die Wahrnehmung der Gerichtshoheit durch die städtischen Organe, Ratsbefugnisse, die Erika Uitz für Magdeburg bereits für das ausgehende 13. Jahrhundert feststellt (Uitz 1976, 314). Im hier beschriebenen Fall erfolgt die Sicherheitsgarantie im Zusammenhang mit einem erzbischöflichen Begräbnis, dessen Feierlichkeiten man „na des godeshuses wonheit beging dre nacht, de erste to sunte Sebastian, de anderen to unser vruwen, de dridden in dem dome", wo dann der Erzbischof auch seine letzte Ruhestätte fand (Schöffenchronik, 233). Wollte man an den Feierlichkeiten teilhaben, mußte man sich demnach in die Domfreiheit bemühen, die nicht unter dem Stadtrecht, sondern unmittelbar unter der Herrschaft des Erzbischofs stand. In Verbindung mit der anläßlich des hohen Begräbnisses durch den Rat gewährten Sicherheitsgarantie muß das oberste städtische Machtorgan während der Totenzeremonien also auch die Domfreiheit unter seiner Friedenshoheit gehabt haben. Das war auch während der auf dem Neuen Markt, also innerhalb der Domfreiheit, auf dem heutigen Domplatz, stattfindenden Herrenmesse der Fall. Diese Zuständigkeit wird über das ganze Mittelalter beibehalten und in einem am 21. Januar 1497 zwischen Erzbischof Ernst und dem Rat der Stadt Magdeburg geschlossenen Vertrag nochmals ausdrücklich bestätigt (UBM III, Nr. 1028, 602ff.). Die vom Rat gewährte Sicherheitsgarantie erstreckte sich also, räumlich gesehen, prinzipiell auf das gesamte ummauerte Stadtgebiet und personell und sachlich - so sagen es Magdeburger Rechtsquellen, der Überlieferung in anderen Städten ähnlich - auf Leib, Leben, Eigentum und Ehre der sich in der Stadt aufhaltenden Personen und zwar unabhängig von ihrer ständischen oder sozialen Zugehörigkeit. Es ist ein Schutz für jedermann, geächtete oder schädliche Personen ausgenommen (Wittek 1990, 56ff.). Gewährleistet wird dieser Schutz durch „eine redelike gude pollicien und regeringe" (Schöffenchronik, 313). Da im beschriebenen Fall ausdrücklich der Friede gewirkt wird, handelt es sich um einen erhöhten Schutz.

Das Liebfrauenkloster befand sich innerhalb der Magdeburger Stadtmauern und somit im Geltungsbereich dieses bürgerlichen Friedens, der damit auch der Sicherheit der Klosterinsassen zur Verfügung stand. Trotzdem war es von ihm deutlich durch die Klostermauern geschieden, die das Gebiet eines gänzlich anders gearteten Friedens, des Klosterfriedens, markierten und umschlossen. In diesen genau gekennzeichneten Friedensbereich durfte weder eine bürgerlich-städtische noch eine andere weltliche Obrigkeit mit gerichtlichen oder polizeilichen Maßnahmen greifen. Die Insassen durften weder zu Steuerzahlung, Mauerbau, Wach- und Wehrdiensten noch zu irgendwelchen anderen für den Bestand des städtischen Gemeinwesens erforderlichen Leistungen herangezogen werden. Das Liebfrauenkloster war also den nichtgeistlichen Stadtbewohnern gegenüber klar privilegiert. Es handelt sich dabei um ein oft angegriffenes, aber stets behauptetes Vorrecht, das sich auf die innerklösterliche Lebensqualität, aber auch die klösterliche Leistungsfähigkeit äußerst günstig ausgewirkt haben dürfte.

So würde das von Heinrich angestimmte Klosterlob allein schon von dieser Seite her verständlich sein. Es wird 1307 oder 1310 vom Propst des Magdeburger Prämonstratenserklosters Unser Lieben Frauen, Werner, geteilt. Für ihn ist „die stille Glückseligkeit der Ruhe und des unerschütterlichen Friedens" (UB ULF Nr. 180, 165). Ergebnis und Voraussetzung des Lebens im Kloster bzw. im Orden. Sie zu erreichen, dient seines Erachtens nicht nur dem Frieden innerhalb des Klosters und des Ordens, sondern erhöht auch dessen Ansehen und innere Festigkeit. Mit diesem Ziel zu leben, steigere, so der Propst, auch die Beliebtheit des Ordens und stärke diesen. Das bedeutet zu allererst nichts anderes als die Notwendigkeit, Eingriffe von außen abzuwehren und die innere Ordnung zu erhalten. Bei der Art und Weise der Realisierung des von Werner genannten Anspruchs folgten auch die sächsischen Prämonstratenser dem beispielgebenden Vorbild des heiligen Norbert, des Gründers des Prämonstratenserordens. Seinem Anliegen gemäß, haben sie eine herausragende Position in der städtischen Seelsorge erworben, z.B. als Plebane der wichtigsten Magdeburger Pfarrkirchen St. Johannis und St. Ulrich sowie der Kirche des bürgerlichen Heiliggeisthospitals.

Ein Gott zugewandtes Leben, gleichgültig, ob es sich z. B. in monastischer Lebensweise oder im Weltpriestertum verwirklichte, strebte nach Abgrenzung von der übrigen Welt und bedurfte eines besonderen Schutzes. Ein besonderer Schutz für geistliche Einrichtungen war in der Tat vorhanden. Klöster, Kirchen, Kapellen zeichneten sich grundsätzlich durch einen erhöhten Frieden, den Sakralfrieden, aus. Bereits ein Kapitular Karls des Großen von 810 verweist nachdrücklich auf diesen Frieden, der den Kirchen eigen ist (MGH Kap. I, 154, Z. 20). Es handelt sich bei ihm um eine pax specialis, einen Sonderfrieden, der sich auf die Kirche, ihre Anbauten, wie Kapellen, Kreuzgang, Sakristei, Vorhalle, den die Kirche umgebenden oder vorgelagerten Platz, aber auch zu ihr gehörende Gebäude, je nach Größe der Kirche mit 30, 40 oder 60 Schritt im Umkreis erstreckt, wobei dem vorgelagerten Raum eine geringere Friedewirkung als der Kirche und ihren Anbauten innewohnt. Die äußere Grenze dieses Friedens wird oft markiert durch die Mauern des Klosters oder der Kirchenanlage. Die Verletzung dieses Friedens galt als besonders verwerflich und verlangte eine besonders hohe, wirkungsvolle, meist geistliche Strafe. Auch waren die innerhalb einer solchen Immunität Lebenden, Geistliche wie Laien, der Jurisdiktion von Grafen, Vögten und der bürgerlich-städtischen Instanzen entzogen, unterstanden nicht weltlichem, sondern geistlichem Recht und geistlicher Gerichtsbarkeit, (Hofmann 1914, 6ff.), ein Tatbestand, der auch durch das Magdeburger Urkundenmaterial unterstrichen wird. Dazu kam das obenerwähnte Privileg der Freiheit von allen städtischen Lasten, wobei die Tendenz bestand, diese Freiheit auch auf außerhalb der Immunität der Klostermauern liegende geistliche Besitzungen auszudehnen.

Der in kirchlichen Einrichtungen angestrebte und verwirklichte Frieden, geregelt durch eine Vielzahl das geistliche Leben ordnende Vorschriften, geschützt durch wehrhafte Bauten und das nach innen und außen wirkende kanonische Recht, diente nicht als Selbstzweck, sondern erfüllte in der gesamten mittelalterlichen europäischen Gesellschaft eine wichtige Funktion. Dieser Frieden galt als wichtige Stütze des sich auf „iustitia", „humanitas" und „prudentia" gründenden öffentlichen, irdischen Friedens (Hohmann 1992, 48; Janssen 1975, 550). Zugleich war das Bemühen, den Frieden der Geistlichkeit in die Nähe der pax Jerusalem, des himmlischen, ewigen, vollkommenen Friedens, zu rücken, eine wichtige Hilfestellung für Geistliche und Laien, sozusagen eine Brücke auf dem Weg zum Seelenheil und damit zum ewigen Frieden und der ewigen Glückseligkeit, dem eigentlichen Ziel des Denkens und Handelns des Menschen der mittelalterlichen abendländischen Welt. Dem Kleriker kam also auf der Grundlage dieses Weltbildes eine wichtige Rolle zu, der die einzelnen Orden und Kongregationen auf sehr unterschiedliche Weise gerecht zu werden suchten. So hat sich z.B. der Bettelorden der Franziskaner bemüht, über das Streben nach absoluter innerer und äußerer Armut, nach Mindersein, über bewußten Verzicht auf Macht und Ansehen, über die Mißachtung sozialer Barrieren die eigenen Bindungen an die diesseitige Welt zu lockern. So wollten die Franziskaner selbst ihren inneren Frieden erlangen, keinen Anlaß für Unfrieden geben, helfen, Konflikte beizulegen und vor allen

S. NORBERTVS ARCHIEP FVNDATOR ORD PRAMOS

Norbert von Xanten, Kupferstich
südliche Niederlande, um 1700

Dingen über die Verkündigung der christlichen Friedensbotschaft den Weg zum Heil öffnen (Berg 1985, 183-190). Daß sie Gott näher sein wollten als die anderen Orden, z.B. als die Prämonstratenser, zeigt sich auch an ihrer Eigentumslosigkeit, die nicht nur vom einzelnen Bruder verlangt wurde, sondern auch in der kollektiven Armut der Ordensmitglieder in Erscheinung trat. Die Konsequenzen waren nachhaltig. Während das Liebfrauenkloster z.B. über reiche Landbesitzungen verfügte, auch in Magdeburg zahlreiche Häuser und Grundstücke sein Eigen nannte, hatte das Magdeburger Franziskanerkloster keinerlei Eigentum. Um überhaupt ein Kloster errichten zu können, waren die Brüder auf fromme Spenden angewiesen.

Die angesprochene Eigentumslosigkeit der Franziskaner läßt sich auch ohne Schwierigkeiten am Stendaler Kloster oder an den nicht unbedeutenden Franziskanerkonventen von Halberstadt und Halle nachweisen. Diese Konvente hoben sich damit markant von den älteren Klöstern ab, die in der Regel über beträchtliche Besitzungen verfügten. Zwar hat es auch bei den Franziskanern Bestrebungen gegeben, verdeckt Eigentum zu erwerben und zu unterhalten, aber der Prämonstratenser Heinrich hat es angesichts des erlaubten Reichtums seines Klosters offensichtlich nicht nötig, seine materialistischen Erwartungen zu verstecken: „Möchten wir von ihm (von Gott, d. V.) Denare bekommen, dazu eine gute Menge Weines! Möchten uns die Gläubigen Wiesen, Äcker und Weinberge schenken, wir sie aber im gleichen Jahre verkaufen! Möchten Messen in der Kapelle gelesen werden, damit in unsere Geldkapsel Denare kommen!", so lauten seine frommen, ironisch anmutenden Wünsche.

Die Orden versuchten mit der recht unterschiedlich gestalteten Gottgefälligkeit ihres Lebens, wie sie in unserem kurzen Vergleich von Prämonstratensern und Franziskanern bereits anklingt, auf die differenzierten Frömmigkeitsbedürfnisse der Gläubigen einzugehen und sie zu erfüllen. Dabei hing die Glaubwürdigkeit und damit auch die Autorität des Ordensklerus zum großen Teil davon ab, wie es ihm gelang, die jeweilige von ihm angestrebte Art des gottgefälligen Lebens zu verwirklichen. Dazu bedurfte es vor allem der Einhaltung und, wenn notwendig, auch der Reformierung der jeweiligen zu unterschiedlicher Askese verpflichtenden Ordensregel. Norbert hatte das Liebfrauenkloster mit „religiosis viris communi vita sub regula beati Augustini" (UB ULF Nr. 3, 4), mit Prämonstratensern besetzt, die, wie Norbert ausdrücklich betont, nach der Augustinerregel (Bühler, 286ff.) gemeinschaftlich lebten. Die von den Prämonstratensern verfolgte Augustinerregel ist wiederholt durch ergänzende Statuten verschärft und befestigt worden. Auch der obengenannte Magdeburger Propst Werner sieht sich in der Pflicht, für die Einhaltung der prämonstratensischen Ordensregel zu sorgen und setzt zu diesem Zweck mit den ihm zur Seite stehenden Bischöfen von Brandenburg, Havelberg und Ratzeburg für die Klöster der sächsischen Circarie Statuten. (UB ULF Nr. 180, 166f.) Er verlangt von den sächsischen Prämonstratensern, die Sitten und die Disziplin nach den Regeln des Ordens einzuhalten. Offenbar handelt es sich schon hierbei um einen nur schwer zu verwirklichenden Grundsatz. Immer wieder waren schlechte Sitten eingerissen und hatten die Verwirklichung des vom Ordensgründer verfolgten Anliegens infrage gestellt. Der Marchtaler Kanoniker zeigt in seiner Klostergeschichte, wie schnell das geschehen konnte, zumal selbst strenge Klosterzucht vielfältige Möglichkeiten bot, die Kontrolle zu umgehen und heimlichen Lastern zu frönen. Von einigen Prälaten sagt er: Sie „opferten ihrem Bauche feine üppige Speisen" (Bühler 1923, 334). Die Möglichkeit dazu bot sich ihnen im Infirmitorium, dem Krankentrakt, wo zur körperlichen Kräftigung der Kranken und Genesenden besonders gute Nahrung zugelassen war. Wenn wir Heinrich glauben wollen, haben dort recht häufig und regelmäßig heimliche Gelage stattgefunden, während im Refektorium, dem gemeinsamen Speiseraum, das der Vorschrift entsprechende einfache und wesentlich knapper bemessene Essen gereicht wurde. Die Magdeburger Quellen lassen hingegen auf Nachlässigkeiten im äußeren Erscheinungsbild der Kleriker, übertriebene Putz- und Modesucht schließen sowie den Hang zur Verletzung des Keuschheitsgebots vermuten. Werner trifft jedenfalls Bestimmungen zu Rasur und Tonsur sowie zur Einhaltung der weißen Ordenstracht (UB ULF Nr. 180, 167). 1424 hat der Magdeburger Propst Heinrich am Verfall der Sitten und am Zustand der Kleidung Anstoß genommen und ebenfalls Festlegungen zur

Wiederherstellung der Ordnung getroffen. Es wird massiv gegen die Abweichungen von der vorgeschriebenen Ordenskleidung eingeschritten. Modisch lang geschnittene und in viele Falten gelegte Ärmel hatten innerhalb und außerhalb des Magdeburger Klosters, aber auch anderer Klöster der sächsischen Circarie Anstoß erregt und werden verboten, ebenso das Tragen von bunten einander teilten. Außerdem erhielten sie Sandalen, Barette, Pelzröcke, die sie jeweils vier Jahre lang zu tragen hatten (Wentz 1933, 144).

Besondere Aufmerksamkeit galt der cura animarum, der Seelsorge, einer Hauptaufgabe der Prämonstratenser. Als Prediger hatten die Prämonstratenser hart und streng zu sein und unerbittlich gegen Sünde und Laster einzuschreiten

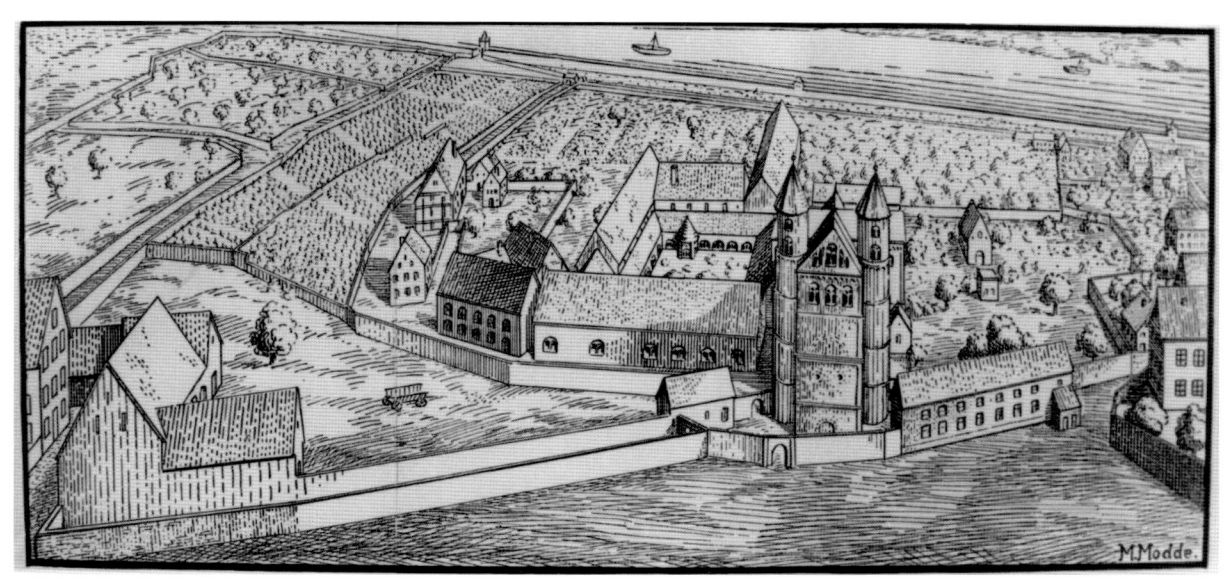

Rekonstruierte Ansicht des Klosters nach Modde, 1911

Schuhen und der reiche Besatz der Kleidung mit Borten (UB ULF Nr. 263, 244-247). Schon zuvor hatte ein vielsagender Zusatz zu Werners Festlegungen ausdrücklich verboten, anrüchige Frauenzimmer bei sich zu haben, es sei denn zu anständiger Arbeit (Bormann 1885, 113). Besondere Schwierigkeiten hat offenbar auch die Einhaltung des Armutsgelübdes bereitet. Auch der Magdeburger Propst Werner hatte nochmals ausdrücklich gefordert, die Kleriker sollten proprium vel peculium in die Hände des Propstes legen, eine Auflage, die sich nicht durchgesetzt haben dürfte (UB ULF Nr. 180, 167), obwohl in jedem Fall die Prämonstratenser von ihrem Konvent versorgt worden sind. Außer ihrer täglichen Nahrung bekamen sie auch ihre Kleidung.

Für das prämonstratensische Domstift in Havelberg ist z.B. bekannt, daß die Domherren jährlich neue Chorkappen bekamen, zu Walpurgis erhielten sie außerdem Geld zur Beschaffung von kleineren Kleidungsstücken, dazu gab man je vier und vier zusammen ein Stendaler Tuch, das sie unter-

(Backmund 1986, 18), neigten aber wohl selbst schon dazu, die ihnen als Seelsorger übertragenen Obliegenheiten zu vernachlässigen. Werner legt deshalb fest, daß kein Pleban ohne Erlaubnis seines Propstes seine Pfarrkirche verlassen dürfe. Auch die Befreiung durch den jeweiligen Bischof entbindet den Pleban nicht von dieser Pflicht.

Wenn der Marchtaler Prämonstratenser Heinrich lakonisch feststellt, „übrigens ist ja in allen Klostergemeinden große Eintracht eine Seltenheit" (Bühler 1923, 344), berührt er ein weiteres Kernproblem. Auch der Magdeburger Propst Werner reagiert auf derartige Schwierigkeiten, indem er verfügt, daß die Kleriker sich untereinander weder schlagen oder zanken, klatschen, üble Nachrede führen oder bona signa in ihr Gegenteil verkehren dürfen (UB ULF Nr. 180, 167).

Abgesehen von den täglich untereinander auftretenden Unstimmigkeiten, war auch möglichem Aufruhr gegen die Klosterobrigkeit vorzubeugen. Zu diesem Zweck werden den Kanonikern conventiculae seu conspirationes streng untersagt.

Diese Vorsicht war denn wohl auch vonnöten, galt es doch z.B. den Verzicht der Kanoniker auf ihr Eigentum und ihre Besitzungen durchzusetzen.
1445 ist die innere Ordnung des Liebfrauenklosters nochmals gründlich reformiert worden. Dies geschah durch gezielten Eingriff in die libertas des Klosters. 1442 war der Augustinerpropst Johann Busch über das Baseler Konzil mit Visitation und Reformierung des Klosters beauftragt worden. Der Prior von Liebfrauen wußte, gestützt auf die Magdeburger Bürgerschaft, zunächst die Realisierung dieses Vorhabens abzuwenden. 1445 wurde es dann durch den Herrschaftsantritt Erzbischof Friedrichs III. möglich. Das Kloster sei damals - so Busch - in einem außerordentlich schlechten inneren und äußeren Zustand gewesen (Bormann 1885, 108f.).

Hinter einem solchen Vorgehen mag die berechtigte Sorge um den ungeschmälerten Bestand und das Ansehen der klösterlichen Gemeinschaften gestanden haben. Aber es ist auch nicht auszuschließen, daß dabei innerkirchliche Machtinteressen eine nicht unerhebliche Rolle gespielt haben.

Was beim Chronisten Heinrich nur anklingt, lassen die Statuten Werners zur Behebung einzelner Mißstände deutlicher erkennen: Die Klöster und ihre Oberen hatten Einmischung und Eingriffe von außen, den Verfall der inneren Ordnung sowie den Aufruhr unter ihren Leuten zu fürchten.

Der auf das Jenseits ausgerichtete Klosterfrieden hatte also sehr konkrete und einer ständigen Gefährdung ausgesetzte Grundlagen. Zu ihnen gehörte, sich so gut wie möglich vor der Vogteipolitik des Adels zu schützen. Nicht umsonst hebt Heinrich lobend hervor, daß es dem Marchtaler Propst Engilher gelungen sei, die Schutzrechte, die die Herren von Emerkingen über die Klosterbesitzungen hatten, über die Zahlung von 40 Hallenser Pfund und 70 Scheffeln abzulösen. (Bühler 1923, 343) Auch das Liebfrauenkloster in Magdeburg bemühte sich, Einflüsse des Adels auf die klösterlichen Besitzungen einzudämmen. 1218 und 1221 kauft es dem Magdeburger Burggrafen Burchard die Vogtei über 14 Hufen, die Vogtei in Levesdorf sowie ebenfalls die Vogtei über weitere 14 Hufen (UB ULF Nrn. 93, 88; Nr. 94, 89; Nr, 98, 92) ab. Außerdem löst es sich zwischen 1160 und 1170 mit Vorbedacht aus den Vogteirechten, die Heinrich von Magdeburg, der Sohn des Magdeburger Schultheißen, über die Besitzungen in Löderburg hatte (UB ULF Nr. 37, 38). Das Kloster war damals ohnehin schon gezwungen, die Schutzmacht des Magdeburger Burggrafen anzuerkennen. Liegenschaftsangelegenheiten hatte es wiederholt in dessen Placitum, dem Burggrafending, zu regeln, wobei nicht nur geistliches Recht, sondern auch das Stadtrecht zur Anwendung kam (UB ULF Nr. 35, 36; Nr. 36, 36; Nr. 53, 48).

Die vogteiliche Gerichtsgewalt erstreckte sich prinzipiell auf Klosterleute, die auf den Ländereien des Klosters gesessen haben. Der Propst hatte lediglich die Disziplinargewalt über die Klosterleute, während der Vogt auch die Blutgerichtsbarkeit wahrnehmen konnte (Hirsch 1913, 173f.). Dieses Vorrecht wurde nicht selten mißbraucht. Als Beispiel mag das vor den Toren der Stadt Quedlinburg gelegene Prämonstratenserkloster St. Wiperti dienen. Es stand unter der Vogtei der Grafen von Regenstein (UBQ Nr. 90, 67f.; Nr. 147, 117), die es sich über ihre Gerichtsgewalt zu unterwerfen wußten. So kam es, daß der Konvent während der gräflichen Kriege gegen sein eigenes Interesse als militärische Aufmarschbasis gegen die Stadt Quedlinburg zu dienen hatte. Quedlinburg hat sich gewehrt und 1336 das Wipertikloster gründlich zerstört. So wundert es also nicht, daß die von jeglicher Gerichtsbarkeit befreiten Klöster den erreichten Status als „libertas" und „pax" feierten (Hirsch 1913, 123).

Spätestens seit dem 13. Jahrhundert kam für städtische Klöster zur Angst vor den adligen Vogteirechten auch noch die Furcht vor den bürgerlichen Instanzen hinzu. Sie beruhte allerdings auf Gegenseitigkeit. So wie sich die Klöster gegen die Vogteipoltik des Adels zur Wehr setzten, gingen sie auch auf städtischem Grund und Boden vor allem mit den Mitteln der Besitzpolitik in die Offensive gegen das sich kontinuierlich ausbreitende städtische Bürgertum. Die im Vergleich zur ehemals herausragenden Bedeutung des Liebfrauenklosters und der Stadt Magdeburg sehr spärliche Überlieferung gestattet im Hinblick auf die klösterliche Besitzpolitik innerhalb der Stadt nur äußerst zurückhaltende Wertungen. Für das gesamte Mittelalter sind nur wenige Beispiele klösterlichen Haus- und Hofeigentums auf städtischem Grund und Boden zu belegen, was allerdings nicht die wahren Verhältnisse spiegeln dürfte. Denn das Registrum

Censum von 1523 verweist auf beträchtliche innerstädtische Besitzungen und zwar zu einer Zeit, zu der der Höhepunkt der Entwicklung dieses Konvents längst überschritten war.

Das Kloster bezieht Zinse von 144 Häusern, 3 Worten, 1 Garten, 1 stede auf dem Boden der Altstadt sowie aus 3 kysten des Magdeburger Kaufhauses. Die überwiegende Mehrzahl der sich in

ULF Nr. 180, 167). Die Kanoniker hatten ihre Klagen und Streitfragen vor das Gericht der Prälaten (prelatorum examen) zu bringen. Eindeutiges Zuwiderhandeln wurde, wie spätere Zusätze erkennen lassen, zu den graviores culpae, den besonders schweren Vergehen, gezählt, die z.B. durch strenge Haft im klösterlichen Karzer geahndet werden konnten (Bormann, 108f.).

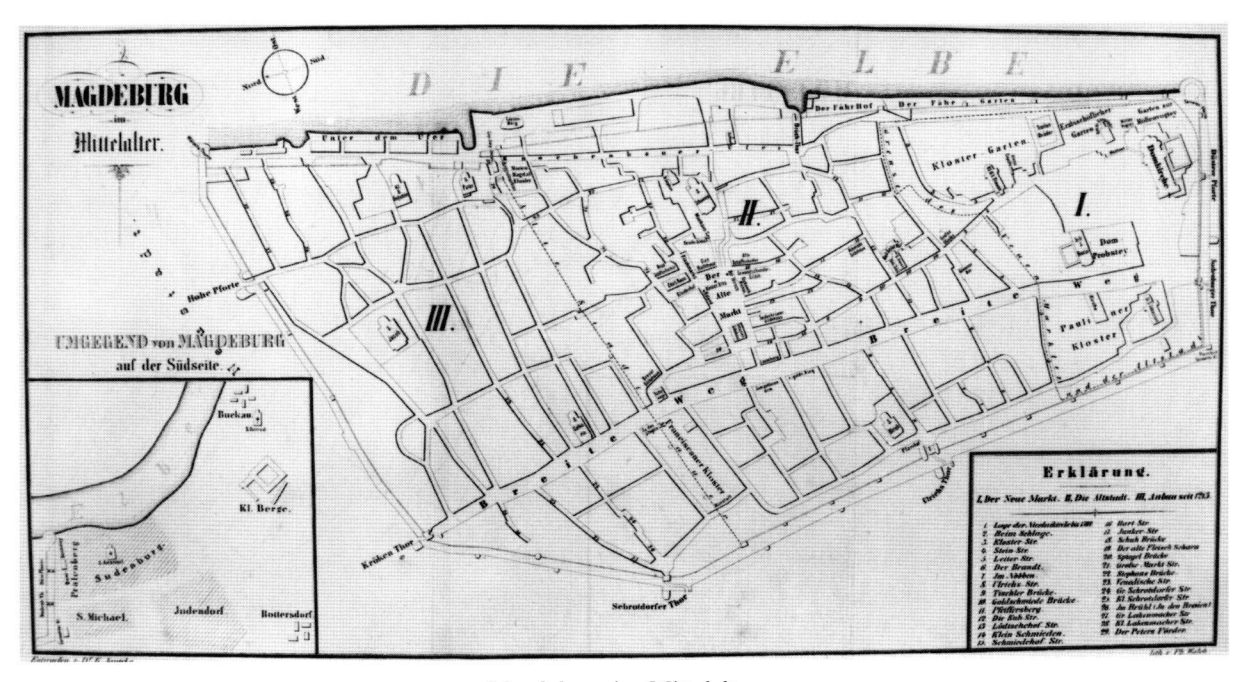

Magdeburg im Mittelalter

klösterlicher Verfügungsgwalt befindlichen, aber vorwiegend an Laien ausgegebenen Häuser und Grundstücke befindet sich dabei in Klosternähe, nur 6 Häuser auf erzbischöflichem Terrain, also in der Domfreiheit (UB ULF 375ff.). Mit diesen Besitzungen und den mit ihnen verbundenen Forderungen auf Steuerfreiheit, Wachfreiheit und Freiheit von städtischer Gerichtsbarkeit war genügend den Frieden zwischen Kloster, Rat und Stadtgemeinde störendes Konfliktpotential gegeben. Die Klosterobrigkeit hat jedenfalls mit strengen Sicherheitsvorkehrungen reagiert. Diese spiegeln die große Angst vor Einmischung in Stiftsangelegenheiten, die angesichts der Eingriffe der Vögte und der drohend erstarkten städtischen Organe nur zu berechtigt war.

Ein wesentlicher Schutz war das gegenüber den Klerikern ausgesprochene Verbot, sich mit einer Klage an ein weltliches Gericht zu wenden (UB

Wenn der Klosterfrieden zunächst nur skizzenhaft zu erfassen war, so wird aber doch sein Anliegen deutlich. Es bestand neben dem Schutz nach außen besonders in der Wahrung der auf Recht und Ordensregel gegründeten inneren Ordnung. Sie war die grundsätzliche Voraussetzung der für den Orden spezifischen Art gottgefälligen Lebens. Selbst bei der Kürze der obigen Ausführungen dürfte deutlich geworden sein, daß es zwischen Klosterfrieden und Stadtfrieden allein schon wegen der privilegierten Stellung der hier vorgestellten Kleriker beträchtliche Reibungsflächen gegeben hat. An gewalttätigen Auseinandersetzungen zwischen beiden Seiten konnte dennoch kein Interesse bestehen. Beide Seiten fanden in einer durch fride und gnade oder pax et gratia bzw. pax et caritas gekennzeichneten sakralen Gemeinschaft zusammen. Ihr Frieden gründete sich auf das geistlichen wie weltlichen Stadtbewohnern eigene Streben nach einem gottgefälligen Leben und drückt sich dementsprechend in geistlicher Seelsorge und bürgerlicher Spendentätigkeit aus. War dieser Frieden gebrochen, reagierte die Geistlichkeit sehr wirkungsvoll mit Bann, Interdikt und Exkommunikation, die bürgerliche Seite mit Krawallen, Kriegen, Rechtsbrüchen, Übergriffen, ja mit Mord und Totschlag, wofür wir auch für Magdeburg zahlreiche Beispiele haben. Zwischen beiden Extremen gab es ein stetiges Ringen um die gegenseitigen Positionen. Klosterfrieden und Stadtfrieden schieden und sicherten also die monastische bzw. die bürgerliche Lebensform. In welchem Verhältnis aber der Frieden des Liebfrauenklosters und der der Stadt Magdeburg im einzelnen zueinander standen, wie sie zusammenhingen, zusammenwirkten, welche Gegensätze sie hervorgebracht haben, wie sie sich gegenseitig beeinflußt und gestützt haben, muß an dieser Stelle offen bleiben

QUELLEN

Annales Magdeburgenses, MGH SS XVI

Bühler, Johannes: Klosterleben im Mittelalter. Leipzig 1923

Die Chroniken der niedersächsischen Städte, Magdeburg, Bd.1. (Die Chroniken der deutschen Städte vom 14. bis ins 16. Jahrhundert, Bd. 7) Photomechanischer Nachdruck der 1. Aufl. Leipzig 1869, Stuttgart 1962 = Schöppenchronik

Gesta archiepiscoporum Magdeburgensium, MGH SS XIV, S. 413

Hertel, Gustav: Leben des heiligen Norbert, Erzbischofs von Magdeburg, nebst der Lebensbeschreibung des Grafen Gottfried von Kappenberg und Auszügen aus verwandten Quellen. (Die Geschichtsschreiber der deutschen Vorzeit, Bd. XIII) Leipzig 1881

Hertel, Gustav: Urkunden zur Geschichte des Klosters U.L.Fr. zu Magdeburg im 16. Jahrhundert. In: Geschichtsblätter für Stadt und Land Magdeburg, 14. Jg., 1879, S. 288-309

Hertel, Gustav: Nachlese zu den Urkunden des Klosters U.L.Fr. In: Ebd. S. 106-110

Historia monasterii Marchthalensis, MGH SS XXIV, S. 678ff.

Lebensbeschreibungen einiger Bischöfe des 10.-12. Jahrhunderts, übers. v. Hatto Kallpelz (Ausgewählte Quellen zur Deutschen Geschichte des Mittelalters, Bd. XXII) 2., unv. Aufl., Darmstadt 1973

Rufinus, De bono pacis. Migne, Patr. Lat., t. 150 (1854), 1611

Stara, Albert P.: Eine Urkunde Papst Cölestin III. für das Kloster U.L. Frauen zu Magdeburg. In: Geschichtsblätter für Stadt und Land Magdeburg, 51/52. Jg., 1916/17, S. 212-216

Urkundenbuch der Stadt Magdeburg, bearb. v. Gustav Hertel, Bd. 1:bis 1403, Bd. 2: 1403-1464, Bd.3:1465 bis 1513 (Geschichtsquellen der Provinz Sachsen, Bde. 26 bis 28) Neudruck der Ausgaben Halle 1892-1896, Aalen 1975-1978 = UBM I-III

Urkundenbuch der Stadt Quedlinburg, bearb. v. Karl Janicke (Geschichtsquellen der Provinz Sachsen, Bd. 2, 1. Abt.) Halle 1873 = UBQ

Urkundenbuch des Klosters Unser Lieben Frauen zu Magdeburg, bearb. v. Hertel, Gustav (Geschichtsquellen der Provinz Sachsen und angrenzender Gebiete, Bd. 10) Halle 1878 = UB ULF

Vita Norberti A, MGH SS, XII, S. 698. Vita Norberti B, MGH SS XII, S. 697

LITERATUR

Abb, Gustav/Wentz, Gottfried: Das Bistum Brandenburg, 1.T. (Germania Sacra, 1. Abt.: Die Bistümer der Kirchenprovinz Magdeburg, 1. Bd.) Berlin 1929

Backmund, Norbert, Pater O. Praem.: Geschichte des Prämonstratenserordens. Grafenau 1986

Bormann, Albert: Geschichte des Klosters U.L. Frauen zu Magdeburg, fortgesetzt v. Gustav Hertel. Magdeburg 1885

Bünger, Fritz/Wentz, Gottfried: Das Bistum Magdeburg, 2.T. (Germania Sacra, 1. Abt., Bd. 3) Berlin 1941

Claude, Dietrich: Geschichte des Erzstifts Magdeburg bis in das 12. Jahrhundert. T.1: Die Geschichte der Erzbischöfe bis auf Ruotger (1124). (Mitteldeutsche Forschungen, Bd. 67/I) Köln/Wien 1972

Das Kloster Unser Lieben Frauen zu Magdeburg in Vergangenheit und Gegenwart. Festschrift zur Feier des 900jährigen Bestehens. Magdeburg 1920

Heimbucher, Max: Die Orden und Kongregationen der katholischen Kirche. Paderborn 1907

Hirsch, Hans: Die Klosterimmunität seit dem Investiturstreit. Untersuchungen zur Verfassungsgeschichte des deutschen Reiches und der deutschen Kirche. Weimar 1913

Hofmann, Konrad: Die engere Immunität in deutschen Bischofsstädten im Mittelalter. Paderborn 1914

Hohmann, Stefan: Friedenskonzepte. Die Thematik des Friedens in der deutschsprachigen politischen Lyrik des Mittelalters. (=Ordo. Studien zur Literatur und Gesellschaft des Mittelalters in der frühen Neuzeit, hg. v. Ulrich Ernst u. Christel Meier, Bd. 3) Köln/Weimar/Wien 1992

Janssen, Wilhelm: Artikel „Friede". In: Geschichtliche Grundbegriffe. Historisches Lexikon zur politisch-sozialen Sprache in Deutschland. hg. v. Otto Brunner, Werner Conze, Reinhart Koselleck, Bd. 2, Stuttgart 1975, S. 543-591

Leuckfeld, Johann Georg: Antiquitates Praemontratenses. Magdeburg/Leipzig 1721

Penner, Helene: Die Magdeburger Pfarrkirchen im Mittelalter, Diss. Halle 1924

Römer, Christof: Das Kloster Berge bei Magdeburg und seine Dörfer 968-1565. Ein Beitrag zur Geschichte des Erzstifts Magdeburg. (Veröffentlichungen des Max-Planck-Instituts für Geschichte, 30, Studien zur Germania Sacra 10) Göttingen 1970

Schranil, Rudolf: Stadtverfassung nach Magdeburger Recht. Magdeburg und Halle, (Untersuchungen zur Deutschen Staats- und Rechtsgeschichte. hg. v. O. v. Gierke, H. 125) Breslau 1915

Stengel, Edmund E.: Die Immunität in Deutschland bis zum Ende des 11. Jahrhunderts. Forschungen zur Diplomatik und Verfassungsgeschichte. T.1: Diplomatik der deutschen Immunitäts-Privilegien vom 9. bis zum 11. Jahrhundert. Innsbruck 1910

Uitz, Erika: Der Kampf um kommunale Autonomie in Magdeburg bis zur Stadtverfassung von 1330. In: Stadt und Städtebürgertum in der deutschen Geschichte des 13. Jahrhunderts. (Forschungen zur mittelalterlichen Geschichte, Bd. 24) Berlin 1976, S. 288-323

Wasserschleben, F.W.H.: Die Bußordnungen der abendländischen Kirche. Halle 1851. Neudruck. Graz 1958

Weidel, Karl/Kunze, Hans: Das Kloster Unser Lieben Frauen in Magdeburg. (Germania Sacra, Serie B: Germania Sacra Regularis, I. Die Abteien und Canonien, c. Die regulierten Chorherrenstifte) Ausgburg 1925

Wentz, Gottfried/Schwineköper, Berent: Das Erzbistum Magdeburg, Bd. 1, T.2: Die Kollegiatstifter St. Sebastian, St. Nicolai, St. Peter und Paul und St. Gangolf in Magdeburg. (Germania Sacra) Berlin/New York 1972

Wentz, Gottfried: Das Bistum Havelberg. (Germania Sacra, 1. Abt., Bd.2) Berlin 1933

Winter, F.: Die Kirchenpatronate des Klosters UL Frauen im Mittelalter. In: Geschichtsblätter für Stadt und Land Magdeburg, 14. Jg., 1879, S. 168-183

Winterfeld, Luise von: Gottesfrieden und deutsche Stadtverfassung. In: Hansische Geschichtsblätter, 52. Jg., Bd. 32, S. 8-56

Wittek, Gudrun: Zu Friedensvorstellungen und Friedensinteressen südhansischer Kommunen im 14. Jahrhundert. In: Jahrbuch für Regionalgeschichte, 17/I, Weimar 1990, S. 55-68

Wittek, Gudrun: Franziskanische Friedensvorstellungen und Stadtfrieden. Möglichkeiten und Grenzen franziskanischen Friedewirkens in mitteldeutschen Städten im Spätmittelalter. In: Bettelorden und Stadt. Bettelorden und städtisches Leben im Mittelalter und in der Neuzeit, hg. v. Dieter Berg (Saxonia Franciscana, Bd. 1) Werl 1992, S. 153-178

Wittek, Gudrun: Stadtfrieden. Über das Zusammenleben in der hoch- und spätmittelalterlichen deutschen Stadt. In: Die alte Stadt, H. 2/3, 1994, S. 165-181

A. Closterkirch D. Refectorium
B. Probstey   E. Brauhauß
C. Dormitorium F. Küchengarten

Das Kloster vnserer Lieben Frauen In Magdeburg

Das Kloster nach 1631   Stich von Merian

Christof Römer

Die Magdeburger Prämonstratenser 1524-1632 - ein isolierter Konvent im konfessionellen Zeitalter

Die Schicksale der Prämonstratenser in Magdeburg nach der Magdeburger Reformation von 1524/1525 bis zum Abzug der Magdeburger Prämonstratenser 1632 sind sowohl in Gesamtdarstellungen des Klosters Unser Lieben Frauen in Magdeburg[1] als auch in Abhandlungen zur Reformation und Gegenreformation[2] und zu Restitution und dauerndem Erhalt von Klöstern[3] mehrfach dargestellt worden; auch eine regestenmäßige Aufarbeitung der Quellen liegt vor[4]. Da die Darstellungen vielfach divergieren, erscheint es sinnvoll, einen neuen knappen Abriß zu formulieren; dieser soll vor allem die Bedingungsfelder der handelnden und leidenden Personen ausleuchten[5].

Als 1524 die reformatorischen Veränderungen in Magdeburg einsetzten, sind im Erzstift Magdeburg 31 Männer- und Frauenklöster erfaßbar, darunter drei Prämonstratenserklöster zu Magdeburg, Jerichow und Gottesgnaden. Dem Magdeburger Kloster Unser Lieben Frauen erging es bei den Unruhen von 1524/1525 einigermaßen glimpflich, was die Konventualen und die Klosterbauten anging. Einer Katastrophe gleich kam aber der Verlust der Patronate, vor allem über die Magdeburger Stadtpfarrkirchen St. Ulrich, St. Johannes und St. Spiritus. Die Stadt Magdeburg hatte die Wirren von 1524/1525 genutzt, diese Patronate faktisch an sich zu ziehen, und dadurch die Übernahme der Pfarreien durch lutherische Pastoren legitimiert[6]. Den Prämonstratensern entglitt mit diesem Verlust der Pfarreiseelsorge in Magdeburg (und in der Stadt Burg und in verschiedenen Dorfpfarreien) ein Kernstück ihrer ordensmäßigen kirchlichen Aufgaben, denn die Verbindung von Mönchtum und Seelsorgepriestertum gehörte zum Gründungsauftrag des heiligen Norbert an den von ihm gestifteten Orden. Natürlich gingen auch die Einkünfte aus der Pfarreibetreuung verloren (Meßopfer, Stolgebühren), doch traf dies die Prämonstratenser anders als die Franziskaner und Dominikaner angesichts ihres stattlichen Grundbesitzes nicht existentiell, obgleich infolge der religiös motivierten Verweigerungshaltung vieler Bauern die Einkünfte stark zurückgingen.

Der Magdeburger Konvent unter dem altgläubigen Propst Heinrich Stott (1497-ca. 1537) war also, kirchlich betrachtet, auf seine monastische Aufgabe beschränkt, d.h. die Stundengebete und das Gotteslob, ein im religiösen Sinne durchaus umfassender Pflichtenkanon. Die Lehren Luthers sind im Konvent offenbar diskutiert worden; im Jahre 1523 hatte Nikolaus Martini oder Mertens (Familienname oder Scherzname als Anspielung auf seine Rolle als „Martinist") den Konvent aus lutherischer Überzeugung verlassen und dies durch eine Schrift gerechtfertigt. Daß das Kloster Unser Lieben Frauen damals kein ungeistiger Ort war, ergibt sich auch daraus, daß es zeitweilig eine Druckerei unterhielt[7].

Für die Magdeburger Prämonstratenser begann 1525 die lange Zeit der religiösen und sozialen Isolation; es bestand nur noch ein zahlenmäßig geringer Restkatholizismus im Erzstift Magdeburg. Immerhin blieb das Magdeburger Domkapitel bis 1567 offiziell altgläubig, bis 1565 auch das Benediktinerkloster St. Johann auf dem Berge bei Magdeburg[8]. Vermutlich sind in den Magdeburger Prämonstratenserkonvent auch die Ordensangehörigen aus dem Kloster Jerichow, dem Kloster Gottesgnaden/Saale sowie aus anderen Klöstern der Magdeburger Circarie des Ordens in den Magdeburger Konvent aufgenommen worden. Nachwuchs aus Norddeutschland blieb aus und so schmolz der Konvent unter Propst Johann Erxleben (ca. 1537-1567) allmählich zusammen. Propst Erxleben wird als guter Verwalter gerühmt, aber die Schäden und Plünderungen im Unruhejahr 1546 und während der Belagerung Magdeburgs 1550 konnte er natürlich nicht abwenden und nur langsam beheben. Inwieweit noch Messen und Stundengebete stattfanden, ist nicht zu ermitteln. Der Schlüssel zur Klosterkirche war dem Propst 1547 abgenommen worden, erst 1558 erhielt er diesen zurück, ohne daß der Gottesdienst in der Kirche wieder aufgenommen wurde[9].

Wenn das Kloster in einem konfessionell feindlichen Umfeld überhaupt noch weiterexistieren konnte, so wegen des Bestrebens der Landstände, die Prälatenkurie als Teil der landständischen Ordnung des Erzstiftes Magdeburg zu erhalten. Die Katholizität des Domkapitels bis 1567 oder des Benediktinerklosters Berge bei Magdeburg galt zwar als unerwünscht, aber der Status dieser geistlichen Institute sollte vor Eingriffen der Landesherrschaft aus diesem Grund bewahrt bleiben, katholische Konvente wollte man von innen her umwandeln[10].

Mit Erzbischof Sigismund (1552-1566), der eindeutig lutherisch gesonnen war, setzte die systematische Protestantisierung des Landes ein, der Landtag beschloß am 5. Dezember 1561 den Übergang zur Reformation. Die Stifte und Klöster wurden 1561 bis 1562 visitiert[11]. Die Visitation des Klosters Unser Lieben Frauen zu Magdeburg 17. bis 20. Januar 1562 machte ersichtlich, daß dort damals fünf Professen und ein Laienbruder lebten, offensichtlich alle altgläubig: Propst Johann Erxleben, Prior Thomas, Senior Andreas, die Priester Balthasar und Jakob sowie der Bruder Küchenmeister; an Gesinde hielten sich im Kloster 17 Personen und im Klostervorwerk Zipkeleben ostwärts von Magdeburg 15 Personen auf. Die Visitatoren registrierten bei ihrem Besuch im Kloster „618 bucher, groß und klein, guth und böß", also sowohl lutherische als auch katholische Literatur[12].

Ob das Magdeburger Kloster, damals noch rein katholisch, Kontakte zu Reformkräften im Orden, etwa im Rheinland oder Böhmen, unterhalten hat, ist nicht ersichtlich. Damals begann die innere Erneuerung des Ordens von Pont-á-Mousson aus auf Steinfeld in der Eifel und Knechtsteden bei Köln auszustrahlen[13].

Mit dem Regierungsantritt des Erzbischof-Administrators Joachim Friedrich von Brandenburg (1566-1598) wurde die Protestantisierung des Landes forciert. Dieser spätere Kurfürst von Brandenburg (1598-1608) trat nach 1582 sogar für die Zusammenarbeit mit den Reformierten ein und war wohl um 1587 schon heimlicher Calvinist[14]. Schon 1567 wurde ein lutherischer Domprediger (Dr. Siegfried Sack) berufen und kurze Zeit später trat das Domkapitel offiziell zur Reformation über. Die letzten zehn katholischen Klöster sollten durch verschärfte Visitationen zum Übertritt gebracht werden, was aber bis 1598 nur bei fünfen gelang[15].

Die Visitation von 1573 im Kloster Unser Lieben Frauen spiegelt zunehmende Konfrontation der Konfessionen wider. Propst Balthasar Huft (1567 bis 1576) antwortete zwar ausweichend, doch dies spricht in der neuen Situation für Altgläubigkeit. Die Konventualen Johann Meyer und David Liebe bekannten sich uneingeschränkt zum „Papstum" (in der Diktion der Visitatoren). Meyer erklärte, er wolle in dem Glauben bleiben, in welchem er erzogen sei; Liebe wird im Visitationsbericht als „leichter Geselle" und „Spötter" charakterisiert. Zwei weitere Konventuale bekannten sich zur Augsburger Konfession[16]. Der Konvent war also religiös gespalten, mit einem Mehrheitsverhältnis von 3:2 für die Altgläubigen. Wie diese lutherischen Konventualen in das Kloster gekommen sind, ist unklar. Vielleicht war ihre Aufnahme der Preis für den Zuzug der katholischen Fraktion aus „Westfalen". Ohne diesen Zuzug wäre - wie zu betonen ist - die prämonstratensische Gemeinschaft in Magdeburg schon erloschen.

Bei der nächsten Visitation des Klosters 1577, jetzt unter Propst Johann Meyer (1576-1589), wird die konfessionelle Konfrontation und d. h. der katholische Widerstandswille zur Überraschung der Visitatoren noch deutlicher spürbar: „Es ist aber wider unser Zuversicht, von Propst (Meyer) eine schriftliche Confession übergeben, in welcher das gantze bapstum bestettigt wirdt, und der propst sich auffs concilium Tridentinum referirt...". Die (lutherischen) Theologen hätten ihm das widerlegt; er hätte (angeblich) den Wunsch auf Unterrichtung durch den Domprediger Dr. Siegfried Sack geäußert. Ganz unzufrieden waren die Visitatoren mit David Liebe (s.o.), der sich „biß anhero ubel gehalten", ebenso mit einem jungen Mann aus „Westfalen" namens Adam (Helfenstein), „welcher neulich ankommen, weis von christlicher lehr (aus lutherischer Sicht) noch nichts und ist zu besorgen, das er schwerlich zu bekeren, dan ehr sich vernehmen lassen, das ehr den weg daher ehr kommen, wohl wider finden wolte"[17]. Während also der Propst entschieden katholisch, aber in moderater Weise reagierte, lehnten die jungen Konventualen die Vorhaltungen der Visitatoren rundweg ab.

Bei der nächsten Visitation von 1584 fehlte David Liebe, hatte also den Konvent wohl wieder verlassen. Propst Meyer und Adam Helfenstein gaben sich jetzt ganz kompromißlos: Der Propst erklärte, die Augsburger Konfession nicht gelesen zu haben und im übrigen „communicire er sub una specie", und Helfenstein bekräftigte, er sei im katholischen Glauben erzogen. „Richtig" im Sinne der Visitatoren bekannten sich Adam Löder und Andreas Oeltzen zur Augsburger Konfession[18].

Nach dem Tod von Propst Meyer wurde am 7.2.1589 mit Adam Helfenstein ein „harter Papist" gewählt, den der Administrator Joachim Friedrich nicht bestätigen wollte. Die Wahl sei nicht „rite" erfolgt, da nur zwei Konventuale gewählt hätten. „Auswärtige" Äbte wären nicht berechtigt, eine Stimme abzugeben. Während die protestantische Seite, nämlich das inzwischen mehrheitlich lutherische Domkapitel als Schutzmacht für den lutherischen Teil den Konventes einsetzte, wurde die katholische Partei von den noch katholischen Äbten und Pröpsten in Stadt und Land Magdeburg unterstützt. Aus unbekannten Gründen unternahm die magdeburgische Regierung trotz der mutvollen Stimmung der Protestanten im Reich nach dem Scheitern der spanischen „Armada" beim Angriff auf England nichts weiter gegen die Wahl Helfensteins. Vielleicht plante der Umkreis des Administrators und das Magdebuger Domkapitel schon damals das bei der nächsten Propstwahl praktizierte Verfahren[19].

Propst Helfenstein war sich der Gefahr für die Katholizität seines Klosters bewußt. Noch im Jahr seiner Wahl unternahm er Anstrengungen, Prämonstratenser aus Steinfeld zu holen, die „in regula, disciplina et statutis monasticis geübet und erfahren" wären. Abt Balthasar Panhausen (1582 bis 1606) sträubte sich zunächst gegen das Ansinnen, schickte dann aber doch Theodor Kessel aus Hakenbroich und Anton Snörgen aus Kastenholz. Letzterer, meist Castenholtanus genannt, berichtete am 3.9.1590 nach Steinfeld, daß der Konvent nur fünf Angehörige hätte; es würde nicht im Chor gesungen, der Propst bezahle einen Sänger dafür; es befänden sich im Kloster zehn Choralbücher, und zwar schönere Stücke als in Steinfeld. In den Berichten des Kastenholz fand keinen Platz, daß der lutherische Domprediger Sack die 1547 geschlossene Klosterkirche am 25.3.1591 für den evangelischen Gottesdienst öffnete. Kastenholz verließ das ihm allzu feindselige Magdeburg jedoch schon Pfingsten 1593[20].

Propst Helfenstein bemühte sich erneut um Zuzug aus dem Rheinland; es kam jetzt Johann Widdich, der von den lutherischen Konventualen betont unfreundlich als Eindringling behandelt wurde. Das Bemühen um Prämonstratenser aus Strachov/Prag scheiterte. Für katholischen Nachwuchs im Kloster zu Magdeburg setzten sich damals ein auch Propst Ludger vom Benediktinerkloster Ammensleben und Propst David Kothe vom Zisterziensernonnenkloster St. Agneten zu Magdeburg sowie der Halberstädter Kanoniker Gottfried Dimerius. Die noch katholischen Institute bemühten sich somit unabhängig von ihrer monastischen Herkunft um die Behauptung ihrer konfessionellen Position[21].

Als Propst Helfenstein am 3./13.4.1597 starb, kam die Gelegenheit für die protestantische Seite, die gewünschte Veränderung im Kloster Unser Lieben Frauen herbeizuführen. Die Neuwahl am 6./16.4.1597 wurde von zwei lutherischen Domherren, dem lutherischen Abt von Berge und den katholischen Äbten von Ammensleben und Hillersleben beaufsichtigt. Hier bestand also ein protestantisches Übergewicht. Für den Klosterkonvent stellte das Domkapitel das Gleichgewicht her, indem es kurzfristig einen Lutheraner dem Kloster zuordnete. Jede Konfessionspartei wählte ihren Kandidaten. Daraufhin befragten die Domherren die katholischen Konventualen, ob sie für das Kloster berufen wären und auf dieses die Profeß abgelegt hätten; die lutherischen Konventualen sollten Auskunft geben, was sie von der Berufung der katholischen Angehörigen des Konventes wüßten. Nachdem so der Aufenthalt der Katholiken im Magdeburger Konvent in rechtlichen Mißkredit gebracht worden war, zogen sich die Domherren zurück und verkündeten eine Woche später, der lutherische Kandidat Adam Löder sei der rechtmäßige neue Propst; die Katholiken wurden veranlaßt, diesem die Hand zu geben und so die „Wahl" anzuerkennen[22].

Damit hatte das Kloster Unser Lieben Frauen seinen ersten protestantischen Propst erhalten, zwar nicht durch verschärfte Visitationen, wie die Regierung des Administrators Joachim Friedrich es beabsichtigt hatte, sondern durch einen Eingriff mittels des Domkapitels als einer quasi-Aufsichtsbehörde. Die Katholiken im Konvent wagten keinen Protest oder Widerstand gegen die planmäßig angesetzte Manipulation. Es rächte sich nunmehr der Verzicht auf ein offenes Praktizieren der ordensgemäßen Religiosität. Die katholische Fraktion im Konvent zerfiel nun, obgleich die Lutheraner anscheinend keine ausgeprägte Kommunität gepflegt haben und der neue Propst sich persönlich tolerant verhielt[23].

Der Steinfelder Abt rief in Besorgnis um seine Mitbrüder diese aus Magdeburg ab, als ihn die Nachricht vom Wahlausgang erreichte. Beide Steinfelder baten jedoch, bleiben zu dürfen. Widdich wurde am 10. August 1597 in ein ehrenvolles, verpflichtendes Amt berufen, nämlich zum Propst des Zisterziensernonnenklosters St. Agneten in der Neustadt Magdeburg[24]. Hier zeichnete sich für die noch in Magdeburg weilenden Prämonstratenser eine wichtige Rolle für den Restkatholizismus in der Stadt ab. Widdich starb allerdings schon am 27. Dezember 1598, angeblich von protestantischer Seite vergiftet, in Wahrheit aber wohl an den Folgen einer Lebensmittelvergiftung während einer Feier der Katholiken zu St. Agneten[25].

Daraufhin bat die Domina von St. Agneten nunmehr den Abt von Steinfeld, ihrem Kloster einen Mitbruder als Propst zu schicken, nämlich den nach Steinfeld zurückgekehrten Kastenholz. Abt Panhausen wies den Wunsch zunächst unwillig ab, betonte die Verpflichtungen Steinfelds und die unterschiedliche Ordenszugehörigkeit, gab aber doch dem gegenreformatorischen Impuls nach. Kastenholz kam also, wird auch im Kloster Unser Lieben Frauen gewohnt haben, dürfte aber nicht als Konventuale rezipiert worden sein. Lange ertrug aber der neue Propst von St. Agneten die

feindselige Atmosphäre und den Mangel eines Ordenslebens nicht und kehrte in die Eifel zurück. Nun gab auch Theodor Kessel auf und ging zunächst nach St. Cyriacus in Erfurt, dann nach Obernzell am Main und schließlich wieder nach Steinfeld. Da aber auch der aus Knechtsteden gekommene Eberhard Waltmann das Kloster schon verlassen hatte, erlosch somit 1601 die prämonstratensische Fraktion im Kloster. Eine monastische Position konnte man diesen Kleinstkonvent ohnehin nicht mehr nennen[26].

So blieb dem Orden zunächst nur das Gedenken an die Wirkungsstätte des Ordensstifters Norbert von Prémontré, der 1582 auf Betreiben des Generalabtes heilig gesprochen worden war. Nach mehreren Ansätzen und Versuchen des Ordens 1596, 1604 und 1625 gelang es mit kaiserlicher Hilfe dem Abt Kaspar Questenberg von Strachov, die heiligen Gebeine am 23.11./3.12.1626 in Magdeburg zu erheben und in sein Prager Kloster zu verbringen[27].

Die militärischen und politischen Konstellationen, die schon die Wegführung der Gebeine des heiligen Norbert ermöglicht hatten, gestatteten 1628 auch die Restitution des Klosters Unserer Lieben Frauen am 29.7.1628 an den Prämonstratenser Orden[28]. Propst wurde Martin Stricker (ca. 1577 bis 1649), ein geschickter Missionar, in der Erzdiözese Bremen-Hamburg bisher tätig (1611, erneut 1635), der 1622 schon zum Propst von St. Agneten in Magdeburg berufen worden war und als Prämonstratenser rezipiert werden mußte, um seine neue Funktion wahrnehmen zu können. Unterstützt wurde Stricker von Zacharias Bandhauer (1585-1657, Konvertit aus Burg bei Magdeburg, seit 1609 Mönch von Tepl in Westböhmen). Bandhauer wurde Propst von Jerichow, wohnte aber zumeist in Magdeburg. Zum Vizepropst Unser Lieben Frauen in Magdeburg avancierte mit Datum vom 13.6.1629 Johann Busch oder Sylvius aus der Parkabtei zu Löwen, der zusammen mit fünf weiteren Niederländern aus Antwerpen, Tongerloo, Ninove gekommen war. Neben diesen sechs Niederländern gehörten zum Konvent noch drei Böhmen (vom Propst von Doxan hergebracht) sowie der Steinfelder Mönch Theodor Mans[29].

Dieser stattliche Konvent, der zweifellos eine gegenreformatorische Mission in Magdeburg hätte organisieren können, kam aber kaum dazu, seine Fähigkeiten für ein katholisches „Marienburg"/ Magdeburg zu entfalten. Der am 7.8.1630 in die Stadt zurückgekehrte protestantische Administrator des Erzstiftes, Christian Wilhelm von Brandenburg, ging gegen die Prämonstratenser vor, zerstörte das große Dormitorium, arrestierte und drangsalierte die Mönche, bis die Eroberung der Stadt durch die Kaiserlichen wieder eine neue Lage schuf[30].

Doch auch nach dieser Eroberung am 10./20.5.1631 blieb im zerstörten Magdeburg nur wenig Spielraum für ein missionarisches Wirken. Das Kloster überstand den großen Feuersturm und wurde nun Zufluchtstätte für viele Magdeburger. Als die militärische Lage sich wendet, verließen die Prämonstratenser mit dem abziehenden kaiserlichen General Pappenheim am 8./18. Januar 1632 zusammen mit anderen Katholiken die Stadt[31].

Eine Rückkehr war schon seit dem Prager Frieden 1635 ausgeschlossen, da das Normaljahr 1627 die Prämonstratenser (im Gegensatz zu den Zisterziensernonnen von St. Agneten) ausschloß. Ein letzter Versuch, sich in diese Friedensverhandlungen beim Kaiser einzuschalten, zeitigte das letzte öffentliche Lebenszeichen von „Propst und Konvent"[32].

Die Konventualen aus den Niederlanden und aus Böhmen kehrten zumeist in ihre Heimat bzw. Wahlheimat zurück; Steinfeld pflegte wohl noch den Anspruch auf die Circarie Magdeburg, denn Theodor Mans starb dort 1652 als titularischer „praepositus Gratia Dei (Kloster Gottesgnaden) et Saxonie"[33].

Daß das Kloster Unser Lieben Frauen zu Magdeburg noch als evangelische Kommunität und als Schulkloster bis 1832/1834 bestand, ist eine andere Geschichte[34].

ANMERKUNGEN

[1] Gesamtdarstellungen, hier relevant: Leuckfeld, Johann Georg: Antiquitates Praemonstratenses oder Historische Nachricht von zweyen ehemals berühmten Praemonstratenser-Clöstern S. Marien in Magdeburg und Gottesgnade bey Calbe. Magdeburg und Leibzig 1721; Bormann, Albert/Hertel, Gustav: Geschichte des Klosters Unserer Lieben Frau zu Magdeburg. Magdeburg 1885

[2] Konfessionelles Jahrhundert: Hertel, Gustav: Die Gegenreformation in Magdeburg. Halle 1886 (Neujahrsblätter, hg. v. d. Hist. Komm. d. Provinz Sachsen, 10); Ulrich, Theodor: Der Katholizismus in Magdeburg vom Ausgang der Reformation bis in das 2. Jahrzehnt des 19. Jh. In: Magdeburger Geschichtsblätter, 72./73. Jg., 1937/1938, S. 54-115; Wittich, Karl: Magdeburg als katholisches Marienburg. In: Historische Zeitschrift, 65 (1890), S. 415-464; 66 (1891), S. 53-89

[3] Kloster- und Ordensgeschichte: Backmund, Norbert: Monasticon Praemonstratense. Editio secunda, Berlin 1983; Schrader, Franz: Ringen, Untergang und Überleben der katholischen Klöster in den Hochstiften Magdeburg und Halberstadt von der Reformation bis zum Westfälischen Frieden. Münster 1977 (Katholisches Leben und Kirchenreform im Zeitalter der Glaubensspaltung, 37); Seibrich, Wolfgang: Gegenreformation als Restauration. Die restaurativen Bemühungen der alten Orden im Deutschen Reich von 1580 bis 1648. Münster 1991 (Beiträge zur Geschichte des Alten Mönchtums und des Benediktinertums, 38)

[4] Quellenwerke: Hertel, Gustav: Regesten und Urkunden zur Geschichte des Klosters Unserer Lieben Frau in Magdeburg und zur Geschichte der Gegenreformation im Magdeburgischen. In: Magdeburger Geschichtsblätter, 21 (1886), S. 306-328, 365-402; Dittmer, Max: Aktenstücke zur Geschichte der Gegenreformation in Magdeburg. In: Magdeburger Geschichtsblätter, 30 (1895), S. 185-232; Schrader, Franz: Die Visitationen der katholischen Klöster im Erzbistum Magdeburg durch die evangelischen Landesherren 1561 bis 1651. Leipzig 1978 (Studien zur katholischen Bistums- und Klostergeschichte, 18)

[5] Die Aktenbestände des Landeshauptarchivs Magdeburg, des Landeshauptarchivs Düsseldorf (wegen der rheinisch-westfälischen Klöster) und die Wiener Archive werden angesichts des Überblickscharakters dieses Textes nicht zitiert.

[6] Jahre 1524/1525: Hertel, Gustav/Hülße, F./Hoffmann, F. W.: Geschichte der Stadt Magdeburg. Bd. 1-2, Magdeburg 1876-1899, dort Bd. 1, S. 345. Kurzer Überblick z.B. bei Schrader, Franz: Die Auseinandersetzung der Reformation mit den katholischen Klöstern in den Hochstiften Magdeburg und Halberstadt. In: Schrader, F.: Stadt, Kloster und Seelsorge, Gesammelte Aufsätze. Leipzig 1988, S. 245-265

[7] Zeit Propst Stott: Bormann/Hertel (s. Anm. 1), S. 131ff.
[8] Domkapitel bis 1567: Hertel, Gustav: Die Annahme der Reformation durch das Magdeburger Domkapitel. In: Jahrbuch des Pädagogiums zu Kloster Unserer Lieben Frau zu Magdeburg. Magdeburg 1895. Kloster Berge bis 1565: Römer, Christof: Das Kloster Berge bei Magdeburg und seine Dörfer 968-1565. Göttingen 1970 (Veröffentlichungen des Max-Planck-Instituts für Geschichte, 30)
[9] Zeit Propst Erxleben: Bormann-Hertel (s. Anm. 1), S. 133ff.
[10] Erhalt der Prälatenkurie: vgl. z. B. Schrader, Franz: Untersuchungen zu Verfassung und Seelsorge der katholischen Klöster im ehemaligen Herzogtum Magdeburg. In: Zeitschrift der Savignystiftung für Rechtsgeschichte, Kanonistische Abteilung 53, (1968), S. 136-199
[11] Zeit Erzbischof Sigismund: Schrader, Ringen (s. Anm. 3), S. 33; Schrader, Visitationen (s. Anm. 4), S. 4
[12] Visitation 1562: Schrader, Visitation (s. Anm. 4), S. 18ff, bes. S. 35f.
[13] Erneuerung des Ordens: Saal, Friedrich Wilhelm: Die Auswirkung des Trienter Konzils für die Prämonstratenser, besonders in der rheinisch-westfälischen Provinz. In: Analecta Praemonstratensia, 40 (1964), S. 41 - 59; Seibrich, Gegenreformation 1991 (s. Anm 3), S. 27
[14] Administrator Joachim Friedrich: Römer, Christof: Der Beginn der calvinischen Politik des Hauses Brandenburg, Joachim Friedrich als Administrator. In: Jahrbuch für die Geschichte Mittel- und Ostdeutschlands, 23 (1974), S. 99-112
[15] Verschärfte Visitationen: Schrader, Auseinandersetzung (s. Anm. 6), S. 264; Schrader, Ringen (s. Anm. 3), S. 38ff.; Schrader, Visitationen (s. Anm. 4), S. 6ff
[16] Visitation 1573: Schrader, Visitationen (s. Anm. 4), S.78f.; Propst Huft: Bormann/Hertel (s. Anm. 1), S.138f.
[17] Visitation 1577: Schrader, Visitationen (s. Anm. 4), S. 82ff, bes. S. 84; Propst Meyer: Bormann/Hertel (s. Anm. 1), S. 139f
[18] Visitation 1584: Schrader, Visitationen (s. Anm. 4), S. 95
[19] Propst Helfenstein: Bormann/Hertel (s. Anm. 1), S. 140ff., S. 146ff.; Hertel, Gegenreformation (s. Anm. 2); Römer, Christof: Wolfenbüttel und Halberstadt unter Herzog Heinrich Julius im Rahmen der mitteleuropäischen Konstellation. In: Beiträge zur niedersächsischen Landesgeschichte, Hans Peter zum 65. Geburtstag. Hildesheim 1984, S. 165-180
[20] Steinfelder Mönche: vgl. Nordrheinwestfälisches Hauptstaatsarchiv, Abtei Steinfeld, 121.97.2, Nr. 206; Hertel, Regesten (s. Anm. 4); Bormann/Hertel (s. Anm. 1), S. 141ff.; Kessel: Braun, Zur Geschichte der Abtei Steinfeld in der Eifel. In: Annalen des historischen Vereins für den Niederrhein, 8 (1860), S. 120-160, dort S. 134
[21] Bemühungen um Zuzug: Bormann/Hertel (s. Anm. 1), S. 143f.; Paas, Theodor: Die Prämonstratenserabtei Steinfeld vom Beginn des 15. Jahrhunderts bis zu ihrer Auflösung. In: Annalen des historischen Vereins für den Niederrhein, 99 (1916), S. 98-202, bes. S. 169; Widdich: Braun (s. Anm. 20), S. 133
[22] Wahl 1597: Bormann/Hertel (s. Anm. 1), S. 144f.
[23] Reaktion: Bormann/Hertel (s. Anm. 1), S. 148ff.
[24] Hertel, Regesten (s. Anm. 4)
[25] Widdichs Tod usw.: Bormann/Hertel (s. Anm. 1), S. 153f.; Seibrich (s. Anm. 3), S. 46
[26] Kastenholz: Bormann/Hertel (s. Anm. 1), S. 153f.; Braun (s. Anm. 20), S. 132)
[27] Dieses Sonderthema soll hier nur angedeutet werden
[28] Restitutionszeit: Bormann/Hertel (s. Anm. 1), S. 161ff.; Seibrich (s. Anm. 3), S. 158ff.; Wittich (s. Anm. 2)
[29] Konvent 1628-1632: Seibrich (s. Anm. 3), S. 160f.; 184, bes. Anm. 98; Stricker: Seibrich (s. Anm. 3), S. 72 mit Anm. 157; Bandhauer: NDB 1, 1971, S. 374f. (Norbert Backmund); Klimesch, Philipp: Zacharias Bandhauers deutsches Tagebuch der Zerstörung Magdeburgs 1631. In: Archiv für Kunde österreichischer Geschichtsquellen, 16 (1856), S. 239-319, Nachdruck 1969; Pietschmann, A.: Zacharias Bandhauers Tätigkeit in Tepl, Magdeburg und Chotieschau. In: Beiträge zur Geschichte des Stifts Tepl 2, (1925) S. 1-82
[30] Vgl. z. B. Joppen, Rudolf: Das Erzstift Magdeburg unter Leopold Wilhelm von Österreich (1628-1635). In: Beiträge zur Geschichte des Erzbistums Magdeburg, hg. v. F. Schrader (Studien zur katholischen Bistums- und Klostergeschichte, 11), Leipzig 1969
[31] Bormann/Hertel (s. Anm. 1), S. 173ff.; Seibrich (s. Anm. 3), S. 187
[32] Seibrich (s. Anm. 3), S. 558
[33] Braun (s. Anm. 20), S. 133ff
[34] Bormann/Hertel (s. Anm. 1), S. 179ff.

Bündelpfeiler, Lavatorium

Südlicher Kreuzgang nach Osten,
rechts nördliches Kirchenportal

Kreuzigung, Epitaph des Tile von dem Dale,
Magdeburg, Ende des 14. Jahrhunderts, nördlicher Kreuzgang

Klosterhof nach Süden

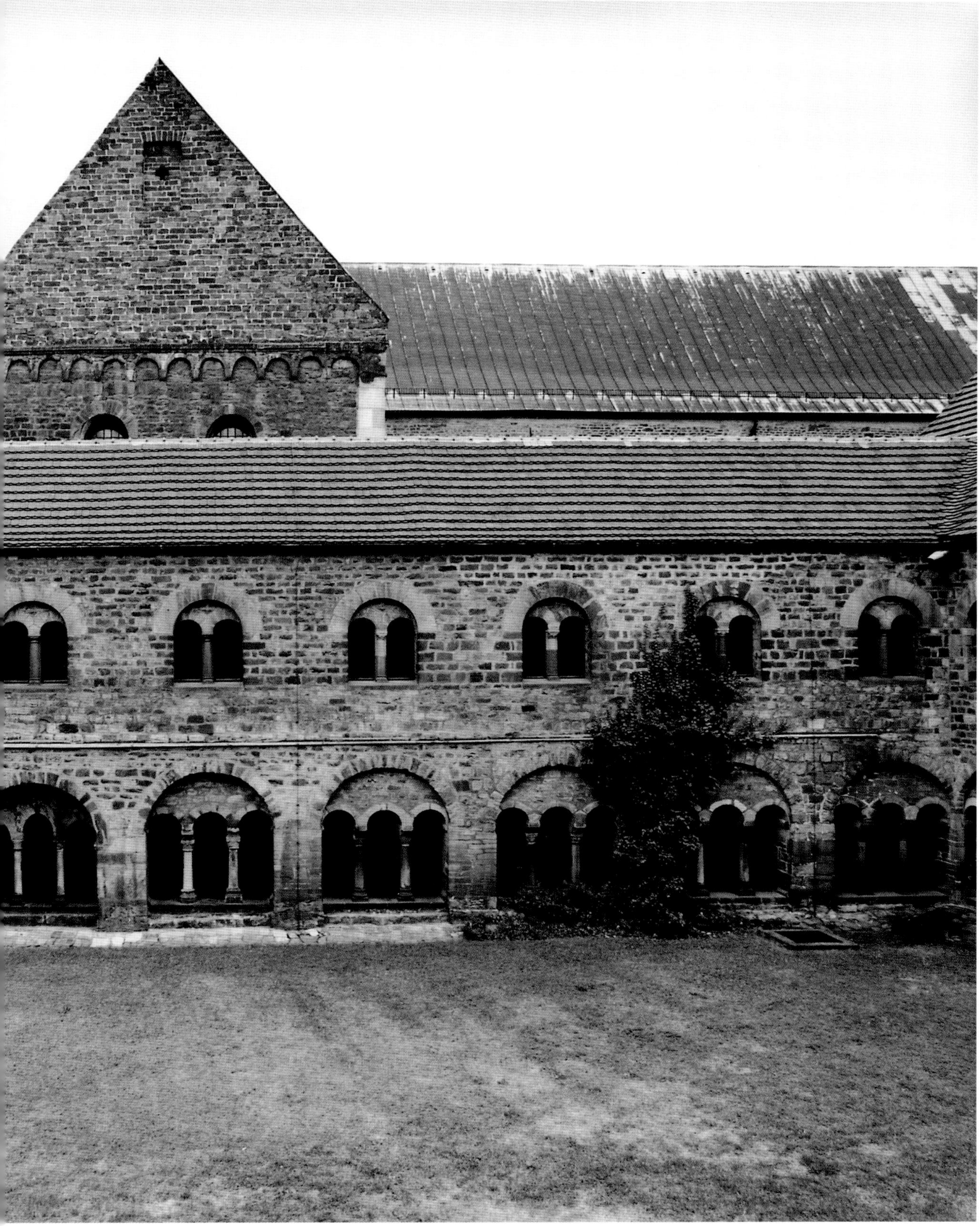

Klosterhof mit Lavatorium

Innenraum des Lavatoriums, Obergeschoß

Lavatorium, Untergeschoß

rechts:
Hochsäulige Kapelle

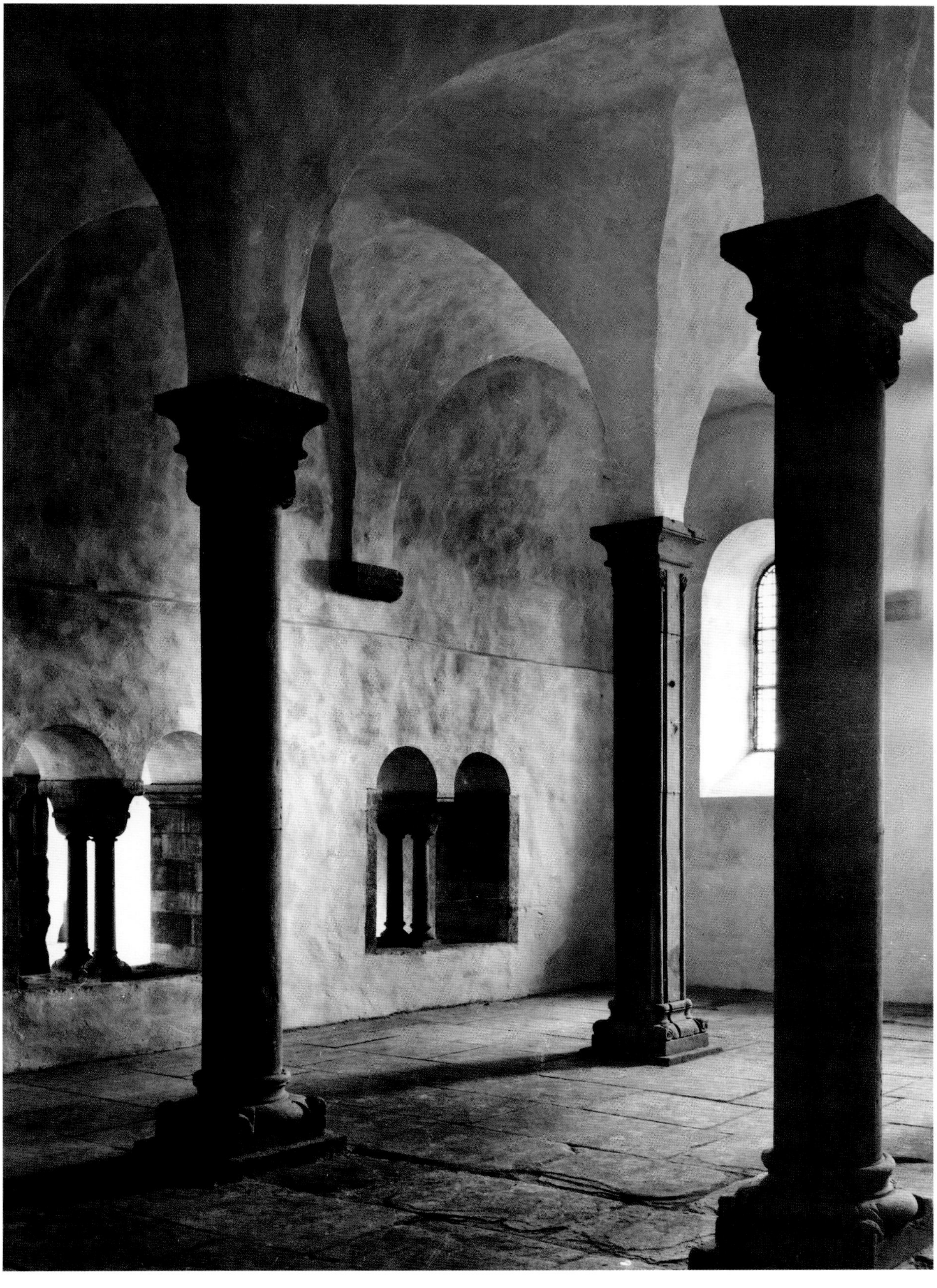

Kreuzigung, sog. Hildebrandstein,
Votivplatte, um 1340, Hochsäulige Kapelle

Kreuzigung,
Votivplatte, Mitte 15. Jahrhundert, Hochsäulige Kapelle

Doppelarkade
zwischen Kreuzgang und Hochsäuliger Kapelle

Heike Simon

Kreuzgang und Brunnenhaus

Der Bau der Klausuranlage kam unter der Führung des Erzbischofs Norbert, des Ordensgründers der Prämonstratenser, in den Jahren von 1129 bis 1165 zur Ausführung.
Gemäß den Vorschriften der Ordensstatuten wurden Konventgebäude wie Kapitelsaal, Dormitorium und Refektorium (1129-50) als 'notwendige' Bauten bevorzugt fertiggestellt, während dagegen die Kreuzganggalerien und auch das Brunnenhaus in der Ordensregel programmatisch nicht vorgesehen waren, d.h. als 'weniger notwendige' Bauwerke galten und so den 'Gewohnheiten' entsprechend als Abschluß der Bautätigkeit in dem Klausurquadrum entstanden.
Die Klausuranlage schließt aufgrund einer Anpassung an die örtlichen Gegebenheiten der Nordseite der Kirche an und ist heute mit den gut erhaltenen Kreuzgangflügeln und der 'Tonsur' hervorragendes Zeugnis einer mittelalterlichen Anlage aus dem 2. Drittel des 12. Jahrhunderts. Anstelle eines einfachen Vorgängerbaues entstand der Klausurtrakt in den reichen Formen der Hochromanik unter dem besonderen Einfluß Norberts. Die Kreuzgangarchitektur stellte nicht nur einen 'schmuckhaften', sondern auch den funktionellen Rahmen für die Konventgebäude dar, die sie mit vier Flügeln als geschlossenen Trakt zusammenfaßt. In diesem Zusammenhang ist der Kreuzgang nicht nur als Verbindungsgang zu verstehen, sondern er ist Lebensraum der Mönche und Ausdruck ihres in den Ordensvorschriften verankerten Lebensrythmus. Abgeschirmt nach außen, widmeten sich an diesem stillen Ort der Gottesbegegnung die Klosterbewohner der 'geistlichen Kunst'. Neben seiner Zwecksetzung als wettergeschütztes Verteiler- und Wegsystem zählten zu den wesentlichen Tätigkeiten, die in einem Kreuzgang vorgenommen wurden, Heiligen- und Totenandachten, die wöchentliche Fußwaschung, Lesen, Beten und Meditieren. Auch waren die Andachten mit Prozessionen verbunden, an denen man das Kapitelkreuz voraustrug und sich vermutlich von diesem überkommenen Brauch die Namensbezeichnung der Anlage ableiten läßt. In dem der Kirche angelehnten Südflügel fanden auch lehrhafte Unterweisungen der Novizen und jüngeren Mönche statt. Kleinere Strafen und Zurechtweisungen, die nicht wie strengere Bestrafungen in dem Kapitelsaal erfolgten, konnten hier vorgenommen werden (Legler 1989, 209).
Der vierflügelige Kreuzgang umfaßt einen rechteckigen Innenhof mit einer Langseite von 31 m und einer Schmalseite von 24 m (Kohte 1895, 40). Auffallend ist die von der Norm abweichende Lage des Kreuzganges, der von der üblichen Position in Höhe des Kirchenlanghauses weiter nach Osten verschoben über den Chor der Kirche hinausragt. Weidel sieht hier ein Zeichen für eine nachträgliche Bauplanänderung unter Norbert (Weidel 1925, 97). Die Gliederung der Kreuzgangwände auf der Hofseite spiegelt eine einheitliche Entwicklungsphase wider: Zwischen regelmäßig verteilten schweren Mauerstützen öffnet sich die Wand durch lichte Arkadenstellungen zum Hof, an der Langseite mit neun und an der Schmalseite mit sieben Bogenöffnungen. Das fortlaufende System der sich von Pfeiler zu Pfeiler spannenden Arkadenbögen ist dreifach unterteilt und rundbogig gerahmt. Die großen, übergreifenden Rundbogen sind im Verbund mit massiven Pfeilern aufgemauert, deren Stirn mit der vorderen Schicht des Wandaufbaus verschmilzt. Die Bogenstirn ist durch eine radial gestellte Steinmauerung profiliert. Auf vorspringende Strebe-

pfeiler wurde zugunsten einer strengen und klaren Lösung, wie sie auch bei den Zisterziensern zu beobachten ist, verzichtet. Die schweren Pfeiler und massiven Mauern bestehen aus uneinheitlichen, hammerrechten Grauwackesteinen in unregelmäßigem Verband, wobei man eine horizontale Schichtung einzuhalten suchte. Die Größe der Steinformate reduziert sich nach oben in der zweiten Geschoßhöhe. Durch einen malerischen Farbwechsel in den Steinen wird die straffe Monumentalität der Außenerscheinung aufgelockert.

Unter dem Überfangbogen der Arkatur befindet sich um eine Schicht zurücktretend eine Dreibogenstellung, die außen auf unterschiedlich profilierten Kämpfergesimsen ruht und zur Mitte hin von zwei monolithen Säulen aufgenommen wird. Diese Stützen stehen auf einer zweistufigen Sockelbank, die als trennendes Motiv den Kreuzgang von dem Klostergarten separiert und an die Konventarchitektur bindet (Legler 1989, 226). An den Säulen, deren Basen und Kapitellen wechseln die Formen mit einem bewundernswerten Reichtum.

Die Schäfte der Säulen sind nicht nur gleichmäßig rund, sondern auch vier- oder achtseitig, bzw. mit abgefasten Kanten ausgestaltet. Ihrer Form angepaßt ist die Ausbildung der Basen, deren vorwiegend steile attische Fassung entsprechend die runde oder polygonale Bildung wiederholt. Die unteren Wülste einiger Basen sind mit Eckblättern verziert. Einfache Würfelkapitelle mit geritzten Schilden über schlichten Halsringen korrespondieren mit entwickelteren Formen der Kelchblockkapitelle, deren Ornamentik eine vielfältige Variierung des Grundtyps aufweist. Die Wangen sind mit stilisiertem Blatt-, Palmetten- und Schneckenwerk besetzt, und vereinzelt finden sich auch noch vier Seiten unterschiedlich im Detail. Zahlreiche Kelchblockkapitelle sind zweireihig mit Ornamentformen belegt: die untere Reihe mit schematisierten fleischigen Blättern mit Mittelrippe, darüber eine Auflösung in stilisierte Blätter, Rosetten und wechselnd gegeneinandergestellte, schneckenförmig eingerollte Stengel; manche der Blattstengel steigen mit Voluten auf, die an den Ecken einen Überfall bilden.

Die Ornamentformen variieren im Reliefgrad und der Art der Auflösung: Manche sind kerbschnittartig gearbeitet und kaum vom Grund gelöst, andere dagegen etwas freier aus dem Fond herausgearbeitet, wenn sich die Blätter gleich Eckvoluten vorwölben. Allen gemeinsam ist das romanische Prinzip, das schematisierte Ornament in die Fläche zu legen und den Grund in der Tiefe zu bearbeiten. Die Ausführung der Bauzier fällt in eine Zeit, in der in der sächsischen Architektur neben burgundischen Einflüssen auch oberitalienisches, lombardisches Formengut aufgenommen und im traditionelle Baugefüge und in landschaftlichen Abwandlungen verarbeitet wurde (Simon, Diss. i. A.).

Die Kapitelle sind wie der andere Bauschmuck nicht aus der spröden, harten Grauwacke sondern aus leichter zu bearbeitendem Sandstein hergestellt, der bis zum Ende des Mittelalters ebenfalls aus den nahen Bernburger Steinbrüchen bezogen wurde. Um das schwere Mauerwerk zu stützen, vermitteln über den Kapitellen ausladende Sattelkämpfer mit geschwungenen Seiten und Rollen an den Schmalseiten zur großen Auflagefläche der Bogenstellungen. Einige der Kämpfer sind in der Auskehlung mit einem abgefasten Wulst verziert.

Die Gliederung der Wand ist zurückhaltend, schlicht und ohne geschoßteilendes Gesims.

Das Stockwerk über dem Kreuzgang nimmt Räumlichkeiten des Konvents auf und zeigt hofseitig eine Folge von Rundbogenfenstern, die unter ihrem Überfangbogen Zwillingsarkaden aufnehmen. Diese gekuppelten Fenster sind kleiner als die Arkatur des darunterliegenden Kreuzganges und liegen mittig über diesen in einer Achse.

Der ursprüngliche mittelalterliche Zugang zum Garten befand sich an der Südgalerie, dem Kirchenzugang gegenüber. Dieser wurde später, vermutlich im Zuge großer Umbautätigkeiten von 1848, mit einem gotisierenden Einbau geschlossen (Weidel, 1925, 102). Mit spitzen Bögen und Knospenkapitellen setzt sich diese Bogenöffnung von der romanischen Arkatur ab. Heute befindet sich seit dem 19. Jahrhundert der Zugang zum Klosterhof im Westflügel des Kreuzganges, wo man die eingestellten Säulen, Füllwand und Brüstungsmauer der Arkade entfernte.

Die innere Gestaltung entspricht im wesentlichen dem äußeren Aufbau. In Analogie zu der Arkatur und den kräftigen Stützpfeilern weist der durchlaufende Gang selbst eine jochweise Einwölbung durch rippenlose, rundbogige Kreuzgratgewölbe auf. Die Gewölbeanfänger werden außen von flachen Wandvorlagen mit unterschiedlich gestalteten Kämpfern aufgefangen. Die Vorlagen laufen im Verbund mit der hohen Sockelbank bis zum Boden durch und sind hier durch eine abschließende Sockelleiste mit Schräge gekennzeichnet. An der Innenwand der Kreuzgangflügel nehmen in der Nord- und Westgalerie ebensolche pilasterartigen Wandvorlagen die Gewölbefüße auf, indes im Osten und Süden der Anlage Konsolen in korrespondierender Weise diese Aufgabe erfüllen. Die Kragsteine zeigen in einem Wechsel der Formen eine einfache, kurze Profilabfolge von Deckplatte, Wulst bzw. Kehle und Plättchen, wonach in einer weiteren Abtreppung über einen kurzen Vorlagenstumpf stufenweise die Last in die Mauer abgeleitet und abgekragt wird.

Während im Ost-, West- und Nordgang die Wandvorlagen und Kragsteine und auch die etwa quadratischen Joche in gleichmäßiger Abfolge durchlaufen, ergeben sich in dem Südflügel Verzerrungen. Der Baumeister war hier gezwungen, Rücksicht zu nehmen auf die Wandgestaltung einerseits sowie das 1 m in den Gang vorkragende Pönitentarium und das nördliche Querschiffportal andererseits, das auf einen Mauerpfeiler zulief. Daraus ergab sich in diesem Bereich eine Unregelmäßigkeit der Jochbildung, die durch Verschiebung des Kirchenportales nach Westen und des Gewölbes nach Osten aufgefangen wurde. Mit der unregelmäßigen Austeilung der Kämpfer bzw. der Konsolen, stehen sich diese hier nicht mehr direkt sondern schräg gegenüber.

Gemäß dem tradierten und festgefügten Klosterschema waren um den Kreuzgang die Konventgebäude der Mönche gruppiert, die jedoch heute nach Abbruch oder Adaptierung für neue Aufgaben nicht mehr zur Gänze festzustellen sind: im Osten lagen vermutlich der Kapitelsaal und darüber das Dormitorium, im Norden das alte Refektorium der Mönche und die Küche, im Westen eine

Kreuzgangarkaden, Aufnahme 1891

offene Halle, die als Sommerrefektorium bezeichnet wird und im Süden befindet sich zwischen Gang und Chor die sogenannte 'Hochsäulige Kapelle', deren Zweckbestimmung uns nicht überliefert ist.

DAS BRUNNENHAUS

Zum Ostflügel gehört das mit ihm in einem Kontext angelegte und als Abschluß der Bautätigkeiten im Kreuzgang ausgeführte Brunnenhaus. (Simon, Diss. i. A.) Der zweigeschossige, aus Bernburger Grauwackesteinen errichtete, massive Baukörper schiebt sich gleich einem Kapellenerker nach Westen vor und teilt den Ostflügel in zwei ungleiche Hälften. Mit dem Kreuzgang bildet er eine Planungseinheit. Das über einem Grundriß von 6,20 m Durchmesser errichtete Brunnenhaus ist das älteste erhaltene Bauwerk seiner Art auf deutschem Boden. Die Außengliederung ist nach dem Vorbild des Kreuzganges angelegt. Zwischen mächtigen Strebepfeilern öffnet sich in drei Arkadenstellungen das Brunnenhaus gegen die übrigen Himmelsrichtungen. Die Bogenöffnungen zeigen sich gegenüber der Arkatur des Kreuzganges gestreckt in der Weite und im Rauminneren sehr lichtdurchlässig dimensioniert. Über der abgetreppten Sockelbank erheben sich zwei Stützen, die die dreifache rundbogige Unterteilung der Arkade unter einem massiven Überfangbogen aufnehmen. (Die Sockelbank der frontalen Westarkade wurde nach Renovierungsarbeiten im 1.V. des 20 Jhs. ohne Stufe aufgemauert, nachdem sie zwischenzeitlich hier mit einem Durchgang zum Hof geöffnet worden war.) Die Arkaden haben in ihrer Struktur und in ihrem Bauschmuck eine reichere Gestaltung: Die Bogenstützen bestehen aus vier gebündelten Säulen mit verbindenden Kehlen. Jedes Säulchen besitzt seine gesonderte Basis und ein verziertes Kapitell. Die in solcher Form gebildete Stütze wird durch eine abschließende Basis und ein großes Kapitel zusammengefaßt. Ein ausladender Sattelkämpfer bekrönt das wuchtige, prachtvolle Kopfstück der Stütze und vermittelt den Übergang zum aufgehenden Mauerwerk. Die steilen Basen weisen insgesamt eine attische Profilierung auf, wobei die Fußstücke der kleinen Säulchen mit Eckblättern belegt sind.

Die Schmuckformen der Kapitelle übertreffen die der Kreuzgangarkaden an Vielfalt: In einer überwiegend zweireihigen Komposition ausgebreitet in friesartigem Ornament finden sich hier stilisierte dickfleischige Blätter mit Mittelrippe, aufgefächerte Blattmotive, Palmetten, Blüten im Wechsel mit schneckenförmig eingerollten Blattstengeln, Eckvoluten und Schachbrettverzierungen. Auch hier bleibt das Ornament bei geometrisierender Grundform in der Fläche.

Kapitell im Kreuzgang

Die wandhaften, schweren Mauerstreben, die über der runden Grundform des Brunnenhauses hofseitig vortreten, gehen nach oben zu und ohne Einschnitt über das Obergeschoß hinweg in die Schräge des Kegeldaches über. Das einfache Obergeschoß zeigt unter weiten Blendbogen nur kleine Rundbogenfenster zur Belichtung des dunklen schlichten Rauminneren. Die Fassadengestaltung ist zurückhaltend und auch hier ohne geschoßteilendes Gesims. Mit dem Vor und Zurück bildet die Wand jedoch Relief aus, das im Zusammenhang mit dem malerischen Farbwechsel der Steine dem Brunnenhaus ein eigenes Gepräge verleiht. Es liegt bei aller Geschlossenheit des Bauwerkes der Reiz in den Kontrasten, die hier im Detail ausgespielt werden: in dem Ausgleich von kantigen und runden Formen, von Schlichtheit und vielfältiger Ornamentik, der unregelmäßigen Verteilung der Farben.

Die Anbindung des Lavatoriums an den östlichen Kreuzgangflügel vor dem dritten Joch nach Norden erfolgt über ein schlichtes, unprofiliertes Rundbogenportal. Im Rauminneren sind den vier Pfeilern Halbsäulen vorgelegt mit 'hirsauischen' Schildkapitellen zur Aufnahme der Gewölbeanfänger. Die Würfelkapitelle wechseln in ihrer Aufmachung von leeren zu dreifachen Schilden. Die Verbindung zu den Füßen des schwer lastenden Gewölbes übernehmen kräftige Kämpfer aus Plättchen, Wulst und Platte. Die steile, attische Basis lagert auf einer hohen Plinthe und bildet große Eckzehen aus, die mit dem unteren Wulst verschmelzen.

Kapitell im Kreuzgang

Als wesentliche Komponente des Lavatoriums vermißt man den Brunnen im Rauminneren; er ist weder in seinen Bestandteilen noch über Darstellungen archivalischen Schrifttums überliefert. Den Mittelpunkt des Brunnenhausbodens schmückt jedoch ein achtstrahliger Stern - das Symbol der Prämonstratenser.

Das Brunnenhaus wurde von den Mönchen ursprünglich zur Ausführung der 'rituellen' Handwaschung vor dem Gang in das Refektorium genutzt. Wie die überlieferte Namensbezeichnung 'Tonsur' bereits andeutet, diente das Brunnenhaus auch dem Schneiden der Haare. Während die erste Tonsur im allgemeinen im Kapitelsaal erfolgte, wurde das Nachschneiden der Tonsur am Scherbrunnen im Brunnenhaus vorgenommen.

Die Mönchsprofeß wurde von den Klosterbrüdern in einer Analogie zur Taufe verstanden, und es ergaben sich in dem besonderen Zusammenhang mit dem Brunnenwasser Verknüpfungspunkte zum 'Aqua Viva', dem lebengebenden Wasser, und zur Taufe.

Aus der Weite des theologisch-symbolischen Kontextes wurde die Idee der 'mystischen Reinigung' von den Mönchen aufgegriffen und auch in der rituellen Handwaschung vor dem Gang in den Speiseraum als 'zeichenhafte' Handlung eingesetzt. Nach mittelalterlichem Verständnis ist des weiteren die Architektur des Brunnenhauses nicht nur von seiner funktionalen Zwecksetzung her zu verstehen, sondern als Ausdrucksträger christlich symbolischer Inhalte: Mit der Wahl der Grundrißform, welche die Rundform der Anastasisrotunde wiedergibt, kann das Brunnenhaus als 'Architekturmetapher' in die Reihe der Bauten gestellt werden, die das 'Heilige Grab' zitieren, oder zudem auf den 'Bau des himmlischen Jerusalem' verweisen und heilsgeschichtliche Aspekte einsetzen.

Die funktionale Bestimmung des Obergeschoßraumes ist ungewiß. Man darf aber vermuten, daß es sich hier um eine ehemalige Schatz- bzw. Archivkammer für wertvolle Bestände handeln dürfte (Neumann 1993, 16; Kosch 1991, 122.) Schriftliche Quellen, die einen Hinweis auf eine solche Funktion vermitteln könnten, sind nicht überliefert, doch weisen die abgeschlossene, nahezu tresorartige Raumerscheinung als auch Vergleichsbeispiele in den zweigeschossigen Brunnenhausanlagen des Zisterzienserklosters Bronnbach, der Benediktinerabtei St. Bavo zu Gent, der Prämonstratenserabtei Sayn und dem Benediktinerstift Königslutter auf eine solche Zwecksetzung hin.

Aus der näheren Betrachtung ergibt sich, daß der Kreuzgang in seiner Anlage gemäß den mittelalterlichen Ordensvorstellungen der Prämonstratenser und vor allem ihres Gründers Norbert erbaut und einheitlich in einem Guß errichtet wurde. Nach Weidel dürfte schon Erzbischof Werner mit dem Osttrakt begonnen und den Grund gelegt haben, da die Nord- und Südseite einen Knick aufweisen (Weidel 1925, 76).

Das mächtige Gewölbe und die schweren Mauern scheinen von der burgundisch-französischen Architektur geprägt worden zu sein (Modde, 1911, 116), einem Einflußbereich, der durch die Persönlichkeit und Verbindungen des Ordens-grün-

Lavatorium, Aufnahme 1888

Bei der Errichtung des Klausurquadrums haben verschiedene, bestimmende Komponenten Einfluß genommen. Neben Baugedanken, die den Ordensvorgaben Rechnung tragen und landschaftlichen, überformenden Tendenzen aus der lokalen Bautradition, wurden Anregungen aus dem Westen und aus Oberitalien verarbeitet.

ders Norbert erschlossen wurde (Weidel 1925, 78, 103). Parallelen, vor allem in den schweren, abweisenden Mauern, dem Fehlen des geschoßteilenden Gesimses, dem glatten Einschneiden der Fenster in die Wölbung und den weit gespannten Arkaden ergeben sich des weiteren in der regionalen Bautradition der sächsischen Baukunst, wie z.B. in den Klosteranlagen der Stifte von Königslutter, Merseburg, Leitzkau, Jerichow und Havelberg.

Neben der partiellen künstlerischen Orientierung nach Westen behaupten sich Kontakte nach Oberitalien, aus dessen Kunstkreis Sachsen entscheidende Impulse aufnahm. Vor allem die Bauzier wie Palmetten, Rosetten und ionisierendes Schneckenwerk in zahlreichen Variationen in einer flächig gehaltenen Reliefschicht wurde dem oberitalienischen Ornamentschatz entnommen und setzt die Tradition von Königslutter und Quedlinburg voraus. Die Ziermotive der ornamentierten Kapitelle gehören zum allgemeingültigen Formenreichtum der sächsischen Bauplastik des 12. Jahrhunderts.

Den Kreuzgang und das Brunnenhaus wird man in ihrer baukünstlerischen Gestaltung als Synthese einer allgemein gültigen Stilentwicklung, neuen Stilimpulsen aus dem Westen und Oberitalien sowie lokalen Baugedanken verstehen müssen, die von dem Interesse und der Einflußnahme des Erzbichofs Norbert überlagert wird.

Die schlichte Bauform der Anlage läßt nicht unmittelbar auf einen bescheideneren Repräsentationsgehalt schließen. Schon die Wucht des Mauerwerkes charakterisiert ein Machtzeichen, das der Anlage einen bedeutsamen Gehalt und einen herrschaftlichen Charakter verleiht.

In diesem Zusammenhang ist die Klosteranlage als architektonische Demonstration und auch als Instrument einer Machtideologie zu verstehen, vor allem unter dem Aspekt, daß der Bauherr, Ordensgründer und Erzbischof Norbert sein Interesse auf den Neubau eines Mutterklosters für das östliche Territorium richtete und damit ein Zeichen der Legitimation und Repräsentation setzte.

LITERATUR

Binding, Günther/Untermann, Matthias: Ordensbaukunst in Deutschland. Darmstadt 1985

Das Kloster Unser Lieben Frauen zu Magdeburg in Vergangenheit und Gegenwart. In: Festschrift zur Feier des 900jährigen Bestehens. Magdeburg 1920

Kosch, Clemens: Wasserbaueinrichtungen in hochmittelalterlichen Konventanlagen Mitteleuropas. In: Die Wasserversorgung im Mittelalter. Mainz 1991, S. 87-146

Kohte, Julius: Das Kloster und die Kirche Unser Lieben Frauen in Magdeburg. In: Zeitschrift f. Bauwesen, 15. Jg., Berlin 1895, Sp. 25-46 und 339

Legler, Rolf: Der Kreuzgang: ein Bautyp des Mittelalters. München 1989

Modde, Maximilian: Unser Lieben Frauen Kloster in Magdeburg. Magdeburg 1911

Neumann, Helga: Das Kloster Unser Lieben Frauen zu Magdeburg. (Große Baudenkmäler, Heft 438) Berlin 1993

Sachs, Hannelore/Badstübner, Ernst/Neumann, Helga: Wörterbuch zur christlichen Kunst. Leipzig/Berlin, o.J.

Simon, Heike: Zur Entwicklung und Bedeutung der Brunnenhäuser innerhalb der mittelalterlichen Sakralbaukunst nördlich der Alpen. Dissertation in Arbeit

Weidel, Kar/Kunze, Hans: Das Kloster Unser Lieben Frauen in Magdeburg. (Germania Sacra, Serie B Germania Sacra Regularis I, C) Augsburg 1925

Lavatorium, Aufnahme 1988

Uwe Förster

Notizen zur Baugeschichte des Klosters

Literatur zur Baugeschichte des Klosters ist zahlreich: Hartmann 1854; v. Quast 1856; Müller 1881; Modde 1890; Kohte 1895; Modde 1911; Meier 1911; Weidel/Kunze 1925; Kunze 1925; Mrusek 1966. Im folgenden gilt deshalb die Aufmerksamkeit bisher wenig beachteten Dokumenten. Der Chronologie kommt in diesem Zusammenhang geringere Bedeutung zu, so daß die Darstellung mit der Zeit nach 1631 einsetzt.

Unter dem streitbaren Propst Ph. Müller (1679-1702) wurde eine umfangreiche Wiederherstellung zerstörter Bauten in Angriff genommen. Unterstützung fand er auf seiten des Kurfürsten: „Wir Friedrich Wilhelm/von Gottes Gnaden/Marggraf zu Brandenburg/... daß zu reparirung der bey der erbärmlichen in Anno 1631. geschehenen Einäscherung ietzt gedachter Stadt/mit ruinirter Evangelischen Closter-Kirchen/sonderlich der der ausgebrandten Thürme/und uffn fall stehenden Mauer- wercks/auch anderer Gebäude/eine Christliche Beysteuer hin und wieder gesamlet werden möge: ... gegeben zu Halle/den 12. Februarii, Anno 1681." (LHA Rep. A 4f, Sect. VIII, Nr. 2, Bl. 7f)

Propst Müller selbst beschreibt den Zustand des Klosters wie folgt: „In Summa, an alle den Closter Gebäude ist sehr wenig gutes, alles baufällig und wüste" (LHA Rep. A 4f, Sect. VIa, Nr. 22, Vol. I, Bl. 17). Dennoch wurde die Reparatur nicht umgehend in Angriff genommen. Indiz sind verschiedene Kostenanschläge von 1690 (ebd., Bl. 9f.) und ein „Dingzeddel übers Gewölbe im Kirchen-Chor" vom 3. Januar 1700 (ebd., Bl. 20).

Als Kuriosum sei an dieser Stelle erwähnt, daß 1803 ein Vorhaben erörtert wurde, wonach der südliche Turm zur Anlegung einer „Schrodtgießerei" genutzt werden sollte. Zu diesem Zweck gedachte man, die steinerne Wendeltreppe durch eine hölzerne zu ersetzen, um das Fallrohr einbauen zu können. Den Ofen wollte man unter dem Dach plazieren, wozu dort „ein Gewölbe von Mauersteinen aufgeführt" werden sollte (LHA Rep. A 4f, Sect. II, Pos. 1, Nr. 59, Vol. I). Da spätere Nachrichten darüber fehlen und 1806 die Franzosen Magdeburg besetzten, dürfte der Plan nicht in die Tat umgesetzt worden sein. Die französische Besetzung selbst verursachte zwar einige Schäden, das Kloster als Ganzes blieb erhalten.

In den folgenden Jahrzehnten stand der Ausbau schulischen Zwecken dienender Gebäude im Vordergrund. Betroffen davon war ebenfalls der Westflügel der Klausur, der 1945 völlig zerstört wurde. Seine nähere Beschreibung findet sich in den Akten über die Arbeiten auf dem Klostergelände, die 1933 einsetzten. Ein umfassender Bericht wurde 1934 durch den Magdeburger Kunsthistoriker Gaul vorgelegt. Er beschäftigt sich mit den Befunden zum Westflügel der Klausur.

„a) Die Säulenhalle.

Das gesamte Mauerwerk wirkt derart einheitlich, daß eine nachträgliche Änderung ausgeschlossen erscheint, also die offenen Bögen nach dem Kreuzgang und die Wandvorlagen für die Gewölbe sind ursprünglich. Anders steht es dagegen mit den Säulen, den Kämpfern und den Gewölben. Die Säulen stehen auf auffallend großen Fundamenten von verschiedener Größe; ungefähre Maße: das südlichste 2,36 x 1,72, das nächste 1,80 x 1,52, das folgende 2,08 x 1,75 m. (nördlichstes noch nicht ausgegraben). Auffallend ist ihre Streckung in der west/ost Richtung. Offenbar waren diese Fundamente für rechteckige Pfeiler bestimmt, denn für die Säulen sind sie zu groß. ... Die Sockel der Säulen stehen auf der jetzigen Fußbodenhöhe; sie waren auch von vornherein darauf berechnet, da ihre Flächen darunter ungeglättet geblieben sind. ... Stilistisch stehen die romanischen Kapitelle dieser Säulen in enger Beziehung zu der Kreuzgangornamentik, sie stammen also aus der Mitte des 12. Jahrh. ... Aus dieser Zeit stammen auch die Kämpfer; der Wulstkämpfer ist gerade für die Mitte des 12. Jahrh. bezeichnend: die andere Form, der Karnieskämpfer, ist auch an den Arkaden des westlichen Kreuzgangflügels in identischer Form angewandt. - Da die Wandvorlagen älter sind, müssen demnach die Kämpfer nachträglich eingefügt sein; ... Welche Form hatte aber die ursprüngliche Decke? Aus der enormen Stärke der Pfeilerfundamente muß auf Wölbung geschlossen werden. Ebenso geht dies hervor aus der paarweisen Zusammenstellung der Fenster, ..., und 3. weisen die Wandvorlagen darauf hin. ... Um mehr Licht zu gewinnen, sind anscheinend in der Mitte des 12. Jahrh. 2 Fenster in die Westwand eingebrochen worden, und zwar an der Stelle des nördlichsten und südlichsten Fensters. ... Das mittlere Fenster stammt erst aus dem Jahre 1885.

b) Das Eingangsjoch.

Die Säulenhalle wird auf ihrer Nordseite begrenzt durch eine starke Mauer, die im Osten 91 cm stark ist, dagegen nach Westen um fast 20 cm schwächer wird, sodaß sie gerade mit der Innenseite des Portals fluchtet. ... Dagegen muß die Eckvorlage für das Gewölbe das Portal um etwa 22 cm überschneiden. Also kann diese Gewölbevorlage nicht aus der romanischen Zeit stammen. ... Es war also ein nach beiden Seiten geschlossener Durchgangsraum: der Eingang zur Klausur. Er muß mit einem Tonnengewölbe gedeckt gewesen sein, welches sich wahrscheinlich aus dem I. Zustand bis 1856 erhalten hat. Nach Osten öffnete sich der Raum in einem nicht mehr erhaltenen Portal zum Kreuzgang, die Achsenrichtung geht durch die 3. Kreuzgangarkade zur Tonsur. Um diese 3. Kreuzganggarkade in die Achse zu bekommen, sind die ersten beiden Arkaden auffallend schmal gebildet (nur 2,26 und 2,30 m, die übrigen des Westflügels dagegen 2,62 - 2,66 m). ... In seiner jetzigen Form entstammt der Kreuzgang erst der Mitte des 12. Jahrh. Es ist anzunehmen, daß der Bau von vornherein noch ein Obergeschoß hatte; denn auf der Südseite geht das Mauerwerk zum Obergeschoß gleichmäßig durch. Jedoch läßt sich über das Obergeschoß nichts weiter feststellen, da es durch den Umbau des 19. Jahrh. total zerstört wurde." (LHA Rep. C 43, Nr. 126, Bl. 562ff.)

Der eben beschriebene Flügel gehörte zur inneren Klausur. Dazu zählten neben der Kirche die sich an den Kreuzgang anschließenden Bauten, insbesondere das Dormitorium (Schlafhaus), das Brauhaus und die Propstei.

Das Dormitorium war ein „prächtiger, massiver, zweistöckiger Bau von 300 Fuß Länge und verhältnismäßig geringer Breite" mit einem Satteldach. Es schloß sich, wie beim Dom, an den südlichen Arm der Klausur in Richtung Osten an. „Die massive Bauart und die (nach der Darstellung seiner Ruine) sehr hoch über dem unteren Geschoß befindliche Fensterreihe lassen schließen, daß dasselbe in seinem Innern gewölbt war." Nachdem es 1445 durch einen Brand zerstört wurde, stellte man es „weit schöner und besser" wieder her. 1550/51 wird es durch Kriegsfolgen erneut in Mitleidenschaft gezogen, 1584-1597 instandgesetzt, aber 1631 so schwer beschädigt, daß es seine vorige Bestimmung nicht wiedererlangte (Modde 1911, 151). Die bisherige Annahme jedoch, daß das Dormitorium bald nach 1631 gänzlich abgebrochen worden sei (vgl. Bormann/Hertel 1885, 176), ließ sich nach Durchsicht der Akten nicht bestätigen. So heißt es in einem Protokoll vom 16. Juni 1680 unter Punkt 7, daß vom „Schlaff Hauß" ein notdürftig reparierter Teil als Lager für „des Closters Getreyde" gebraucht werde (LHA Rep. A 4f, Sect. VIa, Nr. 22, Vol. I, Bl. 16). Doch hatte man bereits seit 1639 laut Vertrag dem Kloster Berge die Nutzung als Getreidelager eingeräumt. 1672 heißt es „wegen des Dormitorii in diesem letztern Closter (U. L.Fr., d.V.), als welches der H. Abbas p. in soweit als ietzo die beyden Scheunen reichen, unter ein Neue Ziegeldach bringen, dem übrigen förderten Theil gegen Osten aber gantz zu einem bequemen Wohnhause mit dergleichen Ziegeldach und sonst Fach und Zierwerk aptiren und ausbauen lassen wolte" (LHA Rep. A 4f, Sect. II, Pos. 1, Nr. 4). Erwähnt wird es noch einmal 1695 (LHA Rep. A 4f, Sect. II, Pos. 1, Nr. 16).

„Das Brauhaus", schreibt Modde, „war infolge mehrfacher Über- und Umbauten schließlich dreistöckig. Augenscheinlich auf massivem Erdgeschosse als Fachwerksbau errichtet, trug es ein hohes, spitzes Dach, welches auf der Frontseite von einem Giebelerker geziert wurde." (Modde 1911, 151) Im Gegensatz zum Dormitorium ist es, obwohl stark verändert, erhalten. Es befindet sich am östlichen Kreuzgangflügel und stieß mit sei-

Zur Propstei sind die Ausführungen Moddes eher spärlich (vgl. Modde 1911, 37f., 151). Es ist insgesamt nicht leicht, die Geschichte des/der Propsteigebäude zu verfolgen. Die Komplikationen rühren daher, daß es im Verlauf der Geschichte drei Prop-

Unterer Klosterhof um 1800

nem südlichen Giebel an das Dormitorium. Über einen Um- und Ausbau geben die Akten Auskunft. 1777 wurde das „Dachwerck", „welches den Einsturz drohet" erneuert. Selbiges ist „lang 73 Fuß und der Anhang 16 Fuß Tieff die Haupt länge von die Balcken ist Tieff 41 Fuß ist also in allen 57 Fuß Tieff" (LHA Rep. A 4f, Sect. II, Pos. 1, Nr. 55, Bl. 35). Der innere Ausbau erfolgte 1778, wobei man „den alten Hohen Gübel nach der Morgenseyte" abbrach (ebd., Bl. 47). Die Lithographie zeigt somit den Zustand vor 1777, zumal auch der sogenannte Alumnatsturm noch fehlt, welchen man 1788 errichtete und der offenbar die Funktion des ehedem auf der Klosterkirche über der Vierung befindlichen übernahm (dazu ebd., Bl. 79).

steien gab. Will man genau sein, müssen sogar vier Häuser mit diesem Namen aufgeführt werden. Daß die alte Propstei nicht das Haus in Höhe des Westflügels ist, wie bei Modde und Merian angegeben, darauf hat erstmals Neubauer hingewiesen (vgl. Neubauer 1956, 50f.).
Die I. Propstei ist im Plan Moddes zwar enthalten, als solche aber nicht ausgewiesen. Er bezeichnet sie als Baderei. Sie war Teil der mittelalterlichen Klosteranlage. Im Zuge der Bebauung und damit verbundenen Anlegung der Großen Klosterstraße um 1720 wurde sie zum Hintergebäude Große Klosterstraße 5.
1699 beginnt ein Streit zwischen Propst Müller und dem damaligen Besitzer, Kanonikus Johann Thiele, der einigen Aufschluß über die Beschaf-

fenheit des Hauses gibt. Thiele schreibt an die Regierung in Halle am 5. Febr. 1700:

„Denn 1. ist es ganz falsch und erdichtet, daß ich aus meinem Hause ... ein Secret durchmachen laßen, in dem ich das Secret (= Toilette) nicht vom neuen machen laßen, sondern es also wie es iezo ist, gefunden, ... So ist auch 2. falsch, daß das Secret questionis andas Closters Eingang stoße,

Westseite des Schulgebäudes, um 1937

sondern es ist daßelbe hinter des Closters Vieh- und Misthoff in einem Winckel Von den Leuten entfernet. Ob nun Zwart 3. nicht weit Von meinem Secret eine alte wüste und zum Theil eingefallene Capelle (Kreuzkapelle, d.V.) stößet, so ist doch kein Menschengedenken ..., daß divina (Gottesdienste, d.V.) darinne gehalten wären, sondern es hat das Closter solche Viele Jahre an gemeine Leuthe Zur Wohnung, und noch vor etlichen Jahren an ein Weib Anne genant, Vor 3. Thlr. jährliche Miethe, vermiethet gehabt, welche nebst Zweyen Töchtern darinne gewohnet. Und Zugleich einen Schweine- und Hühner Stall darinne gehabt, und ist dieses Weib dahero nur gemeine Capellen Anne genant worden. Nachgehends ... hat das Kloster Spreu, Heckerling und Stroh darinnen verwahret, ... welchen der vermeinte Gestank nicht hinderlicher seyn können, ... mein Secret aber ist außer der Capelle in einem Winckel." (LHA Rep. A 4f, Sect. II, Pos. 1, Nr. 36)

1777 wurde das Haus taxiert. Demnach war es 48 Fuß lang, 24 Fuß tief, 2 Stockwerke hoch, von Holz, hatte 3 Stuben, 3 Kammern, eine Küche, Keller, Hof, Stall, Brunnen (gemeinsam mit Vorderhaus) und Abtritt. Das Vorderhaus, um diesen Vergleich noch anzuführen, in dem der Inspektor Kalisky wohnte, war 49,5 Fuß lang, 31,5 Fuß tief, 2 Stockwerke hoch, hatte 2 Stuben, 5 Kammern, 2 Küchen, Keller, Stall, Hof, Brunnen und Abtritt (LHA Rep. A 4f, Sect. II, Pos. 1, Nr. 37).

Die II. Propstei wurde, folgt man Neubauer, um 1400 errichtet. Sie befand sich in Höhe des Westflügels der Klausur. Als Wohnhaus gleich der I. Propstei ist sie offenbar nicht vermietet worden, sondern hat nach Errichtung der III. Propstei (1724) der Schule gedient. Ab 1724 und bis 1740 war das Haus Regierungsstraße 2 Propstei.

Die III. Propstei, das Haus Regierungsstraße 3, wurde 1724 erbaut. Den Pröpsten diente es ab 1740 als Wohnung, davor dem Syndikus des Klosters (dazu LHA Rep. A 4f, Sect. II, Pos. 1, Nr. 25). Verwunderlich ist dabei, daß die Häuser 2 und 3 dieser Straße erst 1724, die Nummern 4 bis 6 jedoch bereits 1720 erbaut wurden.

Außer den bisher vorgestellten Gebäuden gab es weitere, die in erster Linie der Befriedigung des täglichen Bedarfs der Klosterinsassen dienten (Modde 1911, 38). Zu ihnen zählten Klosterküche, Backhaus, Baderei/Barbierhaus und Firmarie (Krankenhaus), Weinpresse und auch die Kreuzkapelle.

Die Klosterküche befand sich etwa in Höhe des heutigen Eingangs am Nordflügel der Klausur. Dies ist deshalb anzunehmen, weil das Refektorium und die II. Propstei angrenzten (vgl. Modde 1911, 38f.). Sie reichte bis zum Brunnen, der heute vor dem Haupteingang liegt (Weidel/Kunze 1925, 38ff.).

Die Lage der Baderei bestimmt Modde „an der 'Klostergasse', welche die bequemste Verbindung gewährte durch die 'Wasserpforte' in der Stadtmauer mit der Elbe" (Modde 1911, 39).

Grabungen im westlichen Klausurbereich, 1934

Das Backhaus könnte sich ebenfalls dort befunden haben.

Die Firmarie lag vermutlich ein wenig abgesondert, „um so mehr, als sie einerseits unweit der Küche und andrerseits in gewisser Verbindung mit der Baderei lag".

Die Kreuzkapelle, eine Doppelkapelle mit Apsis, befand sich nahe der Gasse zur Elbe und an der I. Propstei (dazu Modde 1911, 39). Sie bildete, wie oben gezeigt, den Gegenstand des Streits zwischen Propst Müller und Thiele. Ihre Lage am Küchengarten und neben dem Weinberg könnte auf eine Nutzung im Zusammenhang mit kirchlichen Feiern wie etwa Kräuterfest oder Herrenmesse hindeuten (vgl. Bormann/ Hertel 1885, 132f.). Reste fanden sich bis zum 19. Jahrhundert eingebaut „in ein Haus der Klosterstraße (Nr. 6-7)". Daß es sich um eine Doppelkapelle, wahrscheinlich aus dem romanischen Bestand, handelte, erwähnt Propst Malsius (vgl. Modde 1911, 152)

Neben der inneren gab es eine äußere Klausur. Zu ihr zählte in erster Linie das Gebiet des 1260 erstmals urkundlich erwähnten Kloster-Kirchhofs (Urkundenbuch, Nr. 131) südlich der Marienkirche und das Hospitalgebiet ebenda. Allerdings führt Janicke im Verzeichnis der Magdeburger Bürgermeister und Kämmerer von 1213-1607 einen Siuridt von unser lieben frauwen hofe (1217) an, so daß u.U. dies als erste Erwähnung angesehen werden muß (vgl. Janicke 1867, 279).

Ein Irrtum verband das St. Alexiushospital mit dem alten Rottersdorfer Xenodochium (vgl. Möllenberg 1924). Erstgenanntes übergab Norbert 1130 dem Kloster. Seine Bestimmung lag in der Beherbergung von Pilgern, Boten sowie armen und alten Personen, die hier Almosen empfingen (Modde 1890, 266). Eine Urkunde von 1276 (Urkundenbuch, Nr. 144) gibt an, daß auch Gerichtsverhandlungen in ihm stattgefunden haben (ebd., 269).

Für die Bebauung ist von Interesse, daß es ab 1313 als Kurie bezeichnet wird, was „im mittelalterlichen Sinne als Grundstück, Gehöft mit allen seinen Zubehör" anzusehen ist: „Daher haben wir auf klösterlichem Terrain Hospitalhaus mit Hof, Kirche, Kapellen, vielleicht auch sonstige Wirtschafts- oder Nebengebäude und Kirchhof mit Leichhaus zu suchen." (Ebd., 270) Das Hospital wurde 1631 zerstört.

Seine Beherbergungsfunktion hatte zu diesem Zeitpunkt das Große Gasthaus übernommen. Es befand sich „hinter der Closter Kirche am Dormitorio und dem großen Baumgarten" (LHA Rep. A 4f, Sect. II, Pos. 1, Nr. 16). Bauarbeiten gegen Ende des 17. Jahrhunderts förderten interessante Funde ans Tageslicht: „Daß sich auf den Hoffblaze des Closterhaußes, welches die Frau von Burgsdorf inne hat, ..., unlängst umb alten Schutte daselbst unterschiedliche Werckstücke und andere Steine von

Roter Saal, während des Alumnatsumbaus als Schlafsaal genutzt, 1925

des eingefallenen Kirchen Cores ruinen Befunden, und Zum Füllmunde eines ehedeßen dahin gesetzten gehäußes oder Stalles gebraucht so aber längst gar eingegangen. Daß auch ein Stück Stein Fuß vor den noch stehenden Wohnhauße vor Der Hölzernen Tröppen, nur iezo unter der Erden entdeckt worden, und nichts mit dem Hauße verbunden, sondern ohn allen Schaden deßelben weg Zunehmen." (LHA Rep. A 4f, Sect. II, Pos. 1, Nr. 17) Müller berichtet weiter von Pfeilerstücken, die „in dem platz vorm Hause vermauret" (ebd.).

Ferner befand sich in der Nähe das Kleine Gasthaus, erbaut vermutlich zu Anfang des 16. Jahrhunderts (vgl. Neubauer 1956, 75; LHA Rep. A 4f, Sect. II, Pos. 1, Nr. 15). Es besaß lediglich 1 Stube, 1 Kammer, Keller und Boden.

Die auf dem Kirchhof gelegene Alexius-Kapelle wurde vermutlich in romanischer Zeit erbaut (siehe Modde 1890, 300), da sie als Kirche des Hospitals gebraucht wurde, das Erzbischof Adelgot (1107-1119) errichten ließ (vgl. Möllenberg 1924, 125). Über ihre ursprüngliche Gestalt lassen sich nur Vermutungen anstellen: „Dann läßt die schwerfällige und massive Grundanlage auch auf nur durch kleine, rundbogige Lichtöffnungen durchbrochene Wände schließen, die eine flache Holzdecke getragen, während die im Halbkreis geschlossene Apsis vielleicht auf einen Conchenschluß nach oben vermuten ließe." (Modde 1890, 301) Sie wurde später in ein Wohnhaus eingebaut. Ihre Maße betrugen 52 Fuß in der Länge bis zur Apsis, 19 1/2 Fuß in der Breite und ca. 20 Fuß in der Höhe (ebd., 300). Modde (1890, 300, Anm. 2 u. 3; auch ders. 1911, 153ff.) gibt an, daß die Grundmauern der Kapelle noch bis 1847 in einem nördlichen Seitengebäude des Wohnhauses vorhanden waren. Weiterhin weist er darauf hin, daß zwischen den Achsen der Klosterkirche und der Alexius-Kapelle eine Abweichung von 20° bestand.

In früher Zeit diente der Kirchhof als Begräbnisplatz. Da die Fläche begrenzt war und die längerfristige Nutzung deshalb in Frage stand, legte man ein sogenanntes Beinhaus (ossarium, carnarium) an, das zur Aufbewahrung der Überreste der Bestatteten diente. Das Beinhaus und die zugehörige St. Annenkapelle wurden später dem angrenzenden Wohnhaus zugesprochen. Letztere war 42 Fuß lang und 11 Fuß breit (LHA Rep. A 4f, Sect. II, Pos. 1, Nr. 23, Bl. 6). Zu ihr gehörten vermutlich Gewölbe, um die 1698 ein Streit entbrannte (LHA Rep. A 4f, Sect. II, Pos. 1, Nr. 21).

Nicht zu vergessen ist die Wallfahrt-Kapelle zum Ölberg (erbaut 1506), „ein kleines, reich geziertes, gotisches Gebäude, welches noch außer den anderen auf dem Kirchhofe gestanden und noch bis zum Jahre 1888 im Hause Kloster U.L.Fr. Kirchhof Nr. 2 erhalten war" (Modde 1890, 308). Sie besaß eine rechteckige Grundform und war 6 m lang und 4 1/2 m breit." (ebd., 308f.) Reste sind nordöstlich der Klosteranlage in einem Mauerstück erhalten.

Nördlich befand sich der alte Ackerhof des Klosters. Seine Ursprünge reichen in die Gründung des Stifts zurück. Auf seinem Gebiet entstanden das hl. Geist-Hospital (um 1214), die St. Annen-Kapelle (um 1288) und das gleichnamige Hospital (Modde 1911, 44ff.; auch Kindscher 1879, 223ff.). Der neue Ackerhof (Viehhof) lag näher am Kloster und ist auf der rekonstruierten Ansicht Moddes vorn links zu erkennen. Dort befand sich die sicher imposante steinerne Scheune. Er wurde im Zuge der Eroberung Magdeburgs 1631 zerstört.

Die Mehrzahl der Wohnbauten entlang der eingangs genannten Straßen entstand zur Zeit des Barock und auf Drängen des damaligen Gouverneurs der Stadt, Fürst Leopold von Anhalt-Dessau (Neubauer 1931, 234f.; Wolfrom 1936; Asmus 1983, 4ff.). Dazu gehört die Bebauung der Großen Klosterstraße (ab 1719/20), die Anlegung des Fürstenwalls (LHA Rep. A 4f, Sect. II, Pos. 1, Nr. 40; Hentzen 1927, 45, auch Anm. 31 und Neubauer 1956, 56ff.). Der Gouvernementsberg war bereits sehr früh (13. Jh.) für die Bebauung mit Wohnhäusern genutzt worden (Domherrenkurien). Insgesamt sind zwischen 1713 und 1728 vom Kloster selbst und verschiedenen Privatpersonen 38 Häuser im Umfeld des Klosters errichtet worden.

Über spezielle Bauten für den Schulbetrieb ist erst relativ spät Nachricht zu erhalten. Für die Schule genutzt wurden einige Häuser in der Großen Klosterstraße. Die untere Etage von Nr. 1 war ab 1776 durch eine „ecole militair", anschließend (1778) durch die 5. Klasse des Pädagogiums belegt (LHA Rep. A 4f, Sect. I, Nr. 14; Sect. II, Pos. 1, Nr. 30; Neubauer 1956, 78). Nr. 2, wo sich vordem die Firmarie (das Krankenhaus) des Klosters befand, wurde ab 1745 durch die Schule des Klosters genutzt: „Um 1800 befanden sich im oberen Stockwerke Wohnungen für Konventualen, Lehrer und Schüler." (Neubauer 1956, 79)

Das eigentliche Schulgebäude und somit die Klassenräume befanden sich im Westflügel. 1821 ließ Rötger dort „den vordern Theil des Schulgebäudes übersetzen", wodurch Raum für ein Klassenzimmer (die Prima), die Bibliothek, die Maschinen- und Naturaliensammlung und eine dazugehörige „Experimentirstube" gewonnen wurde (LHA Rep. A 4f, Sect. II, Pos. 1, Nr. 59, Vol. II). 1853 wird dem Westflügel noch eine Etage aufgesetzt, so daß er nunmehr über zehn Klassenzim-

Instandsetzungsarbeiten am Kreuzgang, 1958

Bauarbeiten im Klosterhof, 50er Jahre

mer, einen Zeichensaal und eine Klasse für den Gesangsunterricht verfügte (GStA PK Rep. 89, Nr. 22467, Bl. 171f.). Außer den genannten Räumen beherbergte dieser Teil des Klosters Gerichtszimmer, Karzer und Glockenstube (Weidel/Kunze 1925, 41).

1780/82 ließ Rötger umfangreiche Arbeiten am Nordflügel vornehmen. Dazu gehörte die Einrichtung eines Speisesaals für die Schüler des Pädagogiums. Er erstreckte sich über vier Fenster, die alle erweitert wurden. Seine Länge betrug 38 Fuß, die Breite 24 1/4 Fuß und die Höhe 12 Fuß. Der besseren Heizbarkeit wegen wurde eine Balkendecke eingezogen (entfernt 1919, Weidel/Kunze 1925, 38; LHA Rep. A 4f, Sect. II, Pos. 1, Nr. 52). Die Ostseite baute man 1804/05 zum Roten Saal aus, wo durch Einziehung von Wänden zwei Räume für Musik- und Tanzunterricht gewonnen wurden (Weidel/ Kunze 1925, 38). In diesem Saal fanden größere Veranstaltungen statt (Klosterball, Konzert, Schulversammlung).

Von besonderer Bedeutung waren die Bauarbeiten 1848/1852, geleitet durch L'Hermet. In ihrem Verlauf entstand zunächst ein neues/weiteres Alumnatsgebäude in der Verlängerung des Südflügels der Klausur (gleich dem Dormitorium). In bezug auf den Neubau des Alumnats, ein Backsteinbau wie das ehemalige Brauhaus, wäre es interessant zu wissen, ob Reste des Schlafhauses gefunden wurden. In diese Zeit fällt auch der Bau der Aula auf dem Nordflügel über Rotem Saal und Speisesaal (GStA PK Rep. 89, Nr. 22467, Bl. 120f.). Sie wurde 1960 abgerissen (LfD, K.U.L. Fr. 1959-1964).

Während des Zweiten Weltkriegs wurden außer dem Westflügel alle Gebäude auf dem Kirchhof sowie große Teile der Regierungs-, Großen Kloster- und Fürstenwallstraße zerstört (dazu LHA Rep. C 43, Nr. 214, Bl. 10).

Schon kurz nach der Befreiung Magdeburgs führte man erste Sicherungsarbeiten an den Klosterbauten durch (ebd., Bl. 21).

Eine weitreichende Planung nach städtebaulichen Gesichtspunkten erfolgte erst 1958/59: „Vom Rat der Stadt Magdeburg wurde in der Ratssitzung am 9.12.1958 beschlossen, das Gelände zwischen Karl-Marx-Straße (heute Breiter Weg, d.V.), Zentraler Platz, Fürstenwallstraße und der verl. Leiterstraße in den nächsten Jahren zu bebauen. ... Die neue Trasse der Regierungsstraße führt durch die noch vorhandenen Wohnbauten an der Großen Klosterstraße. Diese Wohnhäuser sollen im IV. Quartal 1959 abgebrochen werden." (LfD, K.U.L.Fr. 1959-1964)

Das Institut für Denkmalpflege sah dieses Vorhaben nicht ohne Kritik: „Mit Schreiben vom 16.3.1959 hatte der Rat der Stadt um unsere Zustimmung zum Abbruch der noch vorhandenen Wohnbauten in der Großen Klosterstraße gebeten. ... Wir haben dem Abbruch nicht zugestimmt, da der vorgelegte Plan noch keine ausgereifte Lösung darstellt und als große Schwäche die völlige Isolierung der Klosteranlage mit sich bringt. Wir haben vorgeschlagen, den Abstieg zur Elbe (verlängerte Leiterstraße) nicht südlich der Liebfrauenkirche, sondern nördlich der ganzen Anlage durchzuführen und dort auch die neue Regierungsstraße anzuknüpfen. Die Erhaltung der Bebauung an der Großen Klosterstraße ist nicht etwa zur Bedingung gemacht worden." (Ebd.)

In der Konzeption zum Aufbau des Magdeburger Stadtzentrums von 1968 wird ausgeführt: „Vom Inhalt her muß der Zentrale Platz mit dem Haus des Maschinenbaus (sechskantig, Höhe 110 m, d.V.) den politischen und kulturellen Höhepunkt des Stadtzentrums bilden. ... Zwischen dem Zentralen Platz und dem historischen Ensemble des Klosters „Unser Lieben Frauen" ist ein Hotelkomplex ('Elbterrassen', d.V.) geplant." (Konzeption 1968, 5ff.)

Die Nutzung des Klosters als kulturelle Einrichtung stand zu diesem Zeitpunkt bereits fest (LfD, K.U.L.Fr. 1959-1964, Vermerk d. Abt. Stadtplanung u. Entwurf f.d. städtebauliche Denkmalpflege vom 15. Sept. 1959; Magdeburg 1969).

Hinzuzufügen bleibt, daß diese Konzeption nur zum Teil realisiert wurde.

Erläuterung zu den Maßangaben

Fuß: 0,31385 m (Preußen, ab1816)
0,313849 m (Rheinischer, 18. Jahrhundert)
Magdeburger Elle bis 1714: 57,60 cm
nach 1714: 58,34 cm

Quadratrute: 14,1846 m² (Preußen, duodezimale Teilung)

Dazu auch: Laumann (1935/36) und Goerlitz (1943)

LITERATUR

Asmus, H.: Magdeburg und der brandenburg-preußische Absolutismus zwischen Westfälischem Frieden und Siebenjährigem Krieg. Ein lokalgeschichtlicher Beitrag zur Preußen-Diskussion. In: Magdeburger Blätter. Jahresschrift für Heimat- und Kulturgeschichte im Bezirk Magdeburg, 1983, S. 4-18

Bormann, A./Hertel, G.: Geschichte des Klosters U.L. Frauen zu Magdeburg. Magdeburg 1885

Goerlitz, T.: Drei Beiträge zur Magdeburger Rechtsgeschichte. In: Sachsen und Anhalt. Jahrbuch der Landesgeschichtlichen Forschungsstelle für die Provinz Sachsen und für Anhalt. Bd. 17 (1941-43), Burg 1944, S. 482-488

Hartmann, A.: Klosterkirche Unserer Lieben Frauen zu Magdeburg. In: Zeitschrift für praktische Baukunst, 1854, Sp. 135-148

Hentzen, A.: Magdeburger Barockarchitektur. Bildung und Verfall des Bürgerhaustyps und des Stadtbildes einer mitteldeutschen Grossstadt vom dreißigjährigen Kriege bis zum Ende des Barock. Diss. Leipzig 1927

Kindscher, F.: Zur Geschichte des Heiliggeist-Hospitals und der Capelle Sanct Annen zu Magdeburg. In: Geschichtsblätter für Stadt und Land Magdeburg, 14. Jg. (1879), S. 223-231

Kunze, H.: Die kirchliche Reformbewegung des zwölften Jahrhunderts im Gebiet der mittleren Elbe und ihr Einfluß auf die Baukunst. In: Sachsen und Anhalt. Jahrbuch der Historischen Kommission der Provinz Sachsen und für Anhalt, Bd. 1, Magdeburg 1925, S. 388-477

Kohte, J.: Das Kloster und die Kirche Unserer Lieben Frauen in Magdeburg. In: Zeitschrift für Bauwesen, 45. Jg. (1895), Sp. 25-46 und 339

Konzeption. Aufbau des Magdeburger Stadtzentrums. Magdeburg (1968)

Laumann, J.: Die Einführung neuer Maße in Magdeburg. In: Geschichtsblätter für Stadt und Land Magdeburg, 70./71. Jg. (1935/36), S. 199

Magdeburg - Wie wir es planen und bauen. Magdeburg (1969)

Meier, P.J.: Zur Baugeschichte des Klosters U.L.Fr. in Magdeburg. In: Geschichtsblätter für Stadt und Land Magdeburg, 46 Jg. (1911), S. 409-416

Modde, M.: Das St. Alexius-Hospital bei Unser Lieben Frauen. In: Geschichtsblätter für Stadt und Land Magdeburg, 25. Jg. (1890), S. 257-324

Modde, M.: Unser Lieben Frauen Kloster in Magdeburg. Magdeburg 1911

Möllenberg, W.: Aus der Geschichte des Klosters Unser Lieben Frauen zu Magdeburg. In: Geschichtsblätter für Stadt und Land Magdeburg, 56./59. Jg. (1921/24), S. 116-126

Mrusek, H.J.: Magdeburg. Leipzig 1966

Müller, F.O.: Zur Baugeschichte des Klosters U.L. Frauen zu Magdeburg. (Aus seinem Nachlasse unverändert herausgegeben) In: Geschichtsblätter für Stadt und Land Magdeburg, 16. Jg. (1881), S. 196-209

Neubauer, E. (Bearb.): Häuserbuch der Stadt Magdeburg 1631-1720. 1. Bd., Magdeburg 1931 (Geschichtsquellen der Provinz Sachsen und des Freistaates Anhalt, Neue Reihe Bd. 12); 2. Bd., aus dem Nachlaß von Ernst Neubauer bearb. u. mit Registern versehen von Hanns Gringmuth-Dallmer, Halle 1956 (Quellen zur Geschichte Sachsen-Anhalts 4)

Quast, F.v.: Archäologische Reiseberichte. In: Zeitschrift für christliche Archäologie und Kunst. Bd. I (1856), S. 165-180

Rodenberg, C.: Die ältesten Urkunden zur Geschichte der deutschen Burggrafen. In: Neues Archiv der Gesellschaft für ältere deutsche Geschichtskunde, 25 (1900), S. 481-489

Weidel, K./Kunze, H.: Das Kloster Unser Lieben Frauen in Magdeburg. Augsburg 1925 (Germania Sacra, Serie B: Germania Sacra Regularis, I. Die Abteien und Canonien, C. Die regulierten Chorherrenstifte)

Wolfrom, R.: Die Baugeschichte der Stadt und Festung Magdeburg. Magdeburg 1936 (Magdeburger Kultur- und Wirtschaftsleben, Nr. 10)

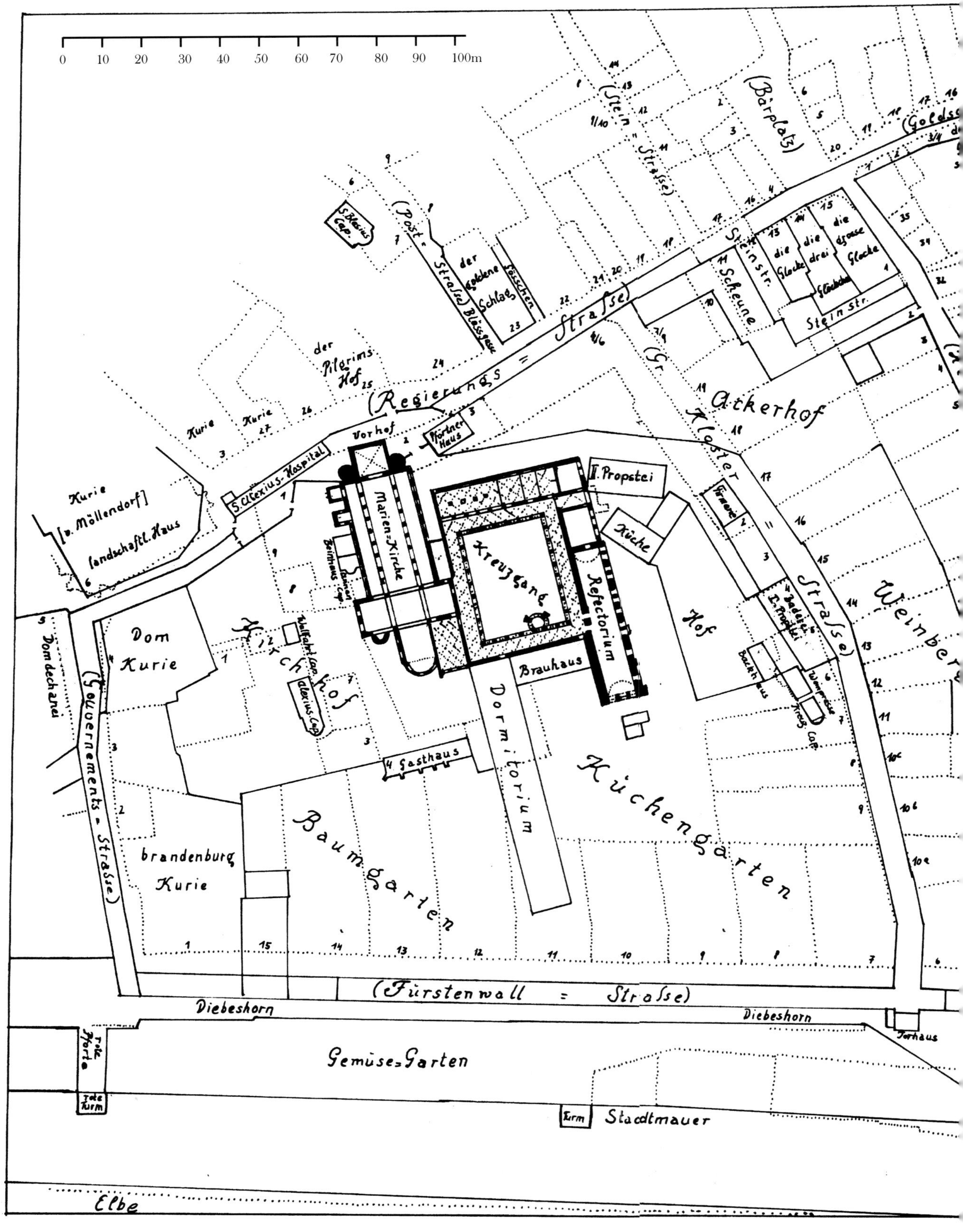
0 10 20 30 40 50 60 70 80 90 100m
(Stein = Strasse)
(Bärplatz)
(Goldsc…
(Post = Strasse) Blassgasse
der goldene Schlag
Taschen
die Glocke
die drei
die grosse Glocke
Glöckchen
Stein str.
Scheune
S. Blasius Cap.
(Regierungs = Strasse)
der Pilgrims Hof
Kurie
Kurie
Vorhof
Pförtner Haus
S. Alexius Hospital
Kurie [v. Möllendorf]
landschaftl. Haus
Marien-Kirche
Kreuzgang
I. Propstei
Küche
Refectorium
Brauhaus
Dormitorium
Gr. Kloster = Strasse
Ackerhof
Weinberg
Hof
Badestube
I. Propstei
Backhaus
Kreuz Cap.
Dom Kurie
Domdechanei
Kirchhof
Wallfahrt Cap.
Alexius Cap.
Gasthaus
(Gouvernements - Strasse)
brandenburg Kurie
Baumgarten
Küchengarten
(Fürstenwall = Strasse)
Diebeshorn
Diebeshorn
Torhaus
Tote Pforte
Gemüse-Garten
Tote Turm
Turm
Stadtmauer
Elbe

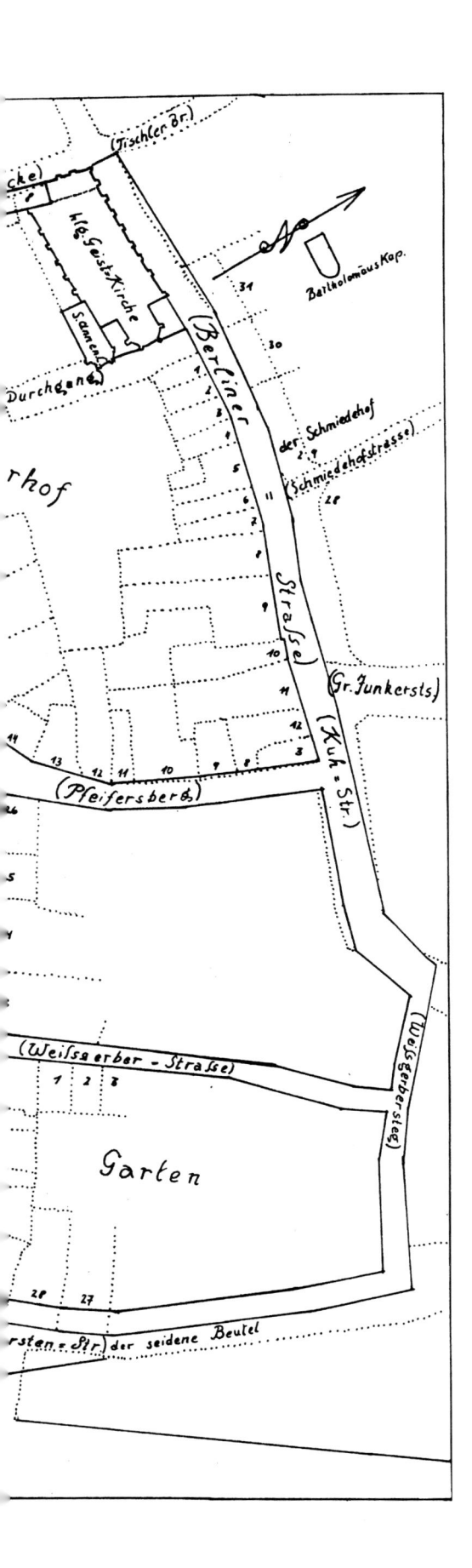

Rekonstruierter Lageplan des Klosters, gezeichnet von M. Modde, 1911

—————— alter Klosterbestand

················ heutige Kartierung, 1911

(Bärplatz) Straßenbenennung, 1911

Marmorbüste Gotthilf Sebastian Roetger, 1821,
Christian Friedrich Tieck

Karl-Heinz Kärgling

Die verschnürten Gedanken
eines Gerechten

VON DER SCHWÄCHE DES GESICHTS

Im Jahr 1793 veröffentlicht die „Wiener Zeitschrift" unter der Schlagzeile „Definitiv-Urteil der gesunden Vernunft über Aufklärung und Aufklärerei" einen längeren Leitartikel ihres Herausgebers Leopold Aloys Hoffmann (1748-1806), in dem er die Aufklärung als „Libertinage aller Sittlichkeit, aller Ordnung in der Welt, aller Rechtlichkeit und Pflicht" denunziert und die Aufklärer als „Bedlamsköpfe", als „Irre und Tollhäusler", verächtlich macht, welche die Umwälzung vom 14. Juli 1789 in Frankreich ebenso wie die ferneren Insurrektionen herbeigeführt haben. Und nach wie vor speise die Aufklärungsbewegung die Quelle und den Stoff auch der deutschen Revolutionsklubs. „Also gebe man uns endlich", fordert Hoffmann für seinesgleichen sprechend, „ein ganz richtig deutendes Fernrohr, wodurch wir vom Harz oder vom Blocksberge aus weit umher bemerken könnten, welche künftige Operationen die französische Revolution in Deutschland...noch zu bewerkstelligen im Sinne führt." (Hoffmann 1793, 720)

Noch weitab vom Hexentanzplatz, gewissermaßen makroskopisch von Wien aus, spürt er zugleich einen der „schlimmsten" französischen Aktionisten im Reich auf, welcher sein Unwesen in Braunschweig treibt: Joachim Heinrich Campe (1746-1818), der gerade das Prädikat eines Frankenbürgers angenommen hatte und zwei Jahre zuvor in seinen „Briefen aus Paris zur Zeit der Revolution geschrieben" dieselbe als gelungene Kampagne der Vorsehung, Aufklärung und Philosophie bejubelte.

Hätte der „berüchtigte Hoffmann" (Georg Friedrich Rebmann), wie es seine Absicht war, vom Harz aus nicht nur zur Oker und Weser spioniert, sondern rundum, etwa in Richtung Osten, zur Elbe zu, ins preußische Sachsen, wäre ihm Magdeburg womöglich unverdächtig geblieben. Seine Bürger feierten soeben mit den „Herren Offiziers" das von Sr. Königl. Majestät angeordnete öffentliche Dankfest für die Siege der Koalition am Rhein; die Gesellschaft patriotischer Männer debattierte über die Gründung einer Kunstschule und Propst Rötger ordnete die Manuskripte des ersten Kloster-Jahrbuches, das gewiß weniger Aufregung verursachen würde als sein „Abendgespräch" über Basedows Begräbnis (Rötger, 1790). Ein aufgeklärter Geist, vergleichsweise dem des Campe, oder gar Revolutionsklubs schienen sich in der Festung nicht eingenistet zu haben.

Als hundert Jahre später ein Feuilleton-Redakteur der „Magdeburgischen Zeitung" erstmals wirklich vor Ort lokale Spuren für „Culturbilder aus dem Zeitalter der Aufklärung"[2] der Nachwelt sichern wollte, fiel ihm gelegentlich ein Aphorismus Lessings in die Hand, den er vice versa das tröstliche Motiv seiner ziemlich mühsamen historischen Studien nennt, eben weil ihm wohl der Gedanke im Urtext die Crux seiner Wahlheimatstadt treffend bezeichnete: „Vieles für klein und unerheblich erklären, heißt öfter die Schwäche seines Gesichts bekennen, als den Werth der Dinge zu schätzen." (Kawerau 1886, 72)

Die Neigung, Magdeburg nach seinem Trauma vom Mai 1631 Bedeutungslosigkeit anzudichten, seine neuere Geschichte als belanglos zu übersehen und den Bürgern - qualis rex, talis grex - fortan Untertanengeist zu etikettieren, hat scheinbar für jedermann einsichtige Gründe. Ein „Aschhaufen, voll Stein und Katt" (Lahne 1931, 175) war nach dreitägigem Sturm, Raub und Brand von der stolzen Größe der Stadt geblieben. Weder den Reichtum der einstigen Hanseaten noch den Glanz mittelalterlicher Architektur, nicht einmal das nackte Leben hatten die Soldaten eines christlichen Kaisers und der Lique geschont.

DIE AMBIVALENZ DER GESCHICHTE

Der schreckliche Fall Magdeburgs bewegte die öffentliche Meinung in Deutschland, was aber bereits damals nur von kurzer Dauer war und noch seltener von ausreichend praktischer Konsequenz.

Wiederaufgerichtete Kirchen sind dennoch schon im letzten Viertel des 17. Jahrhunderts weithin die Signatur eines ungebeugten Lebenswillens und starken Gott- und Selbstvertrauens - die Keime einer kommenden Zeit.

Die Ambivalenz der Vorgänge in der zweiten Hälfte des 17. Jahrhunderts, der Zwang zur Interessengemeinschaft mit Brandenburg-Preußen und des Königs Diktat beim Ausbau zur Festung unter dem Alten Dessauer, prägt noch Jahrhunderte später das Leitbild der Stadt und wohl auch das Verhalten ihrer Bürger, die im genialen strategischen Spiel Friedrichs des Großen dann beinahe bloß statistisch relevant sein sollten.[3] Zivilcourage wird dermaleinst selten belohnt.

Der Status eines bürgerlichen Gemeinwesen „im eigentlichen Sinne" war verloren und die Stadt gerade noch das „piéce de resistance", das uneinnehmbare Bollwerk der Monarchie, Preußens stärkste Festung - ein zweifelhafter Ruf, der im übrigen so oder ähnlich auch anderen anhaftete.

Das geistige Leben ihrer Bürger wurde seitdem, und zwar bis in die Zeit der Weimarer Republik hinein, dominant aus der Festungsperspektive betrachtet und wegen der angeblichen Belanglosigkeit selten reflektiert.

1850 schreibt der Stadthistoriker Friedrich Wilhelm Hoffmann wie zur nochmaligen Bestätigung: „Mit dem Herabsinken Magdeburg's zu einer bloßen Provinzialstadt verliert dessen Geschichte in nothwendiger Folge auch alle ihre frühere Bedeutsamkeit und bietet nur noch ein geringes Interesse." (Hoffmann 1850, S. 345) Die „kürzere Behandlung" der Periode nach 1680 bis 1806 in seinem mehrbändigen, Friedrich Wilhelm IV. gewidmeten Werk, erfaßt deshalb die Aufklärung allenfalls mit Blick auf die Entwicklung im Schulwesen und nennt gerade noch einige der Protagonisten.

Die monumentalen Verteidigungswerke schienen zwangsläufig, jedenfalls Hoffmann zufolge, dem bürgerlichen Gemeinwesen wichtige Lebensadern abzuschnüren, die Lähmung des Kreislaufs und die Verstopfung seiner Atemwege in eine Art Dämmerzustand der Stadt zu führen. Wie andernorts unter ähnlichen Bedingungen mußte die Allgegenwart eines militärischen Habitus das gesellschaftliche Leben insgesamt belasten, zweifellos.

Aufklärung verlangt aber gerade nach Duldsamkeit des Herzens, die man in einer Festung kaum vorherrschend vermuten darf. Sie verlangt nach leiblicher und geistiger Freiheit, wo doch eine Mauer Grenzen setzt und quasi jeder fünfte oder gar jeder vierte erwachsene Einwohner den Uniformrock des Königs trägt.[4] Aufklärung bedarf des Strebens nach Wahrheit. Gemeint ist das vernünftige Nachdenken über Dinge des menschlichen Lebens, das sich auf die Sinnbestimmung des Daseins[5] richtet. Diese war Maß und Ziel der bürgerlichen Reformbewegung im 18. Jahrhundert, die Leopold Aloys Hoffmann suspekt war und deren Gegenstände und Prinzipien wider Erwarten offensichtlich aber doch in die Festung an der Mittelelbe eindringen und durchaus kräftige Impulse erhalten.

Der Geschichte dieser Stadt, die sich nicht primär aus ihrer Funktion im Ensemble preußischer Festungen definiert, die Bedeutsamkeit und alles größere Interesse nehmen, hieße daher, aus der „Schwäche seines Gesichts", d.h. aus einem pathologischen Defekt denn aus Sachkenntnis, vieles für „klein und unerheblich" erklären; hieße, manches einfach auszublenden, als auf den wirklichen „Werth der Dinge" schließen.

So zeigt sich im Neubau des Rathauses noch vor dem Ende des schicksalhaften Säkulums und in der beginnenden Rekonstruktion der Stadtsilhouette durch den Wiederaufbau der wichtigsten Kirchen[6] tatsächlich ein rascher wirtschaftlicher und kultureller Aufschwung; um 1720 hat das frühe Rokoko - im Régence-Stil - einen ästhetischen Höhepunkt in der Magdeburger Barockarchitektur[7].

DAS „GLÜCKSELIGSTE" JAHRHUNDERT

In wenigen Jahren wachsen auf dem mittelalterlichen Grundriß, in einem gotischen Straßengefüge mehrstöckige Steinhäuser hoch, mit denen Pracht und ein bürgerliches Pathos in die Stadt zurückkehren, so daß bereits Gutachten über die Möglichkeit der Beleuchtung ihrer Straßen und Märkte aufgetragen werden können. „1730 bot der Dreiklang der Repräsentation von Staat, Stadt und Bürger einen imposanten Eindruck geschlossener Wohlhabenheit." (Hentzen 1927, 62)

Die Bevölkerungszahl wächst, um 1740 leben knapp 20 000, zu Beginn des Siebenjährigen Krieges nahezu 25 000 Einwohner in Magdeburg. Es gibt wieder bedeutende Schulen, renommierte Pädagogen und herausragende Kanzelredner, regen Handel und Wandel und längst ein leistungsfähiges Handwerk.

Die seßhaft gewordenen Minderheiten, Refugiés, die nach 1685 hier per Dekret eines sicher mindestens ebenso klug kalkulierenden wie tolerant denkenden Hohenzollern Schutz und Duldung ihres Glaubens suchen, zunächst immigrierte Hugenotten, später die Pfälzer und die Wallonen, errichten Fabriken und Manufakturen, sind anerkannte Goldschmiede und Zinngießer, Strumpf- und Handschuhfabrikanten, fähige Kaufleute oder Kolonisten, nicht zuletzt auch liquide Bauherren.

Buchdruckerei und öffentliche Zeitung gelten im 18. Jh. zu Recht als Bildnis der verbreiteten Kultur[8]. Namen wie Müller, Pansa und Faber, allesamt gleichzeitig professionelle Drucker und Verleger, stehen für die nur mit wenigen deutschen Städten vergleichbare Tradition des Magdeburger Druckgewerbes[9]. Wie andernorts suchten sie, dem Ethos der Epoche folgend, Nachahmenswertes zu verbreiten und Verachtenswertes zu tadeln, den Geschmack zu bilden und die Sitten zu bessern. Unter den Autoren und Förderern der wenigstens seit 1740 als Anhang der Privilegirten Zeitung publizierten „wissenschaftlichen Beilagen", die ab 1762 mit dem Titel „Nachrichten zur Litteratur" erscheinen, begegnen wir in der literarischen Öffentlichkeit jenen Männern der Aufklärung, die oft schon im Jahrzehnt vor 1750 die Verbindungen weit über die "Riesenfestung Preußens" hinaus u.a. nach Berlin, Halle, Leipzig, Jena und Weimar, nach Potsdam, Hamburg und nach Zürich[10] knüpften: dem Prediger August Friedrich Wilhelm Sack (1703-1786), Oberhofprediger Friedrichs II.; dem einstigen Mäzen Winckelmanns, Friedrich Eberhard Boysen (1720-1800); dem Schweizer Johann Georg Sulzer (1720-1779), dem Halberstädter Domvikarius Johann Ludwig Gleim (1719-1803), Johann Eustachius Goldhagen (1701-1772), der sich 1753 als neuer Rektor der Domschule mit einem Sendschreiben an Gottsched gegen dessen Piece zu wehren wußte; dem Hofrat Friedrich von Köpken (1737-1811), den Klopstock, Matthisson, Wieland und Goeckingk mit ihrer Freundschaft ehrten[11]; Johann Esaias Silberschlag (1716-1791), einem Mitglied der Preußischen Akademie der Wissenschaften; dem Prediger an der Hl.Geist Kirche, Johann Samuel Patzke (1727-1787), dem Konventual des Pädagogiums im Kloster U.L.Fr. und „gottbegnadetem Lehrer", Johann Gottlieb Schummel (1748-1813); seinem engen Freund, dem nachmaligen Propst Gotthilf Sebastian Rötger (1749-1831) u.v.a. - nach Hoffmanns definitivem „Vernunft"-Urteil alles Proselyten, die die Grundlagen der „uralten Rechtlichkeit", die Gesetze der Religion und ihrer Moral, negieren, um fortan beständig zu genießen, an sich zu reißen, wonach ihnen gelüstet, und niederzuwerfen, was sie hindert.[12]

Magdeburgs erste, in den 60er Jahren des 18. Jh. edierte moralische und kritische Wochenschrift wird von Patzke redigiert, der sowohl ein Mann der Kirche als auch ein vielseitiger und beachteter Schriftsteller ist.[13] Einer seiner eifrigsten Mitarbeiter wird Goldhagen.

In kurzen Abständen tauchen weitere Neugründungen auf, die anders als Patzkes Edition „Der Greis" längst nicht die Verbreitung, schon gar nicht auf dem platten Lande gefunden haben und relativ schnell wieder vom Markt verschwinden. Dennoch ist ihr Einfluß insgesamt kaum zu überschätzen, nichts hätte innerhalb von nur einem Vierteljahrhundert „so nachhaltig alles Denken und Empfinden...umwälzen können". (Kawerau 1886, 73)

Festungsgouverneur ist seit 1766 Friedrich Christoph von Saldern (1719-1785), ein Soldat durch und durch, pflichttreu und von vornehmen Gesinnungen, kein schöpferischer Geist, aber dennoch ein Förderer der bürgerlichen Kulturvereine.

Ab Sommer 1789 verlegt Wilhelm Gottlieb von Vangerow (1745-1816) „Magdeburgische gemeinnützige Blätter", eine Zeitschrift, in der auch Heinrich Rathmann (1750-1821), intimer Kenner und Autor der magdeburgischen Stadtgeschichte, veröffentlicht und der noch diametral anders als Friedrich Hoffmann das Zeitalter der Aufklärung in Magdeburg als „das entschieden glückseligste der tausendjährigen Geschichte der Stadt" (Jacobs 1888, 316) betrachtet. Ihre Nachbarn wie Hildesheim, Braunschweig, Wolfenbüttel, Helmstedt bis Göttingen auf der einen, Halberstadt, Halle, Dessau, Köthen und Zerbst auf der anderen Seite gehören von alters her zum engeren Forum des geistigen Austausches innerhalb der gesamten Region. Selbstverständlich werden in Magdeburg nicht nur die lokalen und regionalen, sondern auch die wichtigsten überregionalen Schriften rezipiert, wie auch magdeburgische Autoren in auswärtigen Medien publizieren.[14] So scheint mir die These, die Stadt sei ein wichtiger Umschlagplatz aufklärerischer Ideen gewesen, ein einflußreicher Hort der Aufklärung in Deutschland (Förster 1993, 51), durchaus keine Überinterpretation von Fakten einer Spezialuntersuchung, vielmehr verifizierbar, und sie benennt eine längst dringlich gewordene Aufgabe weiterer interdisziplinärer wissenschaftlicher Forschung.

Nicht weniger anregend wie die publizistischen Aktivitäten für die Geisteskultur der Provinzialhauptstadt und mindestens ebenso bestimmend, wie die erwähnten intensiven Beziehungen über die Stadt hinaus in die Zentren der Aufklärung, ist die mehrere Jahrzehnte währende enge und fruchtbare Bindung zwischen dem Freundschaftstempel Gleims in Halberstadt und dem Gartenhaus Bachmanns[15] auf dem Magdeburger Werder, auf dem mit Friedrich Gottlieb Klopstock und Sulzer gleich zwei der Großen über viele Jahre hinweg immer wieder Gäste sind, die „durch die Tat, durch ein großes unsterbliches Werk" (Klopstock) Wegbereiter der modernen bürgerlichen Gesellschaft, ihrer Kultur und Geschichte, wurden. Niemals zuvor und wohl nie wieder danach hatte die Literatur einen solchen Einfluß auf die religiöse und sittliche Denkweise von Generationen, so daß auch die protestantische Theologie „aus den alten Steifstiefeln der Scholastik" aussteigen und sich „in modernen Denkformen... bewegen" mußte. (Hagenbach 1872, 101f.) Solcherart Veränderungen in der Kirche zeigten sich bereits, als Gotthilf Sebastian Rötger nach Abschluß des Theologiestudiums in Halle 1770/71 seine pädagogische Laufbahn gewissermaßen als Hofmeister in Magdeburg antritt, und zwar beim Pastor Schulz an der Johanniskirche.

Das Selbstverständnis evangelischer Theologen beginnt sich zu wandeln. Mehr und mehr öffnet sich der kirchliche Raum den Lebensfragen der

Gotthilf Sebastian Rötger, 1821

Zeit, nicht zuletzt trägt auch der Praxisbezug von Predigten zur Aufklärung der Gemeinde über viele ihrer Lebensbereiche bei. Die Frage war: Entfernte sich der Geistliche dabei nicht zwangsläufig von seiner eigentlichen Aufgabe oder gar von der Schrift? Das Problem der Toleranz und damit die Festlegung auf Grundwahrheiten der Religion ist seit Mitte der 60er Jahre heftig umstritten.[16]

Magdeburg ist Ende Juni 1770 auch sicher nicht bloß zufällig wegen dienstlicher Obliegenheiten der Ort einer Zusammenkunft zwischen dem Berliner Popularphilosophen Johann Joachim Spalding (1714-1804),[17] Johann Salomo Semler (1725 bis 1791) aus Halle, dem Braunschweiger Abt Johann Friedrich Wilhelm Jerusalem (1709 bis

1789)[18] und einiger anderer Gleichgesinnter. In der Öffentlichkeit verbreitete sich damals das Gerücht von einem Konzil bedeutender Aufklärungstheologen, die gegen den kirchlichen Lehrbegriff konspirierten.

Die Geistlichen „fühlen sich als die religiösen Erzieher berufen, in den sozialen Umschichtungsprozeß aktiver einzugreifen". (Schlingersiepen-Pogge 1967, 193) Schon bald häufen sich bei weitem nicht nur in Preußen - und auch in Magdeburgs Kirchenkreisen - warnende Stimmen, vornehmlich solche aus den Reihen der Orthodoxie, die den Verfall von Sittlichkeit und Moral in der Gesellschaft insgesamt beklagen, im besonderen aber die mangelhaften intellektuellen und moralischen Qualitäten und die wissenschaftliche Inferiorität des Predigerstandes, die in der ungenügenden Ernsthaftigkeit des theologischen Studiums an den Universitäten ihren Anfang nehme.[19] Das wird der Aufklärung angelastet. Es formiert sich eine Gegen-Aufklärung, die in den katholischen Gebieten des Reiches zu massivem Widerstand von unten gegen die Reformbemühungen in der Kirche führt, denn die Beschränkung religiöser Zeremonien bedeutete oft auch den Wegfall von Feiertagen und die Loslösung von traditionellen Vergnügungs- und Geselligkeitsformen.

Möglicherweise wird vor dem Hintergrund der dramatisch sinkenden „inneren Würde" des geistlichen Standes Rötgers spontan bejahende Äußerung zum Religionsedikt Friedrich Wilhelms II.[20] verständlicher, denn die Magdeburger Kirche hatte hier einen Ruf zu verlieren. Hinter den scheinbar oberflächlich greifbaren Ursachen des Immoralismus zeigen sich ihm bei genauerer Betrachtung wahrscheinlich schon kurze Zeit später aber solche, die im „System", Rötger meint: in den „Menschensatzungen", zu suchen sind, deren Reinigung Voraussetzung für Tugend und Glückseligkeit der Menschen ist.[21]

RÖTGER - DER APOSTAT?

Aus den mehr oder minder familiären Freundschaftskreisen der 40er und 50er Jahre, in denen traditionell Magdeburgs Theologen oft tonangebend sind, entwickeln sich rasch engere, sozial gemischte kulturelle Assoziationen, wie die „Mittwochsgesellschaft" (Lade), die älteste unter den hiesigen Vereinigungen, deren Renomee A.H. Niemeyer (1754-1828), F.G.Resewitz (1729-1806), J.F.G. Delbrück (1768-1830)[22], J.H. Rolle (1716 bis 1785), Ch.Ch. Sturm (1740-1786)[23], L.F.G. von Goeckingk (1748-1828), natürlich Gleim, Propst Rötger u.a. bedeutend gehoben haben. Außerdem gab es die „Freitags-Gesellschaft", die „Ressource"[24], die „Harmonie"[25] und die Vereinigung „Der literarische Club", die zum Teil bis weit ins 19. Jh. hinein Bestand hatten und in unserer Zeit eine Art Renaissance erleben.[26] Ihnen gemeinsam war ein Ziel: das gesellige Vergnügen, als dessen Modifikationen Bildung, Kultur und Aufklärung galten.[27] Die bedeutenderen für die Aufklärungsbewegung sind jene Organisationsformen, die ihre Treffs über die Geselligkeit hinaus maßgeblich etwa zu Unterhaltungen über die Neuigkeiten der in- und ausländischen Literatur wie „zur leichten gegenseitigen Austauschung gelehrter Kenntnisse" (Berghauer 1801, 251) nutzten.

Andererseits sind trotz anhaltend kritischer Äußerungen die philanthropischen Erziehungs- und Bildungsansätze Johann Bernhard Basedows (1723 bis 1790) im nahegelegenen Dessau interessant, zeitgemäß, spektakulär genug und erfolgreich, daher letztendlich nicht ohne Einfluß auf die Pädagogik und die erneuernde Gestaltung des hiesigen Schulwesens, das in mancher Hinsicht Vorbildwirkung zumindest in der Region erhielt. Die sogenannte „natürliche Pädagogik" ist für die geistige Entwicklung eines der wichtigsten Ergebnisse der Aufklärungsbewegung überhaupt, das (Basedowsche) Philanthropin eine Art europäische Musterschule für die (künftige) Erziehung des Menschengeschlechts.

Basedows schillernde Persönlichkeit und seine in vielen Schriften vorgetragenen, heftig umstrittenen religiösen Bekenntnisse fanden Parteigänger und Gegner in Magdeburg. Noch über der Gruft des „seligen Professors" bleibt die Geistlichkeit der Stadt uneins. Zum Erstaunen und Entsetzen mancher Magdeburger Freunde mischt sich aber ausgerechnet Gotthilf Sebastian Rötger mit einem Seitenstück zur „Kirchen- und Ketzergeschichte"[28] ein und predigt in dem eingangs erwähnten „Abendgespräch zweier Freunde" sans phrase seinen Mitbürgern und der lutherischen Orthodoxie in „Unsres HerrGotts Cantzley" aus dem Dekalogus über das Achte Gebot. In dieser Sache kollidierte sein Gefühl für Billigkeit mit „tummen Verläumdungen" und „stupidesten Haß" unbesonnener Eiferer, die Basedow des Naturalismus und der Heterodoxie bezichtigen, ihn als Atheisten und Spinozisten[29] anschwärzen, dessen Schriften als „neologisch, und ziemlich socinianisch"[30] verteufeln und ihm, dem toten Basedow, zu guter Letzt die Ruhe auf dem Gottesacker verweigern wollen. Rötger klagt mit diesem Disput nicht bloß um christliche Barmherzigkeit für einen redlichen Freund, der Basedow geworden war, egal ob Naturalist, Skeptizist oder Neologe, sofern seine Taten rechtschaffen sind; er verteidigte darin das eigene, in dieser Freundschaft geläuterte Bekenntnis, mutig und konsequent. Rötger argumentiert vorwiegend mit ethischen Normativen: Gewissenhaftigkeit, Aufrichtigkeit, Duldsamkeit und Wahrheitsliebe sind Tugenden, die den Irrtum nicht ausschließen, die er jedoch der Selbstgefälligkeit der Orthodoxie, dem Egoismus und dem Machtmißbrauch der Kirche in Vergangenheit und Gegenwart, der Intoleranz, Heuchelei und der Dummheit, der Faulheit und der „Grillenfängerei"[31] entgegen stellt.

Die Zweifel des einen sind die hauptsächlichen Dissidien des anderen: der Lehrsatz von der unendlichen Dauer der Strafen[32], „die Meinung des Athanasius", d.i. die (katholische) Lehre von der Trinität und von der Person und dem Werk Christi, außerdem der Unterschied zwischen Gottes- und Menschenlehren, d.h. zwischen der Bibel und den Symbolischen Büchern, deren Dogmen im Religionsedikt neuerlich befestigt wurden.

Der Dissens, in den Rötger gerät, und das Echo auf seine Parteinahme für Basedow drängen ihn in der Mitte seines Lebens zu einer rücksichtslosen Prüfung des Gewissens. Eigene Bedenken, Einsichten und Überzeugungen zieht er auf den Richterstuhl der Wahrheit und faßt seine Apologie in Selbstbetrachtungen und Geständnissen, die er den „wenigen Freunden" dediziert. Enttäuscht wendete er sich damit von jenen ab, die ihn als einen Apostaten und Ketzer am Pranger sehen wollen.[33]

Noch Mitte der 70er Jahre, als Prokurator des Pädagogiums im Kloster hatte der „ganz unpartheyische Kosmopolit"[34] Rötger in seinen Briefen über das dessauische Examen den Philathropisten Basedow herb kritisiert. Seine Einwände gegen Basedows Pädagogik, aber auch seine Zustimmung deckten sich übrigens häufig mit Herders Äußerungen.[35]

Die bühnenreife Inszenierung, die dem Projekt nicht nur allgemeine Billigung, sondern vor allem weitere Geldzuwendungen sichern sollte, empfand der stille Beobachter aus Magdeburg als „Marktschreyerey". Erst am Ende seines Lebens tilgt er den noch zu Lebzeiten Basedows bereinigten Lapsus linguae, weil nur „ein solcher Schreyer" die „Erziehungskunst und Schuleinrichtungs-Kenntnis" aus dem „Todesschlafe" (Rötger 1827, 42) erwecken konnte.

Basedows Predigten, „Herrnhutisch oder socinianisch", störten den „Kosmopoliten"[36] weniger, „wenn er etliche hundert Meilen vom auto da Fe entfernt ist" (Rötger 1776, 14), nur ihre Form war dem Pädagogen Rötger, der die gefahrvollen „Wege zum Parnaß"[37] selbst nicht scheute, zu poetisch.

Schon damals war aber sein Interesse an dem Hamburger geweckt[38], es betraf zunächst freilich eher dessen aufsehenerregende Erziehungs- und Bildungsgrundsätze, richtete sich erst Mitte der 80er Jahre[39] deutlich stärker auf die Religionsmeinungen und bleibt wach auch über Basedows frühen Tod hinaus. Als der nämlich am 25. Juli 1790 in Magdeburg plötzlich stirbt, verfaßt Rötger nicht nur den erwähnten Dialog über das Begräbnis, sondern initiiert überdies einen Aufruf der hiesigen „Gesellschaft litterarischer Freunde", deren Mitglied der Hamburger geworden war. In Zeitschriften Halberstadts, Magdeburgs und Hamburgs werben mit ihm Funck, Lüdecke und Ribbeck um Subskription für ein Denkmal. Parallel dazu veröffentlichen die „Magdeburgische(n) gemeinnützige(n) Blätter" in Fortsetzungen den umfangreichen Aufsatz von Heinrich Rathmann, seinerzeit Prediger und Oberlehrer im Kloster Berge, mit dem Namen im Titel: „Johann Bernhard Basedow".[40]

Johann Christian Meier (1732-1815), einst begeisterter Adept Basedows, dann sein ärgster Kritiker, der zu dieser Zeit des Wöllnerschen Zensurediktes um ein einträgliches, just vakantes Pfarramt im Schleswig-Holsteinischen buhlt, warnt deshalb sogar vor einer gefährlichen Kanonisation Basedows in Magdeburg.[41]

Die zunehmende Politisierung der Gesellschaft aufgrund der seismischen Bewegungen in den sozialen Beziehungen, die selbst ins Innere der Gotteshäuser eindringt, zeigt sich auch in dieser Affäre (die übrigens Hoffmann in Wien wohl verborgen geblieben ist) und führt nebenbei bemerkt zu der These über Magdeburgs Bedeutung im 18. Jh. zurück.

So schienen die Jahre nach dem Tod Friedrichs II. zu halten, was der merkwürdige Geisterseher Emanuel Swedenborg (1688-1772)[12] auguriert hatte: Dem 18. Jahrhundert würde man die Sturmglocke am Grabe läuten.

DAS GEDANKEN-PAKET

Wer jedoch im Lebensbild Gotthilf Sebastian Rötgers den Widerschein der allgemeinen Gährung, den Reflex der Kämpfe jener Epoche suchte, dunkle Ideen und bittere Erfahrungen vermutete oder die Beschreibung des Elends und der Not der Krisenzeiten nach dem Siebenjährigen Kriege oder zu Beginn der 70er Jahre[13] ausfiltern wollte, geriete in Schwierigkeiten.

Es hatte bisher den Anschein, als gäbe es in seiner Vita außer zwischen 1806 und 1813 keine Anzeichen dieser Art, als hätte sich wirklich sein „Leben und Wirken ... fern von dem lärmenden Gewühl der Welt in der Stille... wie ein lieblicher, rieselnder Quell", klar und ungetrübt dahinbewegt. (Dennhardt 1831, 73).

Im übrigen entwerfen auch die Biographen ein Porträt Rötgers, das dem Ideal der Aufklärung, dem Typus eines Lehrers im pädagogischen Jahrhundert vollkommen entspricht. Dieses Bild erhält durch das authentische Zeugnis seiner Zöglinge, sie hätten zu ihm wie zu einem „Vater" aufgesehen und wären, sofern er sie ansprach, „wie vor einem Gotte" (Rosenkranz 1872, 86) erbebt, fast übermenschliche Würde und Autorität.

Sicher war G.S.Rötger einer der wenigen, die „den einfachen aber großen Begriff (der Erziehung - d.A.), der alles andere in sich schließt, fassen und in die Ausführung übertragen" (Goethe o.J., 244) konnte. Und doch wirkte er ganz in seiner Zeit, war wie andere neben ihm ein Suchender, ein Zweifelnder, nicht frei von Irrtümern, manchmal sogar ein religiöser Eiferer.

Er stammte aus einem kleinen Bördedorf, zwei Meilen südwestlich von Magdeburg. Der Vater, Sebastian Peter Rötger (1712-1768), war Pastor in Lütgen Germersleben. Die Mutter, Margarethe Christine, geb. Müller, war die Tochter des Rektors der Magdeburger Domschule.

Nach dem Schulbesuch in Neuhaldensleben ab 1756 und der Aufnahme mit einem Beneficium am Pädagogium im Kloster Unser Lieben Frauen in Magdeburg ab 1765, das er 1767 verläßt, trägt er sich im April desselben Jahres in die Matrikel der halleschen Universität ein, studiert Theologie u.a. bei J.G.Knapp, L.Schulze, Stiebritz, J.A.Noesselt und J.S.Semler, hört sicher Vorlesungen über die Philosophie Kants. Wahrscheinlich interessiert er sich auch für Physik, Mathematik und Kosmologie, war und blieb neugierig an der fortschreitenden Entwicklung des menschlichen Geistes. Nur ein Jahr arbeitet er als Privatlehrer, liest im April 1771 eine Probe auf dem Kloster und wird als Präceptor angenommen.

Dichter hatte er einst werden wollen wie sein gleichaltriger Zeitgenosse Johann Wolfgang Goethe aus Frankfurt. Da ihm dies nach dem frühen Tod seines Vaters unmöglich und rechtzeitig genug als Wunschtraum bewußt wird, setzt er mit guten Aussichten seine Hoffnung auf eine Pfarre, die ihm einigermaßen gesicherte Existenzgründe bieten würde, steigt stattdessen aber rasch in der Hierarchie des Pädagogiums - vom Präceptor in den Konvent, dann zum Prokurator und schließlich sitzt er mit dreißig Jahren mehr oder weniger unfreiwillig auf dem Stuhl des Prälaten.[14]

Gedichte, moralische Betrachtungen und sogar dramatische Stücke[15] verfaßt er neben seinen Schriften über Pädagogik und Geschichte fürderhin trotzdem. 1828 erscheinen die „Ein Hundert Sinngedichte", sein letzter Band von eigener Hand.

Anläßlich seines 50jährigen Propstjubiläums 1830 dankt ihm die Stadt Magdeburg sein jahrzehntelanges unermüdliches soziales Engagement in der Kommunalpolitik und an der Spitze des „Bürger-Rettungs-Institutes" mit der silbernen Bürgerkrone. Freilich war dies nicht der Lorbeer für den Poeta summus und dennoch hochverdiente Ehrung eines außerordentlichen Lebenswerkes, das letztendlich durchaus nicht unbeeinflußt ist, wie der Propst in einer Altersschrift bekennt, von den Meisterwerken des Weimarer Dichterfürsten. „Es war eine wichtige Zeit,...es war ein großes Jahrhundert, das wir werden und walten sahen!" schreibt der greise Pädagoge rückblickend 1827 an den Jubilar August Hermann Niemeyer in Halle. Die Aura dieses Propstes wurde in den Jahren des eigenständigen Bestehens der Schule bis 1928 immer wieder beschworen, und sie schmückte sich zu Recht mit seinem Porträt: „Er gehörte zu den Sonntagskindern, denen die Herzen der Menschen zufallen, ohne daß sie selbst von ihrem eigenen Werte wissen." (Petri 1920, 78)

In seiner Bilanz zur 50jährigen Amtsfeier hatte Rötger selbst eine Sammlung von Sehenswürdigkeiten menschlicher „Kraft und Schöpfermacht" ausgebreitet, bar der „schrekkenden Ahndungen,... niederdrückenden Befürchtungen, ...furchtbaren Traumgestalten" (Rötger 1821, 74), die seine sensible Natur nicht verschonen, sein Gemüt ebenso in Verwirrung gesetzt hatten und die er sich gerade in der Zeit, als Hoffmann das Fernglas ansetzen wollte, wie eine Last von der Seele schrieb, wahrscheinlich ohne daß die Öffentlichkeit je davon Kenntnis erhalten hatte. Er wehrt sich damit jedoch in demselben Atemzug gegen Leute, die ihn „jahrelang gehudelt und gewissermaßen gepeiniget" haben. (Rötger IV, 50)

Die in einem verschnürten Paket aufgefundenen, bislang vermutlich sämtlich ungedruckten Aufsätze[16] sind in demselben Sinne wie die haereticissima haeresiologia von Gottfried Arnold ein Feldzug gegen den Glaubenszwang und ein leidenschaftliches Plädoyer für Vernunft, Toleranz und Mitmenschlichkeit. Sie sind aber mehr noch seltene Zeugnisse der (Spät-)Aufklärung und der Aufklärungstheologie im Bereich der evangelisch-lutherischen Kirche Magdeburgs, gleichzeitig, wie der Autor selbst äußert, ein getreuliches Bild vom „Geist unsers Zeitalters in Ansehung der jetzt herrschenden Religions-Prinzipien" (Rötger II, 17). Nicht zuletzt sind die Manuskripte autobiographische Quellen, die der Forschung unbekanntes Material liefern[17] und wohl den Höhepunkt seines schriftstellerischen Werkes bedeuten.

Mehrere Jahre lang arbeitet er an dem Buch über den Kampf des Glaubens und der Vernunft, das in einzelne Gesprächsakte unterteilt ist. Gespräche sind keine Entscheidungen, sagt Herder eingangs seiner Dialoge über Gott, mit denen er die 1780 in Halberstadt geführte Spinoza-Debatte zusammenfaßt.[18] Das entspricht ziemlich genau Rötgers Intention, denn wie der Weimarer Generalsuperintendent, der nicht „...Partheien herausfordern oder zwischen Partheien ein unberuffener Schiedsrichter" (Herder 1887, 403) sein wollte, so hat auch der Magdeburger Prälat nichts weniger im Sinn, „als neue Glaubenslehren zu machen" oder Sanktionen zu erlassen. Kaum vorstellbar ist jedoch, daß Rötger Irrtümer nicht mehr als solche bezeichnen und Konflikten ausgewichen wäre. Predigttexte Patzkes lassen zum Beispiel vermuten, daß er mit der Erarbeitung seiner Dialoge auch dessen absonderliche, ganz „unbiblische Behauptungen" von Gottes Gerechtigkeit und den Wundern Jesu zurückweist.[19]

Zur selben Zeit veröffentlicht Rötger sowohl das wiederholt erwähnte „Abendgespräch", als auch anläßlich der 200jährigen Gedächtnisfeier der Klosterreformation den historischen Exkurs „Versuch einer kurz erzählten Magdeburgischen Reformazions-Geschichte". Entgegen der landläufigen Darstellung weist er darin nach, daß die Erneuerung der Kirche eher von unten als von oben kam, d.h. „weit weniger die Sache der Fürsten, als des Volks war" (Rötger 1792, 7). Die Überlieferung vom Reformwillen der Vorfahren sollte gerade auch in Magdeburg ein leuchtendes Beispiel und Anstoß geben, „...selbst mit Aufopferung an Ruhe und Bequemlichkeit thätig zu seyn". Angesichts dieser Tradition müsse der „Gemeingeist ... neuen Schwung, der Patriotismus neues Leben" (Magdeburgische gemeinnützige Blätter 1791, 224) bekommen, blinder Religionseifer aber schade nur. (Rötger ²1792, 59) Wer verstünde diesen Appell nicht?

Noch unmißverständlicher formuliert Rötger den Zusammenhang zwischen der Reformation Luthers und der Aufklärungstheologie in dem Disput zwischen Glauben und Vernunft: Das System der Kirche bedürfe der Reformation; so „wie das Pabstthum einen Luther brauchte (...) eben so nothwendig sind auch in unseren Tagen Männer von gleichem Herzen und Gesinnung, wenn die ganze christliche Religion nicht allen vernünftigen Menschen verächtlich werden soll". (Rötger III, 86) Als hätte der Autor mit der „Reformationsgeschichte" einen Stein losgetreten, nunmehr gab es für die „hiesige(n) und auswärtige(n) patriotische(n) Männer" (Kawerau 1886, 65) im Redaktionsbeirat der gemeinnützigen Blätter auch keinen Grund, Rötgers großen Hymnus „Luther" länger noch zurückzuhalten, zumal dessen Schlußverse just die „Gemüthsstimmung der Meisten" (Magdeburgische gemeinnützige Blätter 1791, 193) formulieren, die das Schisma zwischen reformierten und lutherischen Christen beenden, sich in den unstrittigen Positionen verbinden und unwesentliche Differenzen hier wie dort tolerieren wollen.

Der Sänger läßt in seinem Lied wohl anklingen, was Jahrzehnte danach Friedrich Wilhelm III. persönlich vorantrieb und zum Reformationsfest 1817 auf einer Synode Berliner Prediger paraphrieren ließ.[50]

Abgeschlossen wird Rötgers umfangreiche Handschrift von einer Abhandlung „Geschichte und Apologie der Schriftstellerey des Verfassers dieser Schrift"[51], die wiederum mit zwei „Zugaben" versehen ist, dem „Sendschreiben des Herrn Weise an Lichtfreund"[52] und dem fragmentarischen „Aufsatz von Herrn Weise".

In den autobiographischen Passagen gibt er „eine kurze Geschichte der besten Jahre" seines Lebens. Seine pietistische Empfindsamkeit, die „zur Schwärmerei gestimmte Gesinnung"[53], deren Ursachen sicher auch im Elternhaus zu suchen sind, und von Jugend auf eingesogene und eingeimpfte Vorurteile geißelt er als Wurzel jahrelangen „Elends" und der meisten seiner Irrtümer.[54] Aus der Erfahrung und der Selbst-Beobachtung entwickelt Rötger in den Dialogen Hauptsätze einer Psychologie der (Religions-)Pädagogik. Immer weiter wagt er sich vor, bis zu der Frage, ob die Seele des Menschen Geist oder Materie sei, ob ihr eine natürliche oder eine übernatürliche Ursache zum Grunde liege.[55]

Rötger selbst verstand sich bis in sein vierzigstes Jahr als „ein strenger Orthodox" (Rötger V, 59), als ein „Trinitarier"[56] von Jugend an, eben bis zu jener Zäsur, der intensiven Begegnung mit Basedow und der Abfassung seiner Dialoge über Glaube und Vernunft. Basedow habe seiner „bisherigen Orthodoxie allerdings einen kleinen Stoß versetzt" (Rötger V, 59)[57], gesteht er in der apologetischen Schrift über seine Schriftstellerei.

Trotzdem meint er ad hoc, vielleicht aus den schon oben angedeuteten Gründen, das Wöllnersche Religionsedikt sei eine notwendige und heilsame Arzenei, und so gehört der Propst von Liebfrauen in Magdeburg eben vorerst nicht wie Spalding, Dieterich, Büsching, Hufeland oder Teller, Sack oder wie der deswegen dann in der Festung einsitzende Dr. Karl Friedrich Bahrdt (1741 bis 1792)[58] zu seinen vehementen Kritikern, gleich ihm J. Esaias Silberschlag und J.S. Semler, die den landesherrlichen Erlaß ebenso gegen die geschlossene Front seiner Gegner verteidigen.

In einem Psalm äußert Rötger sich seinerzeit positiv, revidiert aber bald (jedenfalls lange vor der Aufhebung des Ediktes 1797 durch Friedrich Wilhelm III.) seine Ansicht mit dem ethischen Diktum, ihm sei „an einem reinen Leben doch noch etwas mehr (gelegen), als an reiner Lehre..." (Rötger V, 61).

DIE REVOLUTION

Rötgers viertes Lebensjahrzehnt endet, als in Paris die Sturmglocke geschlagen wird und das Volk die Bastille erstürmt. Die Erhebung wider die Obrigkeit kann er nicht goutieren, daß aber „das gewaltige Rütteln und Schütteln der Religionslehren in Franckreich" (Rötger IV, 27) das Brauchbare und Wesentliche vom Unwesentlichen scheiden, die Legenden und Märchen von der Wahrheit wie Spreu vom reinen Weizen trennen würde, das ist schon eine Hoffnung, mit der er die Ereignisse verfolgt und bewertet. Der Glaube[59] müsse sich in Schauen verwandeln (Matth.5,8.), die unterdrückte Vernunft das Joch der herrschenden Kirche abwerfen. Nicht das Dogma und „blinder Köhlerglaube" entscheiden, was ein nützliches und brauchbares Mitglied der Bürgergesellschaft sei, sondern die Gemeinnützigkeit menschlicher Handlungen.[60]

Rötger steht hier in einer Phalanx mit den Berliner Neologen[61] und den Männern der Aufklärung in Braunschweig, die allerdings unmittelbar nach der Veröffentlichung des Wöllnerschen Gesetzes standhaft in mehreren Ausgaben des Journals von 1789 die Anmaßungen des Religionsediktes zurückweisen. „Es wird immer mehr und mehr anerkannt, daß Deisten, Naturalisten, Sozinianer, oder wie die, nach dem alten Beispiel der gemeinen Katholiken, mehr gehaßten und verabscheuten Namen alle heißen, völlig gute Bürger seyn können..." (Braunschweigisches Journal 1789, 55)[62] Schon daher sei die Behauptung absurd, Aufklärer wären per se Anhänger der französischen Revolution, mithin Feinde der Monarchie.[63] Andererseits dürfte, so Rötger vermittelnd, die Erhebung in Frankreich nicht als Schreckgespenst gegen jedwede notwendige kirchliche oder theologische Reform benützt werden. Nicht alle gründliche Untersuchung der Bibel ende zwangsläufig im Atheismus[64], verhängnisvoll wäre es jedoch, triebe man den ehrlichen Wahrheitsforscher - und hier schließt er sich durchaus ein - in dessen Fangarme. Atheismus ist ihm keine Alternative, dann eher die Rückkehr in den Schoß des ehemals heilsamen Pietismus oder in den Kreis der Orthodoxie.[65]

Der Propst resignierte nicht, im Gegenteil. Ungeachtet der noch immer drakonischen Maßregelungen veröffentlicht er unerschrocken die „Gedanken eines Laien über die Dauer der göttlichen Strafen nach dem Tode". In la Chaux de Fond/b.Bern wird noch im selben Jahr ein Prediger seines Amtes enthoben, da er Zweifel wider die Ewigkeit der Höllenstrafen geäußert hatte.[66]

Das Jahr 1789 und diese Schrift bezeichnen in Rötgers Vita (die angesichts einiger Widersprüche mit der notwendigen Zurückhaltung vorgenommene, dennoch insgesamt zutreffende biographische Deutung der fiktiven Dialoge immer vorausgesetzt) nicht nur die Abkehr von verbindlichen, aber in Zweifel geratenen Glaubenssätzen der Kirche, von ihren historischen Autoritäten, und die Konzentration auf allgemeine, wesentliche Wahrheiten[67] der Religion, sondern auch einen Akt der Selbstbefreiung und das uneingeschränkte Bekenntnis zur Wahrheit, deren Relativität er kalkuliert, die ihn selbstbewußt der eigenen Überzeugung folgen läßt.

Noch einmal nimmt er deshalb im Buch vom Kampf des Glaubens und der Vernunft Gelegenheit, seine Schrift von der Endlichkeit der Höllenstrafen zu verteidigen, lehnt jede Form des Partikularismus ab, distanziert sich ganz im Sinne der Aufklärung und Lessings vom Indifferentismus, der festhält am Dogma der alleinseligmachenden Religion. Im Indifferentismus offenbart sich seiner Ansicht nach die trübe Quelle aller Intoleranz und Verfolgung; Gleichgültigkeit gegenüber der eigenen Religion wäre ihm dennoch undenkbar.

In einem großangelegten, von Rötger als Toleranz-Predigt bezeichnetem Monolog entwickelt „Weise" ein Gleichnis: „Bisweilen kommt mir der ganze Hader so vor", sagt er, „ als wenn jemand auf einer Reise bey kalter unfreundlicher Witterung in eine warme Stube tritt. Was meynen Sie, wird dieser Mensch auch wohl fragen; wird er eine Untersuchung darüber anstellen, ob der Ofen, der ihn wärmt, mit Holz, mit Steinkohlen, mit Torf, mit Kohlstöcken oder wohl gar, wie denn der Fall nicht ganz selten ist: mit Kameel-Mist geheizet sey? An dem allen liegt ihm sicher nichts. Ihm genügt, daß er seine erstarrten Gliedmaßen erwärmen und sich erquicken kann." (Rötger III, 161) Entschuldigungen oder Rechtfertigungen erübrigen sich nunmehr auch eingedenk der „nützlichen Lebensregel" des Königs Salomon im Alten Testament (12,5): „Die Gedanken der Gerechten sind redlich..."

In der abschließenden Unterredung, größtenteils ein Selbstgespräch, vergleichbar dem der antiken Bekenntnisliteratur, dem Soliloquium, wiederholt der Autor in nuce eine gründliche Untersuchung des Religionssystems und entfaltet in der anschließenden „Katechisation" eine Weltanschauung, die Spinoza, den „trostlosen" Naturalismus, die „Cartesianischen Wirbel"[68] und die Theologie der Neologen gewissermaßen wieder aufnimmt. Die Suche nach Wahrheit ist ihm ein göttliches Privilegium, ein Menschenrecht, ebenso unantastbar und gleichzeitig ein sicheres Schild gegen jegliche „Glaubens-Despotie" und Absolutheitsansprüche. Die Bibel formuliere kein Dogma, ebensowenig die mosaische Schöpfungsgeschichte, in der „der Grundstoff aller Theodiceen, von dem Verfasser des Buchs Hiob an, bis auf Leibnitz und Reimarus" (Rötger III, 180) enthalten ist.

Unter dem Einfluß der Ideen Kants über die „Allgemeine Theorie und Naturgeschichte des Himmels", die mit der auszugsweisen Neuauflage 1791 nun endgültig Aufmerksamkeit erregen, ändert sich Rötgers Weltbild, dem nunmehr eine eigene naturgeschichtliche Version der Schöpfungsgeschichte zum Grunde liegt: Im göttlichen Akt der Schöpfung entsteht „nur die ungeformte Materie, das Chaos, keineswegs aber die gebildeten Systeme der himmlischen Körper". (Rötger III, 184) Die Bildung, Zerstörung und Erneuerung der kosmischen Struktur ist demzufolge unaufhörlich und ewig unvollendet. Die Konsequenz dieser Vernunfterkenntnis zieht Rötger in einem Satz „Lichtfreunds" im abschließenden 15. Gespräch zusammen: „Ich glaube, daß das Weltall so ewig ist, als der Schöpfer desselben", was als Sediment von Rötgers Spinoza-Rezeption gedeutet werden kann.

Osten/Meinem Garten anvertraut,/Gibt geheimen Sinn zu kosten,/Wie's den Wissenden erbaut."
Die Finalsentenz seiner manchmal sogar selbstquälerischen Prüfung, deren Ergebnis über zwei Jahrhunderte lang unentdeckt blieb, hatte Propst Rötger schon in dem Pendant zur Kirchen- und

Erbbegräbnis Rötger, ehemals Nordfriedhof, Aufnahme 1937/39

Als Rötger 1831 stirbt, würdigt die Stadt einen ihrer großen Söhne des zu Ende gehenden Goethe-Zeitalters und die Klosterschule ihren bedeutendsten Pädagogen, der die Lehreinrichtung mehr als 50 Jahre segensreich geleitet hatte. Dennhardts Nekrolog übereignet ihn der Erde als einen „Stern erster Größe" am Himmel Magdeburgs, mit seinem Tod sei „eine Sonne niedergesunken" (Dennhardt 1831, 69).
Rötgers leider unbezeichnete Ruhestätte liegt heute wie zufällig im Schatten eines Ginkgobaumes, dessen Laub in Magdeburg wie in Weimar aufgehoben und gepreßt wird seit Goethe das Buch Suleika, die Sammlung seiner schönsten Liebesgedichte im „Westöstlichen Divan", mit den Versen begann: „Dieses Baum's Blatt, der von

Ketzergeschichte auf Basedows Tod geschrieben. Nahezu versteckt in einer bescheidenen Anmerkung findet sich dort so etwas wie das Credo, der Glaubenssatz auch an alle seine Schüler: „...das Studium der Geschichte(...) bringt den aufmerksamen Leser derselben dahin, nicht nur die Magnalia Dei, die großen Thaten des Herrschers aller Welt anschauend zu erkennen, sondern es ist zugleich das vortrefflichste Mittel, sowohl den Verstand von eingewurzelten Vorurtheilen und Aberglauben, als auch das Herz von Verfolgungs- und Verketzerungssucht zu reinigen, überhaupt den Menschen klug und verständig, und zugleich duldsam und nachsichtsvoll gegen anders denkende zu machen, und mit Liebe gegen die sogenannten Irrgläubigen zu erfüllen." (Rötger 1790, 42)

ANMERKUNGEN

[1] Die Überschrift modifiziert den von Rötger mehrfach verwendeten Text aus dem Alten Testament, Die Sprüche Salomos, 12,5: „Die Gedanken der Gerechten sind redlich;..." Den zweiten Teil: „.... aber die Anschläge der Gottlosen sind Trügerei", zitiert Rötger nicht.

[2] Kawerau, Waldemar, Halle 1886

[3] Vor 60 Jahren entdeckte ein hiesiger Regierungsbaumeister im Stadtarchiv Magdeburg entsprechende Schriften Friedrichs II.; Vgl.: Wolfrom, Erich: Die Baugeschichte der Stadt und Festung Magdeburg. In: Magdeburger Kultur- und Wirtschaftsleben Nr.10, Magdeburg 1936, S. 40

[4] Vgl. Berghauer, J.(ohann) C.(hristian) F.(riedrich): Magdeburg und die umliegende Gegend. Zweyter Theil, Magdeburg 1801, S. 52. Es gab nach seinen Angaben 1798 insgesamt 37 451 Einwohner, 6782 davon waren Angehörige des Militärs.

[5] Moses Mendelssohn, Über die Frage: Was heißt Aufklären? In: Schriften über Religion und Aufklärung, hg.v. Martina Thom, Berlin 1989, S. 461

[6] 1650/51 wurde bereits die Heilig-Geist-Kirche geweiht, 1656 die Ulrichskirche für den Gottesdienst wiedereingerichtet, 1670 die Johanniskirche; Anfang 1700 wurde die Kirche des einstigen Dominikanerklosters, die über Jahrzehnte Ruine geblieben war, der Reformierten Gemeinde zur Verfügung gestellt.

[7] Vgl. Hentzen, Alfred: Magdeburger Barockarchitektur, Bildung und Verfall des Bürgerhaustyps. Dessau 1927

[8] Vgl. Moritz, Karl Philipp: Ideal einer vollkommenen Zeitung. In: Werke, Bd.3, Hrsg. von Horst Günther, Frankfurt/M. ²1993, S. 171

[9] Vgl. Hasse, Max: Magdeburger Buchdruckerkunst im 16., 17. und 18. Jahrhundert. Magdeburg 1940

[10] Zürich und Hamburg waren die ersten großen Handelsstädte, die der bürgerlichen Literatur eine Heimstatt gaben, lange bevor z.B. in Leipzig die Vorherrschaft der Rokoko-Literatur gebrochen werden konnte, die noch in den 60er Jahren des 18. Jh. anhielt.

[11] Hugo Holstein schreibt von einem (heute weitgehend vergessenen) beachtenswerten Beitrag zur deutschen Literaturgeschichte, den Köpcken eingebracht habe; aus dem Blickfeld der Literaturgeschichte gerieten zudem seine hymnischen Dichtungen, seine Lieder, Episteln und Erzählungen. Ihn verband übrigens auch eine Jahrzehnte währende Freundschaft mit Gleim in Halberstadt. (Beiblatt z. Magdeburgischen Zeitung v. 24.09.1877)

[12] Hoffmann, L.A.,S. 711

[13] J.S.Patzke war seit 1761 zweiter Prediger an der Hl.Geist-Kirche, verfaßte Trauerspiele, z.T. von J.H.Rolle vertont, die begeistert aufgenommen wurden und über die er auch Lessings Urteil einholt. Als Patzke starb, predigt sein Nachfolger im Amt, C.G. Ribbeck, zur Gedächtnisfeier: „...Groß sind seine Verdienste als Schriftsteller. Ihr wißt es am besten, Einwohner Magdeburgs, was sein Greis, sein Wohlthäter und manche andre seiner Schriften unter euch gewirkt haben;... wie sehr Aufklärung, Geschmack und gute Sitten dadurch unter euch befördert, gebildet und weiter gebracht sind...." (Predigten von C.G. Ribbeck: Dritte Sammlung. Magdeburg 1791, S. 76f.)

[14] Vgl.: Menne, Karl: August Hermann Niemeyer, Sein Leben und Wirken. Halle 1928. Friedrich Gabriel Resewitz (1723-1806), ein enger Vertrauter von Mendelssohn und Nicolai, seit 1774 Abt des Klosters Berge, gehörte zu den Autoren von Lessings „Briefe(n), die neueste Literatur betreffend" und verfaßte außerdem Beiträge für die „Allgemeine deutsche Bibliothek". Der Jurist Christian Friedrich Buchner (1752-1798) war Mitarbeiter an Meusels Magazin „Gelehrtes Deutschland", der Lehrer an der Domschule Jakob Gottlieb Isaak Bötticher (1754-1794) schrieb Artikel u.a. für das „Magazin für Erfahrungsseelenkunde", das Karl Philipp Moritz in Berlin seit 1783 herausgab.

[15] Den Garten, der zum gesellschaftlichen Mittelpunkt wurde, besaß die Familie des Kaufmanns Heinrich Wilhelm Bachmann bereits in den 40er Jahren. (Vgl.Magdeburgs litterarische und gesellschaftliche Zustände im achtzehnten Jahrhundert. In: Blätter für Handel, Gewerbe und sociales Leben. [Beiblatt zur Magdeburgischen Zeitung.], Nr.32 v. 06.08.1877.)

[16] Vgl. Schultze, Harald: Toleranz und Orthodoxie, Johan Melchior Goeze in seiner Auseinandersetzung mit der Theologie der Aufklärung. In: Neue Zeitschrift für systematische Theologie, hg. v. P. Althaus u. C.H.Ratschow, vierter Band 1962, Berlin 1962, S. 197-219

[17] Spalding, A.F.W.Sack und J.J.Sulzer revidierten im Auftrag des preußischen Kultusministeriums das Kloster Berge, was zur Amtsenthebung des Abtes Johann Friedrich Hähn (1710-1789) führte. Der Amtsinhaber im Kloster Berge war gleichzeitig Generalsuperintendent des Herzogtums Magdeburg.

[18] Jerusalem gehörte zu den führenden Vertretern des Neologismus. Vgl.dazu Anm. 61

[19] Vgl. F.H.Jacobi: Über Bildung, Lehre und Wandel protestantischer Religionslehrer. 1808; A.H.Niemeyer: Populäre und praktische Theologie. 1805. Kurz vor seinem Tode äußert sich auch Semler im Gespräch mit A.H.Niemeyer über den Verfall des Predigerstandes. Er fürchte, sagte Semler, „man kommt von der einzigen wahren Dignität,(Würde) die man ihm [ihm] zugestehen kann, die ganz innerlich, moralisch - nicht dignitas

externa ist,(äußere Würde) immer mehr zurück". (Vgl. Magdeburgische gemeinnützige Blätter, Drey und vierzigstes Stück, den 30. April 1791, D,Joh.Sal.Semlers letzte Äußerungen über religiöse Gegenstände. [Zwey Tage vor seinem Tode]), S. 279

[20] Schon wenige Tage nach seinem Amtsantritt als Minister für das geistliche Departement (3. Juli 1788) erließ Johann Christoph v. Wöllner (1732-1800) am 9. Juli 1788 das Religionsedikt, das im §7 die freie Auslegung der Bibel und der symbolischen Bücher unter Kassation stellt, und zwar mit der Begründung, daß „manche Geistliche der protestantischen Kirche sich ganz zügellose Freiheiten in Absicht des Lehrbegriffs ihrer Konfession erlauben... Man erdreistet sich nicht, die elenden, längst widerlegten Irrtümer der Socinianer, Deisten, Naturalisten und anderer Sekten...durch den äußerst gemißbrauchten Namen Aufklärung unter das Volk auszubreiten;..."

[21] Vgl. Rötger III, S. 133

[22] Delbrück wurde 1800 Erzieher des damaligen Kronprinzen; sein Bruder Ferdinand Delbrück (1772-1848) publizierte, als er 1796 von Hamburg, wo er auch mit Klopstock zusammengetroffen war, nach Magdeburg zurückkehrte, in Leipzig seine Schrift „Über die Humanität".

[23] Sturm wirkte in Magdeburg in den Jahren 1769 bis 1778 und ist als Kirchenlieddichter nicht unbekannt. Wie alle Magdeburger Pastoren, die nach Hamburg berufen wurden, war auch Sturm ein gewaltiger Kanzelredner. In der theologischen Literatur gilt er als einer der ersten Naturprediger (Vgl. Allgemeine deutsche Biographie), der sich vom eigentlichen religiösen Gehalt immer mehr entfernt hätte. Sturm gehört zu den evangelischen Theologen in Magdeburg, die jene literarischen Fehden und weltanschaulichen Auseinandersetzungen vorbereiten, wie sie z.B. 1780 zwischen Fr.H. Jacobi, G.E. Lessing und J.W.L. Gleim in Wolfenbüttel und Halberstadt stattfinden. Als er Ende der 70er Jahre nach Hamburg ging, war er „einer jener Geistlichen in Wort und Tat, die den Erwartungen der Aufklärer in Hamburg entsprachen". Vgl.Kopitzsch, Franklin, Geistige Kontakte zwischen Hamburg und Magdeburg von der Reformation bis zur „Magdeburgischen Gesellschaft von 1990". In: Magdeburger Gesprächsreihe, Heft 7, Hrsg. von der Magdeburgischen Gesellschaft von 1990 zur Förderung der Künste, Wissenschaften und Gewerbe, Magdeburg 1994., S. 13.)

[24] „Die „Ressource" wurde am 1. Mai 1782 vom König bestätigt.

[25] Die „Harmonie" war eine Gesellschaft von Kaufleuten und Honoratioren weltlichen Standes, die sich in den 80er Jahren gründete, wobei höheres Militär keinen Zutritt haben sollte.

[26] Vgl. Kopitzsch, (wie Anm. 23)

[27] Vgl. Mendelssohn, Moses, (wie Anm. 5)

[28] Rötgers Anspielung im Buchtitel bezieht sich auf Gottfried Arnold (1666-1714) und dessen Hauptwerk „Unpartheiische Kirchen- und Ketzer-Historie", 1699/1700, das Lebensschicksale religiöser Sektierer und deren Weltbilder aus dem Dunkel der Kirchengeschichte hob und die Auseinandersetzung darüber in Gang brachte, ob nicht vielmehr das „wahre Christentum" in den Lehren der Separatisten gesucht werden müßte. In einer Anmerkung zu der Schrift über Basedow's Begräbnis (1790) schränkt Rötger ein, daß Arnold zu viel des Guten getan hätte, indem er alle Ketzer zu Heiligen machen wollte. Auch Karl Friedrich Bahrdt (1741 bis 1791) hatte ein „Kirchen- und Ketzer-Almanach auf das Jahr 1781" veröffentlicht.

[29] Weder dieses noch jenes trifft zu, meint Rötger, vielmehr „er (Basedow - d.A.) glaubte an Einen Gott, Einen Schöpfer und Erhalter aller Dinge,...Jesum hielt er für den Sohn Gottes, wie es kein anderer in dem Sinne des Wortes, Gottes Sohn, seyn kann;...", Rötger: Über Basedow's Begräbniß. S. 14f.

[30] In der polemischen Auseinandersetzung wurde der Rationalist auch als Sozinianer bezeichnet, eigtl. bezogen auf die unitarischen Lehren des Fausto Sozzini (1539-1604).

[31] Hier: das Aufdrängen individueller Meinungen und Einsichten über das Wesen der Gottheit und von Spekulationen zu Aussagen des Alten Testaments.

[32] Der Aufsatz aus dem Jahr 1789 „Gedanken eines Laien über die Dauer der göttlichen Strafen nach dem Tode" ist unmittelbar ein Ergebnis der Gespräche zwischen Basedow und Rötger. (vgl. Rötger IV., S. 60).

[33] Durch die Anonymität der Sachkritik sind die Kontrahenten - die, denen er sich freimütig öffnet, und jene, von denen er sich zurückzieht - heute nicht mehr oder nur mit Mühe auszumachen.

[34] Rötger besuchte gemeinsam mit Schummel und einem weiteren Mitglied der „Kosmopoliten-Gilde" im Mai 1776 das von Basedow am Dessauer Philanthropin veranstaltete Parade- und Werbeexamen, eine „pompöse Werbeveranstaltung" (Haufe, E., S. 240) und veröffentlichte noch im selben Jahr seine „Briefe eines ganz unpartheyischen Kosmopoliten über das Dessauische Philanthropin". Leipzig 1776.

[35] Herder traf nach seiner Seereise Ende Februar/Anfang März 1770 in Hamburg mit Basedow zusammen und später z.B. auch in Halberstadt im Hause Gleim. Schon ein Jahr zuvor hatte Herder in einem Aufsatz gegen das Übergewicht der lateinischen Sprache in der Schule Stellung bezogen; wie Basedow waren auch Herder und Rötger der Überzeugung, daß der Unterricht mehr Lebensnähe gewinnen müßte, die

Schüler sollten „lebendige Begriffe" erhalten, war eines der Stichworte. Dissens gab es meist zu dem, was Basedow über seine Grundsätze religiöser Bildung und Erziehung veröffentlichte und praktizierte.

[36] Die Kosmopoliten betrachteten sich und alle Völker wie Mitglieder einer großen Familie. Demnach sei das Universum der Staat, in dem vernüftige Wesen Bürger sind und der als naturgesetzlicher Organismus alle Voraussetzungen bietet zur vollen Entfaltung ihrer Kräfte und zur Glückseligkeit. Übersteigerter Nationalismus ist dem Kosmopoliten fremd.

[37] Rötger hatte einige seiner Jugenddichtungen handschriftlich in dem Band „Wege zum Parnaß" gesammelt, der im Nachlaß enthalten blieb.

[38] Rötger schreibt allerdings in der „Geschichte und Apologie...", d.h. Anfang der 90er Jahre: „Diesen Mann, den ich zwar noch nie gesehen, von dessen Schriften ich aber schon einige gelesen hatte,... lernte ich persönlich kennen." (Vgl. Rötger, V, S. 59)

[39] Seit 1785 verbringt Basedow jeweils mehrere Monate in Magdeburg, doziert mehr oder weniger unentgeltlich täglich einige Stunden in einer Elementarschule. Der Erfolg des Unterrichts hob nicht nur das Ansehen der Schule, sondern wirkte beispielgebend auf andere Einrichtungen und festigte seinen Entschluß, nach hierher überzusiedeln. Er hatte gerade am Jacobsförder eine Wohnung genommen, da setzte der Tod Tage später seinem Lebenswerk ein Ende.

[40] Magdeburgische gemeinnützige Blätter, Zwanzigstes Stück. Den 13. November 1790 - Zwey und dreissigstes Stück. Den 12. Februar 1791.
Heinrich Rathmann studierte wie Rötger Ende der 60er Jahre in Halle Theologie, kam 1777 von Neuhaldensleben nach Magdeburg und wechselte 1793 in das Predigeramt der Gemeinden Pechau und Calenberge. Er war Mitglied der „Mittwochsgesellschaft" und stand daher Rötger und selbstverständlich Basedow über viele Jahre persönlich nahe. Seine „Geschichte der Stadt Magdeburg" ist, verglichen mit seinem ursprünglichen Plan, Fragment.

[41] Vgl. Meier, Johann Christian: Johann Bernhard Basedows Leben Charakter und Schriften unparteiisch dargestellt und beurtheilt. Hamburg 1791

[42] Auch Swedenborgs Gedankengebäude findet trotz unvereinbarer Gegensätze Rötgers Interesse.

[43] Auch im Zusammenhang mit der demographischen Transition - der sprunghaften Bevölkerungsentwicklung - in der Phase der industriellen Umwälzung um 1780 sind aufgrund von strukturellen Problemen krisenhafte Erscheinungen zu registrieren.

[44] Bormann/Hertel sind für die ersten 12 Jahre der Tätigkeit Rötgers als Lehrer und Propst ebenso auf spätere, gelegentliche Hinweise angewiesen, da nur spärliche Nachrichten aus den Jahren zwischen 1771 und 1783 gefunden wurden. Gerade in diesen Jahren scheint Rötger jedoch entscheidende Weichen für das Pädagogium gestellt zu haben, offensichtlich unter sehr widrigen persönlichen Umständen. (Vgl. Bormann, A./Hertel, G.: Geschichte des Klosters Unser Lieben Frauen. Magdeburg 1885, S. 302)

[45] Von einem bislang verschollenen Drama „Jakobs Ankunft in Ägypten" ist bekannt, daß Johann Heinrich Rolle die Musik dazu komponierte.

[46] Trotz intensiver Bemühungen ist bis heute der Nachweis ihrer Veröffentlichung nicht gelungen. So muß angenommen werden, daß die im Nachlaß aufgefundene, fein säuberlich für den Druck vorbereitete, gebundene Abschrift von der Hand des Autors das einzige erhaltene Exemplar ist. Die Aufsätze wurden von Frau Brigitta Gottschalk 1994 transkribiert, das Maschinenmanuskript dieser Transkription liegt im Archiv des Klosters Unser Lieben Frauen.

[47] Rötger,V, S. 57. Hier ist zum ersten Mal davon zu lesen, daß einige Jahre, vorzüglich die seiner ersten Ehe, unter der Krankheit seiner „ersten schätzbaren und tugendhaften Gattin" gelitten haben.
Rötger heiratete am 13. September 1781 die zweite Tochter des Halberstädter Landsyndikus Klöker, Henriette. Von einem ersten „zehnjährigen Ehestand" gibt es bislang überhaupt keine Anhaltspunkte. In Rötgers kurzer Lebensbeschreibung gewinnt der Leser den Eindruck, daß in den 70er Jahren Leid und Mittellosigkeit seine hauptsächlichen Weggefährten gewesen sein müssen. Andererseits widmet er seinem alten Freund Schummel zum 66. Geburtstag einige Verse, die davon nichts beinhalten, im Gegenteil: „...Freund meiner schönsten Zeit, wie war es heiter/ als mir mein gutes Glück Dich zum Begleiter/ Beim ersten Schritt zur Arbeit gab. ..."
An anderer Stelle meint „Lichtfreund", daß er trotz des öfteren Mangels an „äußern Glücks" empfänglich bleibt für die „innere Glückseligkeit" (vgl. Rötger, III, S. 52)

[48] Kern der Debatte waren die philosophischen Konsequenzen der Aufklärung und immer auch die Bestätigung der Freiheit des wissenschaftlichen Disputs und der Freiheit des Glaubens. Leider gibt es meines Wissens bislang keine Untersuchungen darüber, welches Echo diese Debatte in Magdeburg hatte.

[49] Vgl. Johann Samuel Patzke, weyl. Pastor(s) an der heil. Geistkirche in Magdeburg, hinterlassene Predigten über evangelische und epistolische Texte. Berlin und Libau, 1789. Rec. in: Allgemeine deutsche Bibliothek. Des zwey und neunzigsten Bandes erstes Stück. Berlin und Stettin, 1790, S. 47-49

[50] Vgl. Hagenbach, K.R., S. 362ff. Rötger erhielt anläßlich seiner 25jährigen Amtverwaltung im Januar 1805

vom König die Erlaubnis, das Prälatenkreuz wieder anzulegen, was seine unmittelbaren Vorgänger nicht konnten. Es ist denkbar, daß damit auch Rötgers Bemühungen um einen Ausgleich unter den evangelischen Christen bedacht wurden.

[51] Gemeint ist Rötgers Aufsatz „Lichtfreunds Selbstbetrachtungen und Geständnisse", einschließlich der „Nachschrift" und einer „Nothgedrungenen Erklärung des Verfassers", ein Buch, „durch welches doch auch einige religiöse Aufklärung befördert werden soll" (ebenda, S. 6.).

[52] In dem Buch über den Kampf des Glaubens und der Vernunft gibt der Verfasser den vier Gesprächspartnern „charakteristische Namen" - Ernst, Freymuth, Weise und Lichtfreund, „Ideale, zu denen, die Originale leicht aufzufinden sind". Weise rät in diesem Sendschreiben Lichtfreund von der Publikation seiner Ideen ab, andernfalls könnte es um Lichtfreunds „Gemüthsruhe" geschehen sein. Die Figur des briefeschreibenden „Lichtfreunds" taucht auch schon in den „Hyperboreischen Briefen" (1788/89) von W. L. Wekhrlin (1739-1792) auf.

[53] Nachhaltig geprägt hatten ihn die „Grundlegung der Theologie" (zuerst 1703) und die in mehreren Gesangbüchern zusammengefaßten Lieder des Pietisten Johann Anastasius Freylinghausen (zu denen F. sowohl die Texte als oft auch die Melodien verfaßte). Auch dessen Sohn, Gottlieb Anastasius Freylinghausen (1719 bis 1780) lehrte seit 1753 an der halleschen Universität. Dieser wiederum war der Großvater von August Hermann Niemeyer, einem der engsten Vertrauten und Freunde Rötgers.

[54] Im elften Gespräch des Buches über den Kampf des Glaubens und der Vernunft führt Rötger in einer Kette von Begründungen den Nachweis, daß der Pietismus in seinen Anfängen sehr wohl Nutzen ausgebreitet habe, indem er das Christentum zur „ursprünglichen Würde" zurückführte, später aber Gefühle und Empfindungen übertreibt, auf Äußerlichkeiten setzt, Überheblichkeit und Intoleranz, Gleichgültigkeit und Verachtung hervorbringt und eine falsche Schrifterklärung einführt. Außerdem: als Lichtfreunde wurde später eine religiöse Richtung bezeichnet, die sich gegen den in der evangelischen Kirche herrschenden Pietismus wendete; Anfang der 40er Jahre des 19. Jh. bildeten diese Freie Gemeinden, 1859 gründeten sie mit den Deutschkatholiken den Bund freier religiöser Gemeinden.

[55] Vgl. Rötger, III, S. 92ff. Die Frage formuliert ein allgemeines wissenschaftliches und ethisches Interesse der Aufklärung (Vgl. Moses Mendelssohn: Morgenstunden oder Vorlesungen über das Dasein Gottes. Erster Theil, Berlin 1785, S. 117). Die Tendenz der Fragestellung und des Gesprächs inhäriert die Absage an ausschließlich metaphysische Lösungsangebote zum Verhältnis von Körper und Seele, Geist und Materie, wie sie noch Malebranche, Leibniz und Wolff formulierten, denn die Erfahrung lehrt ganz unzweifelhaft, daß „die Seele ganz vom Körper abhänge" (Rötger). Damit ist sofort die Frage nach der Unsterblichkeit der Seele aufgeworfen, der in diesem Text jedoch nicht nachgegangen wird.

[56] Trinitarier - eigtl. Ordo Sanctissimae Trinitatis redemptionis caprivorum = Orden der heiligsten Dreifaltigkeit zum Loskauf von Gefangenen; Rötger meint hier, daß er die Dreifaltigkeit (Gottes als Vater, Sohn und Hl. Geist) unumwunden anerkannte.

[57] Beide waren sich wohl darin einig, ihre Gespräche über Theologie, Pädagogik und Philosophie zu intensivieren, wenn Basedow erst Wohnort in Magdeburg genommen hatte. (Vgl.auch: Rötger, G.S., 1790., Vorwort, S. 4)

[58] Bahrdt hatte offensichtlich mit mehreren Autoren in einem Lustspiel das Religionsedikt angegriffen und das Gesetz als die Arbeit eines betrunkenen Pfarrers bezeichnet. Wegen Majestätsschändung erhielt er daraufhin zwei Jahre Festungshaft. Bahrdts Theologie wurde von Rötger im übrigen abgelehnt, er mache aus Jesus „einen Charlatan, einen Gaukler" (Rötger, IV, S. 36)

[59] Rötger verwendet den Begriff im Sinne Luthers: „Vernunft wider den Glauben fichtt". Gemeint sind hier die kirchlichen Lehrsätze: die Lehre von der Erbsünde, die Dreieinigkeitslehre u.a.m.

[60] Vgl. Rötger, III, S. 13

Harald Schultze macht darauf aufmerksam, daß das Problem der ethischen Bewährung des Häretikers eines der wichtigsten Themen der Toleranzdebatte ist. (Vgl. Schultze, Harald, wie Anm. 16)

Rötger macht dies hier ebenfalls unmißverständlich klar. Dasselbe gelte nämlich für alle diejenigen nicht minder, die „alle Systemlehren mit Hand und Mund" verfechten und bekennen. Niemand hätte Anspruch auf eine höhere Würde.

[61] Eine in der zweiten Hälfte des 18. Jh. stark zunehmende Strömung der Aufklärungstheologie, deren Vertreter die Dogmen der Kirche unter moralischen Aspekten kritisierten, sie lehnten verschiedene Offenbarungswahrheiten, jedoch den Offenbarungsglauben nicht vollkommen ab.

[62] Im Zusammenhang damit diskutiert das Braunschweigische Journal anschließend die Frage, welche Wirkung vom Edikt für die Aufklärung zu erwarten sei.

[63] Vgl.dazu: Biegel, Gerd: Die neue Zeit, Die französische Revolution aus der Sicht ihres ersten Berichterstatters Joachim Heinrich Campe aus Braunschweig. In: 6. Februar 1794, Rückkehr von Herzog Carl Wil-

helm Ferdinand aus Frankreich und die Geschichte von Braunschweigs Stiftung. Veröffentlichungen des Braunschweigischen Landesmuseums 74, hg. von Gerd Biegel, Braunschweig 1994, S. 51-64

[64] Rötger, IV, S. 27

[65] Für diesen Fall steht ihm das Beispiel der Anna Maria van Schurmann (1607-1678) vor Augen. Die holländische Dichterin und außerordentlich gelehrte Theologin hatte diesen Weg angetreten; „des Herumirrens und der Kopfstöße müde", überdrüssig der Auseinandersetzungen unter den Reformierten in den Niederlanden, schloß sich die „Schurmannin" in den 60er Jahren den Separatisten um den calvinistischen Prediger Jean de Labadie (1610-1673) - Labadisten - an, so entging sie, wie Rötger meint, dem „trostlosen Spinozismus" und „allen Cartesianischen Wirbeln".

[66] Braunschweigisches Journal, Eilftes Stück, November 1789, S.376. In der Mitteilung wird der Name mit Petit Pierre angegeben.

[67] Rötger nennt vier unantastbare Wahrheiten:
„1) Es ist ein Gott; ein Schöpfer aller Dinge.
2) Es ist nicht nur eine allgemeine; sondern auch eine besondere göttliche Vorsehung.
3) Es ist ein Leben nach dem Tode. Und in diesem Leben jenseits des Grabes hat
4) der Mensch die Folgen seiner jetzigen Handlungen d.i. entweder Belohnung oder Bestrafung von dem gerechten Richter zu erwarten." (Rötger, II, S. 8)

[68] Nach Descartes ist die Seele aktiv in ihren Willenszuständen, im „intuitiven" Selbstbewußtsein, aber leidend in körperlich affizierten Vorstellungen und Empfindungen. Das bedeutet einen beständigen „Kampf" zwischen den Leidenschaften des Körpers und dem Verstand/der Vernunft.

LITERATUR

Berghauer, J.C.F: Magdeburg und die umliegende Gegend. Zweyter Theil, Magdeburg 1801

Braunschweigisches Journal (Abk.: BSJ), philosophischen philologischen und pädagogischen Inhalts, hrsg.v. E.Ch.Trapp, Joh. Stuve u.a., Erster Band, Braunschweig 1789

Dennhardt: Rede am Grabe des Dr. Gotthilf Sebastian Rötger. In: Jahrbuch des Klosters U.L.Fr., Magdeburg 1831, Beilage A

Förster, Uwe: Unterricht und Erziehung an den Magdeburger Pädagogien zwischen 1775 und 1824. Diss., Magdeburg 1993

Goethe, Johann Wolfgang v.: Wilhelm Meisters Lehrjahre. Erster Theil, Zweites Buch. In: Werke in sechs Haupt- und vier Ergänzungsbänden, hrsg.v. Theodor Friedrich, Fünfter Band, o.J.

Hagenbach, K.R.: Die Kirche des achtzehnten und neunzehnten Jahrhunderts in ihrer geschichtlichen Entwicklung. Zweiter Theil, Leipzig 1872

Haufe, Eberhard: Nachwort zu: Johann Gottlieb Schummel, Spitzbart - eine komi-tragische Geschichte für unser pädagogisches Jahrhundert. Leipzig und Weimar 1983

Hentzen, Alfred: Magdeburger Barockarchitektur. Bildung und Verfall eines Bürgerhaustyps. Dessau 1927

Herder, Johann Gottfried: Gott. Einige Gespräche. In: Sämmtliche Werke Suphan, Sechzehnter Band, Berlin 1887

Herder, Johann Gottfried: Ideen zur Geschichte der Menschheit. In: Sämmtliche Werke, Zur Philosophie und Geschichte, Vierter Theil, Stuttgart und Tübingen 1827

Hoffmann, L.A.: Hg., Wiener Zeitschrift, Sechster Band, Wien 1793, zit. nach: Die französische Revolution im Spiegel der deutschen Literatur. Leipzig 1975,

Hoffmann, Friedrich Wilhelm: Geschichte der Stadt Magdeburg. Dritter Band, Magdeburg 1850

Jacobs, Ed.: Heinrich Rathmann, Verfasser der Geschichte der Stadt Magdeburg. In: Geschichtsblätter für Stadt und Land Magdeburg, 23. Jg., Magdeburg 1888

Jahrbuch des Klosters Unser Lieben Frauen (JB), Magdeburg 1831

Kawerau, W.: Culturbilder aus dem Zeitalter der Aufklärung, Aus Magdeburgs Vergangenheit. Halle 1886

Kersten, Fritz: Die Festung Magdeburg. Teil I. In: Zeitschrift für Heereskunde, XLV. Jg., Nr.294, 1981

Lahne, Werner: Magdeburgs Zerstörung in der zeitgenössischen Publizistik. Magdeburg 1931

Magdeburgische gemeinnützige Blätter, Neun und dreissigstes Stück, den 2. April 1791, Magdeburg 1791. Acht und dreissigstes Stück. Den 26. Merz 1791, Magdeburg 1791

Mengert, Willibald: Magdeburg in der deutschen Geschichte. In: Magdeburger Kultur- und Wirtschaftsleben, Nr.2, o.J.

Niebelschütz, Ernst von: Deutsche Lande - Deutsche Kunst. hrsg. v. Burkhard Meier, Berlin o.J.

Petri: Aus der Geschichte der Schule. In: Das Kloster Unser Lieben Frauen zu Magdeburg in Vergangenheit und Gegenwart, Festschrift zur Feier des 900jährigen Bestehens, Magdeburg 1920

Rosenkranz, Karl: Von Magdeburg bis Königsberg. Berlin 1873

Rötger, Gotthilf Sebastian: Gedanken eines Laien über die Dauer der göttlichen Strafen nach dem Tode. 1789.[I]

Rötger, Gotthilf Sebastian: (o.N.) Ueber Basedow's Begräbniß. Ein Abendgespräch zweyer Freunde allenfalls ein Pendant zur Kirchen- und Ketzergeschichte des Achtzehnten Jahrhunderts. Magdeburg 1790

Rötger, Gotthilf Sebastian: Versuch einer kurz erzählten Magdeburgischen Reformazions-Geschichte. 1792

Rötger, Gotthilf Sebastian: Vorbericht (zu „Der ehrliche Wahrheitsforscher...") [II]

Rötger, Gotthilf Sebastian: Der ehrliche Wahrheitsforscher oder Kampf des Glaubens und der Vernunft. Geschrieben in den Jahren 1790, 1791, 1792, 1793. [III]

Rötger, Gotthilf Sebastian: Lichtfreunds Selbstbetrachtungen und Geständnisse aus welcher zwar der innere Kampf seiner Seele der Streit des autorisirten Kirchenglaubens mit seiner aufwachenden Vernunft sichtbar wird; Woraus ihm aber von Uebelgesinnten nimmermehr eine Apostasie erwiesen werden kann. [IV]

Rötger, Gotthilf Sebastian: Geschichte und Apologie der Schriftstellerey des Verfassers dieser Schrift. [V]

Rötger, Gotthilf Sebastian: Zugabe. Weises Sendschreiben an Lichtfreund.[VI]

Rötger, Gotthilf Sebastian: Rede des Jubelgreises am vierten Mai Vormittags vor den sämmtlichen Lehrern und Schülern im Speisesaale des Klosters gehalten. In: Jahrbuch des Klosters U.L.Fr., 1821

Rötger, Gotthilf Sebastian: Rückblicke in's Leben, veranlaßt durch das Jubelfest des Herrn Kanzlers Niemeyer. Magdeburg 1827

Schlingersiepen-Pogge, Alexandra: Das Sozialethos der lutherischen Aufklärungstheologie am Vorabend der Industriellen Revolution. Göttingen, Berlin-W., Frankfurt/M., 1967

Johann Gottlieb Schummel, um 1778

Uwe Förster

Lernen wie im Spiel

„Ist irgend ein Stand recht eigentlich dazu gemacht, Karikaturen von menschlichen Charakteren zu zeugen, so ist es gewiß der Schulstand. Nur die wenigsten Schulleute haben Gelegenheit, sich, ich will nicht einmal sagen, in der ersten, sondern nur in der gesitteten Welt zu bilden. ... Sie sind von keinen kritischen Beobachtern und Beobachterinnen ihrer kleinen Torheiten und Leidenschaften umgeben, sondern nur von Kindern und Jünglingen, vor denen sie tun zu können glauben, was ihnen beliebt. ... Daher z.E. gewöhnen sich so viele Schulleute zu den seltsamsten und lächerlichsten Verzerrungen des Gesichts, zu sonderlichen und wunderlichen Attitüden des Körpers und noch öfter zu so abscheulichen Mißtönen der Stimme und der Aussprache, für die noch gar kein Name erfunden ist." (Schummel 1983, 148)

Diese aufmerksame Beobachtung, die zu weiterführenden mentalitätsgeschichtlichen Studien anregt, entstammt der Feder Johann Gottlieb Schummels (1748-1813). In Seitendorf, einem kleinen schlesischen Gebirgsdorf, geboren, besuchte er das Hirschberger Gymnasium und bezog 1767 die Universität Halle, um Theologie zu studieren. Nach einer Anstellung als Hauslehrer in Aken trat er Ostern 1771 als Lehrer seinen Dienst im Pädagogium des Klosters Unser Lieben Frauen in Magdeburg an. Ausschlaggebendes Moment hierfür war seine spätere Frau, Katharina Krause, die er durch Bekanntschaft mit ihrem Bruder kennenlernte (Etzin 1915, 10f.). Welche Bedeutung diese Beziehung für Schummels weiteres Schicksal erlangen sollte, wird später zu zeigen sein.

In der Erziehungsgeschichte fand Schummel durchaus Beachtung. Maßgebend war zunächst seine Darstellung des Examens am Dessauer Philanthropin 1776 (vgl. Raumer 1843, 260ff.; Pinloche 1896; Tenorth 1988, 86; Foucault 1992, 42f.). Weiterhin zu nennen sind Leinung (1883), Haufe (1983), Scheuerl (1985, 85 u. 89), Tenorth (1988, 74) und Reble (1989, 162), die seinen Roman „Spitzbart" thematisieren, der 1989 durch das Fernsehen der DDR verfilmt wurde (Regie: Wolfgang Hübner). Im Zusammenhang mit Gutachten im Auftrag des Oberschulkollegiums führen ihn Schwartz (1910, 83ff.) und Heinemann (1974, 281) an. Kawerau (1886) widmete ihm einen umfangreicheren Beitrag, der zwar viele wertvolle Hinweise bietet, im Urteil jedoch tendenziös bleibt. Differenziertere Arbeiten liegen von Etzin (1915) und Weigand (1925) vor.

Über die acht Jahre, die Schummel in Magdeburg verbrachte, ist nur wenig Nachricht zu erhalten. Eine geschlossene Darstellung fehlt. Deshalb muß aus den verstreuten Hinweisen ein möglichst zutreffendes Bild entworfen werden.

Die neue Anstellung befreite den Hauslehrer von seiner zunehmend ungeliebten Beschäftigung, weil das Verhältnis zur Familie des Oberamtmanns Benneke von Spannungen geprägt war, die ihn nach Auswegen suchen ließen. Ein sehr unsicherer bot sich zunächst in der Schriftstellerei. Schummel schrieb den vierten Band zu einem Roman von Christian Opitz „Die Gleichheit des menschlichen Herzens bey der Ungleichheit ihrer äußerlichen Umstände in der Geschichte des Herrn Redlichs und seiner Bedienten" (Wittenberg, Frankfurt und Leipzig 1771), wohl eine Auftragsarbeit des Verlegers. Zwischen 1770 und 1773 erschienen im Anschluß daran drei Bände „Empfindsame Reisen", die ihn als Nachahmer von Lawrence Sterne ausweisen und damit einen deutlichen Hinweis auf den wirtschaftlichen Hintergrund des Unternehmens liefern. Die Bekanntheit des Originals sollte dem Erfolg auf die Sprünge helfen. Zumindest literarisch gelang dies nicht, denn Goethe lieferte eine vernichtende Kritik in der ersten Ausgabe der „Frankfurter Gelehrten Anzeigen" 1772/73 (ebd., 13f.). Doch erfuhr er auch Anerkennung, z.B. durch Karl Philipp Moritz, den Autor des „Anton Reiser" (Kärgling 1993, 8). Bei aller Unvollkommenheit der literarischen Form weisen die genannten Werke Schummel doch als gewandten und belesenen Schreiber aus. Er war somit kein Unbekannter mehr, als er nach Magdeburg kam. Der dritte Teil seiner „Reisen" wurde in Magdeburg vollendet (25. April 1772, vgl. Haufe 1983, 236). Hier verhalfen ihm seine literarischen Neigungen und die offene, lebhafte Ausstrahlung seiner Person rasch zu breiter Anerkennung.

Die Schule, an der Schummel seine pädagogische Arbeit aufnahm, war zu Beginn des 18. Jahrhunderts durch den Propst Philip Müller eingerichtet worden. Für mehrere Jahrzehnte stand sie danach unter dem Einfluß des Pietismus, der auch für eine Modernisierung der Lehrprogramme und Erziehungsmethoden sorgte. Doch konnte das Pädagogium lange nicht den Ruf des vor den Toren Magdeburs gelegenen Pädagogiums von Kloster Berge erreichen.

Das Pädagogium im Kloster Unser Lieben Frauen erlebte nach 1770 auf seiten der Lehrer einen nahezu kompletten Wechsel des Personals. Dadurch wandelte sich auch das geistige Klima. Einen ersten Hinweis darauf geben die Programme der Redeübungen zwischen 1771 und 1775. Nach 1775 und bis 1795/96 sind diesbezügliche Dokumente nicht vorhanden, da keine öffentlichen Redeübungen abgehalten wurden. Rötger selbst näherte sich ihnen nur unter großen Vorbehalten an. Hintergrund für diese Veränderung bildete allem Anschein nach das Paradeexamen am Dessauer Philanthropin im Mai 1776, dem Schummel und Rötger beiwohnten. Besagte Redeübungen waren mit der Prüfung der Schüler verbunden, die aber, da häufig das Schauelement dominierte, an Ansehen und Wert in den Augen der Lehrerschaft verloren.

Über das Dessauer Examen legten Schummel wie Rötger ihre Ansichten und Eindrücke in literarischer Form nieder, Rötger als „Briefe eines ganz unpartheyischen Kosmopoliten über das Dessauische Philanthropin" (Leipzig 1776), Schummel in „Fritzens Reise nach Dessau" (Leipzig 1776). Während Rötgers Arbeit von der Erziehungsgeschichtsschreibung weitgehend unbeachtet blieb, fand die „Reise nach Dessau" Eingang in zahlreiche Veröffentlichungen. Ursache ist die lebendige und detaillierte Schilderung des Examens durch Schummel, die - in Briefform gestaltet - darüber hinaus dem Zeitgeschmack entsprach: „Sey lustig, springe, tanze: ich will Dir was von den kleinen Philanthropisten erzehlen! Ich habe sie heut zu Mittage alle mit einander speisen sehen: es sind Dir ganz allerliebste Kinder! ... Sie haben alle mit einander abgeschnittene Haare, und es braucht kein einziger einen Peruquenmacher. Die Kleinen gehn ohne Halsbinde, mit ofnem Halse, und das Hemde ist über ihr Kleidchen zurückgeschlagen: es sieht Dir ganz niedlich aus!" (Schummel 1891, 26) Ausführlich beschrieben werden ebenfalls die Spiele, z.B. das „Commandirspiel" und das „Versteckspiel" (ebd., 36ff., auch 45f.). Doch zurück nach Magdeburg.

Das Programm der ersten Redeübung des Jahres 1771, herausgegeben von Rektor J.B.G. Schiele, weist noch den Charakter der vorangegangenen auf, was aus den Themen der Vorträge hervorgeht, z.B. von der wahren Höflichkeit; Beschreibung eines Ungewitters; der Sieg eines sterbenden Christen über die Schrecken des Todes; von der Thorheit, über den Tod zu scherzen; der Sieg des Scipio über den Hannibal in der Schlacht bei Zama, vom wahren Heldenmut eines Christen. Daß Schummel Einfluß darauf genommen hat, ist eher unwahrscheinlich. Doch erschien noch im Oktober desselben Jahres ein weiteres Programm, diesmal von Rektor J.C. Könnecke, das sich spürbar von ersterem unterscheidet. An erster Stelle steht eine Erzählung aus Yoricks Leben (L. Sterne). Schummel war in seinen „Empfindsamen Reisen" dessen Vorbild gefolgt. Weitere Beiträge waren u.a.: vom Romanlesen; die Tapferkeit; über die Schaubühne (Bezug auf Lessing?); ein Schäfergespräch; daß es leicht sei, aus fremdem Unglück die Gefahren kennen zu lernen, die man vermeiden muß; über den Wert einiger deutscher Dichter; eine Ode auf Luther (Text von Rötger). Bestimmend ist nicht mehr das Schicksalhafte, an christliches Märtyrertum und stoischen Heroismus erinnernde Welt- und Menschenbild. Momente der Empfindsamkeit sind unverkennbar. Die Anteilnahme und Identifikation der Zuschauer wird bewußt angestrebt. Das zeigt ebenfalls das Programm von 1772, herausgegeben von C.G. Hergt. Darin verteidigen ein künftiger Gelehrter, ein Offizier und ein Kaufmann ihre Lebensart. Schummel taucht namentlich nur im Programm von 1775 als Autor des Schuldramas „Der Würzkrämer" auf. Doch kam bereits 1773 sein moralisches Drama (Komödie) „Die Probe der kindlichen Liebe" zur Aufführung, das später (1776) im ersten Teil der „Kinderspiele und Gespräche" erschien.

„Der Advokat Patelin", ein weiteres Stück zur Redeübung von 1775 weist in den Personen auf Magdeburg (Advokat Patelin, Kaufmann Guillaume, Richter Bartolin, Schäfer Agnelet, ein Sekretär). Außerdem gelangten ein „kleines Drama" unter dem Titel „Die Lehrer" und das Wörterspiel vor die Augen der Zuschauer. Am Wörterspiel hatte Schummel vermutlich, an den „Lehrern" mit Sicherheit Anteil, denn er ist der Autor des Dramas. Gedruckt erschien es 1777 im zweiten Teil der „Kinderspiele und Gespräche". Die Ausstrahlung auf die Schüler dürfte nicht gering gewesen sein. Deutsche Literatur erfuhr auf diesem Wege breite Beachtung. Die Tatsache, daß Spiele Eingang in die Schule fanden, gibt einen Hinweis darauf, daß die didaktischen und methodischen Ideen der Philanthropen Einfluß ausübten. Somit wurde im Unterricht nach neuen Lehr- und Lernmethoden verfahren bzw. gesucht. Schummels Anteil daran ist dabei durchaus zu achten. Wenn er später davon spricht, in Magdeburg ‚'eigentlich zum Schulmann'" gebildet worden zu sein (Schummel [1805] in Weigand 1925, 13), ist es nur die halbe Wahrheit.

Schummels pädagogische Ideen fanden ihren Niederschlag in den bereits genannten „Kinderspielen und Gesprächen", deren drei Teile 1776/78 erschienen und mehrere Auflagen erlebten, so daß ihre Verbreitung in den Schulen als gesichert gelten kann. Ihr Inhalt entsprang der unmittelbaren unterrichtlichen Praxis. Sie stellen eine bemerkenswerte Sammlung methodischer Anregungen dar, die Beachtung verdient.

Schummel schreibt in der Vorrede zum zweiten Teil: „Auf unserer Schule müssen die Großen und Kleinen alle Woche eine deutsche Ausarbeitung bringen, einen Brief, ein Gespräch, oder was es sonst ist. Anstatt aber, daß ein jeder was für sich macht, arbeiten wir alle an einer Geschichte gemeinschaftlich und jeder kriegt oder nimmt sich was sich am besten für ihn schickt. Auf diese Weise haben wir schon eine ganze Menge Geschichten ausgearbeitet, wahre und erdichtete, lustige und traurige, von Kindern und Erwachsenen; allerhand durcheinander: Und sind dabey so vergnügt gewesen, daß nichts drüber geht." (Schummel 1777) Alle Spiele und Gespräche sind in Wechselrede oder als Briefe gestaltet. Manche unter ihnen nehmen mehr als einhundert Seiten in Anspruch, andere kaum fünf. Die Mehrzahl der Spiele dürfte den Lesern bekannt gewesen sein, denn sie entbehren ausgedehnter Erläuterungen. Hinzu kommen zahlreiche lehrhaft moralisierende Gespräche und einige kleine Dramen. Unter den Spielen sind zwei besonders hervorzuheben, an erster Stelle das „Geographische Spiel". Keins wird ausführlicher vorgestellt. Das deutet darauf hin, daß es sich um eine eigene Idee Schummels handelt: „Vor allen Dingen müßt ihr eine Geographische Charte haben, und die könnt ihr euch selber machen. Seht nur zu, wo ihr recht viel alte Spiel-Charten auftreibt, aber zwey bis drey hundert müßt ihr wenigstens haben! ... Nun nehmt ihr das erste, beste Geographische Buch zur Hand, und schreibt daraus auf eure alten Charten alle merkwürdige Namen der Länder, Städte, Flüsse, Gebirge durch alle vier Theile der Welt, auf jede Charte einen Namen. ... Erstlich müßt ihr auf die Charten, auf denen ganze Länder stehen, auch zugleich ihre Größe nach Quadratmeilen, die Anzahl ihrer Einwohner, und die Grade der Breite setzen." (Schummel 1776, Xf.)

Noch variantenreicher war das „Sprichwörterspiel": „'Sprichwörter, aller Welt bekannt, sind unseres Spieles Gegenstand. Bald bloß durch Mienen exprimirt und bald dramatisch aufgeführt. So sonnenklar, daß jedermann des Sprichworts Sinn erraten kann." (Schummel [1778] in Weigand 1925, 96f.) Schummels Leistung liegt darin, das Spiel didaktisch nutzbar gemacht und auf diesem Gebiet neue Varianten entwickelt zu haben. Unterhaltung wurde zum Zweck des Unterrichts erschlossen. Zu sehen ist das vor dem Hintergrund einer noch nicht vorhandenen bzw. im Entstehen begriffenen wissenschaftlichen Pädagogik. Neue Ideen, Erkenntnisse oder programmatische Entwürfe finden sich deshalb neben Systematisierungsversuchen (z.B. Trapp 1780). Deshalb stellt dieses Werk Schummels einen Beitrag zur Entwicklung der Unterrichtsmethodik speziell und der Didaktik allgemein dar.

Die Neigung Schummels zu darstellendem Spiel war nicht ohne Vorgeschichte. Während seiner Zeit auf dem Hirschberger Gymnasium hatte er sich der Vogtischen Theatertruppe angeschlossen und war mit ihr nach Landshut gezogen. Sein Gastspiel währte nur kurz. Der Vater brachte ihn zurück auf die ungeliebte Schule (Etzin 1915, 5f.).

In Schummels Magdeburger Zeit gehört ferner eine französische Übersetzung einiger Märchen aus Tausend und einer Nacht „Recueil des plus jolis contes tirés des Mille et une nuits à l'usage des écoles par Jean Théophile Schummel" (Leipzig 1780, - ist nach Weigand [1925, 97] aber bereits 1778 beendet worden). Ihr blieb offenbar die Anerkennung der „Kinderspiele und Gespräche" versagt. Gleichwohl fehlen Untersuchungen, die Aufschluß über die Verbreitung geben könnten. In den gleichen Kulturkreis wie die Märchen gehört „Schich Sadis Persisches Rosenthal nebst Locmanns Fabeln", das Schummel bereits 1775 herausgab. Den Inhalt bilden u.a. der Geist und die Sitten der Könige, die Ruhe und das Glück der Zufriedenheit, die Liebe und Jugend, das Alter, die Erziehung der Kinder, gute Sitten, Sprichwörter und Regeln für das gemeine Leben (Weigand 1925, 93f.). Motiv für die Veröffentlichung der beiden zuletzt aufgeführten Bücher war das Fehlen entsprechender Materialien für den Unterricht, insbesondere von moralischen Erzählungen für Kinder. Auch hier zeigt sich das Bemühen, die pädagogische Arbeit neu und anregend zu gestalten.

In diese Reihe gehört ebenfalls die „Uebersetzer-Bibliothek zum Gebrauche der Uebersetzer, Schulmänner und Liebhaber der alten Litteratur" (1774). Sie ist Propst Bake gewidmet. Schummel war der Ansicht, daß die Übersetzer griechischer und römischer Autoren aus dem 16. und 17. Jahrhundert in vielen Fällen den neueren überlegen seien. Er versuchte deshalb, die besten Übersetzungen für den Schulgebrauch zusammenzustellen, womit er einem Bedürfnis der Zeit entsprach. Durch J.G.K. Schlüter erfuhr sie 1784 eine Fortsetzung (dazu Weigand 1925, 101ff.).[1] Ein Risiko bedeutete diese Veröffentlichung jedoch im Hinblick auf das Urteil der „gelehrten Welt". Schummel war davon überzeugt, daß zur „Bildung der Jugend ... eine gute Übersetzung nützlicher als gründliche philosophische Erläuterungen" sei (ebd., 102). Der Vorwurf mangelnder Gründlichkeit, bestärkt durch seine Neigung zu Spiel und Romanschreiben, ist dann auch nie völlig verstummt. Symptomatisch hierfür ist das Urteil Kaweraus, der in ihm ein „verbummeltes Genie" sieht (Kawerau 1886, 144).

Die vorgestellten Arbeiten vermitteln einen kleinen Einblick in den schulischen Alltag des Pädagogiums. Es lassen sich jedoch noch weitere Details hinzufügen.

Ein Verdienst von Schummel und Rötger war es, die Anrede „Sie" eingeführt zu haben (Bormann/Hertel 1885, 295). Abgelöst wurden das „Er" und „Wir", die noch für Herr und Untergebenen standen. „Sie" als Anrede hingegen stellte alle, Lehrer und Schüler, auf eine Stufe, egalisierte sie im Sinne der bürgerlichen Gesellschaft. Diese unscheinbare Veränderung gibt somit einen wichtigen Hinweis auf die geistige Positionierung der Lehrerschaft im Pädagogium. Hingegen war das „Du" verboten, da „mit dem andern Bruderschaft machen, ihn Bruder oder du nennen" nur dann erlaubt ist, wenn „sie Brüder von Geburt oder mit einander aufgewachsene nahe Verwandte" sind (LHA Rep. A 4f, Sect. VIb, Nr. 21a, Bl. 39).

Weiterer Aufschluß über die Interna vermitteln die Konferenzprotokolle.

1776 wird für den Lateinunterricht in Prima festgelegt, daß „keine eigentl. so genannte Exercitia dictirt werden, sondern die Schüler zu eigenen Ausarbeitungen angehalten und angeführt werden sollen, wobei ihnen wahlweise die Materie von dem Docenten gegeben oder zur eigenen freien Auswahl überlaßen werden kan" (LHA Rep. A 4f, Sect. VIb, Nr. 12). Dies bedeutet einen höheren Grad der Freiheit im Lernen, zugleich aber eine erhöhte Belastung des einzelnen. Für die folgenden Jahre lassen sich noch eine Reihe gleichartiger Beispiele nennen (dazu Förster 1994, Kap. 5).

Schummels Magdeburger Zeit war neben dem Engagement in der Schule auch von gesellschaftlichen Aktivitäten geprägt. Zu erwähnen gilt es an erster Stelle die 1763 wieder gegründete literarische Gesellschaft, auch „Mittwochgesellschaft" genannnt. Nahezu jeder, der den gebildeten Kreisen der Stadt und näheren Umgebung angehörte, zählte zu ihren Mitgliedern (dazu ausführlich Montagsblätter 1877, Nr. 32ff.). Der Geschmack des Publikums war hingegen eher an lehrhaften, stark moralisierenden Werken interessiert. Die literarisch unterhaltende Form konnte sich nur zögernd durchsetzen. Insgesamt ist diese aufschlußreiche Periode in bezug auf Magdeburg leider zu wenig erforscht.

Im Zusammenhang mit dem literarischen Wirken Schummels in Magdeburg ist die Herausgabe des Stückes „Die Eroberung von Magdeburg" hervorzuheben (Schummel 1776; dazu Schaefer 1991, 22ff.).

JOHANN GOTTLIEB SCHUMMEL

Spitzbart

Eine komi-tragische Geschichte für unser pädagogisches Jahrhundert

BIBLIOTHEK DES 18. JAHRHUNDERTS

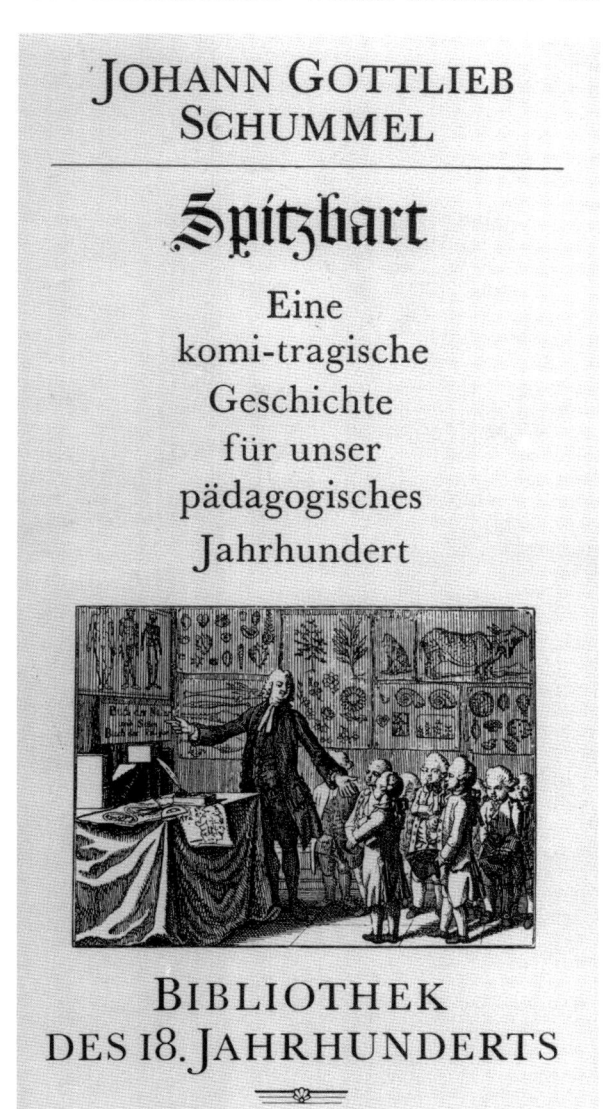

Neudruck der Ausgabe Leipzig 1779

Das wichtigste Buch aus der Feder Schummels erschien noch während seines Aufenthalts in Magdeburg. Es war der Roman „Spitzbart. Eine komi-tragische Geschichte für unser pädagogisches Jahrhundert" (1779).[2] Er ist eine gelungene Satire auf die überspannten Erwartungen im Zusammenhang mit den pädagogischen Reformvorhaben der Aufklärungszeit, insbesondere des Philanthropismus.

Obwohl der Roman in jüngster Zeit eine Neuauflage erlebte, sei an dieser Stelle der Inhalt kurz skizziert. Spitzbart ist zu Beginn Inspektor und Pastor im Städtchen Rübenhausen. Ohne über tiefergehenden pädagogischen Sachverstand oder erfolgreiche Praxis zu verfügen, verfaßt er ein Buch über das Ideal einer vollkommenen Schule, das Anerkennung findet. Heineccius, Stadtdirektor von Arlesheim, ist so fasziniert, daß er Spitzbart das Direktorat des Gymnasiums anbietet. In diesem Amt blamiert er sich jedoch nach bestem Vermögen. Daraufhin wird er seines Postens enthoben. Zu allem Kummer gesellen sich noch sein Sohn Israelchen, der als Muster falscher Erziehung dargestellt wird, sowie die Tochter, die von einem zwielichtigen russischen Grafen entführt wird. Schließlich erkrankt Spitzbart an einem Gallenfieber und stirbt.

Als Personalsatire auf Basedow, Bahrdt oder den Abt von Kloster Berge, Friedrich Gabriel Resewitz, wie immer wieder vermutet, war das Buch mit Sicherheit nicht geschrieben (dazu Etzin 1915, 91ff., bzw. die Vorbemerkungen Schummels im Roman). Da Schummel selbst Anhänger der Philanthropen war, kann im „Spitzbart" vielmehr die kritisch-produktive Auseinandersetzung mit unerfüllten und überzogenen Wünschen und Erwartungen gesehen werden. In gewisser Weise kennzeichnet er auch einen Wendepunkt in der philanthropischen Bewegung: „Goethe und Kant sagen sich von Basedow gänzlich los. Aus Kreisen praktischer Schulmänner ergehen die heftigsten Angriffe namentlich gegen die Methode des Lateinlernens und der Behandlung der Klassiker." (Etzin 1915, 99f.) Sein Erfolg resultierte deshalb in gewissem Maße aus einem Meinungsbild innerhalb der gebildeten Kreise, das nach einer adäquaten Form des Ausdrucks suchte und sie in der überzeichneten Figur des „Idealienkrämers" Matthias Theophilus Spitzbart fand. Die Reaktionen belegen darüber hinaus, wie tief die Wirkung dieser pädagogischen Reformen reichte. Seitens des Dessauer Philanthropins sah man sich veranlaßt, „Des Instituts Erklärung über den Spitzbart" (1780) herauszugeben, um die unverkennbaren Anspielungen nach Möglichkeit zu entkräften.

Der Umstand, daß das Buch seinen Verfasser nicht preisgab, führte zu zahlreichen Vermutungen. Man vermutete Rötger als Autor, wobei offenbar seine „Briefe" von 1776 noch in guter Erinnerung waren, in denen er Basedow Marktschreierei vorgeworfen hatte. Schließlich wurde aber Schummel als Urheber ausfindig gemacht: „'Es kann doch sein, daß Schummel Verfasser des Spitzbart ist. Rötger will es nicht an sich kommen lassen, so sehr ich es dachte. Vielleicht hat er blos Theil daran. Auf Kloster Unser Lieben Frauen scheint er mir geschrieben, ob schon Herr Schummel neulich einen andern Verfasser hierher schrieb.'" (v. Köpken an Niemeyer, zit. nach Etzin 1915, 97)

Wenngleich nun der „Spitzbart" die Kritik an pädagogischen Entwürfen zunehmen ließ, einen Abbruch der Bemühungen um Reformen von Schule und Unterricht bedeutete er keineswegs. Schummel selbst wirkte nach seiner 1779 erfolgten Rückkehr nach Schlesien äußerst engagiert auf diesem Gebiet.

Über die Versetzung Schummels an die Liegnitzer Ritterakademie gab es bisher keine den Hintergrund erhellende Darstellung. Minister von Zedlitz, der Schummel 1776 anläßlich eines Besuchs im Pädagogium kennen und schätzen gelernt hatte, schrieb am 23.9.1778: „Dem Vernehmen nach, soll der Conventualis Schummel gesonnen seyn, diese Stelle niederzulegen, und auf ein ander vitae genis anzufangen. Da aber dergleichen gute Schullehrer zur Zeit noch äußerst selten seyn, und bey denen jetzigen Zeitläuften, und der noch nicht ereigneten Vakantz, demselben das ihm zu Liegnitz zugedachte Professorat noch nicht übertragen werden kann, als befehlen Wir Euch hierdurch in Gnaden, die Veranstaltung zu machen, daß ermeldter Conventualis Schummel, wenn er auch als Conventual länger zu bleiben durch häußliche Umstände verhindert würde, dennoch einstweilen allenfalls als außerordentlicher Lehrer angesetzt ... werde als worüber Wir Euren zu erstattenden Bericht entgegen sehen." (LHA Rep. A 4f, Sect. VIb, Nr. 18a)

Besagte „häußliche Umstände" waren dergestalt, daß sie den eigentlichen Anlaß für die Angelegenheit lieferten.

Rötger wandte sich in diesem Sinne an die Konferenz des Klosters: „Einer unter unsern gemeinschaftlichen Freunden, ... war seit Jahren einem Mädchen, ... schon verlobt, ... Nach mehreren Jahren, ..., entschloß sich unser Freund, da er keine bürgerliche Ehe eingehen durfte, oder doch nicht zu dürfen glaubte, mit seiner Verlobten eine philosophische Ehe zu schließen. Das geschahe seit nun einem Jahre. Es ist sehr natürlich, daß philosophische Ehen nicht ohne Kinder bleiben. Genug unser Freund wird bald Vater sein" (ebd.).

Schummel war als Konventual an einen Eid gebunden, der ihm die Heirat untersagte, zudem wäre ein uneheliches Kind weder seinem noch dem Ruf des Klosters zuträglich gewesen. Rötger schlägt als Ausweg vor, Schummel bis auf weiteres als außerordentlichen Oberlehrer anzustellen: „Was ich also riethe, wäre kurz dies: d. H. Propst zeigte vors erste privatim bei d. H. Minister an, Schummel wolle schlechterdings sogleich abgehen, fals ihn nicht 1) die Erlaubniß sogleich zu heirathen, und 2) 100 rthl.. Zulage gegeben würden. Natürlicher Weise erfolgt sein Fiat. Als oder zugleich denn käme das Kloster förmlich bei dem Departement mit dieser Vorstellung ein. ... Wegen des, was geschehen ist, braucht an den Minister gar nichts geschrieben zu werden, H. Schummel müßt es denn selbst thun. Und sonst hat, wenn das Kloster schweigt, keiner ein Recht, danach zu fragen, oder etwas daran zu wollen." (ebd.)

Nach diesem Vorschlag wurde weiter verfahren, so daß der Minister nur die korrigierte Fassung der Geschichte erfuhr. Sein Brief geht auf das Schreiben des Klosters zurück.

Schummel selbst äußert sich ebenfalls, wobei er durchaus selbstbewußt auftritt: „Indeß so verzweifelt sind meine Umstände noch nicht, daß ich mich auf jede Bedingung ergeben müßte! ... Ich wünsche durchaus nicht als Konventual am Kloster zu bleiben. Nicht, weil es unerhört ist, das rührt mich sehr wenig! Sondern 1. weil es an und vor sich unschiklich ist. Meine Käte würde sich kreuzigen und segnen, wenn sie künftig Konventualin heißen sollte ... 2. weil ich dann, nicht das Kloster, um Dispensation zur Heyrath anhalten müßte und dis eine Zeit und Geld rauben würde, wovon ich keins entbehren kann. Meine Anstalten sind izt so, daß ich nach geschehener Niederlegung meiner Closterstelle, in 48 Stunden von dem Consistorio die Dispensation zum einmahligen Aufgebote in der Tasche haben und in eben der Zeit von der Kanzel fallen und vor dem Altare stehen kan." (ebd.)

Der Vorfall dürfte in hohem Maße zu der engen Freundschaft zwischen Rötger und Schummel beigetragen haben. Letzterer war es, der, bereits in Liegnitz weilend, bei der Propstwahl 1779 sein Votum für Rötger abgab.

Schummel hielt auch nach seinem Weggang aus Magdeburg den Kontakt aufrecht. So war er offenbar an den Vorbereitungen für die Gründung der „Zeichenschule für Gesellen und Lehrburschen" im Jahre 1793 beteiligt (vgl. Kärgling 1993, 9), aus der später die Kunstgewerbe- und Handwerkerschule hervorging.

ANMERKUNGEN

[1] Sie trägt den Titel „J.G. Schummels Übersetzerbibliothek zum Gebrauche der Übersetzer, Schulmänner und Liebhaber der alten Literatur, fortgesetzt v. Jahre 1774-84 v. J.G. K. Schlüter". Hannover 1784

[2] Noch 1779 erschien ein Raubdruck des Buches durch die Tübinger Firma C.G. Frank und W.H. Schramm. 1785 brachte Johann Wilhelm Andreas Kostmann „Spitzbart der zweite oder die Schulmeisterwahl. Ein Gemälde menschlicher Entwürfe und Leidenschaften und Thorheiten. Nicht Roman, sondern Beytrag zur Philosophie und Geschichte der Menschheit. Als ein Pendant zum Leben des Herrn M. Sebaldus Nothanker" auf den Markt. Schummel selbst war darüber wenig erfreut, da hier offensichtlich nur einzelne Seiten in Spitzbarts Charakter klischeehaft dargestellt wurden. Ein Gedicht nahm hierin Partei für Schummel: „Steckbrief auf Spitzbart den Zweiten. Ein Gedicht allen, die es lesen wollen." (Oels 1785) Eine weitere Fortsetzung, „Spitzbart der Dritte oder die Schulmeisterwahl. Gemälde menschlicher Entwürfe, Leidenschaften und Thorheiten" (Liebau 1792), wurde von J.H.L. Stellwag geschrieben, konnte die Qualität des Originals aber ebenfalls nicht erreichen. Bereits 1781 war „Spitzbart" ins Dänische übersetzt worden von L. Haße. Er lieferte ferner die Anregung zu einem Roman Gutzkows mit dem Titel „Blasedow und seine Söhne" (dazu Etzin 1915, 97ff; Weigand 1925, 61ff.).

Des Instituts Erklärung über den Spitzbart. In: Pädagogische Unterhandlungen. 3. Jg., 4. Quartal 1780, S. 555-566

LITERATUR

Etzin, F.: Johann Gottlieb Schummels Pädagogik. Ein Beitrag zur Geschichte des deutschen Philanthropismus. Langensalza 1915 (Pädagogisches Magazin, Heft 609)

Förster, U.: Unterricht und Erziehung an den Magdeburger Pädagogien zwischen 1775 und 1824. Dissertation Magdeburg 1994

Foucault, M.: Sexualität und Wahrheit. 1. Bd.: Der Wille zum Wissen. Frankfurt/M. 1992²

Haufe, E.: Nachwort. In: Johann Gottlieb Schummel: Spitzbart. Eine komi-tragische Geschichte für unser pädagogisches Jahrhundert. Leipzig und Weimar 1983, S. 229-247

Heinemann, M.: Schule im Vorfeld der Verwaltung. Die Entwicklung der preußischen Unterrichtsverwaltung von 1771-1800. Göttingen 1974

Kärgling, K.-H.: Das Jahr 1793 oder Beispiele machen Schule. In: Die Kunstgewerbe- und Handwerkerschule Magdeburg 1793-1963. (Ausstellungskatalog) Magdeburg 1993, S. 6-13

Kawerau, W.: Johann Gottlieb Schummel. In: ders.: Aus Magdeburgs Vergangenheit. Beiträge zur Litteratur- und Culturgeschichte des achtzehnten Jahrhunderts. Halle 1886, S. 141-176

Leinung, W.: Pädagogisches Leben und Streben in Magdeburg zur Zeit der Philanthropen. In: Blätter für

Handel, Gewerbe und sociales Leben. Beiblatt zur Magdeburgischen Zeitung. Nr. 27 (1893), S. 213-214; 28, S. 18-19

Pinloche, A.: Geschichte des Philanthropismus. Leipzig 1896

Raumer, K. v.: Geschichte der Pädagogik vom Wiederaufblühen der klassischen Studien bis auf unsere Zeit. 2. Thl., Stuttgart 1843

Reble, A.: Geschichte der Pädagogik. Stuttgart 1989 (fünfzehnte, neu bearbeitete Auflage)

Schaefer, K.: Ein in Vergessenheit geratenes Schauspiel der deutschen Aufklärung: „Die Eroberung von Magdeburg" (1774). In: Magdeburger Blätter. Jahresschrift für Heimat- und Kulturgeschichte in Sachsen-Anhalt, 1991, S. 22-26

Scheuerl, H.: Geschichte der Erziehung. Ein Grundriß. Stuttgart, Berlin, Köln, Mainz 1985

Schummel, J.G.: Der Würzkrämer und sein Sohn. Eine Schulkomödie in einem Aufzuge. Von dem Verfasser der Empfindsamen Reisen durch Deutschland. Wittenberg und Zerbst 1773

Schummel, J.G. (Hg.): Die Eroberung von Magdeburg. Ein Schauspiel in fünf Aufzügen. In: Theater der Deutschen. 15. Theil, Königsberg und Leipzig 1776, S. 423-530

Schummel, J.G.: Kinderspiele und Gespräche. 3 Thle., Leipzig 1776/78

Schummel, J.G.: Fritzens Reise nach Dessau. In: Richter, A. (Hg.): Neudrucke Pädagogischer Schriften. Leipzig 1891, S. 16-65

Schummel, J.G.: Spitzbart. Eine komi-tragische Geschichte für unser pädagogisches Jahrhundert. Leipzig und Weimar 1983

Schwartz, P.: Die Gelehrtenschulen Preußens unter dem Oberschulkollegium (1787-1806) und das Abiturientenexamen. 1. Bd., Berlin 1910 (Monumenta Germaniae Paedagogica XLVI)

Tenorth, H.-E.: Geschichte der Erziehung. Einführung in die Grundzüge ihrer neuzeitlichen Entwicklungen. München 1988

Trapp, E.C.: Versuch einer Pädagogik, einer systematischen Darstellung der Ziele und Bestrebungen des Philanthropismus bis zum Jahre 1780. Leipzig 1913 (Kohlers Lehrerbibliothek, 1)

Weigand, G.: J.G. Schummel. Leben und Schaffen eines Schriftstellers und Reformpädagogen. Ein Beitrag zur Geschichte der pädagogischen Literatur der Aufklärungszeit. Frankfurt/M. 1925 (Deutsche Forschungen, Heft 13)

Wolfgang Mayrhofer

Intrigen und Verfassungskämpfe. Propst Zerrenner und das Kloster nach dem Tode Rötgers

SELBSTGEFÄLLIG, EITEL UND EGOISTISCH - DAS URTEIL DER NACHWELT?

„Er brachte dem Kloster nicht die Liebe und Anhänglichkeit entgegen, die sein Vorgänger immer bewiesen hatte. Ihm lag das Schicksal desselben wenig am Herzen, die alten Rechte hatten für ihn keine Bedeutung, und wenn nur seine eigene Stellung nicht beeinträchtigt, seine Selbstgefälligkeit und Eitelkeit befriedigt wurden, so ließ er die Dinge gehen wie sie wollten." (Bormann,/Hertel 1885, 371)
Gemeint war Carl Christoph Gottlieb Zerrenner, letzter vom Konvent gewählter Propst des Klosters Unser Lieben Frauen in Magdeburg.
Das negative Urteil über ihn war von Bestand. Noch 1925 schrieb Karl Weidel, selbst bis 1918 Lehrer am Pädagogium des Klosters und von 1932 bis 1937 Direktor des Vereinigten Dom- und Klostergymnasiums, einer der Nachfolger Zerrenners im Propstamt:
„Daß dies geschehen konnte (die Aufhebung des Klosters - d. V.), war die Schuld von Rötgers Nachfolger Zerrenner, dem die eigene Person wichtiger war, als die Rechte der ihm anvertrauten Anstalt." (Weidel/Kunze 1925, 14)
Bis in die jüngere Vergangenheit hielt sich diese Meinung. (Laeger, A. 1967, S. 27) Welches waren die Gründe für diese Vorwürfe gegenüber Zerrenner und wer war Zerrenner überhaupt? Ist das harte Urteil über ihn berechtigt oder hat der Magdeburger Reformpädagoge und Heimatforscher Julius Laumann recht, der 1935 den Versuch unternahm, Zerrenner zu rehabilitieren? (Laumann 1935, 244-247)
Einigen Aspekten dieser Fragestellungen soll auf den folgenden Seiten nachgegangen werden.

„.... JEMEHR IHR ABER ÜBER UNRECHT SCHREIT ... DESTO BESSER STEHT IHR"

Am 16. Mai 1831 starb der für über 50 Jahre verdienstvoll am Kloster Unser Lieben Frauen wirkende Propst Gotthilf Sebastian Rötger. Er hatte es verstanden, dem Kloster alle alten Privilegien zu erhalten und dies auch in der Zeit der napoleonischen Besetzung. Doch auch in den nachfolgenden Jahren mußte Rötger immer wieder gegen Bestrebungen kämpfen, das Kloster aufzuheben. Nach Gründung der Provinz Sachsen (1815/16) erfolgte die Einrichtung eines Provinzialschulkollegiums, welches darauf bedacht war, die bisher direkt den Berliner Behörden unterstellten Klosterschulen, wie Pforta und auch das Kloster Unser Lieben Frauen in Magdeburg, in seinen Verwaltungsbereich einzuordnen.
Bereits 1828 fanden Gespräche zwischen dem damaligen preußischen Kultusminister v. Altenstein und dem Magdeburger Oberpräsidenten v. Klewitz, dem auch das Magdeburger Konsistorium und das Provinzialschulkollegium unterstanden, statt, in denen man zu dem gemeinsamen Schluß kam, daß das Kloster als solches aufgehoben und in eine reine Unterrichtsanstalt mit Internat umgewandelt werden soll, die nach dem allgemeinen Landrecht zu verwalten sei. Einen Propst sollte es künftig nicht mehr geben. Zunächst scheiterte dieser Plan jedoch an der Person Rötgers.
Der preußische König Friedrich Wilhelm III. war zwar mit dem Vorhaben im Prinzip einverstanden, verweigerte aber seine Zustimmung, solange Rötger noch Propst war. (Laumann 1935, 244) Mit dem Tode Rötgers ändert sich die Lage. Erneut versuchte das Oberpräsidium, seine Pläne zur Aufhebung des Klosters durchzusetzen. Dem kam

zunächst der Konvent des Klosters zuvor, indem er, obgleich uneins in seiner Haltung gegenüber einer Umwandlung des Klosters in ein Pädagogium, sein Recht auf die Wahl eines Propstes am 28.05.1831 urkundlich belegte (Weidel 1980, 14) und schließlich einen Propst wählte, doch dies nur mit zwei Stimmen für den neuen Propst. (Laumann 1935, 245) Die Gründe für diese Uneinigkeit können nur vermutet werden.

1831 gehörten dem Konvent des Klosters die folgenden Konventualen an:

Karl Friedrich Solbrig, Rektor, am Kloster von 1819 - 1843;

Friedrich Gabriel Valet, Prorektor, am Kloster von 1804 - 1849;

Christoph Jacob Eusebius Meier, Prokurator, am Kloster von 1798 - 1835;

Johann Christian Jakob Hennige, am Kloster von 1822 - 1863;

Ferdinand Wilhelm Immermann, am Kloster von 1823 - 1847. (Förster 1993, A2 - A4)

Für den neuen Propst stimmten Hennige und Meier. Solbrig und Valet schienen der Umwandlung des Klosters in ein Pädagogium (und damit dem Wegfall der Propststelle) positiv gegenüberzustehen, zumal das Gehalt der Propststelle u.a. zur Verbesserung der anderen Lehrergehälter verwendet werden sollte und Solbrig, der in den letzten Jahren unter Rötger die Leitung der Schule nahezu selbständig ausübte, hoffte möglicherweise, daß er die Direktorenstelle des Pädagogiums besetzen könne. Auch Valets Stellung als Prorektor wäre ohne neuen Propst in ihrer Bedeutung gestiegen. (Laumann 1935, 245)

Wie dem auch sei, der neue Propst wurde gewählt, war allerdings bisher weder durch das Ministerium noch durch den Oberpräsidenten bestätigt oder ernannt. Dieser neugewählte Propst war Carl Christoph Gottlieb Zerrenner.

Die Gründe für seine Wahl lassen sich nur vermuten, möglich scheint jedoch, daß die Wahl Zerrenners durch den Konvent aus taktischen Gründen erfolgte, um den zu erwartenden Angriff auf die Rechte von Kloster und Konvent von vornherein abzuwehren. Das deutet ein Briefwechsel in dieser Angelegenheit zwischen dem Konventualen F.W. Immermann und Karl Lebrecht Immermann an. K.L. Immermann schrieb am 26. Mai 1831: „Die Aufhebung des Stifts erfolgt nun freilich ohne allen Zweifel, indeßen kommt dergleichen, besonders in Preußen, nicht heute oder morgen, es kann vielleicht ein Jahr verstreichen, bevor die Regierung Hand anlegt. Diese Zeit muß benutzt werden. ... Vor allen Dingen aber sperrt Euch so viel als möglich, und versucht wenigstens, die Stiftung selbst zu erhalten. Es wird nicht gelingen, jemehr Ihr aber über Unrecht schreit ... desto beßer steht Ihr." (Hasubek 1987, 936)

CARL CHRISTOPH GOTTLIEB ZERRENNER (1780-1851)

Nur etwas mehr als 2 Wochen waren vergangen, seit Zerrenner seinen 51. Geburtstag gefeiert hatte, als er die Nachricht erhielt, daß der Konvent des Klosters Unser Lieben Frauen ihn - wenn auch nur äußerst knapp - zum neuen Propst gewählt hatte. Für ihn sicherlich eine weitere Bestätigung für die Anerkennung seiner Leistungen, der in kurzen Abständen weitere folgten. 1833 wurde ihm von der Universität Leipzig der Titel Dr. phil. verliehen, 1834 von der Universität Halle der Titel Dr. theol. Weitere Ehrungen fanden statt, so daß im Adreßbuch der Stadt Magdeburg für das Jahr 1851 unter den Mitgliedern des Königlichen Konsistoriums der Provinz Sachsen Zerrenner mit einem Eintrag von mehreren Zeilen geführt wird: „Zerrenner, Dr. theol. u. phil., Consistor.- u. Schulrath, Propst des Klosters U. L. Fr., Mitglied der Königl. Academie gemeinnütziger Wissenschaften zu Erfurt, Ritter des rothen Adler-Ordens 3. Cl. mit der Schleife und des Dänischen Dannebrog-Ordens." (Adress-Buch für Magdeburg. 1850, 1,)

Kein geringerer als Friedrich Adolph Wilhelm Diesterweg würdigte 1830 das Schulwesen der Stadt Magdeburg - durch Zerrenner ab 1819 reformiert - und seine Schöpfer mit den Worten: „Heil der Stadt, die solche Männer hat, wie Magdeburg seinen Oberbürgermeister FRANCKE und seinen Schulrat ZERRENNER." (Diesterweg, 1957, 208) Neben allen anderen Würdigungen war er seit 1825 auch Ehrenbürger der Stadt Magdeburg - und noch heute ist eine Straße im Magdeburger Stadtteil Diesdorf nach ihm benannt.

Wer war nun Carl Christoph Gottlieb Zerrenner, der neugewählte Propst des Klosters Unser Lieben

Frauen, der hochgeehrte Pädagoge und Schulorganisator?

Geboren wurde er am 15. Mai 1780 in Beiendorf, einem kleinen Dorf in der Nähe von Magdeburg. Er war der dritte Sohn des Generalsuperintendenten Heinrich Gottlieb Zerrenner (1750-1811)[1] und

Carl Christoph Gottlieb Zerrenner, um 1832

seiner Ehefrau Catharina.

Wie damals durchaus üblich, erteilte ihm sein Vater den ersten Unterricht. Das war schon deshalb unproblematisch, weil sein Vater nicht nur Geistlicher, sondern auch ein bekannter Pädagoge war. Im Hause Zerrenner gingen bedeutende Erzieher und Schulmänner jener Zeit ein und aus: Christian Gotthilf Salzmann, Friedrich Eberhard von Rochow und Johann Bernhard Basedow. Kein Wunder also, wenn bei Carl bereits frühzeitig das Interesse an pädagogischen Fragen geweckt wurde. 1791, im Alter von 11 Jahren, schickten ihn seine Eltern auf die ehemals berühmte Schule des Klosters Berge, die allerdings zum genannten Zeitpunkt in einer tiefen Krise steckte. (Schwartz 1925, 321)

Ab 1799 studierte Zerrenner in Halle Theologie, hörte aber auch die Vorlesungen von August Herrmann Niemeyer zur Pädagogik. Dem Studium folgte ab 1802 eine kurze Zeit der Tätigkeit als Privatlehrer.

Doch bereits im gleichen Jahr, im Alter von 22 Jahren, erhielt er seine erste Stelle als Lehrer am Kloster Unser Lieben Frauen in Magdeburg und hier beginnt auch sein beeindruckender beruflicher Entwicklungsweg. Sicher konnte der junge Zerrenner sich zu diesem Zeitpunkt noch nicht vorstellen, daß er 30 Jahre später einmal selbst als Nachfolger Rötgers zum Propst gewählt werden würde.

Doch zunächst begann Zerrenners Laufbahn als Lehrer am Kloster, gemäß dem Grundsatz, daß der Weg zum Pfarramt über das Schulamt führt. Während viele junge Theologen eine erhebliche Zeit dafür brauchten, um aus dem zumeist unbefriedigenden Schulamt in das wesentlich besser dotierte und auch mit höherer gesellschaftlicher Anerkennung verbundene Pfarramt zu gelangen, wurde Zerrenner bereits 1805 als Prediger an die Heilige-Geist-Kirche in Magdeburg berufen, eine Kirche, die in den folgenden Jahren eine besondere Rolle in Magdeburg spielen sollte, denn der größte Teil der Magdeburger Kirchen wurde in der Zeit der napoleonischen Besetzung von den Franzosen als Magazin, Pferdestall oder anderweitig zweckentfremdet genutzt. So mußten die Dom- und die Ulrichsgemeinde ihren Gottesdienst in der Heilige Geist Kirche abhalten (Hoffmann 1885, 433). 1812 wird dem Pastor der Heilige Geist Kirche, Blühdorn, seine in den Predigten wiederholt durchklingende antinapoleonische Haltung zum Verhängnis, und er wird seines Amtes enthoben und aus Magdeburg ausgewiesen. (Schmidt 1930, 149) Zerrenner ist politisch vorsichtiger und wird sein Nachfolger.

1814 wurde Magdeburg wieder preußisch. Am 1. Juli 1817 erfolgte der Amtsantritt von Oberbürgermeister August Wilhelm Francke, und es folgte eine Zeit umfassender Reformen und Neuerungen auf vielen Gebieten des städtischen Lebens. Ganz besonders lag Francke dabei die Neuordnung des Schulwesens am Herzen. Hier fand er in Zerrenner, der mittlerweile 1815 vom König zum Konsistorial- und Schulrat ernannt worden war, einen tatkräftigen Helfer. In seiner Funktion als Mitglied des Konsistoriums, das in der damaligen Zeit nicht nur für kirchliche, sondern auch für schulische Fragen zuständig war, hatte Zerrenner die Aufsicht über das Volksschulwesen der

1815/16 gegründeten preußischen Provinz Sachsen. Er war also in dieser Position durchaus fachlich kompetent genug, um Francke in seinem Vorhaben der Reformierung des Magdeburger Schulwesens zu unterstützen. Es wurden mehrere Vorschläge erarbeitet; letztlich folgte man dem Plan Zerrenners, der damit zum eigentlichen Schöpfer des Magdeburger Schulwesens im 19. Jahrhundert wurde. Für alle Schulen wurde ein bestimmter Lehrplan vorgeschrieben, innere Organisation, Ausstattung mit Lehrerstellen und Bezahlung der Lehrer wurden einheitlich geregelt.

Diese Ordnung des Magdeburger Schulwesens durch Zerrenner fand nicht nur national, sondern auch international Anerkennung. Der französische Politiker und Philosoph Victor Cousin, der im Auftrag des französischen Unterrichtsministeriums eine Studienreise durch Teile Deutschlands unternahm, um sich über die Organisation des Unterrichtswesens zu informieren, hebt Magdeburg in seinem Bericht besonders hervor. So besuchten nach seinen Angaben (1825) in Magdeburg die prozentual meisten Kinder aller Städte in Preußen eine Schule - eine Leistung, für die Zerrenner sowohl als Organisator des Magdeburger Schulwesens wie auch als der die Aufsicht über das Volksschulwesen der Provinz Sachsen ausübende Consistorial- und Schulrat mit verantwortlich zu machen ist.

In einer Rangfolge über den Schulbesuch, die Cousin aufstellte, folgen mit Merseburg und Erfurt zwei weitere Städte aus der damaligen Provinz Sachsen auf Rang zwei und drei (Cousin 1833, 166f).

Zerrenner war von 1823 bis 1835 zudem Direktor des Königlichen Lehrerseminars in Magdeburg, welches aus dem von Gottfried Benedict Funk gegründeten Seminar am Dom hervorging. (Golz, R./Mayrhofer 1993, S. 21) Dieses Lehrerseminar zählte zu den größten und bedeutendsten der preußischen Provinz Sachsen. Mit ihm wollte Zerrenner 1825 eine Taubstummenanstalt verbinden, um die Seminaristen mit Methoden des Taubstummenunterrichts vertraut zu machen. Ein für die damalige Zeit geradezu sensationeller Gedanke. 1828 gab es in Preußen über 8000 Taubstumme. Von diesen befanden sich 1700 im bildungsfähigen Alter, jedoch nur 10 Prozent erhielten einen geregelten Unterricht. (Rönne 1855, 886)

Aus finanziellen Gründen konnte die Taubstummenanstalt in Magdeburg jedoch erst nach 1828 gegründet werden. Am 24. Oktober 1828 beschloß die Provinzialständevertretung den Ausbau von vier Lehrerseminaren zu Einrichtungen mit einer speziellen Ausbildung für Taubstummenlehrer (Magdeburg, Weißenfels, Halberstadt und Erfurt). (Sägert 1840, 242)

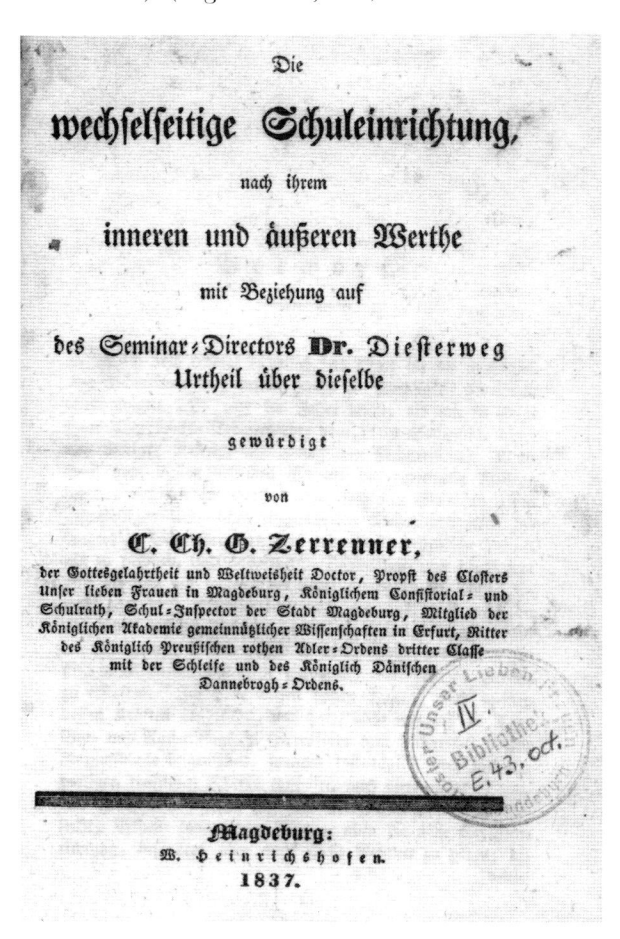

Die
wechselseitige Schuleinrichtung,
nach ihrem
inneren und äußeren Werthe
mit Beziehung auf
des Seminar-Directors Dr. Diesterweg
Urtheil über dieselbe
gewürdigt
von
C. Ch. G. Zerrenner,
der Gottesgelahrtheit und Weltweisheit Doctor, Propst des Closters Unser lieben Frauen in Magdeburg, Königlichem Consistorial- und Schulrath, Schul-Inspector der Stadt Magdeburg, Mitglied der Königlichen Akademie gemeinnütziger Wissenschaften in Erfurt, Ritter des Königlich Preußischen rothen Adler-Ordens dritter Classe mit der Schleife und des Königlich Dänischen Dannebrogh-Ordens.

Magdeburg:
W. Heinrichshofen.
1837.

Buchinnentitel, 1837

Am 1. Juli 1828 wurde die Anstalt eingerichtet, die Leitung übernahm Zerrenner. Er behielt sie bis zum 13. Oktober 1835, als er von seinem Amt als Seminardirektor zurücktrat. (Rayermann, M. 1985, S. 286) Zu Zerrrenners Aufgaben als Consistorial- und Schulrat gehörte auch die Aufsicht über alle Schullehrerseminare der Provinz Sachsen. Dies waren zu Zerrenners Amtszeit zunächt 10 solcher Einrichtungen in den Orten Magdeburg, Weißenfels, Halberstadt, Erfurt, Gardelegen, Eisleben, Groß-Treben, Eilenburg, Zeitz und

Mühlhausen, ab 1836 kam auf Zerrenners Initiative noch eine weitere in Heiligenstadt dazu. 1839 besuchten insgesamt 402 Seminaristen diese 11 Seminare. (Zerrenner 1839, 100ff)

Verbunden mit Zerrenners Aufsicht über die Schullehrerseminare war die Abnahme der Prüfungen. Das waren, berücksichtigt man die Ausbildungsdauer, die zu Zerrenners Zeiten zunächst zwei Jahre betrug, immerhin durchschnittlich 200 Prüfungen pro Jahr, zu denen er an 11 verschiedene Orte der Provinz Sachsen zu reisen hatte. Daneben fanden regelmäßig Revisionen der Schullehrerseminare statt, an denen Zerrenner teilnahm oder die er leitete und in deren Ergebnis er nicht nur Mißstände kritisierte, sondern zugleich auch umfangreiche Verbesserungsvorschläge machte und sich darüber hinaus persönlich um deren Realisierung kümmerte.

Auch als pädagogischer Schriftsteller war Zerrenner bekannt. Seine pädagogische Schriften, so das „Methodenbuch für Volksschullehrer", die „Grundzüge der Schulerziehung" und besonders sein „Kinderfreund" - um nur einige Werke zu nennen - fanden weithin Verbreitung. Rund 30 Monographien entstammen seiner Feder, darüber hinaus eine Reihe von Aufsätzen und Lehrbüchern. Er gab pädagogische Zeitschriften heraus und - nicht zu vergessen - eine Reihe von Wandtafeln für den Unterrichtsgebrauch nebst Anleitung für den Einsatz. Zerrenner gilt als der Begründer der Bildtafelserien für den Anschauungsunterricht. Um 1838 wurden seine ersten Wandtafeln veröffentlicht. (Bernhauser, J. 1979, S. 83) Sie waren vornehmlich für den Gebrauch an Schulen des „wechselseitigen Unterrichts" gedacht. Letzterer war ein weiteres Feld, auf dem Zerrenner sich wissenschaftlich und praktisch als Vorreiter betätigte. (Lassahn/Stach 1979, 133)

Der zunächst sonderbar anmutende Gedanke, die Schule so zu organisieren, daß über sogenannte Monitore (Lehrergehilfen) die Schüler durch Schüler unterrichtet wurden und der Lehrer nur die Hauptaufsicht hatte, führte in Deutschland zu heftigen Kontroversen zwischen den Pädagogen, so unter anderem zwischen Zerrenner und dem weithin bekannten Friedrich Wilhelm Diesterweg. Während Zerrenner Elemente der Schulorganisation von Bell und Lancaster nach einer Modifizierung für preußische Verhältnisse als durchaus positiv beurteilte, lehnte Diesterweg diese mehr ab und bezieht sich dabei auch auf Magdeburg: „Im Juni des Jahres (1838 - d. V.) ist in Magdeburg in einer oder mehreren Schulen, in denen man 'wechselseitigt' oder wo 'gewechselseitigt' wird, eine Prüfung veranstaltet worden. Wer meldet uns aufrichtig das Resultat? Es wäre belehrend. Mündlich habe ich erzählen hören, es wäre kläglich ausgefallen. Magdeburg hat einen Stadtrat, der Lehrer gewesen ist. Möge er uns das Nähere berichten!" [2] (Diesterweg 1961, 203)

1830 reiste Zerrenner im Auftrag der preußischen Regierung nach Eckernförde, um das dort eingeführte wechselseitige Schulsystem zu studieren. Seine Eindrücke sind positiv, wie der im Ergebnis der Reise entstandenen, bereits oben zitierten Schrift „Über das Wesen und den Werth der wechselseitigen Schuleinrichtung" zu entnehmen ist. Offensichtlich beindruckt von der Idee und in dem Bemühen, insbesondere das Volksschulwesen in Magdeburg und der Provinz Sachsen auf diese Weise zu heben, versucht er, dieses System zunächst in Magdeburg einzuführen. Ein solches Projekt erforderte natürlich materielle Voraussetzungen und so beantragte Zerrenner ein zweckmäßiges Schulgebäude und die erforderlichen finanziellen Mittel. Zunächst wurde dies von Oberbürgermeister Francke bewilligt, doch durch die Konsequenzen der Einführung der revidierten preußischen Städteordnung von 1831, wonach Francke solche Entscheidungen nicht mehr allein treffen konnte, sondern zumindest das Einverständnis des Magistrats und der Stadtverordneten haben mußte, wieder revidiert. Die Stadtverordneten waren ohnehin entsetzt über den Umfang des Schuletats und insbesondere der Zuschüsse für das Schulwesen Magdeburgs durch die Kämmereikasse in Höhe von 11714 Talern, die ihren Ursprung in der Schulreform durch Francke und Zerrenner hatten und deren Kosten bisher nicht allgemein bekannt war. (Laumann 1939/1941, 154)

Ausgerechnet in dieser Situation wollte Zerrenner Geld für die Einrichtung des wechselseitigen Unterrichts haben. Daß dies scheitern mußte, ist auch aus heutiger Sicht nachvollziehbar, doch nun geriet auch die Position Zerrenners selbst als Stadtschulinspektor in das Kreuzfeuer der Kritik. Gegen den Willen des Oberbürgermeisters und vor allem auch Zerrenners setzten die Stadtverordneten im Magistrat durch, daß die Stelle eines Stadtschulrates eingerichtet wird.

Dazu wurde 1834 Georg Friedrich Gerloff berufen, bis zu diesem Zeitpunkt noch Lehrer am Pädagogium des Klosters Unser Lieben Frauen und damit dem gerade gewählten Propst Zerrenner direkt unterstellt. Stadtverordnete und Magistrat planten, das Inspektorat Zerrenners aufzuheben und seine Funktionen an Gerloff zu übertragen (Laumann, J.1939/1941, S. 150f), eine für Zerrenner unerträgliche Situation, die noch dadurch verstärkt wird, daß, wie eingangs erwähnt, noch längst nicht die mit der Übernahme des Propstamtes offenen Kompetenz- und Verfassungsfragen zugunsten des Klosters geklärt waren.

DIE UMWANDLUNG DES KLOSTERS UNSER LIEBEN FRAUEN IN EIN PÄDAGOGIUM

Nachdem Zerrenner vom Konvent gewählt worden war, ging er davon aus, daß Kloster und sein Propstamt in gleicher Weise weiterbestehen würden, wie zu Rötgers Zeiten. Die Pläne des Magdeburger Oberpräsidiums und des Ministers v. Altenstein zur Umwandlung des Klosters in ein Pädagogium und zum Fortfall der Propststelle kannte er offensichtlich nicht, zumal diese Pläne mit Rücksicht auf die Person Rötgers geheim gehalten wurden, denn, so in einem Schreiben des Oberpräsidiums an den Minister vom 1. Mai 1828, „in dem würdigen Greis würde es doch ein kränkendes Gefühl erregen, sich als letzter Inhaber der Stelle betrachten zu müssen." (Weidel 1980, 13)

Das Oberpräsidium in Magdeburg hatte seine Absichten dadurch in keiner Weise geändert, wandte sich sofort nach dem Tode Rötgers erneut an den Minister v. Altenstein und verlangte nun unter Bezug auf den bereits 1828 gestellten Antrag die Aufhebung des Klosters und den Wegfall der Propststelle. Aus der Sicht des Ministers v. Altenstein hatte sich aber mit der Entscheidung des Konvents für Zerrenner die Situation offensichtlich geändert. Altenstein kannte Zerrenner persönlich gut, hatte auch das von ihm geleitete Lehrerseminar besucht und wußte um die Leistungen und Qualitäten Zerrenners. Dies und die inzwischen erfolgte Wahl Zerrenners durch den Konvent scheinen die Gründe dafür gewesen zu sein, daß der Minister in einem Schreiben vom 17. 06. 1831 an den Magdeburger Oberpräsidenten v. Klewitz die ursprünglichen Pläne verändert. Er will dem König zwar die Aufhebung des Klosters vorschlagen, jedoch mit der Einschränkung, Zerrenner das Propstamt als ein Ehrenamt zu belassen und auch weiterhin den späteren Pröpsten die Leitung des Pädagogiums zu übertragen. 500 Taler von Rötgers Gehalt sollen für Zerrenner vorgesehen werden. (Laumann 1935, 245) Der Oberpräsident ist weder mit der Person Zerrenners noch mit der Beibehaltung der Propststelle einverstanden. Insbesondere kritisiert v. Klewitz, daß Zerrenner bisher noch keine Gelegenheit gehabt habe, sich als „höherer" Schulmann zu zeigen und daß er bereits zu viele Ämter habe und somit wohl eher entlastet als noch mit einem weiteren Amt belastet werden solle. Bei näherer Betrachtung sind diese Argumente nicht von der Hand zu weisen. Zerrenners Verdienste bestanden vor allem in der Organisation und Visitation des Volksschulwesens sowie der Ausbildung von Volksschul- und Taubstummenlehrern. Und was die Zahl der Ämter anbelangt, so war Zerrenner zum Zeitpunkt seiner Wahl Konsistorial- und Schulrat (mit der Verantwortung für die Volksschulen und die Lehrerseminare der Provinz Sachsen), Schulinspektor für die städtischen Schulen Magdeburgs (nicht jedoch für die Schule am Kloster Unser Lieben Frauen und das Domgymnasium), Direktor des Königlichen Lehrerseminars und Leiter der Taubstummenanstalt in Magdeburg. Die Bedenken des Oberpräsidenten sind also durchaus verständlich, werden aber vornehmlich als Versuch zu werten sein, die ursprünglichen Pläne doch noch zu verwirklichen, was auch in dem weniger einleuchtendem dritten Kritikpunkt an Zerrener zum Ausdruck kommt: der Propsttitel müsse nicht an Zerrenner verliehen werden, da er als Konsistorialrat bereits den gleichen Rang habe. Letzlich mußte sich das Oberpräsidium am 26. Juli 1831 doch mit der Ernennung Zerrenners zum Propst einverstanden erklären, setzte aber durch, daß die Wahl durch den Konvent nicht akzeptiert wurde. Oberpräsident v. Klewitz betont, daß er sich nur vorübergehend und unter den „obwaltenden

Umständen und persönlichen Rücksichten nachzugeben entschlossen habe." (Weidel 1980, 14 und Laumann 1935, 245) Mit der Festlegung, Zerrenner zum Propst zu ernennen, wurde faktisch das Wahlrecht des Konvents aufgehoben. Dies und die weiteren Pläne von Ministerium und Oberpräsidium müssen offensichtlich zumindest teilweise im Kloster bekannt geworden sein, denn am 29. Oktober 1831 machte der Konvent eine

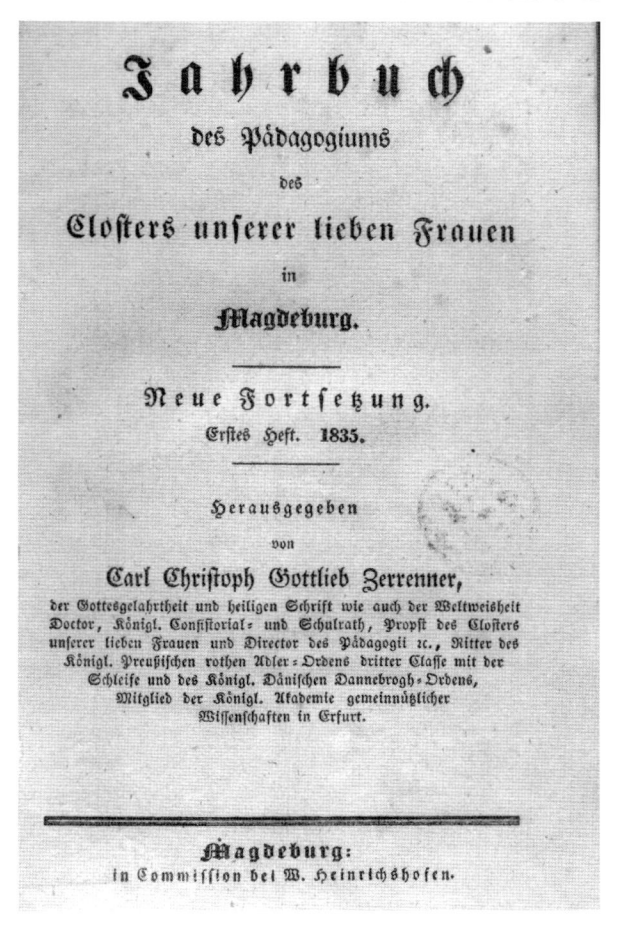

Titelblatt des Jahrbuches 1835

Eingabe an das Ministerium für die „Erhaltung des Klosters bei seinen Rechten und Statuten", in der umfassend die Notwendigkeit der Beibehaltung aller klösterlichen Einrichtungen begründet wird. Das Ministerium verhält sich so, als wäre von einer Aufhebung des Klosters nichts bekannt und als wolle man den Fall ernsthaft prüfen. Man verlangt am 22. Dezember 1831 die Einsendung der Fundationsordnung von 1745 und des Reglements von 1750.

Daß dieses offenbar nur eine Hinhaltetaktik ist, zeigt, daß Minister v. Altenstein sich ungeachtet dieser Eingabe mit seinen Vorschlägen bereits am 25. 11. 1831, also fast einen Monat nach der Eingabe und gleichermaßen fast einen Monat vor der Reaktion des Ministeriums, an den König wandte. (Weidel 1980, 15) Er beantragte, das Kloster aufzuheben und in ein Pädagogium umzuwandeln. Dieses solle, genau wie alle übrigen (nicht der Aufsicht der Kommunen unterstehenden) Unterrichtsanstalten durch das Provinzial-Schul-Kollegium (P.S.K.) kontrolliert werden. Einen Konvent gäbe es nicht mehr. Das Pädagogium würde durch den Direktor - Zerrenner - geleitet. Dieser erhielte den Ehrentitel Propst und 600 Taler Gehalt. Er hat die gleichen Befugnisse und Verpflichtungen wie ein Gymnasialdirektor. Der Prokurator solle mit der Güterverwaltung dem P.S.K. unterstellt werden. Geschickt argumentiert Altenstein gegenüber dem König über die Verwendung der eingesparten Mittel. Sie sollen für eine erhöhte Zahl von „Freistellen für Söhne bedürftiger und würdiger königlicher Diener aus dem Zivil- und Militärdienst und zur Erhöhung der Lehrerbesoldungen" genutzt werden. (Laumann 1935, 245) Am 21. Februar 1832 erklärte sich der König mit den Vorschlägen des Ministers im Prinzip einverstanden, verlangte aber ein neues Statut, in welchem es mit der inneren Disziplin des Pädagogiums so wie bisher am Kloster gehalten werden solle. Darüber hinaus forderte er zu diesem Statut ein Gutachten des Magdeburger Generalsuperintendenten Bischof Dräseke.

Mittlerweile hatte jedoch auch Zerrenner von den Vorgängen erfahren. Er beantragt eine Audienz bei Minister v. Altenstein, die ihm am 5. März 1832 gewährt wird. Vorbereitend wandte er sich mit einem Promemoria an König und Minister. Seine Eingabe unterstreicht, daß er nicht willens war, kampflos die Veränderungen hinzunehmen. Er wünscht vor allem, die Abfassung des Statutes „erst später eintreten zu lassen, wo man, was für dasselbe nötig ist, auch besser wird übersehen können". Besonders nachdrücklich fordert er für sich auf Lebenszeit die Propststelle, wie Rötger sie inne hatte und die Übernahme des Klosters in seiner bisherigen Verfassung. Zeitgemäße und nötige Veränderungen sollten nur allmählich eintreten. Im Konvent hätten sich nur der keine Autorität besitzende Rektor Solbrig und der wenig leistende Prokurator Valet für die Aufhebung des Klosters eingesetzt. Um das gesunkene Ansehen der Anstalt wieder herzustellen, brauche er eine größere Machtfülle, wozu auch die Berechtigung zum Tragen des Propstkreuzes gehöre, um nicht etwa zu den des Kreuzes nicht wert geachteten Pröpsten vor Rötger gerechnet zu werden, denen das Tragen des Kreuzes verwehrt worden sei. (Weidel 1980a, 12)

Weder die Eingabe Zerrenners noch die Audienz bei v. Altenstein ändern zunächst etwas daran, daß das Ministerium dem Magdeburger Oberpräsidenten am 30. April mitteilt, daß der König mit den vorgeschlagenen Veränderungen am Kloster einverstanden ist.

Es ergeht ein entsprechender Ministerialerlaß, welchen das Oberpräsidium zum Anlaß für sofortiges Handeln nimmt. Obwohl drei der fünf Konventualen (Meier, Hennige und Immermann) noch am 2. Mai[3] ein Immediatsgesuch an den König richten, in dem sie die Erhaltung des Klosters und seiner Rechte fordern, gibt v. Klewitz Zerrenner seine Ernennung am 19. Mai[4] bekannt und weist ihn an, die Amtsgeschäfte sofort zu übernehmen. Am gleichen Tag werden Kloster, Konvent und Klosterverwaltung durch das P.S.K. aufgehoben, der Prokurator Meyer wird angewiesen, alle Klostersiegel auszuliefern und ein neues Siegel mit der Bezeichnung „Administration des Pädagogiums Unser Lieben Frauen" anfertigen zu lassen (Weidel 1980a, 12). Damit wollen das Oberpräsidium und das P.S.K. vollendete Tatsachen schaffen. Das Promemorium Zerrenners wird durch die Kabinettsorder als erledigt betrachtet. Die Veränderungen werden am 24. Mai 1832 im Amtsblatt bekanntgegeben.

Damit schien das Schicksal des Klosters Unser Lieben Frauen besiegelt, die Umwandlung in ein Pädagogium war vollzogen.

Ein Ergebnis hatten die Eingaben Zerrenners und des Konvents an den König allerdings doch. Friedrich Wilhelm III. befahl am 23. Mai, daß bei der Einrichtung des neuen Statuts auf die Rechte des Klosters Rücksicht zu nehmen sei. Daher kam es am 18. Juni 1832[5] zu einer Konferenz, an der die Mitglieder des Konvents auf der einen und als Vertreter des Oberpräsidiums und des P.S.K. auf der anderen Seite Regierungsrat und Justitiar Stubenrauch und der Vizepräsident Seydewitz teilnahmen. Zerrenner konnte nicht anwesend sein, da er sich auf einer Dienstreise befand.

Das Ergebnis der Verhandlungen war ein Kompromiß, der bestimmte Sonderrechte des Konvents festschrieb, ohne an der Aufhebung des Klosters und seiner Umwandlung in ein Pädagogium etwas zu ändern. Die Konventualen erfuhren die Entschlossenheit der Behörde, die vom König am 21. 02. 1832 gebilligten Pläne durchzuführen. Eine Gehaltserhöhung wird in Aussicht gestellt. Es kommt zum Vergleich: der Konvent wird wieder in das Klosterstatut eingebaut, die Propststelle nicht. Die Konventualen erklären, daß ihr Gesuch an den König damit erledigt sei. Die Änderungen würden von ihnen als zeitgemäß und als dem wahren Interesse der Anstalt entsprechend angesehen (Laumann 1935, 245).

Damit hatte der Konvent die letzte Möglichkeit verspielt, die Selbständigkeit des Klosters zu erhalten. Auch Zerrenner kann daran letztlich nichts mehr ändern, wenngleich er auch weiterhin im Streit mit dem Provinzial-Schul-Kollegium bleibt und bis zum Erlaß des neuen „Statutes für das Pädagogium Unser Lieben Frauen in Magdeburg" mehrfach versucht, Minister und König umzustimmen (Weidel 1980b, 12f).

Eine persönliche Genugtuung erfährt Zerrenner noch. Durch eine Ministerialverordnung vom 26. Juni 1832 wird durch den Minister v. Altenstein genehmigt, daß Zerrenner das Propstkreuz tragen darf (Weidel 1980a, 14). Dieses wurde ihm am 19. Juli 1832 als persönliche Ehrung verliehen, nachdem er bereits eine Woche vorher, am 13. Juli 1832, von Bischof Dräseke feierlich in sein Amt eingeführt worden war (Laumann 1935, 245).

Als Leiter des Pädagogiums konnte Zerrenner sich nicht wie Rötger um die Belange des Unterricht kümmern, da er die meisten seiner Ämter, insbesondere die Aufsicht über die Seminare der Provinz Sachsen, auch weiterhin ausübte. Nachdem er anfangs einige Stunden Latein in der Prima unterrichtet hatte, wurde ihm dies erlassen, was in § 20 des Klosterstatuts als Übergangsregelung ausdrücklich vermerkt wurde (Jahrbuch 1851, 8).

Aus dieser Sicht kann man von der Eingangs erwähnten Kritik an Zerrenner vielleicht den Satz Laegers gelten lassen: „Zerrenner ... brachte dem Kloster und dessen Schicksal nichte das gleiche große Interesse wie sein Vorgänger entgegen" (Laeger 1967, 27), muß aber hinzufügen, daß er dies wegen seiner, im Gegensatz zu Rötger, völlig anderen Stellung und der veränderten Situation auch gar nicht konnte.

Ihm die Schuld an der Aufhebung des Klosters zuzuweisen, so wie dies noch 1925 bei Weidel/Kunze erfolgte, ist nicht möglich, was Weidel ja schließlich auch später selbst revidiert (Weidel 1980).

ANMERKUNGEN

[1] Heinrich Gottlieb Zerrenner (1750-1811). Studierte in Halle Theologie, war ab 1772 Lehrer am Pädagogium des Klosters Berge, ab 1775 Pfarrer in Beiendorf bei Magdeburg, ab 1787 Inspektor in Derenburg und ab 1810 Superintendent in Halberstadt. Er gab den „Deutschen Schulfreund" heraus (46 Bände, Magdeburg 1791 - 1811). Dieser wurde dann später von seinem Sohn Carl Christoph Gottlieb Zerrenner fortgesetzt.

[2] Gemeint ist Georg Friedrich Gerloff (1772-1842), bis 1834 Oberlehrer am Pädagogium des Klosters Unser Lieben Frauen, von 1834-1841 Stadtrat für Schulwesen
[3] Weidel, K. 1980a, S. 13, Laumann (1935, S. 245) gibt als Datum den 12. Mai an.
[4] Dieses Datum wird bei Weidel (1980a, S. 13) angegeben. Laumann (1935, S. 245) nennt den 10. Mai 1832.
[5] Bei Laumann (1935, S. 245) 19. Juni 1832.

LITERATUR- UND QUELLEN

Adress-Buch für Magdeburg. 1851. 7. Jahrgang, Magdeburg 1850

Bernhauser, J.: Wandbilder im Anschauungsunterricht. Studien zur Theorie und Praxis der Medien in der Volksschule des 19. Jahrhunderts. Frankfurt/M., Bern, Cirencester/U.K. 1979

Bormann, A./Hertel, G.: Geschichte des Klosters U. L. Frauen zu Magdeburg. Magdeburg 1885

Cousin, V.: Bericht über den Zustand des öffentlichen Unterrichts in einigen Ländern Deutschlands, und besonders in Preußen. Als Beytrag zur Kenntnis des deutschen und französischen Unterrichtswesens; aus dem Französischen übersetzt und mit Anmerkungen begleitet von J. C. Kröger, Altona 1833

Diesterweg, F.A.W.: Sämtliche Werke. Berlin 1957 (Bd. 2), 1961 (Bd. 4)

Förster, U.: Unterricht und Erziehung an den Magdeburger Pädagogien zwischen 1775 und 1824. Magdeburg 1993

Fortsetzung des Neuen Jahrbuches des Pädagogiums zu Lieben Frauen in Magdeburg. VI, 1831. Herausgegeben von Karl Friedrich Solbrig, Magdeburg 1831

Golz, R./Mayrhofer, W.: Klosterdiener, Seminaristen und Präparanden - Einblicke in die bewegte Vergangenheit der Magdeburger Lehrerbildung vor 1945. In: Marotzki, W. (Hrsg.): Wieviel Pluralismus braucht der Mensch? Eine Hochschule sucht ihre Identität. Weinheim 1993, S. 16 - 29

Hasubek, P. (Hrsg.): Karl Lebrecht Immermann. Briefe. Textkritische und kommentierte Ausgabe in drei Bänden. 3. Band, 1. Teil: Nachträge. Kommentar zu den Briefen 1804 - 1831. München/Wien 1987

Jahrbuch des Pädagogiums Unser Lieben Frauen. Magdeburg 1851

Laeger, A.: Vereinigtes Dom- und Klostergymnasium Magdeburg 1675-1950. Gedenkschrift. Erweiterte Neuausgabe aus Anlaß des 4. Treffens ehemaliger Lehrer und Schüler 1967 in Hannover. Frankfurt/Main 1967

Lassahn, R./Stach, R.: Geschichte der Schulversuche. Theorie und Praxis. (Zerrenner und die wechselseitige Schuleinrichtung, S. 127 - 145) Heidelberg 1979

Laumann, J.: Die Entwicklung der Schulverwaltung der Stadt Magdeburg von 1818 - 1889. In: Geschichtsblätter für Stadt und Land Magdeburg, 74/75. Jahrgang 1939/1941

Laumann, J.: Die Umwandlung des Klosters Unser Lieben Frauen in Magdeburg in ein Pädagogium (1828 - 1834). In: Montagsblatt. Wissenschaftliche Beilage der Magdeburgischen Zeitung. Nr. 31, Jg. 1935, S. 244 - 247

Rayermann, M.: Carl Christoph Gottlieb Zerrenner als Schulreformer und Lehrerbildner. Bochum 1985

Rönne, L.v.: Das Unterrichts-Wesen des Preußischen Staates. Band 1, Berlin 1855

Sägert, C.W.: Bericht über die mit dem Königlichen Schullehrer-Seminare zu Magdeburg verbundene Taubstummen-Anstalt. In: Zerrenner, C. Ch. G. (Hrsg.): Mittheilungen über Erziehung und Unterricht in zwanglosen Heften. Band 1, 2. Heft, Halle 1840

Schmidt, A.: Karl Christoph Gottlieb Zerrenner. Ein Gedenkblatt zu seinem 150. Geburtstage am 15. Mai 1930. In: Montagsblatt. Wissenschaftliche Beilage der Magdeburgischen Zeitung. Nr. 19, 1930, S. 148 - 151)

Schwartz, P.: Der erste Kulturkampf in Preußen um Kirche und Schule (1788 - 1798). Berlin 1925 (Monumenta Germaniae Paedagogica, LVIII)

Weidel, K./Kunze, H.: Das Kloster Unser Lieben Frauen in Magdeburg. (Buchreihe: Germania Sacra Regularis). Augsburg 1925

Weidel, K.: Kampf des Klosters um seine Selbständigkeit gegenüber Ansprüchen des Staates. In: Klosterbote, 3/26, 1980, S. 12 - 15

Weidel, K.: Kampf des Klosters um seine Selbständigkeit gegenüber Ansprüchen des Staates. In: Klosterbote, 4/26, 1980a, S. 12 - 15

Weidel, K.: Kampf des Klosters um seine Selbständigkeit gegenüber Ansprüchen des Staates. In: Klosterbote, 1/27, 1980b, S. 12 - 15

Zerrenner, C.Ch.G..: Über das Wesen und den Werth der wechselseitigen Schuleinrichtung. Magdeburg 1832

Zerrenner, C.Ch.G.: Die Lehrer-Bildungs-Anstalten in der preußischen Provinz Sachsen. In: Zerrenner, C. Ch. G. (Hrsg.): Mittheilungen über Erziehung und Unterricht in zwanglosen Heften. 1. Band, 1. Heft, Halle 1839

Südliches Querhaus mit angrenzender Bebauung des Kirchhofes,
Aufnahme 1888

Chor mit Querhaus, Aufnahme 1888

Kirche nach Osten, Aufnahme 1888

Blick ins Langhaus mit Kanzel am nordwestlichen Vierungspfeiler,
Aufnahme 1891

Chorraum nach der Restaurierung 1890/91,
Aufnahme um 1910

Mittelschiff nach Westen mit der 1907
eingebauten Orgel, Aufnahme nach 1891

Kirche nach Westen, Aufnahme 1888

Südlicher Kreuzgang nach Westen,
Aufnahme 1888

Westlicher Kreuzgang nach Süden,
Aufnahme 1888

Sogenanntes Sommerrefektorium,
Aufnahme 1891

Klosterhof mit Lavatorium und 1850 aufgestocktem Refektoriumsbau,
Aufnahme 1891

Eingang zur Prokuratur am veränderten Refektoriumsbau,
Aufnahme um 1900

Blick in die Regierungsstraße,
Aufnahme 1888

links:
Refektorium, Ostgiebel, Aufnahme 1891

oben: Aula im Obergeschoß des ehemaligen Refektoriums,
um 1930

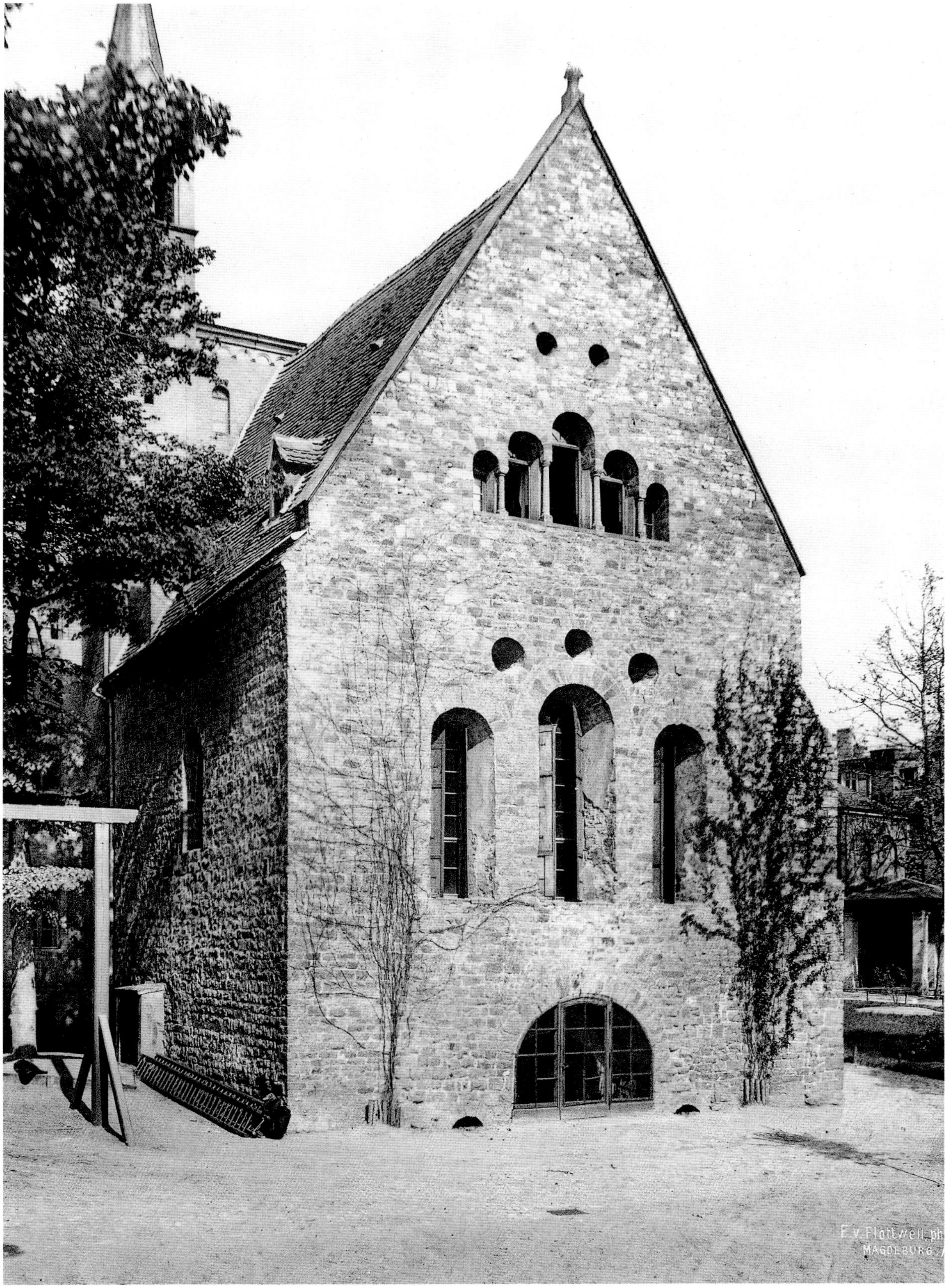
E. v. Flottwell ph
MAGDEBURG

Klosterhof nach Nordwesten, Aufnahme 1891

Martin Wiehle

Zur Erinnerung an bekannte Schüler des Pädagogiums

Das Pädagogium ist die alma mater vieler Schüler, die nach ihrer Schulentlassung in ihren Berufen und Lebensbereichen Leistungen erzielten, die weit über dem Durchschnitt des Gewohnten und Üblichen lagen. Ob es Berühmtheiten sind, darüber mag es unterschiedliche Meinungen geben. Jedenfalls sind es Männer, die sich in ihrem Leben hervortaten und die einen Platz in der Ehrenliste ehemaliger Klosterschüler finden sollten - Philologen, Theologen, Pädagogen, Historiker und Militärs sowie Industrielle, Techniker, Naturwissenschaftler und Mediziner. Einige der aufgeführten Persönlichkeiten waren Tagesberühmtheiten, deren Ruhm heute verblaßt ist. Andere wiederum waren in ihrer Wirksamkeit auf Magdeburg beschränkt. aber auch sie verdienen hier aufgenommen zu werden.

Diese Aufstellung ist eine Auswahl und soll als erster Versuch angesehen werden, Klosterschüler, die sich einen Namen machten, mit ihrer Kurzbiographie vorzustellen. Schüler, die nach ihrem Abitur als festangestellte Lehrer am Pädagogium tätig waren, wurden nicht aufgenommen. Ebenfalls fehlen lebende Personen. Sicher wird der eine oder andere Klosterschüler vermißt werden, aber ein Verzeichnis dieser Art kann immer nur subjektiv sein. Weitere anzustellende Ermittlungen werden sicher noch auf erwähnenswerte Namen stoßen. Der Verfasser ist für Ergänzungen und Berichtigungen dankbar. Die Kurzbiographien sind alphabetisch geordnet, nach dem Namen und Vornamen folgen Geburts- und Sterbedaten sowie Angaben zu Leben und Werk der Persönlichkeiten. Auf der letzten Zeile stehen Angaben zum Schulbesuch im Pädagogium sowie Hinweise auf weiterführende Literatur in allgemeinen Nachschlagewerken, Fachlexika und Periodika (Ohne Biographien)

Albert, Heinrich
1874 Magdeburg-1960 Wiesbaden. Jurist und Politiker. 1919-1921 Chef der Reichskanzlei, 1922/23 Reichsschatzminister, dann Rechtsanwalt und bis 1925 Aufsichtsratsvorsitzender Deutsche Werke Kiel, 1932/33 Generaldirektor Norddeutscher Lloyd Bremen
Abitur 1892

Alvensleben, Albert Graf von
1794 Halberstadt -1858 Berlin. Politiker. 1835-1842 preußischer Finanzminister, setzte sich aktiv für den deutschen Zollverein ein, 1848-1852 stand er der preußischen Hofkamarilla um Leopold von Gerlach nahe und übte großen Einfluß auf den König und seine Politik aus
Abitur 1811,   ADB 1

Alvensleben, Constantin von
1809 Eichenbarleben, Krs. Wolmirstedt-1892 Berlin. Militär. 1853-1856 Generalstabsmajor in Magdeburg, im deutsch-französischen Krieg Korpsgeneral in den Schlachten von Spichern und Vionville 1870
Klosterschüler 1820 bis 1823 ADB 45; ML 2; W

Alvensleben, Gustav von
1803 Eichenbarleben-1881 Gernrode/Harz. Militär. Im Auftrage des preußischen Königs schloß er 1863 mit Rußland das Abkommen zur Unterdrückung des polnischen Aufstandes ab, die sogenannte „Alvenslebensche Konvention", im deutsch-französischen Krieg 1870/71 Armeeführer und General
1815 bis 1819 Klosterschüler   ADB 45

Andreae, Friedrich
1879 Magdeburg-1939 Breslau.
Historiker. 1912 Professor in Breslau, einer der besten Kenner der schlesischen Geschichte, Verfasser der „Schlesischen Lebensbilder" (Vier Bde. 1926-1932)
Abitur 1900   Kl 14,2

Andreae, Wilhelm
1888 Magdeburg-1962 Gießen.
Nationalökonom und Philosoph. Professor in Graz (1926) und danach in Gießen, schrieb zahlreiche Werke zur Philosophiegeschichte, besonders zu Platon sowie über Volkswirtschaft und Gesellschaftslehre, so die „Grundlegung einer neuen Staatswirtschaftslehre"
Abitur 1906   Wer ist's 1935

Bailleu, Paul
1853 Magdeburg-1922 Berlin.
Historiker. 1973 Sekretär Leopold von Rankes, 1906 2. Direktor des Preußischen Staatsarchivs Berlin, verfaßte zahlreiche Beiträge zur preußischen Geschichte. Bekannt wurde er durch das Buch „Königin Luise von Preußen" (1908)
Abitur 1870   DBJ 1922

Bodenstein, Max Ernst
1871 Magdeburg - 1942 Berlin.
Physikochemiker. 1906-1936 Professor Hannover und Berlin, Begründer der modernen Reaktionskinetik, entwickelte 1913 zuerst den Begriff der chemischen Kettenreaktion.
Seine grundlegenden Arbeiten über Gasreaktionen, chemische Gleichgewichte und zur Fotochemie hatten große Bedeutung für die chemische Technik. Mitglied der Preußischen Akademie der Wissenschaften
Abitur 1889   NDB 2; Wer ist's 1935

Conrady, Hermann
1862 Jeßnitz/Anhalt - 1890 Würzburg.
Erzähler und Lyriker. Er zählte zu den Vorkämpfern und Hauptvertretern des literarischen Naturalismus.
In seinen Schriften lehnte er sich gegen bürgerliche Konventionen und literarisches Epigonentum auf.
Abitur 1884   DLL

Draht, Martin
1902 Blumberg bei Torgau-1976 Darmstadt.
Jurist. 1946 Professor Jena, 1949 Freie Universität Berlin. 1950 Richter am Bundesverfassungsgericht, 1946-1971 Professor Darmstadt
Abitur 1921   Kl 22, 4; Wer 1967

Fehse, Wilhelm
1880 Magdeburg-1946 Torgau (Lager).
Germanist und Pädagoge. Bekannter Raabeforscher, gab 1913-1916 die erste Ausgabe der Gesammelten Werke des Dichters heraus.
Verfasser einer Biographie über C. l. Immermann (1940)
Abitur 1898   KLK

Genthe, Friedrich Wilhelm
1805 Magdeburg-1866 Eisleben.
Pädagoge und Schriftsteller, schrieb Sonette, Literaturhistorische Werke sowie die Erinnerungen an „Heinrich Zschokke".
Abitur 1825   ADB 8; DLL

Gloel, Heinrich.
1895 Körbelitz bei Burg-1940 Wetzlar.
Pädagoge und Germanist. Goetheforscher, beschäftigte sich besonders mit Goethes Wetzlarer Zeit und schrieb darüber das Buch „Goethe und Lotte" sowie viele Aufsätze zu dieser Thematik.
Abitur 1875   Kl 15,1; Wer ist's 1935

Gradnauer, Georg
1866 Magdeburg-1946 Berlin.
Journalist und Politiker (SPD). 1918-1920 Mitglied der Sächsischen Revolutionsregierung in Dresden (1919 Ministerpräsident), 1921 kurzzeitig Reichsinnenminister, nach 1933 von den Nazis verfolgt
Abitur 1845   Bl; Kl 5, 4 und 14, 1; W

Greischel, Walter
1889 Spremberg-1970 Freiburg/Breisgau.
Museologe und Schriftsteller, 1923 Direktor Kaiser-Friedrich-Museum Magdeburg, schrieb das Buch „Der Magdeburger Dom".
Abitur 1908

Grosse, Julius
1828 Erfurt-1902 Torbole (Gardasee). Schriftsteller des Münchner Dichterkreises (Romane, Dra-

men, Gedichte), Generalsekretär der Schillerstiftung
Klosterschüler 1836-1843 BJ 1902; ML 1; NDB 7; W

Hamann, Richard
1879 Seehausen/Börde bis 1961 Immenstadt/Allgäu.
Kunsthistoriker, 1913 Professor in Marburg, Verfasser wichtiger Werke zur europäischen Kunstgeschichte. Sein Hauptwerk ist „Geschichte der Kunst" (1933). In mehreren wissenschaftlichen Beiträgen beschäftigte er sich mit dem Magdeburger Dom, Mitglied der Akademie der Wissenschaften der DDR
Abitur 1898

Henne, Eberhard Siegfried
1759 Gunsleben, Krs. Oschersleben-1829 Berlin.
Der namhafte Kupferstecher stach und radierte viel für Daniel Chodowiecki, zeichnete Miniaturen bekannter Zeitgenossen und wurde auch durch Radierungen über den Harz bekannt
Klosterschüler: Daten unbekannt
ADB 11; TH B

Hildebrand, Kurt
1881 Florenz-1966 Kiel.
Wissenschaftler und Schriftsteller, gehörte zum Kreis um Stefan George, über den er 1960 eine Biographie verfaßte, schrieb zahlreiche Werke zur Geistesgeschichte und Philosophie
Abitur 1900   DLL; Kl 25, 1

Hirt, Hermann
1865 Magdeburg-1936 Gießen.
Sprachwissenschaftler, beschäftigte sich besonders mit dem Indogermanischen, schrieb u. a. 1919 „Geschichte der Deutschen Sprache" und 1905 bis 1907 „Die Indogermanen"
Abitur 1885   Kl 13, 2

Hoffmann, Friedrich Wilhelm
1795 Magdeburg-1869 Magdeburg.
Pädagoge und Schriftsteller, Verfasser der dreibändigen „Geschichte der Stadt Magdeburg" (1845-1850) und einer Biographie über „Otto von Guericke"
Abitur 1804

Immermann, Carl Leberecht
1796 Magdeburg-1840 Düsseldorf.
Schriftsteller, Jurist und Theaterintendant. Sein bedeutendes literarisches Werk als Dramatiker und Romancier steht im Übergang von der Romantik zum Realismus im Vormärz.
Mit den Romanen „Die Epigonen" und „Münchhausen" erreichte er literarhistorische Geltung.

Immermann.

Bedeutsam war auch seine Tätigkeit am Düsseldorfer Theater.
Abitur 1813 ADB 14; Kl 14, 4 und 15, 3; ML 1; NDB 10; W

Kahlo, Gerhard
1893 Magdeburg-1974 Cottbus/Lausitz.
Pädagoge, Schriftsteller und Wissenschaftler mit einem vielseitigen Werk als Erzähler, Dramatiker, Lyriker, Herausgeber von Sagen und Märchen sowie als Germanist und Volkskundler
Klosterschüler 1903 bis 1911   Kl 22,1; DLL; W

Kaiser, Georg
1878 Magdeburg-1945 Ascona/Schweiz.
Der Dichter war einer der Bahnbrecher und bedeutendsten Vertreter des expressionistischen

Dramas. Mitglied der Preußischen Akademie der Künste. Die Schulatmosphäre im Kloster verarbeitete er kritisch in zwei Jugenddramen
Klosterschüler 1888 bis 1894   DLL; NDB 11; W

Keydell, Rudolf
1887 Magdeburg-1982 Berlin.
Gräcist und Bibliothekar. 1961 Professor Freie Universität Berlin, Verfasser zahlreicher altphilologischer Schriften
Abitur 1905   Kl 24,4

Kindermann, Carl
1860 Magdeburg-1938 Wehr/Breisgau.
Jurist. 1906 Professor für Nationalökonomie an der Landwirtschaftlichen Hochschule Stuttgart-Hohenheim (heute Universität). Verfasser soziologischer, rechts- und sozialphilosophischer sowie ökonomischer Publikationen
Abitur 1881   Kl 13,4'; Wer ist's 1935

Kohlschmidt, Werner
1904 Magdeburg-?.
Germanist. 1944 Professor in Kiel, 1953 in Bern, Verfasser einer dreibändigen Geschichte der deutschen Literatur, Mitherausgeber des Reallexikons der deutschen Literaturgeschichte
Klosterschüler 1918 bis 1922   Kl 22,4 und 23,3

Leitzmann, Albert
1867 Magdeburg-1950 Jena.
Germanist. Professor in Jena, gab Briefeditionen von Bach, Beethoven, W. von Humboldt's und der Brüder Grimm heraus.
Verfasser von Biographien über Beethoven und Mozart sowie von Werken zum Mittelalter und über die deutsche Klassik
Abitur 1886   DLL

Lindau, Paul
1839 Magdeburg-1919 Berlin.
Schriftsteller, Journalist und Dramaturg, zählte zu den vielseitigsten und einflußreichsten literarischen Persönlichkeiten der Berliner Gründerjahre, 1895-1899 Intendant in Meiningen, ab 1904 Dramaturg am Deutschen Theater und am Schauspielhaus in Berlin
Klosterschüler: Daten unbekannt   BB; DBJ 1917 bis 1920; DLL; W

Loewe, Heinrich (Pseudonym: Heinrich Sachse)
1869 Wanzleben-?
Philologe, zionistischer Politiker und Bibliothekar. Der Professor und Wissenschaftliche Bibliothekar an der Universität Berlin wurde durch zahlreiche Publikationen zum Zionismus, zur jüdischen Literatur und Wissenschaft und zur hebräischen Sprache und Folklore bekannt. 1892 gründete er den ersten zionistischen Verein Deutschlands. 1933 emigrierte er nach Palästina und wurde Leiter der Stadtbibliothek Tel Aviv.
Abitur 1889   EJ 10; Wer ist's 1928

Lütgen, Kurt
1911 Glitzig/Pommern-1991/92? Essen?.
Schriftsteller. Seit 1952 schrieb er zahlreiche Romane, Erzählungen und Kinderbücher und zählte zu den erfolgreichsten deutschen Jugendbuchautoren der Gegenwart.
In seinem biographischen Bericht „Meine Insel ..." berichtete er ausführlich über seine Klosterschulzeit.
Klosterschüler 1922 bis 1931
DLL; Kl 24, 3 und 27, 2

Manteuffel, Edvin Rochus von
1809 Dresden-1885 Karlsbad.
Militär. Als Chef des Militärkabinetts der preußischen Könige von 1857-1865 hatte er großen Einfluß auf die preußische Politik. Als Armeeführer war er an den deutschen Einigungskriegen 1866 und 1870/71 maßgeblich beteiligt. 1873 Generalfeldmarschall
Klosterschüler: 1824 bis (Datum unbekannt)
ADB 52; NDB 16; W

Marcks, Erich
1861 Magdeburg-1938 Berlin. 1893
Professor in Berlin, Historiograph Preußens, Verfasser bedeutender Biographien, so über Bismarck, einer der führenden konservativen Geschichtswissenschaftler der Weimarer Republik
Abitur 1879   BL; HL; Kl 14, 1

Müller, Ludolf
1882 Kalbe/Milde-1959 Magdeburg.
Nach 1933 führendes Mitglied der bekennenden Kirche Deutschlands, wurde er 1945 Vorsitzender der Vorläufigen Geistlichen Leitung und Präses

Gefallenendenkmal im nördlichen Kreuzgang
mit Jünglingskopf von Ludwig Thormaelen, 1920

der evangelischen Kirchenprovinz Sachsen, deren Bischof er von 1947 - 1955 war.
Abitur 1901

Nathusius, Hermann
1809 Magdeburg-1879 Berlin.
Agrarwissenschaftler, bewirtschaftete nach dem Tode seines Vaters, des Wirtschaftspioniers Johann Gottlieb N. das Mustergut Hundisburg bei Haldensleben. Bekannt wurde er durch die Einführung neuer Produktionsmethoden in der Landwirtschaft, besonders der Tierzucht, als Agrarpolitiker in Berlin und als Fachautor.
Klosterschüler: 1828 bis 1829   ADB 23; W

Nauwerck, Albrecht
1892 Möckern bei Magdeburg -1995 Möckern. 1919 Dr. med. in seiner Heimatstadt. Als Feldoberarzt wurde er 1945 von der Sowjetarmee zu lebenslanger Zwangsarbeit verurteilt. Nach der Haft in Sibirien, Torgau und Bautzen kam er 1956 zurück und gab erst 1990 als ältester praktizierender Arzt Deutschlands die Praxis auf.
Abitur 1912

Nethe, Wilhelm August. 1812 Genthin-Altenplathow-1901 Magdeburg. Jurist und Politiker. Seit 1834 als Burschenschafter verfolgt, mußte er bis 1840 Festungshaft erdulden, 1845-1881 Oberbürgermeister in Burg bei Magdeburg, Mai 1848 Mitglied der Preußischen Nationalversammlung
Abitur 1830

Neubauer, Ernst
1865 Magdeburg-1934 Magdeburg. Historiker und Archivar. Er leitete von 1898-1930 das Stadtarchiv Magdeburg (bis 1913 auch die Stadtbibliothek). Er gab das „Häuserbuch der Stadt Magdeburg" heraus und schrieb viele Beiträge zur Stadtgeschichte
Abitur 1884.

Niemeyer, Felix von (seit 1866)
1820 Magdeburg-1871 Tübingen. Mediziner. 1855 Professor in Greifswald, 1860 in Tübingen, Internist, verfaßte mehrere international bekannte Standardwerke. 1848 Mitbegründer der Medizinischen Gesellschaft in Magdeburg als einer der ersten ihrer Art in Deutschland
Abitur 1839   ADB 23; BLA; Jb 1871; W

Parisius, Adolf
1850 Loburg-1928 Großbeeren.
Theologe und Wissenschaftler, machte sich um die Erforschung der Altmark verdient.
Abitur 1869   Kl 7,3

Paul, Hermann
1846 Magdeburg-Salbke-1921 Berlin.
Sprachforscher. 1874 Professor in Freiburg/Breisgau, 1893 München. Verfasser zahlreicher Werke zur deutschen Sprache, Mitherausgeber des „Grundrisses der germanischen Philologie" (1889 bis 1892)
Abitur 1866   DBJ 1921

Petzold, Hans
1913 Magdeburg-1984 Leipzig. 1969 Professor in Leipzig, erwarb sich große Verdienste um die Entwicklung der Gastroenterologie, so als Vorsitzender der Gesellschaft für G. der DDR und durch zahlreiche wissenschaftliche Beiträge.
Abitur 1931

Putlitz, Gustav Heinrich Ganz Edler Herr von
1821 Retzin/Priegnitz 1890 Retzin.
Schriftsteller, Verfasser von Lustspielen, Dramen, Novellen und Romanen, Hoftheaterintendant Schwerin (1863-1866) und Karlsruhe (1873-1888)
Abitur 1841   DLL; ADB 53

Richter, Ernst
1903 Magdeburg-1978 Herrenalb/Schwarzwald.
Mathematiker und Weltraumforscher. Mitarbeiter von Professor Wernher von Braun in Peenemünde, nach 1945 im BRD-Verteidigungsministerium tätig
Klosterschüler: Daten unbekannt   Kl 25, 1

Rosenkranz, Karl Johann
1805 Magdeburg-1879 Königsberg/Ostpreußen.
Philosoph und Literaturwissenschaftler. 1831 Professor in Halle/Saale, 1833 in Königsberg, einer der bekanntesten Schüler Hegels, veröffentlichte als führender Rechtshegelianer die erste Hegelbiographie. In seinem Buch „Von Magdeburg nach Königsberg" berichtete er über seine Schulzeit in Magdeburg.
Abitur 1824   ADB 29; Kl 13, 1; PHL; W

Schink, Johann Friedrich
1755 Magdeburg-1835 Sagan/Schlesien.
Schriftsteller (Dramen und Gedichte) sowie Theaterintendant in Berlin und Hamburg
Klosterschüler 1768 bis Datum unbekannt
ADB 31; W

Schneider, Ludwig
1809 Magdeburg-1889 Schönebeck/Elbe.
1844-1859 Bürgermeister von Schönebeck, 1848 Mitglied der preußischen Nationalversammlung, später des Abgeordnetenhauses, Verfasser mehrerer Werke über die Flora von Magdeburg
Klosterschüler 1822 bis 1830

Schrauth, Walter
1881 Magdeburg-1939 Berlin.
Chemiker und Industrieller, 1924 Professor an der TH Berlin-Charlottenburg, bedeutender Forscher im Bereich der Hydrierprodukte und der Seifenherstellung, Generaldirektor der Hydrierwerke Rodleben/ Anhalt
Abitur 1902   Wer ist's 1935

Schultheiß, Heinrich Wilhelm
1810 Magdeburg-1876 Wolmirstedt.
Mediziner, wurde als Burschenschafter verfolgt und war mehrere Jahre in der Festung Magdeburg inhaftiert. Seit 1845 Sanitätsrat und Hobbyarchäologe in Wolmirstedt
Abitur 1832

Schulz, Friedrich Johann Christoph
1762 Magdeburg-1798 Mitau/Kurland.
Schriftsteller und Politiker, schrieb viel gelesene Unterhaltungsromane, vertrat engagiert die Ideen der französischen Revolution, lebte zeitweilig in Weimar und war hier mit Schiller befreundet.
Klosterschüler 1773 bis 1779   ADB; W

Sickel, Theodor Ritter von (seit 1884)
1826 Aken/Elbe-1908 Meran/Tirol.
Historiker, 1857 Professor in Wien, Mitbegründer der historischen Urkundenkritik, Herausgeber der Abt. Diplomata der Monumenta Germaniae Historica, Verfasser der „Beiträge zur Diplomatik" (acht Bände 1861 bis 1882)
Abitur 1845   BJ 1908; HL; Jb 1887; ML 3

Steinbrecht, Konrad Emanuel
1849 Tangermünde-1923 Marienburg/Ostpreußen. Architekt, stellte in dreißigjähriger Lebensarbeit die Marienburg wieder her.
Abitur 1870   DBJ 1930; ThB; Kl 15, 4

Volk, Wilhelm Gustav Werner. (Pseudonym Clarus)
1804 Halberstadt-1869 Erfurt.
Schriftsteller, Kirchen- und Literaturwissenschaftler. Trat 1855 zur katholischen Kirche über und vertrat in vielen populären Schriften die Dogmen des Katholizismus, trat auch als Verfasser von Handbüchern zur Literaturgeschichte sowie als Erzähler und Übersetzer hervor.
Abitur 1823   ADB 40

Waetzold, Wilhelm
1880 Hamburg-1945 Halle/Saale.
Museologe und Kunsthistoriker. 1912 Professor in Halle, 1920 Berlin, ab 1933 wieder Halle, 1927 - 1933 General-Direktor der Staatlichen Museen Berlin, Verfasser bedeutender Werke, so „Dürer und seine Zeit" (1936)
Abitur 1899

Werner, Reinhold
1825 Weferlingen-1909 Berlin.
Militär. Seit 1849 diente er in der Kriegsmarine, 1875-1878 Chef der Marinestation der Ostsee,

Heinrich Zschokke.

Vizeadmiral, schrieb als Flottenpropagandist mehrere Bücher über die deutsche Marine. Besonders bekannt wurde „Das Buch der deutschen Flotte" (1874).
Klosterschüler 1837 bis 1842

Wille, Bruno
1860 Magdeburg-1928 Lindau/Bodensee.
Schriftsteller, war einer der führenden Vertreter des Friedrichshagener Dichterkreises zur Zeit des Naturalismus sowie Mitbegründer der „Freien Volksbühne" 1890 in Berlin.
In seiner Autobiographie und in dem Roman „Die Abendburg" beschrieb er seine Jugendjahre in Magdeburg.
Klosterschüler bis 1872 (genaue Daten unbekannt)   DLL; W

Zschokke, Johann Heinrich
1771 Magdeburg-1848 Aarau/Schweiz.
Schriftsteller, Pädagoge und Politiker. Einer der einflußreichsten und meistgelesenen Schriftsteller des 19. Jahrhunderts, der sich stets den Ideen der Aufklärung und der Französischen Revolution verpflichtet fühlte.
In seiner Selbstbiographie „Eine Selbstschau" (1842) erzählte er über die Jugendzeit in seiner Vaterstadt.
Klosterschüler um 1787 kurzzeitig   ADB 45; mb 1988; W

ABKÜRZUNGEN

ADB   Allgemeine Deutsche Biographie, Bd. 1-56, Leipzig 1875-1912
BB   Berliner Biographisches Lexikon, Berlin 1993
BJ   Biographisches Jahrbuch und Deutscher Nekrolog, Bd. 1 - 18, Berlin 1897-1917
BL   Biographisches Lexikon zur Weimarer Republik, München 1988
BLÄ   Biographisches Lexikon der hervorragenden Ärzte aller Zeiten und Völker ... Bd. 1-6, Berlin/Wien 1929-1935
DBJ   Deutsches Biographisches Jahrbuch, Bd. 1-11, Stuttgart/Berlin/Leipzig 1925-1929
DLL   Deutsches Literaturlexikon. Biographisch-bibliographisches Handbuch ... Bd. 1 ff. Bern/München 1968 ff.
EJ   Encyclopaedia Judica Bd. 10, Berlin 1934
HL   Historiker-Lexikon ... München 1991
Jb   Jahrbuch des Pädagogiums Kloster Unser Lieben Frauen Magdeburg 1793 ff.
Kl   Der Klosterbote ... Magdeburg 1926-1941 und 1972-1982
KLK   Kürschners Deutscher Literaturkalender. Nekrolog 1936-1970, Berlin 1988
mb   Magdeburger Blätter ... Magdeburg 1988
ML   Mitteldeutsche Lebensbilder ... Bd. 1-5, Magdeburg 1926-1930
NDB   Neue Deutsche Biographie ... Bd. 1 ff. Berlin 1953 ff.
PhL   Metzlers Philosophenlexikon ... Stuttgart 1989
ThB   Thieme-Becker. Allgemeines Lexikon der bildenden Künstler ... Bd. 1-37, Leipzig 1907-1950
W   Wiehle, Martin: Magdeburger Persönlichkeiten, Magdeburg 1993
Wer   Wer ist wer 1967. Das Deutsche Who's Who Bd. 1 West. Berlin 1967
Wer ist's Wer ist's Unsere Zeitgenossen ... Ausgabe 1-32, Leipzig 1905-1993/94

Gudrun Olbrich

Die Anfänge der Bibliothek nach dem Dreißigjährigen Krieg

Die Bibliothek im Kloster Unser Lieben Frauen ist keine mittelalterliche. Als die Prämonstratenser zu Beginn des Jahres 1632 Magdeburg verließen, nahmen sie auch ihre über Jahrhunderte gewachsene alte Bibliothek mit, die bis heute als verschollen gilt. Nachweisbar ist nur ein einziges Buch der Prämonstratenser wieder in den Besitz des Klosters gelangt, das sogenannte „Rote Buch", eine Abschrift von mittelalterlichen Lehnsurkunden. Als Gründungsdatum der heutigen Bibliothek gilt das Jahr 1632. Nachfolgend soll versucht werden, deren Anfänge im 17. Jahrhundert bis zum Ende der Amtszeit von Propst Fischer 1705 aufzuzeigen, was besonders schwierig ist, da sich für diesen Zeitraum, obzwar ab 1638 wieder ein neues Aktenarchiv angelegt wurde, die Quellenlage außerordentlich spärlich darstellt, alle Angaben demzufolge rein spekulativ sind. Erst zu Beginn des 18. Jahrhunderts lichtet sich das Dunkel um den Neuzugang von Büchern, da zumindest die in persönlichem Besitz der Pröpste gewesenen Bücher mit einem Besitzvermerk versehen sind und eindeutig zugeordnet werden können. Die regelmäßige Herausgabe der Jahrbücher der Schule ab 1793 lüftet dann entgültig den Schleier über die Entwicklung der Bibliothek, denn die Buchankäufe sind mit genauem Titel ablesbar.

Nach dem Abzug der Prämonstratenser hatte das Kloster zunächst etliche Jahre leergestanden und war völlig ausgeplündert worden. Zu Beginn des Jahres 1638 wurden vom Domkapitel, das auf Grund des Parochialrechts (Pfarrbezirksrechts) die Verwaltung übernommen hatte, wieder 4-6 Geistliche, nunmehr evangelischer Konfession, eingesetzt. Zum Propst wurde 1642 der Sohn des Dompredigers Reinhard Bake, der durch sein mutiges Auftreten Tilly gegenüber berühmt war, bestimmt. Kurz vor dessen Berufung, Anfang 1641, hatte im Kloster eine Visitation stattgefunden, bei der das gesamte Inventar aufgenommen wurde. Die Bibliothek, die sich damals im oberen Stockwerk der östlichen Klausurgebäude, gleich neben den Zimmern des Propstes, befand, bot wie das übrige Kloster ein Bild der Verwüstung. Am Eingang befand sich laut Protokoll „eine Thuer mit einem Schloß, Schlüssel hespen haken (eine Art Türangel, d. V.), sonsten ist nichts darin, ohne Fenster..." (Landeshauptarchiv, künftig LHA, Rep. 4f, Sect. I, Pos. 2, Nr. 1, Bl. 43).

Was Bücher angeht, fing Bake also bei Null an. Daran wird sich im Laufe seiner vier Amtsjahre auch kaum etwas geändert haben. Wichtigstes Anliegen wird ihm vor allem gewesen sein, die verlorengegangenen Lehns- und Zinsregister wieder zusammenzutragen, um die jahrhundertealten Besitzrechte des Klosters feststellen zu können, die rückständigen Pächte und Zinsen wieder einzutreiben und somit den Fortbestand des Klosters zu sichern. Daß ihm dabei wenig Erfolg beschieden war, belegen die Protokolle der nächsten Visitation, die fünf Jahre später, bei seinem Weggang 1646 erfolgte. Sein Nachfolger im Amt, Propst Philipp Heinrich Malsius (1646-1655), war den mißlichen Verhältnissen besser als er gewachsen, obwohl er den schwierigen Posten im noch recht jugendlichen Alter von 28 Jahren übernahm. Er vermochte das, was Bake trotz sicher redlichen Bemühens versagt geblieben ist, nämlich die Besitzungen des Klosters wiederzugewinnen und auf Dauer zu sichern.

An dieser Stelle sind ein paar Worte über den Status des Klosters nach dem Dreißigjährigen Krieg angebracht. Im Prinzip hatte sich im Vergleich zu den Prämonstratensern nicht viel geändert. Der gravierendste Unterschied war, daß sich die Geistlichen nunmehr zur evangelischen Konfession bekannten. Ansonsten glich ihr Tagesablauf erstaunlich dem ihrer Vorgänger. Wie diese lebten sie in einer klösterlichen Gemeinschaft, die ihre Angelegenheiten selbst verwaltete, gemeinsame Gottesdienste und Andachtsübungen abhielt, eine einheitliche Kleidung trug (jetzt allerdings einen langen schwarzen Mantel), die Mahlzeiten gemeinsam einnahm, sich theologischen Studien widmete und miteinander disputierte.

Noch wurden auch zweimal am Tag die „Horae canonicae" (kanonische Stunden) abgehalten, die eigentlich nur dem katholischen Klerus vorgeschrieben waren, wenn auch reduziert und in abgewandelter Form, denn die morgendliche Hora wurde in lateinischer Sprache, die am Nachmittag aber in Deutsch abgehalten.

Die Geistlichen befanden sich damals ganz offensichtlich in einer Übergangssituation. Obwohl die Reformation mehr als ein Jahrhundert zurücklag, hielten sie zäh an überlieferten Traditionen der katholischen Kirche fest. Noch Propst Müller (1679-1702) sieht das Kloster 1698 als eine geistliche Stiftung, wie sie Erzbischof Gero gegründet hatte, deren Mitglieder zwar jetzt evangelisch waren, doch nach wie vor nach den Regeln des Prämonstratenserordens lebten. Allerdings wechselte im Gegensatz zu jenen, die mit ihrem Eintritt in das Kloster in der Regel ihr ganzes Leben darin verbrachten, der Personalbestand jetzt ständig.

Das Kloster diente, wie die meisten Klöster Deutschlands nach dem Dreißigjährigen Krieg, als eine Art Predigerseminar, als Ausbildungsstätte für Geistliche. Nach dem Tode Malsius' wurde 1655 wieder eine Inventur vorgenommen, bei der erstmals „alte Bücher" erwähnt werden, darunter eine „lateinische Bibel" sowie „Choralbücher". Unter letzterem Begriff verstand man vermutlich im weitesten Sinn Gesangbücher. So dürfte 1655 ein recht dickleibiger Foliant, in Magdeburg 1613 erschienen, schon im Besitz des Klosters gewesen sein: „Cantica sacra" (Heilige Gesänge). Hierbei handelt es sich um eine liturgische Anweisung für die Domkirche, welche Melodien im Laufe eines Jahres zum Gottesdienst früh und abends zu singen sind. Der Druck wurde vom Domkapitel veranlaßt und, da er für alle Kirchen seines Parochialbezirks galt, auch für das Kloster verordnet.

Wenn man sich auch sonst gegen Einmischungen von Seiten des Domkapitels sträubte, wird diese Anweisung befolgt worden sein, zumal sie weitgehend der im Kloster geübten Praxis entsprach. Es überwiegen nämlich eindeutig lateinische Hymnen und Sequenzen, während lediglich 17 deutsche Kirchenlieder aufgeführt sind. Es folgen in der Aufzählung die „Vita patrum", also Lebensbe-

Biblia: Dath ys De gantze Hillige Schifft/verdeutscht durch Dr. Martin Luther Wittenberg, Georg Rhuwen, 1561

schreibungen der griechischen und lateinischen Kirchenväter, die bis etwa dem 5. Jahrhundert lebten, als anerkannte Lehrer und Autoritäten der alten christlichen Kirche galten und so für die angehenden Pfarrer von herausragender Bedeutung waren. Von der beträchtlichen Anzahl von Viten, die die Bibliothek besitzt, sei eine besonders schöne Ausgabe genannt, die möglicherweise schon 1655 vorhanden war. Das Buch, ein in geprägtes Kalbsleder eingebundener Foliant mit dem Titel „Buch der heiligen Altväter", wurde 1482 in Augsburg von Anton Sorg gedruckt und ist mit kolorierten Initialen und Holzschnitten ausgeschmückt.

Alles in allem ein recht dürftiger Vorrat an Büchern, mit dem die Konventualen vielleicht so leidlich den Andachtsübungen nachkommen konnten, doch gründliche wissenschaftliche Studien werden sie damit wohl schwerlich zuwege gebracht haben. So ist leicht nachvollziehbar, daß Malsius, wie er selbst in seinem „Haupt-und Hausbuch" von 1651 angibt, gezwungen war, seine eigenen Bücher zu verleihen: „Ich habe ihnen aber meine Bücher frey zu gebrauch alzeit" (LHA, Rep. A 4 f, Sect.I, Pos. 1, Nr. 5a, S. 104). Daß er seine Privatbibliothek dann letztlich nicht dem bedürftigen Kloster, sondern einem seiner Verwandten, Sebastian Göbel, vererbte, der Anfang 1660 zum Abt des nahegelegenen Klosters Berge gewählt wurde, ist menschlich verständlich angesichts der Streitigkeiten, in die er gegen Ende seiner Amtszeit noch verwickelt wurde.

Die Malsius nachfolgenden vier Pröpste Mauritius Schöne (1655-1660), Hermann Zacharias (1660 bis 1665), Johann Zimmermann (1665-1668) und Samuel Closius (1669-1678) waren alle nur kurz im Amt, doch müssen sie, was die Erweiterung der Buchbestände angeht, recht rührig gewesen sein.

Im Jahre 1678, nach dem Tode Closius', hatte im Kloster wieder eine Visitation stattgefunden, die schon ein weitaus erfreulicheres Bild vermittelt. Innerhalb von 23 Jahren waren ca. 300 Bücher angeschafft worden, eine für diese Zeitspanne immerhin stattliche Menge. Im Visitationsprotokoll heißt es: „In der dritten Cammer" im oberen Kreuzgang, wo sich auch „Globen, Terrestris et Coelestris", also geographisch und astronomische Hilfsmittel, sowie ein „zusammengeschnürte... Convolut gedruckter Sachen" befanden, waren damals auch Bücher untergebracht: „9 Folianten, groß und klein, 26 in Quart, groß und klein...". Auch „in des sel. Herrn Propstes Stube" lagen welche (LHA, Rep. A 4 f, Sect.I, Pos.2, Nr. 1, Bl.89 a). Daß eine brauchbare Bibliothek nun langsam Gestalt annahm, ist nicht mehr von der Hand zu weisen. Darüber, welche Titel das Kloster 1678 schon besaß, können nur Vermutungen angestellt werden. Das große Interesse am Bibeltext, das nach der Reformation eingesetzt hatte, war ungebrochen. Neben der Vulgata waren für die evangelischen Geistlichen die Übersetzungen durch Protestanten wichtig, voran die Martin Luthers, der dabei auf den griechischen und hebräischen Urtext zurückgegriffen hatte. Noch im Besitz der Bibliothek ist eine Vollbibel des großen Reformators in niederdeutscher Sprache, gedruckt von Georg Rhuwen 1561 in Wittenberg, die mit schönen Initialen und großformatigen Holzschnitten ausgestattet ist. Zu den erwähnten neun Folianten könnte ebenso die deutsche Ausgabe des Neuen Testaments in der Übersetzung von Hieronymus Emser, dem mit Luther später verfeindeten Humanisten, gehört haben. Das 1529 in Köln erschienene, typographisch meisterhaft gestaltete Buch, enthält eine ganze Reihe von zum Teil handkolorierten Illustrationen. Unentbehrlich für die Bibelforschung waren die Konkordanzen, die alle wichtigen in ihr vorkommenden Begriffe in alphabetischer Reihenfolge mit Angabe der Fundstelle verzeichnen. Eine der ersten dürfte die „Lanckische Konkordanz" gewesen sein, die lange Zeit zugleich eine der gebräuchlichsten war. Das umfangreiche Werk stammt aus dem Jahre 1667 und wurde in Leipzig veröffentlicht.

Dazu gesellte sich eine außerordentlich zahlreiche exegetische Literatur, die die Bibel interpretierte und auslegte. Eines der frühesten exegetischen Werke war zweifellos das des berühmten mittelalterlichen Theologen Nikolaus von Lyra „Biblia iam pridem renovata" (Die schon längst überarbeitete Bibel). Da dieser die Sprachgesetze zur Richtschnur seiner Auslegungen gemacht hatte, war er von großem Einfluß auf Luther. Die buchkünstlerisch wertvollen drei Bände wurden bei Johannes Amerbach und Johannes Froben 1498 bis 1502 in Basel gedruckt.

Ein weiterer Schwerpunkt des theologischen Studiums ist die Kirchengeschichte. Es ist anzunehmen, daß man zunächst bemüht war, darüber zusammenfassende Gesamtdarstellungen zu erwerben. Zu den frühesten Buchankäufen gehörte mit großer Wahrscheinlichkeit eine epochemachende Kirchengeschichte der Reformation, die „Magdeburger Zenturien". Das erstmals aus protestantischer Sicht geschriebene, 13 Bände umfassende Geschichtswerk wurde von dem in Magdeburg ansässigen gebürtigen Kroaten Matthias Flacius in der Zeit von 1559 bis 1574 in Basel herausgegeben. Ihm lag ein umfangreiches Quellenstudium zugrunde, und die Verfasser, darunter mehrere Magdeburger Gelehrte, hatten versucht, in der chronologisch in Jahrhunderte geteilten Zeit bis 1300 (daher der Titel) die Abkehr der katholischen Kirche vom ursprünglichen Christentum nachzuweisen. Über viele Generationen von Theologen hinweg blieb es das Standardwerk.

Als Hauptquelle für die Reformationsgeschichte galt bis Ende des 18. Jahrhunderts das Werk von Johannes Sleidan „Commentarii de statu religionis et rei publicae Carolo V. caesare" (Kommentare über Religion und Staat unter Kaiser Karl V.), von dem die Bibliothek eine zweibändige Straßburger Ausgabe von 1556 besitzt. Zu den Abhandlungen größerer Zeitabschnitte kam die Literatur zu einzelnen kirchengeschichtlich bedeutsamen Ereignissen und Themen. Zum Bibliotheksbestand zählte 1678 vermutlich schon ein Wiegendruck, der 1486 in Nürnberg erschien, „Viola sanctorum" (Die Wunden der Heiligen). Er enthält in chronologischer Reihenfolge der Monate die von der katholischen Kirche anerkannten Heiligen. Um umstrittenen zeitgenössischen Meinungen entgegentreten zu können, waren außerdem die Schriften der Kirchenväter von herausragender Bedeutung.

So finden sich in gewaltigen Folianten des 15. und 16. Jahrhunderts alle bedeutenden Vertreter: von den Griechen insbesondere Athanasius, Chrysostomos, Eusebius, Gregor von Nazanz, Justin, Isidor und Irenäus, von den Lateinern vor allem Ambrosius, Hieronymus, Tertullian, Boethius und Kyrill von Alexandrien. Zum Studium der Kirchengeschichte gehörten selbstverständlich auch die Scholastiker, die unter Aufnahme des Gesamtwerkes des Aristoteles bedeutende theologische Systeme, sogenannte „Summen" ausarbeiteten und damit ebenfalls das Lehrgebäude der katholischen Kirche prägten.

Zu den größten mittelalterlichen Kirchenlehrern zählt der Dominikanermönch Thomas von Aquin, Schüler des berühmten Albertus Magnus. Von ihm, der zu seiner Zeit Autorität in jeder Streitfrage war, besitzt die Bibliothek eines seiner beiden Hauptwerke, die „Summa contra gentiles" (Summe wider die Heiden), in der er den christlichen Glauben verteidigt, in einer schwergewichtigen Pergamentausgabe aus dem Jahre 1641.

Neben Thomas von Aquin war Bonaventura der einflußreichste Scholastiker. Von ihm existiert ein Druck aus dem 16. Jahrhundert, in dem zahlreiche Textunterstreichungen von intensiver Nutzung zeugen.

Ein weiterer Scholastiker, Petrus Lombardus, muß im Kloster ebenfalls hohe Wertschätzung genossen haben, denn er ist mit zwei seiner Schriften vertreten. Neben seinem Frühwerk von 1478 „Glossa psalterii David" (Glossen zu den Psalmen Davids) ist dies sein Buch „Libri quatuor Sententiarum" (Vier Bücher von Sentenzen), das seinen Ruhm begründete. Als Sammlung des gesamten Lehrgutes der Kirchenväter wurde es zu dem theologischen Leitfaden des Mittelalters. Es liegt in einer Kölner Ausgabe von 1609 vor.

Großes Interesse dürfte auch dem berühmten Philosophen des ausgehenden Mittelalters, Nicolaus Cusanus, entgegengebracht worden sein. Als Kirchenrechtler gelang ihm der sensationelle Beweis, daß die „Konstantinische Schenkung", ein Dokument, auf dem der Anspruch des Papstes auf die Universalherrschaft beruhte, eine Fälschung war. Von noch weitreichenderer Bedeutung war jedoch seine kühne These von der Unendlichkeit des Kosmos, mit der er das gesamte bisherige Weltbild, das „ptolemäische", in Frage stellte. Die Bibliothek ist im Besitz einer seiner philosophischen Hauptschriften „De Docta Ignorantia" (Über das gelehrte Nichtwissen) in einer Ausgabe aus dem 15. Jahrhundert.

Mit Sicherheit gehörten zu den im Visitationsprotokoll von 1678 aufgeführten Büchern auch die Werke der großen Reformatoren der Kirche aus dem 16. Jahrhundert.

Vor allem gilt dies für die ersten Werkausgaben Martin Luthers. So ist sowohl eine 4-bändige lateinische vorhanden, die 1556-1558 in Wittenberg gedruckt wurde, als auch eine deutsche in neun Bänden, die in Jena fast zeitgleich 1555-1557 erschien.

Dieselbe Wertschätzung hat zweifellos auch Philipp Melanchthon genossen, denn seine Schriften sind zahlreich vertreten. Bestimmt gehörten zu den ersten Anschaffungen seine „Loci communes" (Allgemeine Grundwahrheiten), die erste evangelische Dogmatik, in der Übersetzung von Justus Jonas, gedruckt 1538 in Wittenberg. Dieses Buch, welches Luther als das beste nach der Bibel bezeichnete, zählt heute zu den Verlusten, die hauptsächlich durch die Auslagerung der Bibliothek im 2. Weltkrieg entstanden sind.

Von außerordentlicher Relevanz für die Ausbildung der Theologen muß Melanchthons „Examen ordinandorum" (Examen der Ordinanten) gewesen sein, ein Prüfungsbuch für angehende Pfarrer, das quasi seine zweite Dogmatik darstellte. Die Wittenberger Ausgabe von 1554 ist gleich in zwei Exemplaren erhalten.

Untrennbar mit Melanchthons Namen sind vor allem die beiden grundlegenden Bekenntnisschriften der Reformation, die Augsburger Konfession von 1530 und deren Apologie (Verteidigung) verbunden. Beide sind in mehreren Drucken nachweisbar, unter anderem im sogenannten Konkordienbuch (Eintrachtsbuch), welches sämtliche Bekenntnisschriften der lutherischen Kirche beinhaltet. Dazu zählt auch die Konkordienformel, die in enger Beziehung zu Magdeburg steht. 1577 wurde sie im Kloster Berge verabschiedet, deshalb auch „Bergisches Buch" genannt, um die nach dem Tode Luthers aufgekommenen Streitigkeiten in der lutherischen Kirche beizulegen. In die Bibliothek fand ein Magdeburger Druck von 1581 Eingang. Eng verflochten mit der Kirchengeschichte war in der stark religiös ausgerichteten Gesellschaft die Allgemein- oder Universalgeschichte. So boten die Welt-, Reichs-, Städte- und Klosterchroniken bestimmter Geschichtsschreiber, Annalen, Urkundensammlungen und Abschiede von Reichstagen mit den entsprechenden Erlassen der Kaiser wertvolle Ergänzung.

Zu den frühesten Ankäufen wird wahrscheinlich auch ein weitverbreitetes Werk von Johann Carion, dem Lehrer Melanchthons, gehört haben, die „Chronik vom Anfange der Welt bis auf Kaiser Karl V.", das in drei Exemplaren des 16. Jahrhunderts erhalten ist.

Dasselbe gilt auch für den häufig aufgelegten Abriß der Weltgeschichte des Johannes Sleidanus „De quatuor summis imperiis" (Von den vier Weltreichen). Größter Wert scheint auch auf die berühmte „Weltchronik" von Hartmut Schedel gelegt worden zu sein. Die Bibliothek besaß sowohl die Erstausgabe in lateinischer Sprache, erschienen 1493 bei Koberger in Nürnberg, als auch eine deutsche Übersetzung, die 1496 in Augsburg bei Schönsperger gedruckt wurde. Beide Ausgaben sind heute allerdings nicht mehr vorhanden.

Zum Bibelstudium und damit zur Vorbereitung auf das künftige Pfarramt gehörte auch die katechetische Literatur, Lehrbücher also, die in Form von Frage und Antwort im christlichen Glauben unterweisen. Stark verbreitet in Deutschland waren die beiden Katechismen Luthers. Während der Kleine Katechismus als „Laienbibel" für jedermann geschrieben worden war, diente der Große

Siegfried Sacc: Leichpredigten
Etlicher fürnemen Personen,
Magdeburg, Paul Donat, 1596

als Unterrichtshilfe und Instruktion für Lehrer und Pfarrer. Von ihnen lassen sich verschiedene Ausgaben nachweisen.

Von besonders praktischer Bedeutung waren homiletische Schriften, im engeren Sinne Lehranweisungen für die Gestaltung von Predigten, die ja ein Erziehungsmittel ersten Ranges für das Volk waren, im weitesten Sinne Predigtsammlungen jeglicher Art, gehalten zu den unterschiedlichsten Anlässen. Sie nehmen deshalb breiten Raum im Buchbestand ein. Neben „Leychpredigten", zum Beispiel vom 1. Domprediger Siegfried Sakc, der

1591 die erste evangelische Predigt im Kloster gehalten hat, Hochzeits- und Huldigungspredigten sind dies zahlreiche Postillen (Predigten, in denen biblische Abschitte erklärt werden). Von ähnlicher Breitenwirkung wie Luthers Bibelübersetzung war seine Kirchenpostille, die in einem Druck von 1567 erhalten geblieben ist. Im regelmäßig wiederkehrenden Rhythmus des Kirchenjahres lieferte sie Beispiele für Predigten, wurde für Generationen lutherischer Pfarrer das Predigtbuch schlechthin.

Von überragendem Interesse für die Geistlichen im Kloster muß jedoch die polemische Literatur gewesen sein, erlebte diese doch gerade im 16. und 17. Jahrhundert ihre Blütezeit. Die erste Flut von Streitschriften setzte mit Beginn der Reformation ein. Magdeburg, das bereits 1524 zum lutherischen Glauben übergetreten war und dem Schmalkaldischen Bund angehörte, entwickelte sich in der Folgezeit zu einer Hochburg der „ketzerischen Evangelischen".

Stellvertretend für viele andere sei „Der von Magdeburg Ausschreiben an alle Christen", das kurz vor der Belagerung der Stadt 1550 durch die Truppen Moritz' von Sachsen erschien, genannt. Schriften gegen das Augsburger Interim drucken zu lassen, das 1548 vom Kaiser als Reichsgesetz verkündet wurde und auf die Rekatholisierung der evangelischen Gebiete hinzielte, wagte man nur in Magdeburg. Von Matthias Flacius, der sich im Interimsstreit besonders hervortat, stammt die Schrift „Widder die vermeintliche gewalt und Primat des Pabstes". Doch wurden nicht nur die Schriften der eigenen Religionspartei für wichtig erachtet, sondern auch die der Katholiken und Reformierten, denn diese drei Konfessionen prägten ab 1550 das religiöse Leben. So findet sich im Bestand auch die Schrift eines der schärfsten Gegner Luthers, Johann Cochläus, „Septiceps Lutherus" (Der siebenköpfige Luther), in einem Pariser Druck von 1564, die den Reformator auf unrühmliche Weise verunglimpft.

Nach Luthers Tod 1546 nahmen die Streitigkeiten, die innerhalb der lutherischen Kirche zwischen den Lutheranern und den Melanchthonschülern (Philippisten) ausgebrochen waren, immer mehr an Schärfe zu. Mit der Annahme des Konkordienbuches 1577, das eine einigende Lehrgrundlage geschaffen hatte, hätten diese Kämpfe beendet sein können, doch war dies nur vorübergehend der Fall. Stattdessen leitete sie durch ihre klare Abgrenzung zu den anderen Konfessionen nun die klassische Periode der Orthodoxie ein. So wird das ganze 17. Jahrhundert noch stärker als zuvor von Dogmatik und Polemik beherrscht.

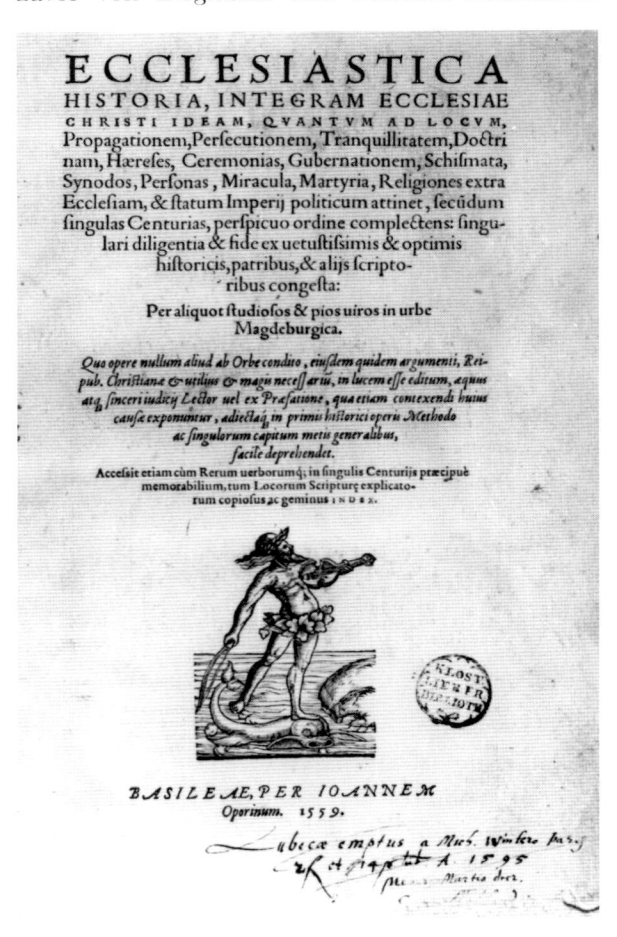

Die Magdeburger Zenturien, [Bd.1], Basel 1559

Jede der drei seit 1648 anerkannten Konfessionen beanspruchte, im Besitz der alleinigen Wahrheit zu sein und versuchte, diesen Anspruch zu begründen.

Daß im Kloster die aktuellen theologischen Kontroversen mit besonderem Eifer verfolgt wurden, ist nicht verwunderlich. Die Unmenge an Schriften gerade aus dieser Zeit belegt dies deutlich. Alle Polemiker, die damals Rang und Namen hatten, sind vertreten, so die Lutheraner Martin Chemnitz, Leonhard Hutter, Johann Gerhard, Abraham Calov, Conrad Dannhauer, von den Reformierten Friedrich Spanheim und von den Katholiken die beiden Jesuiten Robert Bellarmin und Petrus Canisius.

Dazu kamen Schriften, die nicht der Kontroversliteratur zuzuordnen sind, wie die des Helmstedter Georg Calixt, der für eine Wiedervereinigung der Konfessionen eintrat. Er wurde des „Synkretismus" (Religionsmischung) bezichtigt und fand von Seiten der Lutheraner erbitterte Ablehnung. Der 1646 ausgebrochene Streit zog sich bis zum Ende des 17. Jahrhundens hin.

Unentbehrlich für das theologische Studium war auch die kirchenrechtliche Literatur. Zusammen mit zivil- und staatsrechtlichen Schriften war sie gerade für die Geistlichen im Kloster auf Grund der ständigen Auseinandersetzungen mit dem Domkapitel und anderen Behörden von größter Relevanz. Breiten Raum nimmt zunächst das Recht der römisch-katholischen Kirche ein, das „Corpus juris canonici" (Kanonisches Recht). Dieses war aus verschiedenen Quellen, auf biblischer Grundlage, aus den Lehren der Kirchenväter und den Beschlüssen der Konzilien nach dem Vorbild des Römischen Rechts (Corpus juris civilis) entwickelt worden. Der größte Teil dieses Kanonischen Rechts erhielt um die Mitte des 12. Jahrhunderts seine feste Gestalt durch das Werk des Mönches Gratian. Unter der Bezeichnung „Decretum Gratiani", die es später erhielt, ist es in einer dreibändigen Baseler Ausgabe von 1511 in der Bibliothek erhalten. Auch die Erlasse der verschiedenen Päpste im 13. und 14. Jahrhunden, die dem Werk Gratians hinzugefügt wurden, wie die Gregors IX. oder Klemens' V., sind in etlichen Drucken vorhanden

Die protestantische Kirche lehnte das Kanonische Recht ab, setzte ihm jedoch kein ähnlich kodifiziertes Gesetzbuch entgegen. Ihr Kirchenrecht manifestierte sich nun in Kirchenordnungen, die nach dem Reichstag in Speyer 1526 von den Landesobrigkeiten als Landesgesetze erlassen wurden. Die erste evangelische Kirchenordnung und wegweisend für die folgenden war die von Johann Bugenhagen in plattdeutscher Sprache verfaßte Braunschweiger, die die Bibliothek in der Erstausgabe von 1528 besitzt.

Spezifisch Kirchenrechtliches fand seine Ergänzung in allgemein staatsrechtlichen Gesetzen der Landesregierung, wie beispielsweise „Sämtliche Fürstliche Magdeburgische Ordnungen und vornehmste Mandate, welche der Fürst August postulierter Administrator publiziert hat". Leider ist das 1673 in Leipzig erschienene Werk heute nicht mehr im Bestand.

Angesichts der anhaltenden Einmischungen von Seiten des Domkapitels dürfte der nachfolgende Titel für das Kloster besonders bedeutsam gewesen sein: „Kurtzes gegründetes Bedencken, ob im heiligen Römischen Reich die Erz=Hohe=und andere Stifte ... beständiglichen in ihrem Esse und Wesen zu erhalten", welches 1617 in Halberstadt erschien, denn er enthält die Ansichten bekannter Juristen und Theologen, darunter auch des Dompredigers Sakc, über die Existenzberechtigung von geistlichen Stiften im 17. Jahrhundert.

Der Schwerpunkt der Buchankäufe nach dem Dreißigjährigen Krieg lag, bedingt durch die Funktion des Klosters, ohne Zweifel bei der theologischen Literatur. Doch ist anzunehmen, daß auch der Humanismus, die neben der Reformation zweite große geistige Strömung im 16. Jahrhundert den Charakter der Bibliothek nicht unwesentlich mitgeprägt hat. Für einen gebildeten Menschen war es nach wie vor unerläßlich, sich mit der antiken Kultur bekannt zu machen. Die Reihe der griechischen Schriftsteller eröffnet Aristoteles, der größte und vielseitigste Gelehrte des Altertums, der das ganze Mittelalter hindurch die Autorität in philosophischen Fragen war und den Machtanspruch der Kirche begründen half. Von ihm existieren zahllose Ausgaben, sowohl seiner naturwissenschaftlichen Schriften, die teilweise noch durch keine neueren Entdeckungen überholt waren, als auch seiner ethisch-moralischen. Neben ihm stehen die Werke so bedeutender Philosophen wie Platon, Sokrates, Epikur, Demokritos, Thales und Xenokrates.

Von Euklid, dem berühmtesten Mathematiker der Antike, könnte 1678 sein in griechischer Sprache verfaßtes Hauptwerk „Stoicheion" (Die Elemente), gedruckt 1533 in Basel, schon vorhanden gewesen sein, das eine Zusammenfassung alles bis zur Zeit Euklids angesammelten geometrischen Wissens ist.

Genauso einflußreich war das Hauptwerk des Ptolemäus, sein „Almagest", der bis ins 17. Jahrhunden das Grundwerk der Astronomie blieb. Sein durch ihn begründetes geozentrisches System, bei dem die Erde im Mittelpunkt steht, galt wie die

Lehren des Aristoteles als unumstößlich. Seltsamerweise läßt es sich jedoch im Katalog nicht nachweisen. Möglicherweise hat es sich bei den im Protokoll aufgeführten „Coelestris", den Kosmos betreffendem Anschauungsmaterial, befunden und ist dann irgendwann verlorengegangen.

Von ähnlicher Bedeutung wie sein astronomisches Lehrsystem war die seines geographischen Weltbildes. Ptolemäus gilt als der bedeutendste Kartograph der Weltgeschichte, seine Karten hat später Kolumbus benutzt. Es ist leicht nachvollziehbar, daß die Geistlichen im Kloster angesichts der zahlreichen Entdeckungen starkes Interesse an seiner „Geographia universalis" (Allgemeine Geographie) hatten und sie deshalb frühzeitig in einer Baseler Ausgabe von 1540 ankauften. Vom „Vater der Medizin", Hippokrates, dem man im Altertum überragende Bedeutung beimaß, der als erster die exakte Beobachtung des Krankheitsverlaufs einführte, besitzt die Bibliothek einen Druck von 1588 mit dem Titel „Oeconomia Hippocratis" (Einteilung des Hippokrates), der in alphabetischer Reihenfolge medizinische Begriffe erklärt.

Große Bedeutung wurde offensichtlich auch der antiken Geschichtsschreibung beigemessen. So ist das aus neun Büchern bestehende Werk des „Vaters der Geschichtsschreibung", Herodot, in vielen Auflagen erhalten.

Auch die „Römischen Historien" des Polybius, die den Aufstieg Roms zur Weltmacht darstellen, gibt es in einer sehr schönen, mit Holzschnitten illustrierten Ausgabe von 1574. Neben den Leistungen der Griechen auf philosophischem, medizinischem, naturwissenschaftlichem und geschichtshistorischem Gebiet galten jedoch vor allem ihre Dichtungen als unübertroffen. So sind die Werke Homers, des größten epischen Dichters, vor allem seine „Ilias" und „Odyssee", die Tragödien der drei bedeutendsten Dramatiker Aischylos, Euripides und Sophokles, die Fabeln Äsops sowie die Komödien Aristophanes' in unzähligen Ausgaben vorhanden.

Gemessen an ihrer zahlenmäßigen Präsenz, genossen die römischen Autoren dieselbe Wertschätzung. Im Gegensatz zu ihren griechischen Vorgängern, die Hervorragendes in den reinen Wissenschaften geleistet haben, lag ihre Größe jedoch im Aufbau und in der Verwaltung ihres riesigen Reiches.

Als besonders mustergültig wurde ihre Rechtsprechung angesehen, so daß das römische Recht in Gestalt des „Corpus juris civilis", des Gesetzeswerkes von Kaiser Justinian I., im 15./16. Jahrhundert in Deutschland, wo es auf Grund der politischen Zersplitterung kein einheitliches Recht gab, als „gemeines" Recht übernommen worden war. Da es erst Ende des 18. Jahrhunderts nach und nach vom „Allgemeinen Preußischen Landrecht" verdrängt wurde, war es also im 17. Jahrhundert noch voll in Kraft und demnach für die Konventualen zusammen mit dem Kirchenrecht von aktueller Bedeutung. Die Bibliothek ist, abgesehen von späteren Bearbeitungen, im Besitz einer voluminösen, in Schweinsleder eingebundenen Ausgabe von 1537, die typographisch meisterhaft gestaltet ist. Zahlreiche handschriftliche Randbemerkungen zeugen von emsiger Benutzung.

Die Römer brachten, bedingt durch ihre weltweiten Eroberungen, große Historiker hervor, die unvergängliche Geschichtswerke geliefert haben: Cato, Cicero, Caesar, Curtius, Rufus, Titius Livius, Tacitus. Sie alle sind in zahlreichen Drucken vorhanden.

Die Naturwissenschaften sind von den Römern kaum gefördert worden, dennoch war ein solches Werk von gleicher Dauerhaftigkeit wie etwa die Lehren Euklids oder des Ptolemäus, nämlich die „Naturalis historia"(Naturgeschichte) von Plinius Secundus dem Älteren. Diese, eine Art Enzyklopädie über fast alle Wissensgebiete der Antike, war bis ins 19. Jahrhundert an allen höheren Schulen Grundlage für den Naturkundeunterricht. Von diesem Werk befinden sich in der Bibliothek mehrere Drucke, darunter eine Inkunabel aus dem Jahre 1497. Das Studium der antiken Schriftsteller sollte jedoch nicht allein Sachwissen vermitteln; vor allem der alten Sprachen wegen wurde es betrieben. Oberste Priorität hatte dabei Latein, denn seit dem Mittelalter war es die Gelehrten- und Kirchensprache. Die Geistlichen sollten aber auch fähig sein, die Heilige Schrift in der Ursprache zu lesen, um nachweisen zu können, daß der Protestantismus das echte und ursprüngliche Christentum sei.

Doch bedurfte es nicht nur der bloßen Kenntnis von Grammatik und Orthographie, sondern nach wie vor auch der von den Humanisten gerühmten „Eloquenz" (Beredsamkeit). Insbesondere die römischen Redner, Staatsmänner und Poeten lieferten vielbewunderte Beispiele für diese Sprachgewandtheit: Cicero, Seneca, Terenz, Ovid, Horaz und Vergil. Mit den Schriften der antiken Klassiker unmittelbar verbunden sind alle Humanisten des 16. Jahrhunderts, denn entweder gaben sie deren Werke heraus, übersetzten und kommentierten sie, verfaßten Wörterbücher und Grammatiken zu den alten Sprachen, Lehrbücher der Rhetorik und Poesie oder sammelten antike Sprichwörter. Die Schriften der drei bedeutendsten Humanisten Italiens, dem Ursprungsland des Humanismus, - Dante, Petrarca und Boccacio - haben offensichtlich nicht so sehr das Interesse der Geistlichen gefunden, oder aber ihre Sinnenfreude wurde als verderblich angesehen, denn sie können erst nach 1700 Eigentum des Klosters geworden sein. Dafür dürften die Werke eines anderen verdienstvollen italienischen Humanisten, Aldus Manutius, schon früh für die Bibliothek erworben worden sein. Von ihm, dem Begründer einer berühmten venezianischen Buchdruckerwerkstatt, sei zumindest sein vielgelesenes, 1514 erschienenes Buch „Institutionum grammaticarum libri quatuor" (Vier Bücher grammatikalischer Einrichtungen) erwähnt.

Vom unbestritten führenden Humanisten, Erasmus von Rotterdam, einem gebürtigen Niederländer, ist eine schöne Ausgabe seiner „Adagiorum chiliades quatuor" (4000 Sprichwörter) in einem Baseler Druck von 1574 vorhanden.

Das Haupt des deutschen Humanismus, Johannes Reuchlin, ist zwar mit keiner eigenen Schrift vertreten, doch befinden sich im Bestand die „Clarorum virorum epistolae" (Briefe berühmter Männer) in einer frühen Ausgabe von 1558, die eine Sammlung von Solidaritätsbekundungen bekannter Humanisten an Reuchlin sind, dem der Ketzerprozeß drohte.

Den Humanisten nahestehend war der Straßburger Jurist Sebastian Brant, der viele antike Autoren herausgab, Kommentare und Vorworte verfaßte oder empfehlende Gedichte dazu schrieb. Auch „Das Narrenschiff", eine Satire auf die Mißstände der Zeit, mit dem er berühmt wurde, fand Aufnahme in den Bestand. Leider ist die lateinsprachige Erstausgabe von 1494 nicht mehr nachweisbar. Dieses Schicksal teilt es mit einer gleichfalls lange Zeit beliebten Dichtung, dem „Froschmeuseler" des Rektors am Altstädtischen Gymnasiums in Magdeburg, Georg Rollenhagen, die, typisches Beispiel für die bewußte Nachahmung antiker Vorbilder (hier Homer), in einem Magdeburger Druck von 1596 vorhanden war.

Neben diesen noch heute geläufigen Namen stehen die zahlreicher humanistischer Gelehrter, die inzwischen weitestgehend in Vergessenheit geraten sind, darunter Michael Neander, Hieronymus Wolf, Johannes Sturm oder Joachim Camerarius. Ihren heutigen Charakter erhielt die Bibliothek allerdings erst mit der neuen Bestimmung, die das Kloster durch die Einrichtung einer Schule erhielt. Den ersten Schritt hierzu tat der aus Sangerhausen stammende Philipp Müller, der im Jahre 1679, nachdem er zuletzt Professor der Beredsamkeit und Dichtkunst an der Universität Jena gewesen war, zum Propst des Klosters berufen worden war. Als er seinen Posten antrat, muß er eine für die Belange der Geistlichen schon recht brauchbare

Novus Atlas, Das ist Weld-beschreibung ..., 6.Teil,

Büchersammlung vorgefunden haben. Zweifellos werden aktuelle polemische Schriften dazugekommen sein. Auch dürften die bereits vorhandenen dogmatischen Werke gerade in seiner Amtszeit beträchtliche Ergänzungen gefunden haben.

Neben der alles beherrschenden Dogmatik der lutherischen Orthodoxie gab es allerdings auch andere theologische Strömungen, deren Wurzeln bis ins Mittelalter zurückgingen. So gewann eine umfassende Erbauungsliteratur immer mehr an Einfluß. Am berühmtesten und verbreitetsten waren wohl die „Vier Bücher vom wahren Christentum" von Johann Arndt. Diesen Titel, der eineinhalb Jahrhunderte lang jedes Jahr eine neue Auflage erlebte, besaß die Bibliothek in einem Druck von 1679. Ebenso hatte die Kirchengeschichte im ausgehenden 17. Jahrhundert, nachdem sie lange stagnierte, nun endlich durch Theologen wie Christian Kortholt, Thomas Ittig und Adam Rechenberg eine schöpferische Weiterentwicklung erfahren.

Die Streitsucht der Theologen hatte sich auch auf die Gestaltung der Predigten äußerst negativ ausgewirkt. Das, was auf der Kanzel zu hören war, bestand nur noch aus trockener Gelehrsamkeit, um das „Ketzertum" der Gegner nachzuweisen.

Die herrschenden Mißstände lösten letztlich den Pietismus aus, die große geistige Bewegung innerhalb der evangelischen Kirche zwischen 1670 und 1730, die das kirchliche Leben reformieren wollte und an die Stelle erstarrter Dogmatik lebendige, allerdings übertriebene Frömmigkeit, gesetzt hat.

Philipp Müller war kein Freund der Pietisten. Dennoch ist anzunehmen, daß er für die heute überaus zahlreiche pietistische Literatur zumindest den Grundstein gelegt hat. Darunter fallen sicherlich auch etliche Schriften des Begründers des Pietismus, Philipp Jakob Spener, zum Beispiel dessen Schrift „Die Freiheit der Gläubigen" aus dem Jahr 1691, in der er sich gegen Vorwürfe verteidigt, er sei der Urheber der in Hamburg ausgebrochenen Unruhen. Als gebürtigem Thüringer werden Müller jedoch besonders die Vorgänge in Erfurt um Francke und Breithaupt interessiert haben. In einem dicken Sammelband befinden sich etliche, obzwar für die Pietisten Partei ergreifende Schilderungen derselben von Kaspar Sagittarius, der ab 1674 an der Universität Jena Professor der Geschichte und somit, bis zum Weggang Müllers nach Magdeburg, dessen Kollege war.

Von Müllers eigenen Veröffentlichungen befinden sich fünf im Bestand. Eine davon, „Der Fang des edlen=Lebens durch Frembde Glaubens=Ehe", die 1689 gedruckt wurde, brachte ihm eine über einjährige Festungshaft in Spandau ein, weil das brandenburgische Herrscherhaus darin eine Beleidigung sah. So konnte das Kloster ein wichti-

J. Rösel = Der monatlich herausgegebenen
Insecten-Belustigung, 2. Teil,
Nürnberg 1749

ges Jubiläum, das des 100. Jahrestages der ersten evangelischen Predigt, im März 1691 nicht pünktlich feiern. Ungeachtet dessen hat der „rabiate" Propst Müller in jahrelangen Streitigkeiten mit dem Domkapitel und fast allen örtlichen Behörden seine Kraft für die Interessen des Klosters eingesetzt. So scheute er sich nicht, sich in verschiedenen Angelegenheiten direkt an den Kurfürsten zu wenden.

Beredtes Zeugnis für sein verdienstvolles Wirken ist ebenfalls seine 1694 veröffentlichte Schrift „Des Klosters Unser Lieben Frauen Kirchenrecht", in der er zu beweisen suchte, daß die auf Grund des Parochialrechts vom Domkapitel erhobene Forderung, im Kloster keine geistlichen Amtshandlungen vorzunehmen, unrechtens sei. Im Prinzip wollte er das, was schon fast hundert Jahre altes Gewohnheitsrecht war, wieder rückgängig machen. Zunächst widersetzte er sich, daß Taufe, Beichte, Abendmahl, Kommunion und Beerdigung von einem Domprediger durchgeführt wurden, und ab 1681 begann er selbst, Beichte und Abendmahl in der Kirche zu halten. Sehr wahrscheinlich wurde zu diesem Zweck das heute älteste Buch der Bibliothek angeschafft, ein handschriftliches, etwa um 1400 entstandenes Missale, das das Ritual und die Gesänge der Messe enthält. Bei den zahlreichen Prozessen, die Müller führte, leistete ihm vermutlich die „(Chur=Fürstliche Brandenburgische...ProzeßOrdnung" aus dem Jahre 1686 nützliche Dienste.

In Müllers Amtsperiode fällt eine gravierende Veränderung im Klosterleben. Wie seine Vorgänger hatte er zunächst die seit 1620 von den Landständen erhobene Forderung nach Einrichtung einer „Schule für Knaben" mit der Begründung abgelehnt, daß dies die angespannte Finanzlage nicht erlaube. Ende des 17. Jahrhunderts beugte er sich schließlich dem nicht nachlassenden Druck. Am 1. Juni 1698 erließ er einen entsprechenden Aufruf an die Bevölkerung, „Erziehung und Unterricht der inländischen Jugend bey diesem Closter zu Gemeinem Besten zu befördern." Das Bildungsziel war für die damalige Zeit sehr anspruchsvoll, denn es sollte „was ein jeder vernünfftige Mensch (in) ... denen so nöthigen Sprachen, Vernunfft= Lehre, Mathematic, Theologie, Beredsamkeit, Tichter=Kunst...wissen muß", vermittelt werden. Doch mit der Umsetzung scheint es Müller nicht eilig gehabt zu haben. Noch im November 1701 muß er vom Kurfürsten gemahnt werden, nun endlich zur Tat zu schreiten („Warumb solches nicht allezeit geschehen?"). Und da er kurz darauf aus dem Amt schied, dürfte es ihm kaum vergönnt gewesen sein, mehr in dem „Pflantz= Garte" sprießen zu sehen als das, was ohnehin schon da war. Wegen der gelegentlichen Unterweisung der Chorknaben, die es seit Malsius zur Durchführung des Gottesdienstes im Kloster gab, sowie einzelnen „Schulknaben", die ihren Hauptunterricht allerdings in anderen Schulen erhielten, war er offensichtlich noch immer der Ansicht, der Forderung sei damit längst Genüge getan.

Auch wenn es während seiner Amtszeit also zu keinem eigentlichen, geordneten Schulbetrieb gekommen ist, fand doch, zwar unregelmäßig und ohne einen eigens dafur angestellten „Informator", Unterricht statt. Hauptfach war dabei Latein. Begonnen wurde traditionsgemäß mit der Grammatik. Die auswendig gelernten Regeln wurden dann an einfachen Texten, meist religiösen

Georg Andreas Böckler;
Theatrum machinarum novum - Schauplatz der Mechanischen Künste von Mühl= und Wasserwercken, Nürnberg 1661

Inhalts, geübt am Vaterunser, den zehn Geboten, Psalmen, den Evangelien oder am Kleinen Katechismus. Diesbezüglich war schon ausreichend Literatur vorhanden, doch dürfte etliches neu dazugekommen sein. Vielleicht auch der 1503 erschienene „Lateinisch Psalter mit dem Teutschen nutzbarlichen dabey getruckt". Er ist ein typisches Beispiel für die Gepflogenheit der Zeit, um den durch große Typen hervorgehobenen eigentlichen Text die kleingedruckten Kommentare anzuordnen.

Auch für das „Handbüchlein", 1557 erschienen, das Melanchthon für Latein lernende Kinder geschrieben hatte, könnte dies zutreffen. Neben religiösem Stoff enthält es auch Weisheitssprüche griechischer Klassiker. Möglicherweise ließ Müller auch den von Mülberger 1680 für Schulzwecke herausgegebenen Katechismus „Gottes Ehr Durch Kinder=Lehr" erwerben. Bei gefestigten Sprachkenntnissen wurden dann die antiken Autoren gelesen: Fabeln Äsops, Briefe und Reden Ciceros, Ovid und Vergil, mit Vorliebe auch die Komödien des Plautus und Terenz. Doch gab es hier oft moralisch bedenkliche Stellen, so daß auch auf die Lektüre christlicher Dichter zurückgegriffen wurde. Zu den meistgelesenen gehörte Prudentius, dessen religiöse Erzählungen außerordentlich geschätzt wurden.

Breiten Raum müssen für die Chorknaben natürlich die musikalischen Übungen eingenommen haben.

Müller wird auch nicht umhin gekommen sein, elementare Kenntnisse in den Realien zu vermitteln, zuallererst in der „Historie". Die biblische Geschichte war natürlich schon immer Studienobjekt der Geistlichen, doch kam nun das eine oder andere Buch mit einfachen Erzählungen aus der Bibel hinzu, wie die „Historischen Erquickstunden" von Jakob Zanach, deren starke Gebrauchsspuren verraten, daß es äußerst beliebt war. Vor allem aber nahm die Landes- und Reichshistorie an Bedeutung zu. So könnte damals die 1679 in Jena gedruckte „Chronik Preußens" von dem Deutschordenspriester Christian von Dusburg Aufnahme in den Bestand gefunden haben.

Unmittelbar mit dem Geschichtsunterricht war der in der Geographie verbunden. Ein möglicher Neuzugang könnte der Titel „Newe außführliche Entdeck=Und Beschreibung der gantzen Welt", der 1658 in Frankfurt erschien, gewesen sein, ebenso der das Chinesische Reich beinhaltende sechste Band des „Novus Atlas" (Neuer Atlas) des berühmten niederländischen Karthographen Joan Blaeu in einem Amsterdamer Druck von 1655.

Auch die Mathematik muß einen bescheidenen Platz eingenommen haben. Den Geistlichen kam es besonders darauf an, kirchliche Feste und Feiertage ausrechnen zu können. Vermutlich wurde damals das zweite von insgesamt drei Rechenbüchern vom „Vater des Einmaleins", Adam Ries, für die Bibliothek erworben. Sein 1528 erschienenes „Rechnung auff der Linihen unn federn", welches didaktisch meisterhaft in das schriftliche Rechnen mit den arabischen Zahlen einführte, zählte zu den „Bestsellern" des 16./17. Jahrhunderts.

Mehr noch als die spärlichen Ansätze eines Realienunterrichts sind jedoch andere Bücher, die unter Müller den Weg ins Kloster gefunden haben müssen, Sinnbild für den tiefen Wandel im Geistesleben, der sich seit Ende des 16. Jahrhunderts, mit der Wiederanknüpfung an die Antike, angebahnt hatte. Ein gewaltiger Aufschwung der Wissenschaften setzte damals ein, besonders der Jurisprudenz, der Medizin, der Mathematik und Physik.

Diese Entwicklung, unterbrochen durch den Dreißigjährigen Krieg, setzte sich nach dem Westfälischen Frieden verstärkt fort. Dieser hatte einen völligen Umschwung im sozialen und politischen Leben gebracht. Dem Adel, der nun statt des Bürgertums die führende Rolle in der Gesellschaft innehatte, war an der Förderung der Wissenschaften sehr gelegen, um sie in eigenem Interesse im zivilen (Architektur, Mechanik) und militärischen Bereich (Fortifikation) anwenden zu können.

Die Theologie verlor zunehmend an Einfluß, immer mehr entglitt ihr die Führung im geistigen Leben. An ihre Stelle traten Philosophen und Naturwissenschaftler, die nicht den Ursprung in Gott sahen und mit Hilfe ihres Verstandes allgemeingültige, mathematisch erfaßbare Gesetze entdecken und für das diesseitige Leben fruchtbar machen wollten: Bacon, Descartes, Spinoza, Hobbes, Kopernikus, Galilei, Kepler, Newton, Boyle und Guericke. Besonders Ende des 17. Jahrhunderts klagten alle Theologen über einen sich verstärkenden Atheismus. Fast alle bedeutenden Philosophen der Zeit wurden dessen bezichtigt. Um ihren „unchristlichen" Anschauungen entgegentreten und möglichst wiederlegen zu können, war es unumgänglich, dieselben zumindest gelesen zu haben.

Möglich, daß sich zu Zeiten Müllers also schon ein besonders „ketzerisches" Buch im Bestand befunden hat, das „Tractatus theologico-politicus" (Theologisch-politisches Traktat) des Niederländers Benedict Spinoza. Diese Schrift vom „Fürst der Atheisten", die die Bibliothek in der Erstausgabe von 1670 besitzt, wurde im Kloster sicherlich mit Abscheu gelesen. Auch von dem Franzosen

Rene Descartes sind mehrere Titel vorhanden, darunter seine „Principia philosophiae" (Prinzipien der Philosophie) in einem Amsterdamer Druck von 1685. Ebenso könnte Müller die „Opera omnia" (Sämtliche Werke) des englischen Materialisten Francis Bacon noch angekauft haben, denn sie sind in einer Ausgabe von 1694 vorhanden. Da er das starre Festhalten an religiösen Glaubenssätzen kritisierte, dürfte auch er nicht auf viel Zustimmung gestoßen sein. Die naturwissenschaftlichen Forschungen zogen massenhaft Erfindungen und Entdeckungen nach sich. Entsprechende Publikationen haben scheinbar zunächst jedoch keine Aufnahme in die Bibliothek gefunden, was bei den konservativen Traditionen verpflichteten Geistlichen verständlich ist. Eine Ausnahme könnte das Werk des berühmten Bürgermeisters und Naturwissenschaftlers Otto von Guericke sein, dessen „Experimenta nova Magdeburgica de Vacuo Spatio" (Magdeburger Experimente über den leeren Raum) in der Amsterdamer Erstausgabe von 1672 vorliegen. Größeres Interesse dürfte man im Kloster vermutlich vor 1700 dem Glauben an überirdische Kräfte, Teufel und Hexen inbegriffen, entgegengebracht haben, denn der war im Gefolge der wissenschaftlichen Forschungen neu aufgeflammt. Selbst namhafte Gelehrte befürworteten die Ausrottung der Hexen, wie zum Beispiel der große Staatstheoretiker Jean Bodin in seiner Schrift „Daemonomania", die in einem Druck von 1590 erhalten ist. Der vielseitige Gelehrte Agrippa von Nettesheim, der den Ruf eines großen Magiers genoß, war einer der ersten, die es wagten, eine Hexe zu verteidigen. Die Bibliothek ist im Besitz seiner zweibändigen „Opera" (Werke) aus dem 16. Jahrhundert, die auch seine Hauptschrift „De occulta philosophia" (Über die geheime Weltweisheit) enthalten.

Dem Nachfolger Müllers, Johann Fischer (1702-1705), der zuvor 25 Jahre lang Superintendend der livländischen Kirche war, blieb es vorbehalten, die Einrichtung der Schule endlich in die Tat umzusetzen. Ihre tatsächlichen Anfänge belegen neun Schülerbeurteilungen, die kurz nach seinem Tode 1706 geschrieben wurden.

Wie bei Müller scheint sich auch bei ihm der Unterricht fast nur auf die alten Sprachen und die religiöse Unterweisung beschränkt zu haben. Zumindest nahmen die Realien nach wie vor nur eine untergeordnete Rolle ein. Neu, zumindest belegbar, ist die Aufnahme der „Poesie Germaniae" in den Lehrplan, worin deutlich der Geist der Zeit zum Ausdruck kommt. Anzunehmen, daß damals alle bedeutenden deutschen Dichter Aufnahme in den Bestand fanden: Grimmelshausens „Simplizissimus", Lohensteins „Arminius und Thusnelda" sowie das Theoriebuch von Martin Opitz „Acht Bücher deutscher Poematum".

Die Untersuchung über die vermutlich ersten Buchanschaffungen nach dem Dreißigjährigen Krieg soll damit zum Abschluß kommen. Bedingt durch die Funktion des Klosters in dieser Zeit,

Nova Experimenta,
Rotterdam 1669

hatte die theologische Literatur zwangsläufig oberste Priorität. Während hier ein schon beachtlicher Grundstein gelegt worden ist, können die anderen 13 Sachgebiete, die heute die Differenziertheit des Bestandes ausmachen, mehr oder weniger erst in Ansätzen vorhanden gewesen sein. Der Schwerpunkt der Buchankäufe verlagerte sich erst in der folgenden Zeit der Aufklärung, nachdem das Kloster mit der Einrichtung der Gelehrtenschule eine neue Bestimmung erhalten hatte. Der Staat brauchte nun weltgewandte fähige Zivilbeamte für den juristischen und diplomatischen Dienst, aber auch tüchtige Militärbeamte. Dies schlug sich in der Bibliothek in einer beträchtlichen Zunahme der staatswissenschaftlichen Literatur nieder: Geographie, Genealogie, Heraldik, Reichs- und Rechtshistorie, Staatenkunde, Philosophie, die Naturwissenschaften sowie die modernen Fremdsprachen Französisch und Englisch erfuhren eine stetige Aufstockung. Eine Untersuchung dieses Zeitabschnitts, die einer späteren Publikation vorbehalten sein soll, wird mit Sicherheit viele weitere bibliophile Kostbarkeiten der Blbliothek zutage befördern.

Martin Wiehle

„... eine Dank verdienende Achtsamkeit und belobend prüfende Beurtheilung ..."

Im neuen Jahrbuch des Pädagogiums schrieb der damalige Rektor August Friedrich Göring 1810, daß die „Rezensenten in gelehrten Zeitungen ... dem kleinen Jahrbuche und den ... darin entwickelten Gedanken und Vorschlägen bis jetzt eine Dank verdienende Achtsamkeit und belobend prüfende Beurtheilung ..." (Jahrbuch 1810, 30) zu Teil werden ließen.
Versuchen wir im folgenden zu ergründen, ob die Jahrbücher auch heute, nach fast zwei Jahrhunderten diese Aufmerksamkeit verdienen.
Obwohl die Jahrbücher mit teilweise längeren zwischenzeitlichen Unterbrechungen bis 1928 erschienen, konzentriert sich der folgende Beitrag im allgemeinen auf den Zeitraum von 1793 bis zum Tode Rötgers 1831.
Die Jahrbücher des Pädagogiums sind der Gattung der Schulprogramme zuzuordnen, die meist in der Literatur als Programme bezeichnet werden und die in Deutschland seit dem 17. Jahrhundert[1] von Lateinschulen, Pädagogien, Gymnasien und anderen Schulen herausgegeben wurden. Hervorgegangen sind sie aus Einladungsschriften an die Patronate der Gymnasien, Universitäten, Landschulen und Ritterakademien für Schulfeiern mit dem Programm zur Verabschiedung der Schüler, verbunden mit einem Jahresbericht. Dazu kam meistens eine Abhandlung über ein wissenschaftliches oder ein pädagogisches Thema, zuerst in lateinischer, später überwiegend in deutscher Sprache. Sie waren weit verbreitet. So erschienen allein in Magdeburg von 1677 bis 1810 in den Pädagogien Kloster Berge und Kloster Unser Lieben Frauen sowie im Domgymnasium 245 Programme (Neubauer 1914/15, 204-298). Schon frühzeitig erkannten einsichtige Pädagogen den Wert von derartigen Schulpublikationen für die öffentlichkeit. Johann Gottfried Gurlitt trat 1801 im Vorwort zu seinen Schulschriften lebhaft für sie ein und hob die „Nützlichkeit öffentlicher Redeübungen und Prüfungen ... und sogenannter einladender Programme" hervor, da das „Publicum ... mit Recht einige Rechenschaft ... von Zeit zu Zeit fordern könne (Gurlitt 1808, XIII).
August Hermann Niemeyer sprach sich dagegen aus, in Programmen „irgend eine wissenschaftliche Materie" zu erörtern, sondern war für die „Behandlung mehr allgemeiner pädagogischer Gegenstände oder spezieller Themen mit Beziehung auf die Schule." Ebenso wie Gurlitt sah er den Nutzen solcher Abhandlungen darin, eine „allgemeine Theilnehmung für die Schule zu erwecken." (Niemeyer 1805, 230) Als er dies niederschrieb, standen die Programme als pädagogisches Schrifttum gleichberechtigt neben Monographien und Zeitschriften. Es war die Zeit der großen pädagogischen Reformbestrebungen vom Philanthropismus bis zum Neuhumanismus, in jenem „Schwebezustand zwischen Tradition und Erneuerung" (Jeisman 1974, 38).
Die Jahrbücher des Pädagogiums Kloster Unser Lieben Frauen (im folgenden als Pädagogium bezeichnet) bestanden seit 1793. Ihr Begründer war Gotthelf Sebastian Rötger. Sie wurden mit mehreren, teilweise längeren Unterbrechungen bis 1928 herausgegeben, nachdem bereits 1698 sowie von 1715 bis 1775, ebenfalls mit zum Teil längeren Pausen[2] der jeweilige Propst Schulprogramme veröffentlichte.
Der Titel des Jahrbuchs und die buchhändlerische Ausstattung wechselte mehrfach: 1793 bis 1803 „Jahrbücher", wobei die Jahresschriften fortlaufend als Stücke 1 bis 12 gezählt waren und 1795, 1799 und 1803 jeweils vier Stücke in einem Band,

also in Band 1-3, zusammengefaßt wurden; 1804 bis 1818 „Neues Jahrbuch", ebenfalls in zwölf Stücken und drei Bänden, die 1807, 1811 und 1818 erschienen; „Fortsetzung des Neuen Jahrbuches" 1821, 1824 und 1828 bis 1831, auch mit einer Stückzählung. Ab 1835 wählte Zerrenner den Titel „Neue Fortsetzung des Jahrbuches" mit einer fortlaufenden Zählung der einzelnen Jahresschriften als Hefte.

Die vorherrschende Zweiteilung der Schulprogramme in Preußen in wissenschaftliche Abhandlungen und Schuljahresbericht traf auch auf die Jahrbücher zu. Ein Viertel des Seitenumfanges entfiel im Durchschnitt auf den Jahresbericht. Die Seitenzahl der jährlichen Stücke war sehr unterschiedlich und umfaßte eine Spanne von 76 bis 167 Seiten. Der Durchschnittswert lag bis 1818 bei reichlich 100 Seiten, nach der längeren Pause ab 1821 wegen des Nachholebedarfs bei den Schulnachrichten etwa bei 130.

Aus Zweckmäßigkeitsgründen wird im folgenden die allgemeine Bezeichnung „Jahrbuch" gewählt und bei Zitierungen das jeweilige Jahr der Veröffentlichung des Programmes angegeben.

In der Geschichte der Jahrbücher sind deutlich zwei große Abschnitte erkennbar, wobei das Jahr 1831 die Zäsur mit dem Tode Rötgers bildet. Die eigentliche Ära Rötgers schloß, soweit sie die inhaltliche Seite der Jahrbücher betrifft, bereits 1818 mit der Übergabe der Herausgeberschaft an Rektor Karl Friedrich Solbrig ab.

Die zweite Periode in der Geschichte der Jahrbücher beginnt 1835, nachdem Karl Christoph Gottlieb Zerrenner die Würde des Propstes übernahm. Durch das neue Statut vom 2. Februar 1834 entwickelte sich das Pädagogium von einer Privatanstalt mit weitgehenden Rechten für Propst und Konvent zu einem preußischen Gymnasium unter staatlicher Schulaufsicht. Ein neuer Geist zog ein und das wirkte sich auch zunehmend auf das Jahrbuch aus. Zerrenner hielt es nicht für nötig, die so einschneidende Veränderung im Status der Schule im Jahrbuch auch nur mit einem Wort zu erwähnen. Nicht nur, daß die jährliche Schulschrift in den folgenden Jahren unregelmäßig erschien, eine Durchsicht der Beiträge zeigt, daß er dem Jahrbuch kein neues inhaltliches Profil geben, aber auch die Rötgersche Linie nicht weiter verfolgen wollte. Die Kritik von G. Hertel[3] an Zerrenners Herausgebertätigkeit trifft den Kern der Sache, wobei er allerdings übersah, daß der neue Propst infolge der gegenüber der Rötger-Ära veränderten Politik Preußens zur Entwicklung des höheren Schulwesens weit weniger Spielraum zur selbständigen Gestaltung der Jahrbücher als vorher besaß. Da sich seit 1835 auch in den späteren Jahrzehnten im wesentlichen Inhalt und Form nicht veränderten, kann man diese zweite Periode in der Geschichte der Jahrbücher bis zur Beendigung der Selbständigkeit des Pädagogiums ansetzen.

Auch in einigen literarischen Wochenblättern wurden die Jahrbücher erwähnt und rezensiert. So wurden Stücke des Jahrbuches in der Nicolaischen „Neuen Allgemeinen Deutschen Bibliothek" bis zum Ende ihres Erscheinens rezensiert, im allgemeinen wenig wertend, wobei nur wenige Beiträge hervorgehoben wurden, so der Beitrag von Rektor Göring, in dem der Besprecher „den erfahrenen und denkenden Schulmann" erkannte (Neue Allgemeine Deutsche Bibliothek 1804, 181f.) Eine gründliche, ausführliche und wohlwollende Rezension eines Artikels des gleichen Lehreres am Pädagogium im Jahrbuch 1806 (Neue Leipziger Literaturzeitung 1806, 2388), wo ebenfalls Göring als ein verdienter Pädagoge, „der alles so lehrt wie er es aus eigener Erfahrung geschöpft hat", gewürdigt wurde, ist erwähnenswert. Ein zusammenfassendes und reflektierendes Bild der Jahrbücher des Zeitraumes von 1793 bis 1812 insgesamt, bieten die Jahrgänge der „Allgemeinen Literaturzeitung". Auch hier wiederum beschäftigten sich die Kritiker fast ausschließlich mit den Abhandlungen von Göring. Dies geschieht meist sehr ausführlich. Ein Kritiker bescheinigte dem „sehr trefflichen Schulmanne" die nach seinen Auffassungen sehr nützlichen Gedanken, empfahl ihm allerdings „mehr Kürze des Vortrages" (Allgemeine Literaturzeitung 17.10.1811, 913). Aber auch Beiträge von Rötger und Ernst Wilhelm Wachsmuth wurden besprochen, allerdings weniger umfangreich. Ein allgemeines Resümee des Jahrbuches bietet die Einschätzung in der „Allgemeinen Literaturzeitung" 1811 mit dem Wunsch, daß Rötger, „einer der geschicktesten und wirksamsten Veteranen in der Erziehungs- und Unterweisungskunst", fortfahren würde, „hier Rechenschaft über sein Wirken dem Publicum abzulegen und zugleich belehrende und ebenso gut gedachte als ausgesprochene Erfahrungen und Aufsätze mitzutheilen (Allgemeine Literaturzeitung 17.11.1811, 913). Welche Rolle spielten die Jahrbücher in der Literatur über das Kloster mit seinem Pädagogium? Auf die Defizite in der Darstellung der Geschichte des Pädagogiums hat Förster bereits verwiesen und ebenfalls darauf, daß die Schule fast ausschließlich lokalgeschichtlich beachtet wurde[4].

Kurze Nachricht von dem Pädagogium am Kloster U. L. Frauen in Magdeburg.

Magdeburg, 1793.
Gedruckt mit Pansaischen Schriften.

Noch ungünstiger sieht das Bild aus, wenn es um die Einschätzung der Jahrbücher geht. Nur bei Bormann/Hertel und in der Festschrift „Das Kloster ..."[5] werden sie in den Text einbezogen, während die anderen Werke zur Klostergeschichte die Programmschriften nicht erwähnen oder nur beiläufig wie Berghauer, Weidel/Kunze und Hertel[6]. Erfreulich ist dagegen die umfangreiche Auseinandersetzung mit dem Inhalt der Jahrbücher in der Dissertation von Förster. Er beschränkt sich nicht darauf, wie die anderen Autoren, die Jahrbücher nur als Quelle zur Schulgeschichte auszuwerten, sondern sieht in ihnen eine wichtige Grundlage für den Zugang zu den Erziehungsauffassungen ihrer Lehrer[7].

Diese Ansicht vom Eigenwert der Jahrbücher als Schulschriften und damit als pädagogische Literatur kommt der Meinung von Pädagogen zum Ende des 18. und am Anfang des 19. Jahrhunderts sehr nahe. August Hermann Niemeyer, einer der bekanntesten Pädagogen der Zeit verfaßte 1796 das Handbuch „Grundsätze der Erziehung...", das zu seinen Lebzeiten acht Auflagen erlebte und bis in die Mitte des vergangenen Jahrhunderts als pädagogisches Standardwerk galt. Schwarz nannte es 1829 „das reichhaltigste Werk über Erziehung ..." und zählte es zur „wichtigsten pädagogischen Literatur der Zeit" (Schwarz 1829, 511). Wie bereits erwähnt, äußerte sich Niemeyer sehr positiv über Schulprogramme und nannte oft bei der Darlegung praktischer Fragen des Unterrichts und der Erziehung weiterführende pädagogische Literatur[8], darunter mehrfach Abhandlungen aus Schulschriften. Wiederholt werden dabei die Jahrbücher des Pädagogiums zitiert. Hier finden wir die Angabe von Beiträgen aus der Feder von Rötger, Friedrich Johann Delbrück und August Friedrich Göring aus den Jahren 1793, 1795, 1797 sowie 1805 (zum Teil mehrfach erwähnt) mit folgenden Themen: Schulzensuren, Lehrplan, Lektionsklassen, Schulferien[9].

Die allgemeine Wertschätzung Niemeyers für das Magdeburger Pädagogium und für Rötger wird deutlich aus folgenden Sätzen im Zusammenhang mit einer Würdigung Delbrücks als Erzieher des preußischen Kronprinzen: „nachdem er schon vorher für eine vorzügliche Schule Magdeburgs in Verbindung mit einem so theoretischen und praktisch so einsichtsvollen Pädagogen wie G. S. Rötger rühmlich gearbeitet hatte" (Niemeyer 1823, 383f.) Bekanntlich war Niemeyer mit Magdeburg eng verbunden. Als angesehenes Mitglied der Mittwochgesellschaft weilte er oft in Magdeburg. Eine enge Freundschaft verband ihn mit Rötger.

Die Jahrbücher sind in mehrfacher Hinsicht eine wichtige Quelle. Es wäre allerdings verkehrt, sie nur als Fundgrube für die Schulgeschichte des Pädagogiums zu betrachten[10], auch wenn sie ohne Zweifel während der Amtszeit von „Vater Rötger" das meiste Material für die Historie der Institution bieten. Die späteren Jahrgänge sind in der Widerspiegelung der Schulgeschichte lückenhaft, besonders für die Zeit bis 1842.

Abgesehen von den teilweise umfangreichen und oft zu sehr ins Detail gehenden Jahresberichten als unmittelbarer Schulchronik, die etwa ein Viertel der Seitenzahlen der Jahrbücher umfassen, sind hier wichtige, zum Teil umfassende Abhandlungen zur Leitung und Organisation der Schule, zum Lehr- und Stundenplan, zu einzelnen Lehrfächern, zu verwendeten Lehrbüchern und Unterrichtshilfen, zur Zensurengebung sowie zur Geschichte des Pädagogiums erwähnenswert. Sie stammen fast ausschließlich von Rötger[11].

Wichtig sind die Jahrbücher als genealogische Quelle. Die seit 1793 bis 1824 etwa alle zwei Jahre auf den Umschlägen der Stücke abgedruckten Listen der neuen Schüler, weiterhin die besonders im ersten Jahrzehnt relativ ausführlichen Charakteristiken der Abiturienten und der anderen abgehenden Zöglinge sowie andere Angaben aus den Jahresberichten stellen eine unerschöpfliche Fundgrube dar, um die soziale und regionale Zusammensetzung, den gewünschten Studienort und die gewählte Fachrichtung an der Universität oder den künftigen praktischen Beruf zu bestimmen. Diese Angaben sind weit umfangreicher und aussagekräftiger als die Aufstellung der Namen der Schüler von 1780 bis 1898 im Jahrbuch[12]. Die Jahrbücher sind auch sehr inhaltsreich bezüglich der Veränderungen innerhalb des Lehrkörpers. Der bisherige Lebensweg und Bildungsgang der neuen Lehrer wurde meist ausführlich wiedergegeben. Laudationes beim Abgang oder aber in der Eigendarstellung, oft sehr faktenreich, geben ein gutes Bild der pädagogischen Anschauungen, Erfahrungen und Verdienste der Pädagogen. Sie bieten viel mehr Details und zeitgenössisches Kolorit als die beiden Aufstellungen der Namen der Lehrer zur Zeit von Propst Rötger[13].

Wichtig für die Biographie Rötgers sind eine Reihe von Beiträgen im Jahrbuch, so seine persönlichen Erinnerungen und Abhandlungen, die sich anläßlich von Jubiläen und nach seinem Tode mit Leben, Werk und Persönlichkeit des großen Pädagogen beschäftigen[14].

Für die Geschichte des Unterrichts und der Erziehung im Zeichen pädagogischer Reformbestrebungen vom Philanthropismus bis zum Neuhumanismus in Preußen sind die Jahrbücher bedeutungsvoll. Die hier veröffentlichten Beiträge reihen sich ein in die umfangreiche pädagogische Literatur der Zeit, die neue Wege in der Schulorganisation und der Einordnung der Schulen in das gesellschaftliche Umfeld als auch der Gestaltung der Lehrpläne, des Unterrichts sowie der Erziehung zum Staatsbürger und Staatsdiener suchte. Hier vollzog sich hauptsächlich der lebendige Austausch von Erfahrungen, Ideen und Gedanken über schulische Fragen in der Öffentlichkeit. Die Wirksamkeit des Pädagogiums und die Publizierung der hier gesammelten Erfahrungen in den Jahrbüchern ist ein Teil dessen, was Jeismann „als ein Zusammentreffen der unterschiedlichen lokalen Verhältnisse und Möglichkeiten und einer allgemeinen Reformtendenz" ansieht, „deren Grundrichtung sich in der pädagogischen Publizistik ausdrückt" (Jeismann 1974, 38-39).

Rötger konzipierte die Jahrbücher von Anfang an inhaltlich in dieser Richtung, wenn er in der Vorbemerkung zum ersten Stück des Jahrbuches zum Ausdruck brachte, „daß sie mehr als Schulnachrichten bringen sollten, sondern ... unsere Erfahrungen anderen ... Erziehern mittheilen, insonderheit auch von unseren Lehrmethoden in einzelnen Fächern und ... Klassen, durch Aufsätze unserer Lehrer selbst nähere und entwickelte Nachricht geben ..." (Jahrbuch 1793, 2-3).

Ohne näher auf die in den Jahrbüchern behandelten Themen zur Erziehung und Bildung eingehen zu wollen[15], ist hervorzuheben, daß diese bei den Abhandlungen (also ohne die Jahresberichte mit der Schulchronik) quantitativ und qualitativ absolut im Vordergrund stehen. Dabei sind die Schulreden zur Entlassung der Abiturienten und der anderen Schulabgänger mit einzubeziehen. Hier behandelten die Autoren, meist die Rektoren Delbrück und Göring, wichtige Erziehungsfragen, wie Streben nach sittlich-moralischer Vollkommenheit, Charakterstärke und nach anderen Tugenden, Dankbarkeit gegenüber den Eltern und der Schule, Vaterlandsliebe und Erfüllung staatsbürgerlicher Pflichten. Diese Reden waren nicht nur an die Adresse der ausscheidenden Schüler und ihrer Verwandten oder an die anderen Zöglinge gerichtet, sondern bekundeten öffentlich Gedanken zum Erziehungsauftrag der Schule. Sie bedeuteten weitaus mehr als allgemeine, von Zeit und Raum losgelöste moralische Appelle. In ihnen steckte der Versuch, sich geistig mit Zeiterscheinungen im Zeichen gesellschaftlicher Umbrüche und aufkommender Wertverluste und Wertumwandlungen auseinanderzusetzen. Etwa drei Viertel des Seitenumfanges der Schulprogramme entfallen auf Beiträge über Unterricht und Erziehung, wobei da nicht einmal die abgedruckten Schuldokumente und die Beiträge zu Ehren Rötgers berücksichtigt wurden.

Artikel über andere Wissenschaftsbereiche außerhalb der Pädagogik waren während der Zeit, als Rötger Herausgeber war, sehr selten. Das änderte sich entscheidend, als Rektor Solbrig die Nachfolge in der Edition der Schulprogramme übernahm, insbesondere seit 1828. Pädagogische Themen spielten nach 1835 fast keine Rolle mehr. Analysiert man die Beiträge bis 1897, so beschäftigen sie sich zu zwei Dritteln mit Fragen der klassischen Philologie. Die Gründe für diese radikale inhaltliche Veränderung sind weitaus mehr als im Sinneswandel einzelner Personen begründet. Sie sind hauptsächlich im Zusammenhang mit der preußischen Gymnasialpolitik und den daraus abgeleiteten Substanzverschiebungen innerhalb der Gestaltung der Schulprogramme und der schrittweisen Einengung der Selbständigkeit der Schulleiter zu suchen. Die Pädagogen, die den Inhalt der Jahrbücher vor Solbrig bestimmten, waren neben Rötger vor allem Delbrück und Göring. Dabei handelte es sich um Persönlichkeiten, die den Praktiker mit dem Theoretiker verbanden, die mehr praxisbezogen als spekulativ agierten und den freien Gedankenaustausch mit anderen Schulmännern suchten. Propst Rötger verstand es, die richtigen Menschen an die richtige Stelle zu setzen, ihnen Verantwortung zu übertragen und geistigen Spielraum einzuräumen. Er gewann die beiden ersten Rektoren in seiner Amtszeit, die weitgehend den inneren Schulbetrieb verantworteten, neben ihren Unterrichts- und Alumnatsverpflichtungen dazu, in den Jahrbüchern zu veröffentlichen. Dabei übertrug er seine Aufgeschlossenheit gegenüber neuen Unterrichtsmethoden auf sie.

Schon sehr bald nach ihrem Eintritt in das Lehramt im Pädagogium, zog er Johann Friedrich Gottlieb Delbrück (1792 bis 1800 Rektor) und Friedrich August Göring (1796 Lehrer, 1800 bis 1816 Rektor) in die Gestaltung des Jahrbuches ein. Von Delbrück stammen dreizehn Beiträge, und von Göring sogar einundzwanzig. Deshalb stimmt die Aussage von der alleinigen Verfasserschaft Rötgers nicht - so schrieb Janike über die „von ihm ins Leben gerufenen und fast ausschließlich von ihm verfaßten ... Jahrbücher" (Janike, 304). G. Hertel formulierte, „daß die meisten von Rötger selbst herrühren, andere, besonders bei feierlichen Reden, gehören den Rektoren an" (Hertel, G., 326). Ohne die Bedeutung Rötgers für die Gestaltung der Jahrbücher schmälern zu wollen, denn ihm fällt der Ruhm des Begründers zu und er war der spiritus rector, ist es notwendig, die entscheidende Mitwirkung von Delbrück und Rötger an den Schulprogrammen in das rechte Licht zu setzen. In den dreißig Stücken, die zu Lebzeiten Rötgers erschienen, wurden siebenundachtzig Abhandlungen veröffentlicht. Davon stammen sechsunddreißig vom Propst, also etwa vierzig Prozent, der allerdings bis 1818 den überwiegenden Teil der Schulnachrichten selbst verfaßte. Aber auch eine qualitative Auswertung zeigt, daß gerade von den beiden Rektoren eine Reihe der bedeutungsvollsten Artikel stammt. Bei der Mehrzahl (22) der 26 in den Jahrbüchern erschienenen wesentlichen Beiträge zu Fragen des Unterrichts und der Erziehung sind sie die Verfasser. Teilweise handelt es sich um Schriften, die vom Inhalt, der Bedeutung und dem Umfang her den Charakter von Monographien besitzen, besonders einige von Göring[16]. Nach seinen viel beachteten schulpraktischen Aufsätzen in den ersten Stücken des Jahrbuches[17], widmete sich Rötger später hier mehr schulpolitischen Fragen der Zeit sowie der Darstellung der Organisation des Schulablaufes im Pädagogium und der Geschichte des Klosters und seiner Schule. Er war gut beraten, die geistigen Potenzen, umfangreichen Erfahrungen und die Federgewandheit der beiden Rektoren für die Verbreitung der Erfahrungen im Schulbetrieb zu nutzen und sie somit dem breiten Publikum vorzustellen. Damit verwirklichte er seine Zielstellung im bereits erwähnten Vorwort zum ersten Stück des Jahrbuches, wo er versprach, über die Erfahrungen des Pädagogiums „durch Aufsätze unserer Lehrer selbst, nähere und entwickelte Nachricht (zu) geben ..." (Jahrbuch 1793, 2-3).

Daß Rötger in den Jahrbüchern mehr als eine bloße Fortsetzung der Schulprogramme des

Pädagogiums vor 1775 sah, belegte das Vorwort von 1793 mit der Formulierung, daß die jährlichen Stücke an „Stelle der sonst auf Schulen so gewöhnlichen und auch bei uns vormahls so üblich gewesenen Programme" (Jahrbuch 1793, 3) treten sollen. Ein Vierteljahrhundert später, 1817, bekräftigte er dies, wobei er die Jahrbücher ausdrücklich als Zeitschrift bezeichnete[18].

An Stelle der bisher in den alten Schulprogrammen des Pädagogiums üblichen Abhandlungen über beliebig austauschbare Einzelfragen je nach Neigung des Autoren trat eine pädagogische Publikation mit dem Charakter einer Zeitschrift. Rötger gab ihr eine einheitliche Zielstellung. Trotz der individuellen Freiheit bei der Wahl des Themas sowie der Art und Weise der Formulierung, der persönlichen Handschrift sind die Abhandlungen untereinander geistesverwandt. Diese inhaltliche Geschlossenheit der Beiträge in den Jahrbüchern gilt es hervorzuheben.

Die Abhandlungen und die Jahresberichte sagen viel über die Atmosphäre der Zeit, über das Wollen und Können, das Streben und Mühen der Pädagogen, die hier wirkten. So ist es mehr als bloßer Erkenntnisgewinn, was die vergilbten Blätter dieser Schulprogramme vermitteln. Der Genius loci der altehrwürdigen Schule ist heute noch, nach fast zweihundert Jahren hier zu spüren.

Das Pädagogium zum Kloster Unser Lieben Frauen besaß zu Rötgers Zeiten einen Ruf weit über die Grenzen Magdeburgs hinaus. Das Jahrbuch trug für ein Vierteljahrhundert von 1793 bis 1818 in jener Übergangszeit von der alten Gelehrtenschule zum preußischen Gymnasium viel zu diesem Renommee bei, gemäß der Maxime von Niemeyer über Schulprogramme, wenn er sagte, die hier veröffentlichten „Kenntnisse des Schulmannes empfehlen ja selbst die Schule" (Niemeyer 1823, 579).

ANMERKUNGEN

[1] Das ältere Programm aus der Region dürfte das aus dem Gymnasium Stendal von 1606 sein. Aus Tangermünde ist eines vom Jahre 1609 bekannt. Vgl. Mitteldeutscher Kulturrat. Aus der Quelle bedeutender Schulen Mitteldeutschlands, S. 272 und 278

[2] Vgl. Neubauer, E., S. 195ff.; bereits vorher veröffentlichte Rötger, G.S. ein Verzeichnis der Programme, wobei er kritisch bemerkte, daß früher nicht für eine vollständige Sammlung dieser Schriften gesorgt worden wäre, vgl. Jahrbuch, 1817, S. 37

[3] Vgl. Bormann, A./Hertel, G., S. 371-372

[4] Vgl. Förster, U., S. 7

[5] Vgl. Bormann, A./Hertel, G., besonders S. 309, 313, 341-342, 356-357, 371-373; Das Kloster ..., besonders 82-83, 108-112 sowie Bibliographie von Neubauer, E.

[6] Vgl. Berghauer, J.C., S. 211 Anmerkung; Weidel, K./Kunze,H., S. 14; Hertel, G., S. 326

[7] Vgl. Förster, U., S. 19

[8] Bedauerlicherweise wurde der literaturhistorische Apparat der Niemeyerzeit in der 9. Auflage von 1877 in der Reihe Pädagogische Klassiker in der Bearbeitung von G. A. Lindner entscheidend gekürzt und der Herausgeber „beschränkte sich auf die Literatur, die noch heutzutage wertvoll" sei, vgl. Bd. 2, S. 318

[9] Vgl. Niemeyer, A.H., Aufl. 1805, T. 2, S. 198, 419; Aufl. 1818, 514, 710; Aufl. 1823, T. 3, S. 61, 93, 212, 223

[10] Das trifft besonders für Bormann, A./Hertel, G. zu, bei denen die Schulgeschichte seit 1793 fast ausschließlich an Hand der Beiträge und der Jahresberichte in den Jahrbüchern dargestellt wird.

[11] Vgl. hier vor allem Rötgers großen programmatischen Beitrag zum Gesamtcharakter und -organismus des Pädagogiums im Jahrbuch 1793, S. 5-71; sowie zur Aufgabe der Gelehrtenschule bei der Heranbildung junger Menschen, Jahrbuch 1802, S. 1-26; Kurze Geschichte des Klosters mit dem Pädagogium, Jahrbuch 1817, S. 4-36; Stunden- und Lehrplan 1801

[12] Vgl. Jahrbuch 1898, S. 6-76. Zu bemerken ist, daß hier nur die Abiturienten erwähnt werden sowie die Schüler, die vor der Einführung der Reifeprüfung die Schule erfolgreich besuchten. Zu Rötgers Zeiten war für Militärangehörige sowie für das Bauwesen und andere Berufe kein Abitur erforderlich, vgl. dazu das Vorwort von Hertel, G., S. 4-5. Ansätze für eine Analyse der Studien und Berufsziele der Schulabgänger von 1794 bis 1824 bietet Förster, U., Anlage II, A 8 - A 12

[13] Vgl. Bormann, A./Hertel, G., S. 377-383; Urban, K., Verzeichnis der Lehrer 1770-1899, Jahrbuch 1899

[14] Rötger. G.S., Gedanken eines alten Schulmannes. Jahrbuch 1817, S. 75-90 und Jahrbuch 1818, S. 15-71; vgl. auch die Beiträge zu Jubiläen im Jahrbuch 1805, Anhang, S. 1-32 und 1-20, Jahrbuch 1821, S. 8-144; Jahrbuch 1830, S. 47-82 und die Nachrufe zu seinem Tod im Jahrbuch 1831, S. 59-83

[15] Vgl. Förster, U., der in seiner Untersuchung wiederholt Abhandlungen aus den Jahrbüchern über Fragen

des Unterrichts und der Erziehung, besonders von Rötger und Göring einbezieht, vor allem 19, S. 150-156, 177-183, 194-196, 208-210, 245-248

[16] Ueber die Gränzen des öffentlichen Unterrichts auf gelehrten Schulen, Jahrbuch 1804, S. 3-97; vgl. dazu Allg. Lit. Ztg. 1808, S. 23 und Neue Allg. Deutsche Bibliothek 1804, S. 181-182 sowie Niemeyer, 1818, S. 710; Ueber die im öffentlichen Schulunterrichte der Jugend zu gebende Anleitung zu der Kunst, zusammenhängende Reihen von Gedanken in freyen Vorträgen mitzutheilen, Jahrbuch 1806, S. 1-50, vgl. dazu Allg. Lit. Ztg. 1807, S. 497 und Neue Leipziger Lit. Ztg. 1806, S. 2388-2391; Ueber die Verminderung der Anzahl von Lehrstunden in der ersten Classe der gelehrten Schulen durch Anleitung zur Selbstbelehrung, Jahrbuch 1810, S. 27-90 und Jahrbuch 1811, S. 5-94

[17] Über Schüler-Censuren überhaupt, und deren Einrichtung auf unserer Schule insonderheit, Jahrbuch 1795, S. 1-56; vgl. dazu Niemeyer, 1805, S. 281; 1818, S. 574; 1823, S. 95; Erfahrungen über angewandte Mittel zur Vermehrung des Fleißes unserer größeren Schüler, Jahrbuch 1801, S. 1-20, vgl. dazu Allg. Lit. Ztg. 1805, S. 262 und Neue Allg. Deutsche Bibliothek 1801, S. 262

[18] Vgl. Jahrbuch 1817, S. 43

LITERATUR

Bormann, Albert: Geschichte des Klosters Unser Lieben Frauen zu Magdeburg. fortgesetzt von Gustav Hertel Magdeburg 1885

Berghauer, Johann Chr. Friedrich: Magdeburg und die umliegende Gegend. Bd. 1. Magdeburg 1801

Förster, Uwe: Unterricht und Erziehung in den Magdeburger Pädagogien zwischen 1775 und 1824. Magdeburg 1993

Gurlitt, Johann Gottfried: Schulschriften. Band 1. Magdeburg 1808

Hertel, Gustav: Gotthelf Sebastian Rötger. In: Blätter für Handel, Gewerbe und sociales Leben. Magdeburg 1884, S. 325-327, 330-334, 337-340

Jeismann, Karl-Ernst: Das preußische Gymnasium in Staat und Gesellschaft. Die Entstehung des Gymnasiums als Schule des Staates und der Gelehrten 1787-1817. (Industrielle Welt, Bd. 15). Stuttgart 1974

Das Kloster Unser Lieben Frauen zu Magdeburg in Vergangenheit und Gegenwart. Festschrift zur Feier des 900jährigen Bestehens. Magdeburg 1920

Neubauer, Ernst: Die Programme der Schulen Magdeburgs vor 1810. In: Geschichtsblätter für Stadt und Land Magdeburg 49/50 (1914/15), S. 195-212

Niemeyer, August Hermann: Grundsätze der Erziehung und des Unterrichts für Eltern, Hauslehrer und Erzieher (später: Schulmänner). Halle 1805; Reutlingen 1823; Wien 1877

Das Pädagogium zum Kloster Unser Lieben Frauen in Magdeburg. In: Mitteldeutscher Kulturrat. Aus der Geschichte bedeutender Schulen Mitteldeutschlands, Bd. 2. Gymnasien der ehemaligen Provinz Sachsen und des Landes Anhalt, Troisdorf 1966, S. 237-268

Urban, Karl: Verzeichnis der Abiturienten des Klosters 1780-1897. In: Festschrift zur Erinnerung an die vor 200 Jahren geschehene Einrichtung des Pädagogiums zum Kloster Unser Lieben Frauen in Magdeburg ... S. 6-76. Magdeburg 1898

Weidel, Karl/Kunze, Hans: Das Kloster Unser Lieben Frauen in Magdeburg. (Germania Sacra). Augsburg 1925 dextro pictus syndombus sup scapulam sinistram. ita vt ptingat ad scapulam dextram q̅s possint dependentia retinere. Et precedant et ordinant se p̅sbri et pditi clerici rite et ordinabilit. ita vt primu ambulent duo acoliti cum candelabris et ardentibus cereis. deinde portent due cruces et int illas medium crismale oleum. Post eas portentur duo thuribula cu incenso. et int illa mediu oleum cathetuminorum. Deinde portet crōm ÿesum vt impleat omne bonu. postea sequntur bini et bini illi duodecim p̅sp̅iteri testes et cooperatores eiusdem sacrosancti crismatis mistery continentes hos versus.

Audi iudex mortuorum vna spes mortalium audi vocem proferentiū donum

pacis premium o redemptor siue car
men temet continentium Arbor
feta alina lucis hoc sacratu protulit fert
hoc prona presens turba saluatori seculi.
O redemptor stans ad aram ÿm
no supplex infulatus pontifex debitum
persoluit omne consecrato crismate.

Brit Reipsch

„... auf eine wohlfeile Art das Vergnügen der Musik zu gewähren"

Mit den gottesdienstlichen Musikübungen des Magdeburger Kollegiatsstiftes im Gründungszeitalter des Klosters und mit der liturgisch geprägten Musikpflege der Prämonstratenser seit 1129 beginnt auch die Musikgeschichte des Klosters Unser Lieben Frauen. Zur gottesdienstlichen Praxis des Ordens, die im Liber ordinarius und in den Satzungen des Ordens, den Statuta, festgelegt ist, gehörte es, in den horae canonicae (in den sieben täglichen Stundengebeten) und während der täglichen Messen die Psalmen, Hymnen, Gradualien und Antiphonen zu singen.

Die musikgeschichtlichen Quellen aus den Jahrhunderten vor der Reformation fließen allerdings äußerst spärlich. Über allgemeine Abhandlungen zur Musik der Prämonstratenser hinaus, gibt es bislang noch keine speziell auf die sächsische Circarie ausgerichtete Speziallitatur. Fest steht, daß im Magdeburger Hauptkloster bemerkenswerte Drucke herausgegeben worden sind, was ein „Missale" (Magdeburg 1490) und ein „Breviere" (Magdeburg 1504) belegen. Noch heute bewahrt die Klosterbibliothek dieses - allerdings erst von Propst Gotthilf Sebastian Rötger (1749-1831) angeschaffte - „Breviere" und ein handschriftliches „Missale" (um 1400) auf, die in ihrer kunstvollen Ausgestaltung auf die Blüte des Ordens hinweisen. Erst im Zeitalter der Reformation und im Zusammenhang mit den Bestrebungen, eine Schule am Kloster Unser Lieben Frauen einzurichten, sind konkretere Hinweise zur Musikgeschichte erhalten geblieben. Seit 1564 hatte der Landtag des Erzbistums Magdeburg mehrfach das Kloster Unser Lieben Frauen aufgefordert, einige Knaben aufzunehmen und regelmäßig zu unterrichten. Immer wieder jedoch konnte es unter Berufung auf seine schlechte Finanzlage die Umsetzung der Landtagsbeschlüsse verhindern und versichern, sich ohnehin ausreichend um Kost, Logis und Unterweisung ärmerer Knaben und „Singejungen" zu kümmern (Vgl. Petri 1920, 44ff.). In einer kurzen Chronik der Klostergeschichte wird 1811 rückblickend darauf verwiesen, daß das Kloster den Diskantisten am Dom auf seine eigenen Kosten unterhielt, „wogegen die Aufnahme besonderer Knaben zur Erziehung noch ausgesetzt bleibt" (Jahrbuch 1811, Umschlaginnenseiten - Vgl. auch Rötger 1817, 20). Um die Mitte des 17. Jahrhunderts schließlich mußte man aber auch im Kloster einige Schüler aufnehmen, deren Erziehung auf der Grundlage von Privatverträgen geregelt wurde. Daß dabei auch - wie in dieser Zeit allgemein üblich - die Musik mit bedacht wurde, ist einem Vertrag von 1683 zwischen dem Kloster und dem Domkustos Abraham Tüngel zu entnehmen, dessen Neffe sich „in der Schreyberey und Rechenkunst alß auch Music fleißig üben" sollte. (Petri 1920, 47) Erst im Jahre 1698 gelang mit königlicher Anweisung die Einrichtung einer öffentlichen Schule, aus der später das Pädagogium hervorging. Weil denn „dieses Closter ein ordentlicher Pflantz Garten seyn soll /woselbst Christl. Jugend zu Geist- und Weltlichen Aembtern/Hausstande und andern ehrlichen und nützlichen Lebens=Arten angeleitet" werden soll, rief am 1. Juni 1698 Propst Philipp Müller (1640-1713) „gewisse Adeliche Häuser/Städte und andere Familien" dazu auf, Knaben in die neue Schule zu schicken, um sie nach dem Vorbild der gut florierenden Landesschule Pforta ausbilden zu lassen. In diesem Zusammenhang erwähnte er auch Unterricht im „Singen und Musiciren". (Müller 1698) Nun konnte auch an eine regelmäßige musikalische Unterweisung gedacht werden. Zunächst wird sich diese wohl hauptsächlich auf die Vorbereitung des Gesanges in den täglichen Betstunden beschränkt haben, deren Besuch für Lehrer und Schüler gleichermaßen Pflicht war. In dem aus dem Jahre 1708 stammenden „Memorial zur Einrichtung der Schul-Lectionen" (Vgl. Förster 1993, A13) sowie in den „Schul-Lections-Catalogen" und den Vorschlägen zur Verbesserung der Lectionen von 1752 lesen wir über den Ablauf der Betstunden: „Von 6 biß 7 wird gebetet. Anfangs wird ein Lied gesungen, nachgehendt ein Gebethe gethan, darauf denn ein caput aus der Bibel gelesen wird, aus welchem sich die Knaben etwas behalten müssen, das ihnen nach Beschaffenheit der Zeit kurz erkläret wird, und dann wird es mit einem Gesange beschlossen." (LHA Rep. A4f, Sect. VIb, Nr. 10)

In den Journalen der Konventualen des Pädagogiums von 1705 bis 1709, in denen die Konventualen ihre täglichen Beschäftigungen und Unterrichtszeiten, ihre Teilnahme an den Horen oder die in Anspruch genommene Zeit zur Vorbereitung der Predigten schriftlich nachzuweisen hatten, ist nichts über Musik im Kloster zu erfahren. Lediglich Lehrer Michael Montag traf sich am 5. Juli 1707 mit einem Bewerber um die vakante Kantoratsstelle im Kloster Gröningen - einem vor allem wegen der von David Beck erbauten Orgel musikgeschichtlich erwähnenswertem Ort (LHA Rep. A4f, Sect. VIa, Nr. 45a, 84v.).

In der zweiten Hälfte des 18. Jahrhunderts zeigt sich die Quellenlage zur Musikausübung im Pädagogium Kloster Unser Lieben Frauen ergiebiger. Mehrfach beschrieb Propst Gotthilf Sebastian Rötger das musikalische Ausbildungsangebot seiner Einrichtung, zu dem nun auch Instrumentalunterricht gehörte. „Zu Informazion in der Musik und Übung aller Arten musikalischer Instrumente hat der Schüler bei uns recht gut und gar mannichfaltige Gelegenheit" (Rötger 1783, 156 - Vgl. auch Rötger 1793, 45 und 75).

Zusätzliche private Gesangsstunden waren möglich, da Rötger eine gute Stimmausbildung der Schüler anstrebte und „kunstmäßige Singeübungen gewiß mit zu den schicklichsten Ausfüllungen der Erhohlungsstunden bei Schülern gehören - zumahl bei der verstekten Lage unserer innern Kloster-Gebäude auch kein unmusikalischer Nachbar dadurch braucht behelligt zu werden." (Rötger 1793, 45f.)

Nicht jeder Musiklehrer der Klosterschule ist uns heute noch bekannt. Bis in das 18. Jahrhundert hinein gehörten dem Lehrerkollegium ausschließlich Theologen an, die im Anschluß an ihre Lehrtätigkeit häufig eines der begehrten Pfarrämter in der näheren Umgebung Magdeburgs erhielten. In seiner Studie über die Klosterschule erwähnte Johannes Petri einen „Kantor Thürmer" aus Mittelhausen (Franken), der sich beim Kloster mit besonderen Kenntnissen in „musicis instrumentalibus ac vocalibus" vorstellte. (Petri, J., 57) Einige Konventualen traten gelegentlich mit musikalischen Arbeiten in Erscheinung. Von dem in Quedlinburg geborenen Christoph Gottfried Hergt (gest. 1779), der seit 1772 als Rektor, ein Jahr später als Prorektor am Pädagogium Unser Lieben Frauen in Magdeburg und schließlich als Rektor des Gymnasiums in Quedlinburg wirkte, ist überliefert, daß er komponierte (Jahrbuch 1899, 27. - Moser 1994, 112 und 204).

Seit Februar 1780, kurz nach der Einführung des Propstes Gotthilf Sebastian Rötger, gab Johann Friedrich Wilhelm Koch (1759-1831) Unterricht am Kloster. Er wirkte von 1785 bis 1792 als Rektor am Pädagogium und ging anschließend als Prediger an St. Johannis. Im Jahre 1820 wurde er Domprediger, 1812 Superintendent und 1816 Konsistorial- und Schulrat. Koch wird als einer der bedeutendsten Magdeburger Musikerzieher des 19. Jahrhunderts angesehen. Im Jahre 1814 veröffentlichte er im berühmten Magdeburger Verlag Wilhelm Heinrichshofen eine auf das Bildungsniveau an Volksschulen ausgerichtete „Gesanglehre". Das Besondere dieses über zweihundert mehrstimmige Lieder enthaltenden Lehrwerks ist seine Methode, die Musik in Zifferschrift wiederzugeben. Koch hielt dieses Verfahren am geeignetsten, den Schülern ein schnelles und leichtes Erlernen der Melodien zu vermitteln und - wie es im Titel heißt - „durch eine einfachere Bezeichnungsart und Lehrmethode ... einen reinen mehrstimmigen Volksgesang zu bilden." Weitere Chorbücher in Zifferschrift sollten folgen, die in Magdeburg jahrzehntelang verwendet wurden (Vgl. Hobohm 1981, Bd. I, 377).

In der Nachfolge Kochs wurden die „Singestunden" dem „Hrn. Domchoral Bank" (Johann Karl Heinrich Bank ab 1806 Magdeburger Domorganist), der Instrumentalunterricht aber „verschiedenen Lehrmeistern" übertragen. (Rötger 1793, 75) Vermutlich übernahm bald darauf Friedrich Ludwig Karl Nebelung (1794-1821) den Musikunterricht am Pädagogium.

Nebelung war Gründungsmitglied der Magdeburger Liedertafel, eines im Jahre 1819 auf Anregung von Friedrich Zelter ins Leben gerufenen Männerchores, (Vgl. Häseler, F., 2) und sang im Seebachschen Gesangverein mit. Einen „Herrn Organisten Seebach" führte auch Propst Rötger als Lehrer an, der die Schüler „zu einem Singechor sehr glücklich" zusammenfügte, und bei dem es sich möglicherweise um den gefragten Instrumentalpädagogen und Ulrichsorganisten Johann Andreas Seebach (1777-1823) handelt (Jahrbuch 1817, 36 - Jahrbuch 1818, 77 - Vgl. Hobohm 1981, Bd. I, 647). Schon 1790 schlug General von Kalkstein für die Neubesetzung der vakanten Organistenstelle im Kloster einen „Musikus Seebach" vor, den man allerdings nicht berücksichtigte. (LHA Rep. A4f., Sect. VIII, Nr. 8. Bl. 64)

Von 1822 bis Johannis 1839 unterrichtete Katharinenorganist Ernst August Hedicke (um 1783-1866) als Gesanglehrer am Pädagogium. (Jahrbuch 1899, 33) Auch er war wie Nebelung Mitglied des Seebachschen Gesangvereins und der Liedertafel.

Mit Christian Friedrich Ehrlich (1808-1887) war seit Pfingsten 1840 ein Musiklehrer am Pädagogium des Klosters Unser Lieben Frauen angestellt, der weit über seine schulischen Pflichten hinaus wirkte und der mehr als ein halbes Jahrhundert das Magdeburger Musikleben mitbestimmte. Ehrlich wurde am 7. Mai 1808 in Magdeburg geboren. Er hatte seine Ausbildung am Magdeburger Domgymnasium erhalten und studierte anschließend bei Johann Nepomuk Hummel in Weimar sowie bei Johann Christian Heinrich Rinck in Darmstadt. Seit 1828 muß er sich wieder in Magdeburg aufgehalten haben, denn er berichtete am 16. Juli desselben Jahres seinem Lehrer Rinck, daß er ein Konzert verschieben mußte, da gerade die angesehenen Leute wie der Minister v. Klewitz etc. gegenwärtig in den Bädern sind (Hessische Landes- und Hochschulbibliothek Darmstadt, Hs 3871/III, 81). Ehrlichs Briefe an den Darmstädter Hoforganisten Rinck belegen, daß er zunächst als Pianist in Erscheinung trat. Schon 1837 gehörte Ehrlich nach einem Bericht der Allgemeinen Musikalischen Zeitung zu den „guten Lehrern" Magdeburgs (zit. nach Hobohm 1981, Bd.I, 623). Außer den obligatorischen Lehrstunden am Pädagogium Kloster, in denen Ehrlich elementare Kenntnisse in Musiktheorie, vierstimmigem Choral und Chorgesang vermittelte, (Vgl. Jahrbuch 1845ff.) studierte er mit interessierten Schülern „die Gesänge der besten Meister zu verschiedenen Schulfeierlichkeiten und zu ... Concerten" (Jahrbuch 1845, 9) sowie leichtere Chöre aus verschiedenen classischen Oratorien ein. (Jahrbuch 1864, 36) Während Ehrlichs Lehrtätigkeit nahmen die musikalischen Aktivitäten am Kloster merklich zu. Ehrlich war vor allem bestrebt, einen guten Schülerchor aufzubauen, mit dem er Ausschnitte aus Oratorien von Händel, Graun, Mendelssohn-Bartholdy, (Vgl. z.B. Jahrbuch 1849, 16. - Jahrbuch 1870, 5) und „Das Lied von der

Glocke" für Chor und Orchester des damals berühmten Andreas Romberg aufführte. (Vgl. Jahrbuch 1843ff.)

Ehrlich betätigte sich auch als Kritiker. Für die von Robert Schumann gegründete Neue Zeitschrift für Musik in Leipzig berichtete er anschaulich über die Magdeburger Konzertverhältnisse. Nach 1800 hatten sich immer mehr Musikvereine und Musikgesellschaften gegründet, die für ihre Mitglieder Konzerte veranstalteten, in deren Verlauf oder - bestenfalls - in deren Anschluß man sich gesellig zusammenfand. Seit den 30er Jahren des 19. Jahrhunderts häuften sich berechtigte Kritiken an solchen Veranstaltungen, denn ihr Besuch war oft nur den Vereinsmitgliedern möglich. Ehrlich schrieb 1835 an Schumann: „Der größere Theil des Publikums würde freilich statt der Symphonieen ein Sträußchen von Strauß und statt der großen Concerte lieber schlechte Variationen über irgend ein bekanntes Thema hören und hat längst eine Abschaffung der Symphonieen gewünscht, der sich aber die kleine Zahl unsrer guten Dilettanten kräftig widersetzt hat, - ja sie wagt es sogar, den Symphonieen laut ihren Beifall zu spenden. Immerhin bleibt es traurig, viele Zuhörer beim dritten Satz schon ganz ungeduldig um sich her fragen zu hören, ob dies der letzte Satz der Symphonie sei, und erst nach dem vierten Satze, also nach überstandener Qual, die durch die Langeweile häßlich gewordenen Gesichter wieder erheitert zu sehen ... Unserem Concertwesen wünschten wir zum Gedeihen der Kunst eine Umwälzung; so lange es mit den verschiedenen geschlossenene Gesellschaften in Verbindung steht, so lange haben auch die Vorsteher derselben bei der Wahl der Concertstücke einzureden und so lange kann auch der Musikdirector nicht selbständig handeln." (NZfM 1835, 2. Bd, 177f.)

Ehrlich, der 1844 den Titel „Königlicher Musikdirektor" erhielt, war eine rastlos tätige Persönlichkeit. Als Komponist hinterließ er vor allem Klavier- und Vokalmusik, aber auch eine Oper „König Georg", die im Magdeburger Stadttheater in den Jahren 1861 und 1870 aufgeführt wurde. (Vgl. Hobohm, I. Bd., 624ff.) Er war ein gefragter Beethoven-Interpret und der erste Magdeburger Pianist, der Werke Johann Sebastian Bachs in öffentlichen Konzerten vorstellte. Er gehörte 1849 zu den Gründungsmitgliedern des „Tonkünstler-Vereins zu Magdeburg", dem er über Jahrzehnte vorstand, und dirigierte zeitweilig die Magdeburger Singakademie. Er arbeitete in den Vorbereitungskomitees der Musikfeste 1856, 1871 und 1881 mit, die in Magdeburg seit 1821 im Abstand von einigen Jahren auf Initiative des Dessauer Musikdirektors Friedrich Schneider und unter großzügiger Förderung des Oberbürgermeisters August Wilhelm Francke stattfanden.

Ein Blick in das Jahrbuch des Pädagogiums zum Kloster Unser Lieben Frauen von 1899 belehrt darüber, welches musikalische Leben in Schule und Alumnat gegen Ende des 19. Jahrhunderts herrschte. Musiklehrer war seit 1887 der hervorragende Virtuose, Komponist und Domorganist sowie (seit 1888) Königliche Musikdirektor Theophil Forchhammer (1847-1923). Forchhammers in Magdeburg komponierte Choralvorspiele und großartige Sonaten gehören nach wie vor zur anspruchsvollen - leider wenig bekannten - Orgelmusik.

Am Pädagogium hatte Forchhammer in Quinta und Sexta jeweils zwei Stunden Singen zu unterrichten. In den Klassen Quarta bis Prima differenzierte man den Gesangsunterricht in den für den Alumnatschor und den für den Chor der Stadtschule. (Jahrbuch 1899, 46 f.) Auf dem Lehrplan standen außerdem in der Quinta zwei Stunden in Musiktheorie: „Fortsetzung der Durtonleitern und der Intervallübungen. Molltonleitern. Notenschreiben, Übungen aus Busses Tabellen". Der Magdeburger Musiklehrer Busse hatte 1895 im Selbstverlag sein „Methodisches Begleitwort zu den Notentafeln des Lehrganges im Singen nach Noten für Schulen und Gesangvereine" herausgegeben. In der Sexta waren zwei Stunden für „Die Elemente der allgemeinen Musiklehre: Noten, Taktarten. Übung im Erkennen und Treffen der leichtesten Intervalle. Übungen nach den Busseschen Tabellen und aus Zimmers Chorgesangschule. Lieder und Choräle" vorgesehen (Jahrbuch 1899, 56).

Von 1912 bis 1925 wirkte Bernhard Engelke (1884-1950) als Musiklehrer und Nachfolger Forchhammers am Kloster. Engelke, der in Halle bei Hermann Abert und in Leipzig bei Hugo Riemann Musikwissenschaft studierte, trat mit zahlreichen Aufsätzen über die Magdeburger Musikgeschichte in Erscheinung. Er habilitierte sich

1927 an der Universität Kiel über den Magdeburger Kantor Friedrich Weißensee (um 1560-1622). Bernhard Engelke wirkte bis zu seinem Tod als Privatdozent an der Universität in Kiel und hinterließ wertvolle Veröffentlichungen zur Lokalgeschichte seiner Wirkungsstätten.

Neben dem regulären Musikunterricht am Pädagogium spielte Musik auch bei anderen schulischen Gelegenheiten eine Rolle. Seit 1715 wurden nachweislich Redeübungen abgehalten, bei denen die Schüler ihre rhetorischen Fähigkeiten unter Beweis stellten. Diese „actus oratorii" genannten Veranstaltungen, in deren Verlauf sich häufig gesprochener Text und Musikdarbietungen abwechselten, fanden zumeist aus Anlaß der feierlichen Verabschiedung von zur Universität abgehenden Schülern oder an Feiertagen statt. Die Programme waren den gedruckten Einladungen zu entnehmen. Schon die älteste erhaltene Einladung von 1715 verweist auf eine „Ode von der Selbst-Erkenntnis, welche bey einem solemnen Actu Oratorio... unter einer douçen Musique abgesungen wurde". Bei der aus Anlaß der hundertjährigen Wiederkehr der erlangten „Souverainität des Brandenburgischen Hauses über das ehemalige Herzogthum und nunmehrige Königreich Preussen" gehaltenen Redeübung am 21. April 1757 wurde sogar eine elf Nummern umfassende Kantate „Flieht Schmeichelei und eitles Lobgepränge" zum Lob auf die preußischen Regenten aufgeführt.

Oft erklangen allerdings nur solistisch besetzte Arien und Duette, die die Abfolge von philosophischen, moralisierenden oder wissenschaftlichen Textbeiträgen unterbrachen. Gelegentlich wurden Chöre „von einigen Schülern des Pädagogiums, welche die Uebungen im Singen fortgesetzt haben, gesungen" (Jahrbuch 1798, Beilage). Während des Siebenjährigen Krieges nahmen auch die Text- und Musikbeiträge der Redeübungen Bezug auf die Kriegsereignisse. Lobgesänge und Huldigungskantaten auf den preußischen König, dessen Hofstaat sich zu dieser Zeit in Magdeburg aufhielt, oder auf siegreiche Schlachten gehörten zur Tagesordnung. Leider wissen wir nichts über die Komponisten dieser Musik.

Propst Rötger, der sich mehrfach gegen die Fortsetzung von extra einstudierten und die eigentliche Unterrichtszeit reduzierenden Redeübungen wandte, plädierte für die Wiederholung einer regulär im Unterricht abgehaltenen „Deklamir-Übung" bei öffentlichen Entlassungsfeiern. Auch während seiner Amtszeit wurden dabei „einige von unsern Schülern selbst angestellte Singeübungen", (Jahrbuch 1796, 75) „in dem zu dergleichen Erholungen hinlänglich geräumigen Speisesaale" vorgetragen (Rötger 1791, 17).

Zum feierlichen Schulabschluß des Jahres 1797 erklangen auch ein Ausschnitt aus Mozarts „Zauberflöte" und Instrumentalmusik. Schließlich veranstaltete man 1799 bei der Übergabe der Reifezeugnisse zum ersten Mal ein ganzes Konzert, was nach einer Bemerkung im entsprechenden Jahrbuch in den Folgezeit zur Regel wurde. An der Praxis öffentlicher Redeübungen hielt man aber auch weiterhin bei Entlassungsfeiern oder aus Anlaß anderer Feierlichkeiten, wie z.B. des Geburtstages des Preußischen Königs fest. Dabei trat vor allem der unter Ehrlichs Leitung musizierende Schüler-Gesangverein in Erscheinung. Dieser Chor hatte um die Mitte des 19. Jahrhunderts mannigfache Auftrittsgelegenheiten. Er „sang bei den zwei Concerten im Jahre 1849, kurz vor Ostern und am 12. Novemb., für die Elisabeth-Stiftung, bei den beiden Schulactus, bei der Göthefeier und bei anderen Feierlichkeiten. Nach Neujahr wurde der große Psalm: 'Lobe den Herrn, meine Seele' von Fesca einstudiert". (Jahrbuch 1850, Nachrichten 13f.) Der gebürtige Magdeburger Friedrich Ernst Fesca (1789-1849), der knapp ein Jahr zuvor verstorben war, hatte vor allem als hervorragender Geiger und Komponist virtuoser Streichquartette und Flötenkompositionen Anerkennung erlangt.

Außerdem wurden nun im Kloster auch andere Schülerkonzerte veranstaltet: „Um auch den Schülern auf eine wohlfeile Art das Vergnügen der Musik zu gewähren, und sie dazu zu gewöhnen, ist seit einiger Zeit auf dem Kloster selbst ein im Winter wöchentliches und im Sommer 14tägliches Koncert etablirt, welches fertige Spieler als eine Gelegenheit sich weitere Übung zu verschaffen, benutzen, andere aber solches als Zuhörer besuchen können". (Rötger 1783, 332) Diese Alumnatskonzerte, die während der Amtszeit von Christian Friedrich Ehrlich ein beachtliches künstlerisches Niveau aufwiesen, waren Gelegenheit für die Schüler, ihre musikalischen Fähigkeiten zu zeigen. Dabei unterschied man zwischen privaten und öffentlichen Konzerten. Im Jahre 1861 veranstalteten die Schüler am Vortag des Geburtstages von Ludwig van Beethoven vor einem kleinen aus Lehrern, Eltern und Schülern bestehenden Zuhörerkreis „in dem kleinen Saale zu ebener Erde ein Privatconcert", bei dem sie u.a. zwei Klavierquartette von Beethoven auffführten (Jahrbuch 1861, 61). 1862 ist sogar von fünf Privatkonzerten die Rede, die wie im Vorjahr vom Lehrer Georg Karl Kornelius Gerland geleitet wurden (Jahrbuch 1862, 41). Die in den Jahrbüchern wiedergegebenen Programme gestatten einen umfassenden Blick in die übliche Konzertliteratur.

Die Schüler des Pädagogiums durften unter Aufsicht auch das Theater und andere Konzerte in der Stadt, „Assambleen, oder andere unter Personen von Stande veranlaßte Wintergesellschaften", (Rötger 1783, 332) oder die „vom Musikdirector Mühling ... vortrefflich geleiteten Concerte(n) der Freimaurerloge", (Nebelung, Nr.14, 105) die die Loge „Ferdinand zur Glückseligkeit" für ihre Mitglieder ab 1780 in einem zum Kloster Unser Lieben Frauen gehörenden Haus am Klosterkirchhof veranstaltete, besuchen. Auch aus Anlaß der seit der Amtszeit Rötgers jährlich gefeierten Kreuzhorstfeste im Sommer und den Klosterbällen im Winter wurde in geselligem Kreis musiziert.

Musik erklang auch bei den sonntäglichen Gottesdiensten in der Klosterkirche, an denen die Schüler und Lehrer des Pädagogiums sowie auch

Serenade
auf das
hundertjährige Andenken
der über das
ehemalige Herzogthum
und nunmehrige
Königreich Preussen
erhaltenen
Souverainität,
nebst
einer Anzeige der Nahmen derer,
die, in einer,
den 21. April 1757. Nachmittages um 2 Uhr
auf dem
Kloster U. L. Frauen in Magdeburg
zu haltenden
öffentlichen Redübung,
dasselbe feyerlich begehen werden.

Magdeburg,
Gedruckt bey Johann Christian Pansa, Königl. Preuß. privil. Buchdr.

einige in der Nähe des Klosters wohnende Magdeburger teilnahmen. Rektor Johann Friedrich Beyer, der im Jahre 1753 „einige Nachrichten von der Beschaffenheit dieses Closters unter den vier ersten Evangel. Luther. Pröbsten" erteilte, datierte die Einführung des evangelischen Kirchenliedes während der Gottesdienste in der Klosterkirche bereits auf den ersten Advent des Jahres 1590. Demnach wurden also noch vor der öffentlichen Einweihung der nunmehr evangelischen Kirche durch den Domprediger Siegfried Sack am 25. März 1591 - „die cantica ecclesiastica, so wie in andern reformierten Stiftern, auch in dieser Kirche" gesungen. (Beyer 1753, 9) Das Kloster selbst war schon früher reformiert worden. Die Marienkirche, die der Rat der Stadt von 1547 bis 1558 hatte schließen lassen, nutzte man bis zu ihrer Wiedereröffnung angeblich nur für Begräbnisfeiern, zu deren Verlauf auch Musik gehörte. (Beyer 1753, 9) Unter mehreren Gesängen wurde auch am 9. Mai 1799 ein verstorbener Alumne in der Klosterkirche, „deren Gewölbe noch für Leichen geöfnet werden", begraben. (Jahrbuch 1800, 110) Ein anschauliches Zeugnis der musikalischen Gottesdienstpraxis um 1800 hinterließ Propst Rötger in seinem Schreiben vom 4. Oktober 1799, in dem er die Frage des Königlichen Konsistoriums in Magdeburg beantwortete, ob die Lehrer des Klosters selbst predigten oder sich durch andere „für Geld" vertreten ließen. Rötger berichtete darin, daß die Klosterkirche seit dem Siebenjährigen Krieg auch der Garnison für Gottesdienste zur Verfügung gestellt werden mußte. So wechselten sich die Prediger von Kloster und Garnison beim vormittäglichen Sonntagsgottesdienst ab. „Die Regel ist dabei die, daß unsere Schüler diesen vormittäglichen Gottesdienst mit abwarten, wozu ein eigener Chor bestimmt ist und wobei nach einer wechselnden Reihenfolge ein sie in die Kirche führender Lehrer die Aufsicht hat." Der Nachmittagsgottesdienst ist den predigenden Lehrern und den Schülern des Klosters vorbehalten. Eine eigene Gemeinde hatte das Kloster zu dieser Zeit nicht. „Vor der Predigt wird, die hohen Festtage ausgenommen, jedes mahl nur Ein nicht zu langes Lied und nachher werden nur ein oder einige Verse gesungen, und so der Gottesdienst in der Zeit von einer Stunde geendigt", damit man am Nachmittag ausgiebig Zeit zum Promenieren hat. Früher war es auch üblich, „daß jedesmahl einer aus dem Konvent nach geendigtem Gottesdienst vor dem Altar absang und den Segen sprach. Ich hätte diese alte Gewohnheit gern erhalten oder allgemein wiederhergestellt, oder vielmehr es dahin eingerichtet, daß jeder Konventuale und Lehrer, welcher geprediget, das Absingen der Kollekte und des Segens, in der Maaße, wie ein jeder es thun konte, besorgt hätte, und dies bloß um des willen, weil unsere Konventualen und Lehrer ganz gewöhnlich zu Gemeinen hin befördert werden, welche sich diese alte lutherische Gewohnheit und ein richtiges geübtes Singen vor dem Altar noch wichtiger sein lassen, als es freilich die Sache an

sich verdienen mag. Meine Vorstellungen haben aber in dieser Absicht keinen Eingang gefunden, und für unseren eigenen Gottesdienst hielt ich dies Absingen auch selbst ganz und gar nicht für wesentlich." (LHA Rep. A4f, Sect. VIb, Nr. 29a, Bl. 8r.ff.) Rötger wandte sich damit gegen die Praxis des Liturgieabsingens, keineswegs jedoch gegen den Gesang in der Kirche. Immerhin befürwortete er die Einführung der von Johann Crüger erstmals 1644 herausgegebenen und seitdem in zahlreichen Nachauflagen gedruckten „Praxis pietatis melica". Rötger hielt dieses weitverbreitete, dem Zeitgeschmack entsprechende „neue Berlinische Gesangbuch" für den Gebrauch in den Betstunden und während der Gottesdienste nutzbringend, „da unsere alten Gesangbücher dem Jüngling bei dem ganz veränderten Geschmak unserer Zeiten tausenderlei Gelegenheit zu Spötteleien" gegeben hatten. (Rötger 1783, 211)

Die Klosterbibliothek bewahrt ein Exemplar der „Cantica sacra quo ordine et melodiis per tutius anni curriculum, in matutinis et vespertini ... , Magdeburg Andreas Bezel 1613, auf. Dabei handelt es sich um die liturgischen Gesänge, die für den Einzugsbereich des Magdeburger Domes bestimmt waren. Es werden auch jene Liturgien sein, die während der täglichen horas canonicas und der Gottesdienste im Kloster Unser Lieben Frauen gepflegt wurden und gegen die Rötger polemisierte.

Noch bis 1776 waren die Konventualen verpflichtet, täglich zweimal Horen zu halten, deren Besuch auch von den Schülern erwartet wurde. (Rötger 1783, 211f. - Kratzenstein 1920, 32) Das Singen von lateinischen Liedern in den Betstunden und Horen wurde allerdings schon knapp hundert Jahre zuvor im Konvent diskutiert. Zeugnis davon legen u.a. Schriften ab, die im Zusammenhang mit einer 1681 an Propst Philipp Müller gerichteten Mitteilung der Königlichen Regierung stehen, in der gefordert wurde, daß alle „lateinischen Lieder ... künfftig nicht weiter gesungen werden, sondern es bey dem Deutschen Gebeth und Lehre in singen undt lesen alleine sein bewenden haben ... möchte". Diese Mitteilung war zugleich mit der Aufforderung verbunden vorzuschlagen, auf welche lateinischen Lieder außerdem noch verzichtet werden könnte. Leider ist die Ausführung dieser Forderung nicht nachzuweisen. Wie der

Stellungnahme Müllers jedoch zu entnehmen ist, gerieten zwei Konventualen in die Kritik, da sie trotz Verbots die alten lateinischen Weisen aus dem Psalter („Psalterium Davidis, ad usum S. Metropolitanae Magdeburgensis Ecclesiae", Magdeburg 1612 bei Andreas Bezel) und dem oben genannten Druck „Cantica sacra" sangen und daraufhin vom Propst mit einem Verweis bestraft wurden (LHA Rep. A4f, Sect. VIII, Nr. 7).

In der Marienkirche wurde gelegentlich auch Instrumental - und Figuralmusik aufgeführt. Im Jahre 1681 schloß Propst Philipp Müller mit einigen Magdeburger Stadtmusikanten einen Vertrag über ihre Mitwirkung beim Gottesdienst an Sonn- und Festtagen in der Klosterkirche ab. Sie sollten „alle und jede Sontage frühe bey dem ordentlichen Gottesdienste, auch bey Hohen Festen und anderen zufälligen Freudentagen des Landes und Closters insonderheit, Ihre dienste mit annehmlicher vollständiger Music, Gott zu Ehren und der Christlichen Gemeinde zu Dienst, erweisen". Das Kloster selbst stellte die Sänger und sollte ein „Clavier zum Fundament" besitzen (LHA Rep. A4f, Sect. VIII, Nr. 8Bl. 2rff.).

Die früheste Erwähnung einer Orgel im Kloster stammt aus einem „Inventarium der Einkünffte und Sachen" des Klosters Unser Lieben Frauen von 1562 (Hobohm 1979, 39). Über ihren Erbauer und ihre Disposition ist nichts bekannt.

Die „schöne Orgel", die Propst Johann Meyer (1575-1584 im Amt) in die Klosterkirche einbauen ließ, wurde bei der Eroberung Magdeburgs 1631 „gänzlich zerrissen und die Pfeifen davon weggeschleppt." (Beyer 1753, 8) Für eine Reparatur oder einen Neubau fehlten vorerst noch die notwendigen Gelder, so daß man sich mit einem tragbaren kleinen Regal behelfen mußte. Nach dem Dreißigjährigen Krieg hatte die Altstädtische Gemeinde von 1639 bis 1644 die Klosterkirche zugesprochen bekommen, wobei das „musikalische Regalwerk und andere musikalische Instrumenta" im Kloster verbleiben konnten (zit. nach Hobohm 1979, 39) Erst gegen Ende des 17. Jahrhunderts wurden die Bemühungen um eine Reparatur der Orgel intensiviert. Aus dieser Zeit sind mehrere offensichtlich vom Kloster angeforderte Gutachten und Kostenvoranschläge verschiedener Orgelbauer nachweisbar, die zumeist auf eine Erneuerung der gesamten alten Orgel hinzielten. Endlich erhielten am 20. Dezember 1699 der Sanderslebener Orgelbauer Heinrich Brunner und der Tischlermeister Hans Höppner den Auftrag, ein neues Orgelwerk in der Klosterkirche zu errichten. Zu Ostern 1700 sollten das Gehäuse stehen und ein paar der insgesamt 20 vorgesehenen Register klingen. Mit der endgültigen Fertigstellung des Haupt-, Brust- und Pedalwerk umfassenden Instruments hatte man bis Michaelis (29. September) Zeit. Heinrich Brunner, der in Ohrdruf die Orgel gebaut hatte, auf der Johann Sebastian Bach von 1695 bis 1700 übte, schloß seine Magdeburger Arbeit mit Ärger ab. Er hatte vorab beim Propst um einen finanziellen Vorschuß gebeten, den er nun bei der Schlußabrechnung vom 2. Januar 1701 um 50 Taler überzog. Da man sich finanziell nicht einigen konnte, verließ Brunner die Stadt, so daß der Propst alle Werkzeuge von ihm pfändete und den Sandersleber Rat bat, auch sein dortiges Vermögen einzuziehen. Wie die Sache ausging, ist nicht bekannt. Auf alle Fälle wurde die Orgel fertiggestellt. Zum Gutachter ernannte man keinen Geringeren als den bedeutenden Organisten, Musiktheoretiker und Orgelsachverständigen Andreas Werckmeister. In seinem Schreiben vom 17. August 1701 bescheinigte er - trotz einiger kleinerer Mängel am Instrument -, „daß Herr Brunner nach seinen principiis also gearbeitet, daß in dem Wercke kein Haupt-Defect zu finden, und man mit der Arbeit zufrieden sein kann" (LHA Rep. A4f, Sect. VIII. Nr. 8 Bl. 19r). Mehr Grund zur Beanstandung hatte jedoch die Tischlerinnnung bei der Beurteilung der Holzarbeiten. (ebd. fol 20r) Die Orgel ist in den folgenden Jahrzehnten des 18. Jahrhunderts mehrfach repariert und ihre Disposition leicht verändert worden. Dabei sind die Magdeburger Orgelbauer Christian Braun (1711-1793), Johann David Tientsch (1732-1786), Georg Christoph Rietz (1766-1809) und der aus Brandenburg kommende Philipp Wilhelm Grüneberg sowie der Klosterorganist J. G. Kayser (gest. 1831) nachweisbar. Nach Kayser trat am 6. Januar 1763 Otto Philipp Märtens sein Amt als Klosterorganist an, der wie es in seiner Anstellungsurkunde heißt, „bey dem Gottesdienst des Sontags jederzeit zu gehöriger Zeit in der Kirche sey, und seyn Amt verrichten (sollte), wozu insonderheit dieses gehöret (,) daß er nicht nur die zu singenden Lieder vorher deutlich an die Taffeln schreibe, sodern auch die gewöhnl. Plätze mit einem schriftlichen Verzeichniß derselben versehe, zu welchem Ende ihn das dazu benöthigte Papier vergütet werden soll." (LHA Rep A4f Sect. VIII Nr. 8 fol. 51) Märtens blieb im Kloster bis 1791, als er wegen finanzieller Nöte an die Johanniskirche wechselte. Er „ist ohnstreitig unser stärkster Orgel=Spieler ... einer unserer geschmackvollsten Clavierspieler und beliebter Komponist", rühmte ihn 1784 ein Korrespondent in dem von Carl Friedrich Cramer herausgegebenen „Magazin der Musik" (Cramer, 2. Jg., 1. Hälfte, 41f.).

Der Verfasser zählte einige Kompositionen von Märtens auf und wies auch hier auf die schlechte finanzielle Einkommenslage des Organisten hin: „Ist es möglich, daß die Herrn Kloster=Geistlichen, die doch als Gelehrte, für jede Kunst offene Herzen, gefühlvolle Seelen haben sollten, daß sie für die Music so wenig Patriotismus empfinden, daß sie verdienstvolle Künstler darben lassen, während sie ihre fetten Kloster=Pfründen mit Muße verzehren". Endlich wurde Märtens 1787 eine Gehaltsaufbesserung gewährt, zu deren Zweck man zuvor die Gehälter der Magdeburger Organisten vergleichsweise erkundete (LHA Rep. A4f, Sect. VIII, Nr. 8 Bl. 61f.).

Der Nachfolger von Märtens wurde der Musikus Weber. Wir wissen nicht, ob es sich um Adam Weber handelt, einen der „besten teutschen Contra=Baßisten", (Cramer, 2. Jg., 1. Hälfte, 43) dessen Vertonungen von Christoph Christian Sturms - des einstigen Pastors an der Magdeburger Heilig-Geist-Kirche und späteren Hamburger Hauptpastors und Scholarchen - „Geistlichen Gesängen" 1781 ebenfalls in Cramers Magazin rezensiert wurden. (Cramer, 1. Jg., 1. Hälfte, 103f.).

Auch in der Klosterkirche fanden an besonderen Feiertagen Festgottesdienste mit eigens dafür komponierter Musik statt. Aus Anlaß der 200-Jahrfeier der Reformierung der Marienkirche am 25. März 1791 erklangen - wie dem gedruckten Programm des Festgottesdienst zu entnehmen ist - das „Halleluja" aus dem „Messias" von Georg Friedrich Händel und Kompositionen des Musikdirektors der Stadt und Nachfolgers Johann Heinrich Rolles, Johann Friedrich Zachariä (gest. 1807). „Die Jubelkantate und die Begleitung zum Te Deum und zu den Liedversen war vom Herrn Musikdirektor Zachariä und machte seiner Kunstgeschichte Ehre" (in: LHA Rep. A4f, Sect. XII, Nr. 12). Man hatte mit der Vorbereitung des Gedenktages lange Zeit vorher begonnen und zusätzliche Gelder für diesen Kompositionsauftrag beantragt. Auch von Tafelmusik mit dem „Kalksteinischen Concert" beim Festmahl ist die Rede (LHA Rep. A4f, Sect. XII, Nr. 12).

Die Zeit der französischen Besatzung, in der die Kirche abwechselnd von Preußen und Franzosen als Hafermagazin, Bier- und Branntweinlager sowie Kuhstall benutzt wurde, ging auch an der Orgel nicht unbeschadet vorüber. Die Pfeifen goß man zu Kugeln um, die Reste des Instruments wurden für 140 Taler verschleudert. „Nachdem 1818 die katholische Gemeinde die leere Kirche übernommen hatte, erbat sie sich eine Orgel aus einem der vielen säkularisierten Klöster. Instrumente aus Bromberg, Worbis und Neustadt Magdeburg wurden erwogen, bis man endlich Ende 1826 die 1751 von dem Halberstädter Papenius gebaute Orgel aus der baufälligen Klosterkiche zu Hedersleben erhielt und auf die dazu erweiterte 'Orgelbühne' stellte. Schon nach zwei Jahrzehnten entschloß man sich aber zu einem Neubau, den der Orgelbauer Schmidt in Neustadt Magdeburg begann, und, nach seinem Bankrott, sein talentierter und solider Nachfolger Karl Böttcher vollendete. Diese zweimanualige Orgel mit 29 Registern wurde bis 1878 benutzt, als die katholische Gemeinde in die Sebastianskirche umzog. Das Kloster hatte während dieser Zeit in der 1848 errichteten Aula des Gymnasiums eine kleine Orgel von Reubke-Hausneindorf." (Hobohm 1979, 42) Für die erste Hälfte des 19. Jahrhunderts ist belegt, daß die Orgel während der Morgen- und Abendgebete sowie bei Schulfeierlichkeiten vom Musiklehrer sowie von Seminaristen und Schülern in jährlichem Wechsel bedient wurde, die dafür eine besondere Besoldung von 15 Reichsthalern erhielten.(LHA Rep. A4f, VIII, Nr. 31) Auch in der Aula konnten großbesetzte musikalische Werke aufgeführt werden. Bei den Feierlichkeien aus Anlaß des 50jährigen Amtsjubiläums von Propst Gottlob Wilhelm Müller am 27. und 28. April 1865 erklangen der erste Teil des Oratoriums „Paulus" von Mendelssohn-Bartholdy und eine Kantate von Ehrlich. „Unterhalb der Orgel hatte der Sängerchor aus den Schülern des Klosters nebst dem Orchester seine Plätze und Stellungen eingenommen" Die Interpretation war so gut, „daß alle anwesenden Musikkenner darüber ... des Lobes voll waren." (Jahrbuch 1865, 54ff.)

„Nach der großen Renovierung von 1890 und 1891 wurde abermals eine neue, diesmal sogar recht große, dreimanualige Orgel mit 38 Registern in die Marienkirche gesetzt, erbaut von Ernst Röver-Hausneindorf, ausgestattet mit der damals so modernen Röhrenpneumatik und mit mehreren Hilfsmitteln für das Registrieren. Ihre Einweihung war am 20. Januar 1907. Vorher hatte man die alte hölzerne Orgelempore beseitigt und dafür eine steinerne errichtet. 1945 wurde mit der Kirche auch das Instrument beschädigt. Seine Reste wurden abgetragen, als man die Kirche instandsetzte und besonders das romanische Westende des Mittelschiffs in den Originalzustand brachte." (Hobohm 1979, 42)

Zur Musikgeschichte des Klosters Unser Lieben Frauen gehört neben der musikalischen Ausbildung am Pädagogium auch die fast drei Jahrzehnte umfassende Periode der öffentlichen Konzerte im sogenannten „Roten Saal", dem Ostteil des früheren Refektoriums (Vgl. Modde 1911, 122). Im Jahre 1780 begann hier Domorganist Friedrich Ludwig Sievers (1742-1806), öffentliche Konzerte zu veranstalten. Auch die Schüler des Pädagogiums durften nach vorheriger Anmeldung diese Konzerte besuchen (Rötger 1783, 340).

Die Einrichtung seiner Konzerte kann wohl als Konkurrenzunternehmen zu den erstmals seit 1764 vom Magdeburger Musikdirektor Johann Heinrich Rolle (1716-1785) im Seidenkramer-Innungshaus regelmäßig veranstalteten öffentlichen Konzerten betrachtet werden. Gelegentlich gehörten auch Rolles Werke zur musikalischen Programmfolge von Schülerkonzerten oder Redeübungen im Kloster. (Vgl. Jahrbuch 1847, 13) Musikdirektor Ehrlich studierte einige Motetten von ihm im Unterricht ein. (Jahrbuch 1861, 60 bis Jahrbuch 1862, 28) Rolle trat vor allem als Komponist von „Musikalischen Dramen" hervor und erlangte mit diesen weitverbreiteten dramatischen Oratorien große Anerkennung. Gotthilf Sebastian Rötger selbst schuf das Libretto zu Johann Heinrich Rolles Oratorium „Jacobs Ankunft in Ägypten". Rolles jüngster Sohn Friedrich Heinrich (geb. 1797) war einige Zeit als Lehrer am Kloster tätig (Jahrbuch 1899, 30).

Wie Rolle nutzte nun auch Johann Ludwig Sievers die Gelegenheit, innerhalb der eigenen Konzertreihe selbstkomponierte Werke vorzutragen. Einige Kompositionen sind von ihm erhalten geblieben, so z.B. die „Trois Sonates pour le Clavessin" op.1, Berlin 1782, sowie einige Oden und Lieder, wovon die „Oden und Lieder aus der Geschichte des Siegwart", Magdeburg 1779 - einer damals beliebten Rittergeschichte des Ulmer Pastors J. M. Miller - am bekanntesten sind. Die Klaviersonaten sollten einer zeitgenössischen Ankündigung zufolge „von Kennern mit Beyfall aufgenommen werden, denn sie sind im neuesten Geschmack und sehr brillant gesetzt. Dieser Autor ist schon durch eine Clavier-Sinfonie und Lieder aus den Siegwardt unter den Musicfreunden bekannt geworden" (Cramer, 1. Jg., 479).

Im Sieverschen Konzert im Kloster gastierten vor allem viele damals berühmte, reisende Virtuosen, deren Namen die Musikhistoriographie kaum noch kennt. In der Magdeburgischen Zeitung häuften sich Konzertanzeigen der folgenden Art: „Einer der vorzüglichen Tenorsänger unserer Zeit, Herr Blondini, ist am verwichenen Montag hieselbst angekommen. Er reiset nach Rheinsberg, wohin er von des Prinzen Heinrichs Königl. Hoheit berufen worden. Da ihn viele Musikliebhaber ersuchet haben sich hören zu lassen: so ist er auch dazu entschlossen, und wird zu dem Ende morgen Abend um 5 Uhr auf dem Kloster U.L. Frauen ein vollständiges Concert geben..." (MZ, 1.3.1781) Auch in dem schon oft zitierten Magazin der Musik wird erwähnt, daß die achtjährige Tochter des Staatstrompeters Becker „im Sieverschen Concert, auf dem Kloster der lieben Frauen, in Gegenwart des Durchlauchtigsten Herzogs Ferdinand, vor einem zahlreichen Auditorio mit vielen Beyfall" ein Flötenkonzert vortrug. (Cramer, 1. Jg., 177) Für Magdeburg, den Geburtsort Georg Philipp Telemanns, ist der Nachweis eines Konzertes des Sängers Johann David Holland (um 1746-1827) von nennenswerter Bedeutung, da Holland noch unter der Direktion Telemanns in Hamburg musiziert hatte. (MZ, 25.4.1782) Große Orchesterkonzerte konnten aber wohl im „Roten Saal" wegen der räumlichen Enge nicht gegeben werden. Johann Adam Hiller, Kapellmeister der Leipziger Gewandhauskonzerte und späterer Thomaskantor, kündigte 1781 in der Magdeburgischen Zeitung drei Konzerte an. Er beabsichtigte zunächst ein Konzert im Kloster zu veranstalten, führte dann jedoch aus: „Der eingeschränkte Raum aber, wo ich es zu geben verabredet hatte, nöthigt mich, es in zwey Concerte zu theilen. Ich werde demnach die Ehre haben, künftige Mittwoche, im Kloster U.L. Frauen eine Missa vom Herrn Kapellmeister Naumann in Dresden nebst einigen Arien und Duetten: den nächstfolgenden Sonnabend aber auf dem großen Concertsaale, den von mir componirten hunderten Psalm, wiederum mit einigen Arien und Duetten, aufzuführen." (MZ, 11.9.1781) Wie viele Virtuosen dieser Zeit veranstaltete auch Hiller auf eigene Kosten seine Konzerte, deren Ablauf und Programm mit Arien und Gesangsstücken aus Operetten und Singspielen und eigenen Kompositionen für diese Art von Konzertveranstaltungen typisch waren. Auch die Interpreten passten ins Bild der Zeit. „Den Tenor sang im ersten und dritten Concert der Postdirector Pauli in Magdeburg, welcher sich dadurch den Dank der Musikfreunde erwarb", heißt es bei Hugo Holstein (Holstein, Nr.41, 321).

Einer der größten Konzertanzeigen, die in der Magdeburgischen Zeitung erschien, ist zu entnehmen, daß auch die Marienkirche des Klosters für Konzertveranstaltungen genutzt wurde.

Der Veranstalter, der Leipziger „Concertmusikdirector" Christian Gottfried Thomas (1748-1806), kündigte die Aufführung seines mehrchörigen Glorias, eines Passionsoratoriums des Weimarer Hofkapellmeisters Ernst Wilhelm Wolf (1735 bis 1792) und ein Miserere des römischen Komponisten Gregorio Allegri (um 1560-1652) an. Während des Konzertes sollten die Musiker und Sänger im Altarraum, im Kirchenschiff und auf der Orgelempore im Westteil der Kirche plaziert werden (MZ, 9.3.1790) - ein interessantes und frühes Beispiel aufführungspraktischer Rückbesinnung auf das mehrchörige Musizieren des 16. und 17. Jahrhunderts.

Nach dem Tode Johann Friedrich Ludwig Sievers im Jahre 1806 sind keine Nachrichten über die von ihm begründete Konzertreihe mehr erhalten geblieben. Bis mit der Gründung der Konzerthalle Georg Philipp Telemann am 21. September 1977 das Kloster Unser Lieben Frauen wieder in den Mittelpunkt des Magdeburger Konzertlebens rückte, konzentrierte sich das musikalische Geschehen auf die Aktivitäten der Schule, mit der sich seit der Reformation bedeutende Namen der regionalen Musikgeschichte verbinden lassen. Aufgabe künftiger musikwissenschaftlicher Forschungen zur Musikgeschichte des Klosters Unser Lieben Frauen sollten nun Studien zu Einzelthemen sein, wie etwa die Erfassung und Auswertung der erhaltenen musikalischen Programme von Redeübungen und Schülerkonzerten oder der interessanten Bestände an Musikalien und musikwissenschaftlicher Literatur der Klosterbibliothek.

LITERATUR

Allgemeine Musikalische Zeitung, Leipzig 1821

Neue Zeitschrift für Musik (NZfM), 2. Jg., Leipzig 1835

Behrens, Michael: Zur Situation und Bedeutung der Magdeburger Orgelbauwerkstätten des 18. Jahrhunderts. In: Das Magdeburger Musikleben im 18. Jahrhundert. I (= Magdeburger Musikwissenschaftliche Konferenzen, Heft I) Magdeburg 1986, S.114-128

Beyer, Johann Friedrich: Einladung zur Redeübung am 4.5.1753, „wobei einige Nachrichten von der Beschaffenheit dieses Closters unter den vier ersten Evangel. Luther. Pröbsten" erteilt werden

Förster Uwe, Unterricht und Erziehung an den Magdeburger Pädagogien zwischen 1775 und 1824, Diss. Magdeburg 1993

Häseler, Friedrich Leopold (Hg.): Geschichte der Magdeburger Liedertafel. Magdeburg 1869

Hobohm, Wolf: Von Magdeburger Musikstätten und von der Musikgeschichte des Klosters. In: Basilika, Baudenkmal und Konzerthalle. Magdeburg 1977. S. 37-47

Hobohm, Wolf: Von Magdeburger Orgeln und Organisten. In: Organon, Organum, Orgel. hg. vom Rat der Stadt Magdeburg, 1979

Hobohm, Wolf: Beiträge zur Musikgeschichte Magdeburgs im 19. Jahrhundert. 2 Bde., Diss. Halle 1981

Hobohm, Wolf: Die Organisation und Bedeutung des Magdeburger Musiklebens im 18. Jahrhundert. In: Das Magdeburger Musikleben im 18. Jahrhundert. I(= Magdeburger Musikwissenschaftliche Konferenzen, Heft I) Magdeburg 1986, S.6-41

Holstein, Hugo: Magdeburgs literarische und gesellschaftliche Zustände im achtzehnten Jahrhundert. In: Blätter für Handel, Gewerbe und sociales Leben (Beiblatt zur Magdeburgischen Zeitung) 1877, Nr.32-41

Hüschen, Heinrich: Artikel „Prämonstratenser". In: Musik in Geschichte und Gegenwart. Bd.10, Kassel/Basel/London/New York 1962, Sp. 1543-1553

Kratzenstein, [Wilhelm]: Geschichte des Klosters. In: Das Kloster Unser Lieben Frauen zu Magdeburg in Vergangenheit und Gegenwart. Festschrift zur Feier des 900jährigen Bestehens. Magdeburg 1920, S.1-43

Magdeburgische privilegierte Zeitung, 1781ff. (Stadtarchiv Magdeburg)

Modde, Maximilian Unser Lieben Frauen Kloster in Magdeburg. Magdeburg 1911

Moser, Dietz-Rüdiger: 1000 Jahre Musik in Quedlinburg. München 1994

[Müller, Philipp] Philip Müllers D. Probstens und Prälatens des Closters zu unser Lieben Frauen binnen Magdeburg/Treuliche Ermahnung/Erbietung/und Bitte/die Erziehung und Unterricht der inländischen Jugend bey diesem Closter zu Gemeinem Besten zu befördern. 1. Juni, Anno 1698

Nebelung, A.: Sieben Schülerjahre im Pädagogium zum Kloster Unser Lieben Frauen in Magdeburg (1820-1827). In: Blätter für Handel, Gewerbe und sociales Leben (=Beiblatt zur Magdeburguschen Zeitung) 1893, Nr.12, S.90-92; Nr.13, S.99f.; Nr. 14, S.105f.; Nr.15, S.113f.; Nr. 16, S.121f.

Petri, [Johannes]: Aus der Geschichte der Schule. In: Das Kloster Unser Lieben Frauen zu Magdeburg in Vergangenheit und Gegenwart. Festschrift zur Feier des 900jährigen Bestehens, Magdeburg 1920, S.44-116

Riemer, M.: Geschichte des Alumnats. In: Das Kloster Unser Lieben Frauen zu Magdeburg in Vergangenheit und Gegenwart. Festschrift zur Feier des 900jährigen Bestehens, Magdeburg 1920, S.117- 181

Rötger, Gotthilf Sebastian: Ausführliche Nachricht von dem Pädagogium am Kloster Unser Lieben Frauen in Magdeburg. Magdeburg 1783

Rötger, Gotthilf Sebastian: Ueber Unterricht und Lehrmethode, Schulpolicei und Charakterbildung vorzüglich in Rücksicht auf das Pädagogium am Kloster Unser L. Frauen in Magdeburg. Magdeburg 1791

Rötger, Gotthilf Sebastian: Kurze Nachricht von der gegenwärtigen Einrichtung der Schul- und Erziehungs-Anstalt. In: Jahrbuch 1793

Rötger, Gotthilf Sebastian: Geschichte der Propstwahl bei dem Kloster U.L. Frauen zu Magdeburg. In: Jahrbuch (1824), S.24-52

Programme der Redeübungen bis 1775 und ff.

Schmidt, Peter: Theophil Forchhammer - ein unbekannter Meister des 19. Jahrhunderts. Kiel 1937

Valentin, Erich: Magdeburgs Musikgeschichte. In: Geschichts-Blätter für Stadt- und Land Magdeburg. Mitteilungen des Vereins für Geschichte und Altertumskunde des Herzogtums und Erzstifts Magdeburg, 68./69. Jahrgang 1933/34, Magdeburg 1934

Zerstörungen am Kloster Unser Lieben Frauen, um 1948

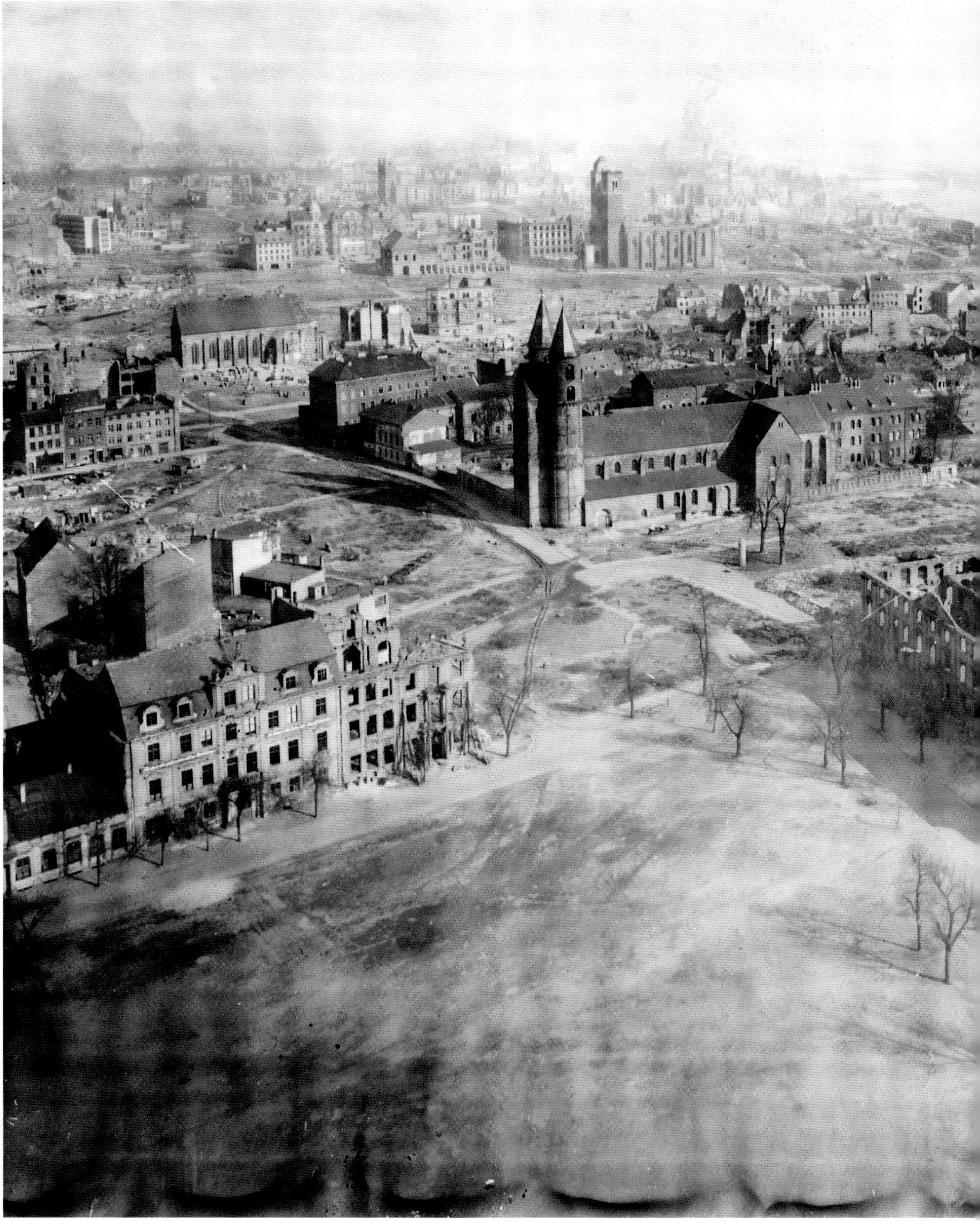

Blick vom Dom,
Aufnahme um 1950

Blick von Süden, um 1945/46

Blick von Osten, um 1945/46

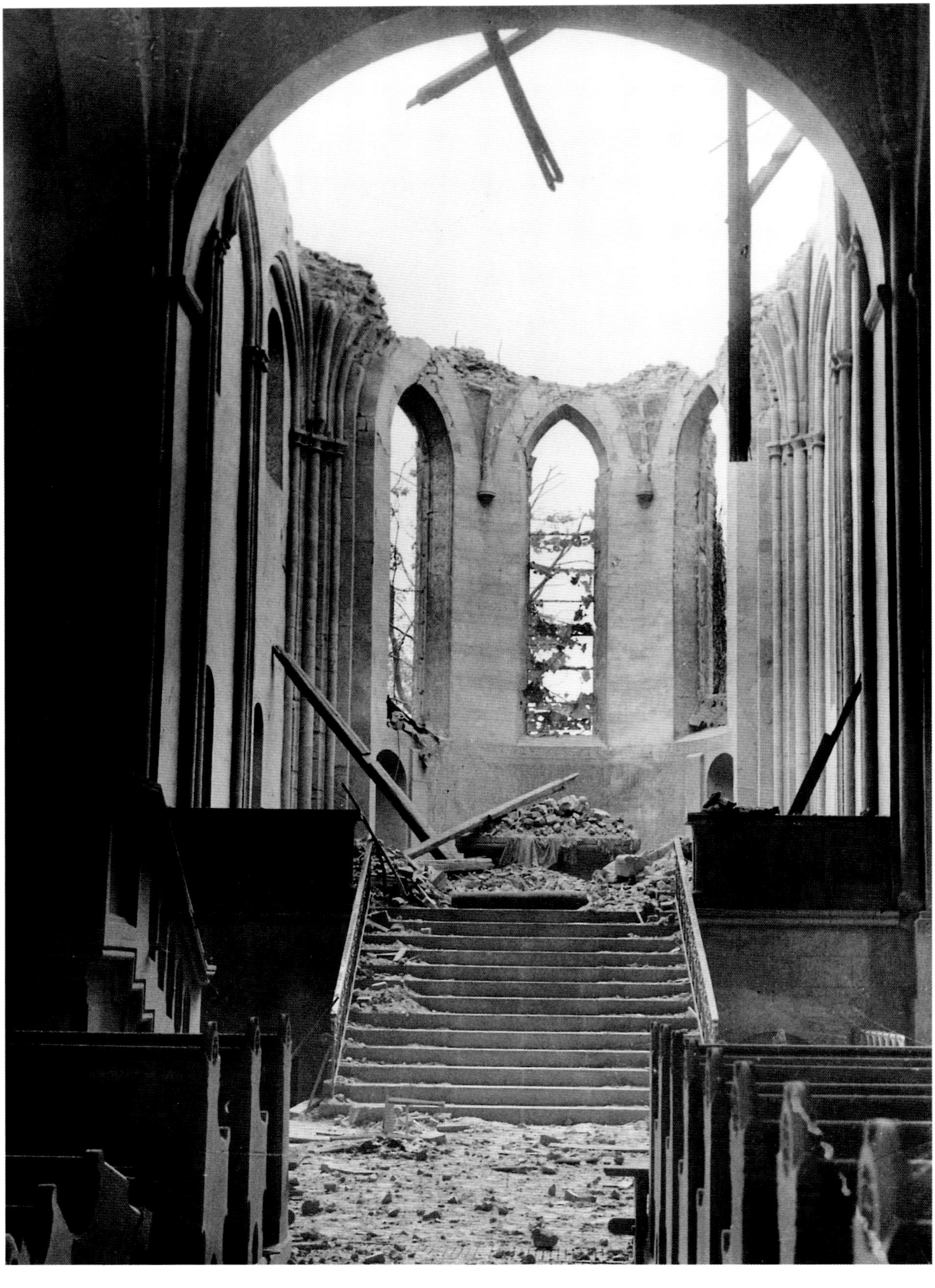

Blick vom Turm in den Klosterhof, um 1945/46
links:
Ostchor, um 1945/46

Beräumter Bereich des ehemaligen Sommerrefektoriums, 1951

Wiederaufbau des westlichen Kreuzgangflügels, um 1959

Ehemaliger Schulhof mit Klosterschulbibliothek, 1960

Blick vom Dom, um 1970

Querschiff nach Süden mit Kanzel,
70er Jahre

Grabanlage des hl. Norbert westlich der
Vierung nach der Freilegung 1976, nach Westen

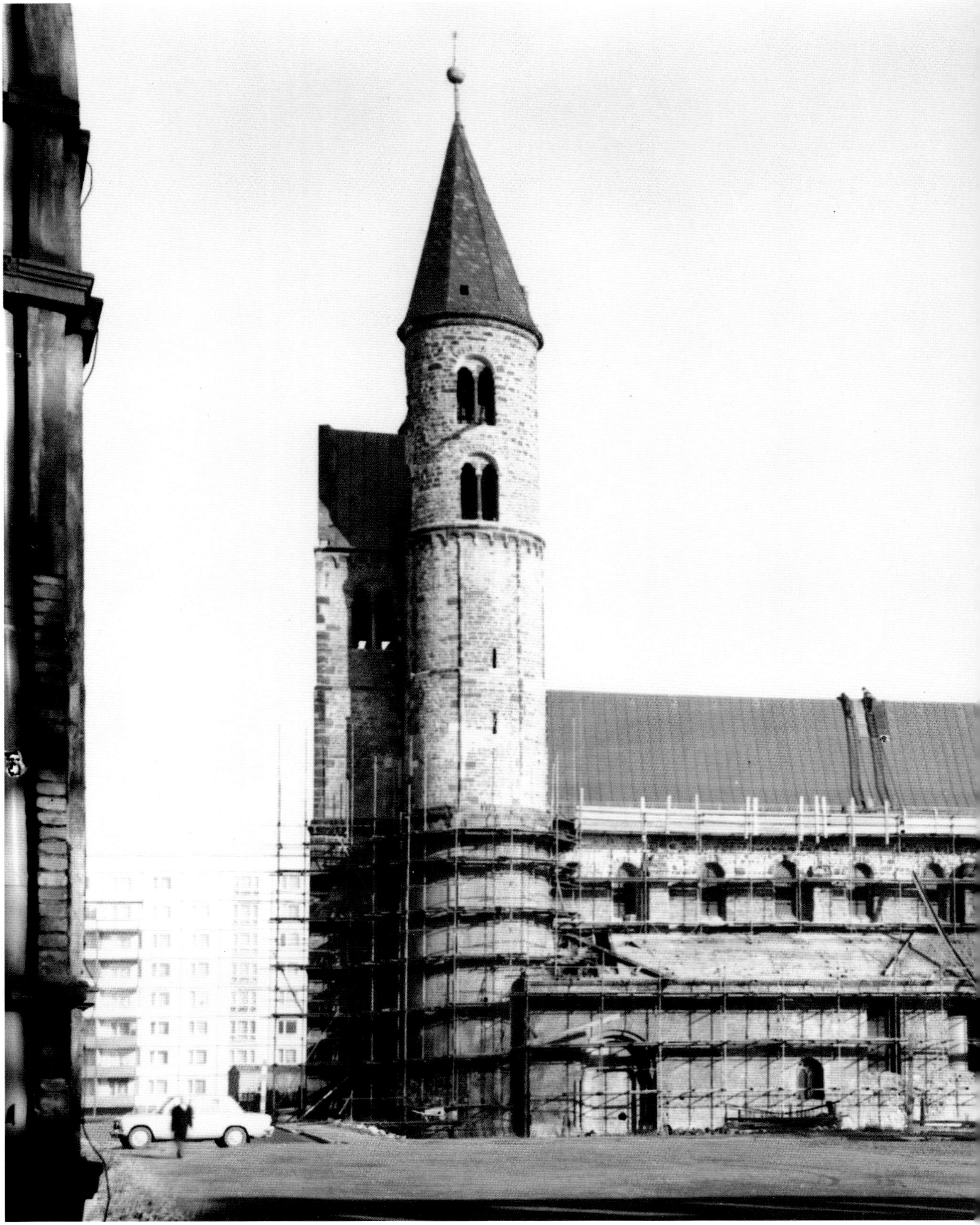

Kirche von Süden, um 1975

Obere Tonne, 1972/73

Renate Hagedorn

Neuere Nutzungen nach 1945

Die jüngste Nutzungsgeschichte des Klosters wurde gewaltsam durch die Zerstörungen des Zweiten Weltkrieges 1945 eingeleitet. Die alten Stadtstrukturen hatten ihre Gültigkeit unter Trümmern und Verwüstungen verloren. Das schwerbeschädigte Kloster dürfte neben den Elementarnöten der Zeit kaum Objekt öffentlichen Interesses gewesen sein. Ganz im Gegenteil war sogar daran gedacht, es abzureißen![1]

Dem zuständigen Denkmalpflegeinstitut Halle oblag in erster Linie, hier handelnd tätig zu werden. „Die der Denkmalpflege nach Kriegsende gestellte Aufgabe war es, das Erhaltene zu sichern und das Fehlende behutsam, doch soweit möglich und für die Gesamterscheinung unerläßlich wiederherzustellen.." (Krause 1980, 17)

Aufräumungs-, Enttrümmerungs- und Instandsetzungsarbeiten begannen 1945 und dauerten viele Jahre, maßgeblich durch die Denkmalpflegefirma Schuster in Magdeburg ausgeführt.[2] Die Teilinstandsetzung der Kirche war in einem städtischen Bauprogramm 1946 verzeichnet (Förster 1995, 25). Das Kernstück der Anlage mußte durch ein neues Dach, den Wiederaufbau des eingestürzten Chores und andere wichtige Sanierungsmaßnahmen gesichert werden. Acht Jahre nach Kriegsende konnte sie zur Nutzung an die Reformierte Gemeinde übergeben werden.

Weitere Zerstörungen im gesamten Westflügel führten erst wesentlich später zur Wiedernutzung von Kreuzgang und Remter. Fotodokumente belegen das Ausmaß eingestürzter Mauern, die das zweischiffig gewölbte Sommerrefektorium und große Teile des Kreuzganges unter sich begraben hatten.

Das bis dahin in Straßenzüge eingebaute Kloster stand plötzlich weitgehend frei und bedurfte grundsätzlicher Entscheidungen zu seiner künftigen Gestalt. Bauverfremdungen hatten bereits nach Aufgabe des Prämonstratenserklosters seit dem 17. Jahrhundert begonnen. Abriß von Dormitorium und Brauhaus, verschiedene Zubauten für das Pädagogium, besonders im frühen 19. Jahrhundert, hatten den mittelalterlichen Originalbefund stark verändert. Das durch geistes- und kulturgeschichtliche Abläufe beeinflußte, somit stark in seiner Baustruktur verfremdete einstige Kloster stellte für die Fachleute um die Mitte des 20. Jahrhunderts eine Herausforderung dar. Vermeintliche Prioritäten mußten gesetzt werden, nämlich für den „Kernbau" und in großen Teilen gegen die Ergänzungen des vorigen Jahrhunderts. Eine um diese Zeit noch tiefsitzende Verachtung für die eklektizistische Epoche zwischen den Neo-Stilen und Gründerjahren führte letztlich die Hand.

Es kann nicht in der Kompetenz der Verfasserin liegen, hier Werturteile vorzunehmen. Gleichwohl sind beteiligte Verantwortliche oft täglich aufgerufen, begründete Verhaltensweisen im Umgang mit einem bedeutenden Zeugnis der Kultur- und Stadtgeschichte zu entwickeln und durchzusetzen. 1958/59, im Zusammenhang mit dem 10. Jahrestag der Staatsgründung, rückte auch das Kloster aus Sicht der Stadtplanung im Zuge des Wiederaufbaues der Innenstadt ins Blickfeld; seine kulturelle Zweckbestimmung war durch Ratsbeschluß determiniert. (Förster 1995, 26) Die Arbeiten am Kloster wurden daraufhin verstärkt fortgesetzt, in enger Korrespondenz mit ersten Rekonstruktionszeichnungen des Instituts für Denkmalpflege.

Vom späteren Leiter des Denkmalamtes Hans Berger liegen zwei Entwürfe von 1959 vor, die bereits den Jahre später realisierten Nord-Westflügel zeigen.

Aber erst die Übernahme der Rechtsträgerschaft des Klosters durch den Rat der Stadt 1965/66 und die weitere Nutzungsübertragung an das Kulturhistorische Museum führte zur notwendigen Handlungsfähigkeit. Wie die nachfolgend darzustellenden Konzeptionen erkennen lassen, bestand die Intention vor allem in musealem Gebrauch. Eine so exponierte Präsenz und nicht dahinvegetierende Duldung des ehemaligen Klosters erforderte sehr baubestimmende Eingriffe. Bergers funktionaler Ergänzungsbau war bestimmt von einer sachlich-modernen Baukörper- und Mauerstruktur mit großen rechteckigen Fenstern im Obergeschoß. Die klare Entschiedenheit, sich dem Mittelalterbau nicht anzubuhlen, sondern ihn zweckmäßig und im Ausdruck des 20. Jahrhundert zu ergänzen, hat Früchte getragen. Noch heute, nach 30 Jahren, erfährt die Symbiose öffentliche Akzeptanz.

Als wesentlich galten Überlegungen, wie und von welcher Seite das Museumshaus erschlossen werden sollte. Eine Portalöffnung im westlichen Remterbereich schien geeignet. Das hinterliegende, nunmehr mit flacher Betondecke geschlossene Sommerrefektorium sollte multifunktionalen Foyercharakter erhalten. Ein Auftrag zur künstlerischen Gestaltung der Tür mit einem doppelseitigen Bronzerelief war an den Bildhauer Werner Stötzer 1966 erteilt worden.

Noch vor der endgültigen Entscheidung, diese Lösung auf Dauer beizubehalten, kamen dem damaligen Landeskonservator Bedenken, über die er 1990 u. a. schrieb: „Meine ersten Entwürfe für die Nutzung des Klosters haben vorgesehen, den vorhandenen Westeingang zu übernehmen. Herr Dr. Glaser[3] hat sich dann an diesen Vorschlag gehalten und in seiner Ausarbeitung für die Einrichtung des Museums (darauf bezieht sich der Passus in dem Brief von S. Hinz!) die Betonung dieses Portals empfohlen. Wie lange diese Vorstellungen noch gespukt haben, können Sie dem Grundriß von 1973 (gez. v. Rüger) entnehmen. Ich selbst hatte mich schon vorher korrigiert und Abstand vom westlichen Haupteingang genommen - mir war das Nebeneinander des Westportals der Kirche und eines West„portals" zur Klausur mit der Zeit so unerträglich, daß ich die heutige Lösung durchgesetzt habe. (Selbst bei der erwünschten- bzw. notwendigen Straßenabsenkung vor der Westfront des Komplexes wäre dieses Nebeneinander nicht vertretbar gewesen)".[4]

In jüngsten Gesprächen mit den Halleschen Denkmalpflegern wurde die Begründung mit dem Argument vertieft, daß der abgeschlossene und geheimnisvolle Raum der inneren Klausur sich erst langsam erschließen und nicht mit einem optischen Zugriff erobert sein sollte.

In einer relativ kurzen Bauphase wurde das Kloster bis zu seiner konkreter bestimmten Nutzung als Kunstmuseum 1974/75 restauriert und zu Teilen funktionstüchtig erschlossen. Außer dem nordseitigen Entree mit Kasse, Garderobe, Café und Toiletten machte sich ein erheblicher innerer Eingriff mit dem Durchbruch einer neuen Treppe in die Mittlere Tonne notwendig.

ERSTE NUTZUNG

Selbst wenn das Kloster nach dem Krieg partieweise und mehr heterogen genutzt wurde, war der öffentliche Zugang möglich und hat wahrscheinlich ermutigend gewirkt. Heute ist schwer rekonstruierbar, wie der 1949 gegründete Staat, die atheistisch gesonnene DDR, im einzelnen mit dem eher unliebsamen Relikt eines ehemaligen Klosters, nachmaligen Pädagogiums, zurechtgekommen ist. Ängstlichkeit und Respekt, mittelalterliche Kirchenbauten zu sprengen bzw. abzureißen, wie u. a. die Ulrich- und Katharinenkirche beweisen, waren in dieser Stadt nicht eben vorherrschend. Daß das Kloster diese Bilderstürmerei überlebt hat, darf ein Glücksfall genannt werden.

Mit der Reformierten Gemeinde war zunächst, wie oben erwähnt, 1950 ein langfristiger Mietvertrag abgeschlossen worden. 1953 stand die Kirche realiter zur Verfügung. „Schon 1950 war ein Mietvertrag über 30 Jahre mit dem 'Staatlichen Eigentum' abgeschlossen worden. Da jedoch die Kirche auf Veranlassung des Landeskonservators ihren ursprünglichen romanischen Charakter wieder erhalten sollte, mußten wir uns vorerst mit der Krypta unter dem Ostchor begnügen... Ein eiserner Ofen spendete Wärme, wir kamen uns vor wie Christus im alten Rom. Ab Frühjahr 1951 überließ man uns... den Roten Saal, das ehemalige Refektorium... Drei Jahre danach war auch die Kirche im Sommer für uns nutzbar."[5]

Eröffnung der Konzerthalle „Georg Philipp Telemann"/Klosterkirche , 7. September 1977

Einem endgültigen Aufhebungsvertrag zwischen dem Kulturhistorischen Museum als verantwortlichem Nutzer und der Reformierten Gemeinde ist eine Anmerkung beigefügt, in der es u. a. heißt,

Musik unter freiem Himmel im Erlebnisraum romanischer Baukunst zu hören, läßt die Sommermusiken sogar neben den Aufführungen in der Kirche unvergleichlich erscheinen.

Foyer in der ersten Phase der Nutzung für Kunstausstellungen, 1974/75
Zustand vor Treppendurchbruch in die unteren Tonnengewölbe

daß mit dem Pfarrer eine Aussprache im Rat des Bezirkes, Referat Kirchenfragen, stattgefunden habe, Übereinstimmung erzielt worden sei und „daß die Evangelische Reformierte Gemeinde zu Magdeburg bezüglich der Aufhebung des Vertrages keinen gegen ihre Kirche gerichteten Akt seitens der staatliche Organ sieht."[6]

Mit Wiederherstellung des Kreuzganges fanden, wie Presseberichten zu entnehmen ist, stets beifällig aufgenommene Serenaden-Konzerte statt. Ihre Tradition hat sich bis heute fortgesetzt. Die gute Akustik im Mauergeviert und der besondere Reiz,

DIE KLOSTERSCHULBIBLIOTHEK

Die zum vormaligen Pädagogium im Kloster gehörige Bibliothek, umgangssprachlich meist falsch als Klosterbibliothek bezeichnet, stellt einen der wenigen noch erhaltenen historischen Besitzstände der Stadt von erheblicher Bedeutung dar. Die weit über 20.000 Bände zählende Sammlung war während der rund 250jährigen Geschichte der Lehranstalt angeschafft worden. Die Unterbringung erfolgte in einem eigens errichteten Bibliotheksgebäude in der 1. Hälfte des 19. Jahrhunderts.

Für das Gros der Magdeburger dürfte der nördlich des Klosters noch bis 1973 stehende, zweigeschossige, neoromanische, wohlproportionierte Zweckbau noch erinnerlich sein. Er hatte die

schule, blieben erfolglos. Hier im Schulanbau hätte die Lagerung erfolgen sollen. Vor allem gab es fachliche Bedenken, die wertvollen Bestände einem solchen Risiko auszusetzen.[8] Schließlich

Eröffnung der „Nationalen Sammlung Kleinplastik", 1976

Kriegsbeschädigungen weitgehend überstanden und war über Jahre auch wieder öffentlich zugänglich. Als einen bis auf den Tag schmerzlichen und unentschuldbaren Verlust muß man den Abriß dieses Gebäudes ansehen. Alles hätte für seinen Erhalt gesprochen: die bauhistorische Hülle für die kostbare Bibliothek ebenso wie eine stark raumbildende Funktion im nördlichen Außenraum zum Baudenkmal. 1972 wurde per Weisung des Rates der Stadt deren Abriß verfügt, dies mit „Baumaßnahmen im Stadtzentrum" begründet.[7] Museumsseitige Bemühungen zur Verschiebung bis 1975, dem Jahr des Auszuges der Sprachheil-

wurde in einer Beratung der zeitweiligen Arbeitsgruppe „Kulturhistorische Bauten" die Notwendigkeit des Abrisses bestätigt und auf den 30.6. gleichen Jahres festgesetzt.[9] Als eine Art Zwischenlager sollte der obere Kreuzgang, zum Zeitpunkt noch besetzt von der Außenstelle der Akademie der Wissenschaften, fungieren. Und tatsächlich mußten im Sommer die in Umzugskisten verpackten Bibliophilia per Drahtseilwinde ins Kloster befördert werden. Nach jahrelang beengter und substanzschädigender Notunterbringung gab es dann 1981 endlich einen neuen bibliotheksgerecht eingerichteten Raum. Im Obergeschoß des Remterbaues sind die Bücher verwahrt und für die Öffentlichkeit benutzbar.

ERSTE AUSSTELLUNGEN

In der DDR galten Jubiläen des Staates als höhepunktorientierte Identitätsereignisse, dies wohl intensiver als andernorts zelebriert. Wichtige Stationen in der neueren Nutzungsgeschichte des Klosters markieren deshalb solche runden Jahrestage. Oft bedurfte es des starken Rückenwindes gesellschaft-staatlichen Interesses, um immer knappe Kapazitäten für deren Ausstattung und Zielsetzung zu binden.

Im Jahre 1969, dem 20. Jahrestag, wurde eine erste stadtgeschichtliche Ausstellung „im oberen Kreuzgang"[10] gezeigt. Sie demonstrierte die Stadtentwicklung von den Anfängen bis zum 16. Jahrhundert Damit war der Wille zur Sinngebung designiert und noch für Jahre Gegenstand der Planung, zunehmend in Kombination mit Kunstausstellungen gedacht.

NUTZUNGS- UND BAUKONZEPTIONEN

Daß erst zwei Jahrzehnte nach Kriegsende die umfassende Restaurierung und eine neue Verwendungssuche für das Baudenkmal auf der Tagesordnung standen, kann nach den Bedürftigkeiten der großräumig verwüsteten und mit dem Wiederaufbau befaßten Stadt kaum als kritikwürdig gelten. Zwischen 1965 und 1974/75 wurden mehrere Konzeptionen erarbeitet, die sich wiederkehrend auch mit Varianten bestätigten. Auch abwegiger Gebrauch war darin vorgeschlagen. In Auszügen hier die wichtigsten Vorstellungen:

Mit der vorgesehenen Übertragung des Hausrechtes an das Museum 1965, rechtsgültig am 1.1.1966, sollte sich die Aufgabe „zur Nutzung für Ausstellungszwecke und als Besichtigungsobjekt" verbinden.[11] Museal war an ein Nebeneinander von Geschichte und Kunst gedacht. Historische Epochen der Vor- und Frühgeschichte, des Mittelalters und der neueren Zeit bis 1815 sollten im Kloster, die gesellschaftlich bedeutsamste jüngste Geschichte der Arbeiterbewegung im Kulturhistorischen Museum dargestellt werden. Die Funde der Magdeburger Stadtkerngrabung sollten gleich am Lagerungsort Kloster verbleiben. Der geplante Zeitrahmen für Kunstausstellungen beschrieb die Stilepochen zwischen Mittelalter und Barock, bezog Plastik, Malerei und Kunsthandwerk ein. Die Aufstellung des Magdeburger Reiters wurde erwogen. Ein Lapidarium mit Magdeburger Fundresten war im Erdgeschoß: Kreuzgang, Hochsäulige Kapelle, ehem. Sommerremter geplant, zeitweilig auch an der südlichen Stirnwand des Refektoriums installiert.

In einer nächsten Planungsphase dominierte die Kunst zur Nutzung aller drei Tonnen mit zeitgenössischer Plastik, mittelalterlicher Skulptur und erlesenen Fayencen des 15. - 18. Jahrhundert Der Magdeburger Reiter blieb als hochrangigstes Exponat weiter vorgesehen. Seitens des Denkmalamtes wurde temporär für die ausschließlich museale Ausstattung mit mittelalterlicher Kunst votiert.

Der staatliche Auftraggeber formulierte 1973 seinen Willen: „Am Ende der langfristigen Umprofilierung des Klosters..." ein zeitgemäßes kulturelles Zentrum entstehen zu lassen. Das gleichzeitige, fragwürdige Vorhaben, die Mittlere und Untere Tonne in „Gasträume mit historischem Charakter" zu verfremden, konnte nach längeren staatlichen Realisierungsversuchen abgewendet werden.[12]

Anfang der 70er Jahre zeichneten sich die Konturen deutlicher ab, zunehmend von außen qualifiziert. Das Museum blieb zunächst auch noch auf die Mischnutzung von Geschichte und Kunst focussiert, schloß die Kirche als künftige Konzerthalle ein. Das internationale Denkmalpflegeinteresse für einen der wenigen hochmittelalterlichen, weitgehend erhaltenen bzw. wiederhergestellten Klosterbauten begünstigte die sich rasch konzentrierenden Restaurierungsmaßnahmen. Anfang 1974 sollte eine Denkmalpflegeausstellung anläßlich der ICOMOS-Tagung das Baudenkmal ins Licht rücken. Parallel eröffnete sich aus Sicht des Kulturministeriums der ehemaligen DDR die Chance, hier ein Zentrum der zeitgenössischen Kleinplastik zu schaffen. „Gemäß zentraler Vorgaben durch das Ministerium für Kultur ist im Zuge der Profilierung des Museumswesens der Republik in Magdeburg das Zentrum für Plastik von überregionaler Bedeutung zu schaffen."[13]

Vor allem den Architekten und Kunsthistorikern des Halleschen Denkmalamtes fiel ab Mitte der 60er Jahre die herausfordernde, gleichwohl würdige Aufgabe zu, die Substanzerhaltung mit den funktionalen Aufgaben für die schwesterlichen Künste, die bildende wie die musikalische, zu einem mehrdimensionalen Erlebnisort zu verbinden. Prozessen dieser Art ist eigen, daß sie zwischen Nutzern und Denkmalpflegern häufig kontrovers verlaufen, in diesem Falle erforderliche Bauuntersuchungen als hinderlich für kommende Jubiläumstermine angesehen wurden.

Als positiv für den Erhalt des rund 900 Jahre alten Gebäudes müssen trotz vieler Einschränkungen die ideelle Bewahrung und die finanziellen Investitionen gewürdigt werden. Sie machen das älteste erhaltene Bauwerk der Stadt neben dem Dom seither zum meistbesuchten Kulturdenkmal in Magdeburg. In einer dichten Phase der konservatorisch determinierten Bauaktivitäten erhielten die Kirche, der Sommer- und der Winterremter, die tonnengewölbten Untergeschosse und auch äußere Bauabschnitte ihre heutige erlebbare Gestaltung.

Ausstellung der „Nationalen Sammlung Kleinplastik" in der in der Oberen Tonne

Erst Mitte des folgenden Jahrzehnts, der 80er Jahre, kamen die bislang zweckentfremdet genutzten oberen Kreuzgangflügel für Ausstellungszwecke hinzu.

KUNSTMUSEUM UND KONZERTHALLE

Das Jahr 1974 brachte für das Museumswesen, auch das Kloster, einen bedeutungssteigernden Wandel. Das bisherige „Stammhaus", Kulturhistorisches Museum, profilverwischtes Sammelbecken erhaltener und erweiterter Sammlungsbestände nach 1945, ging im größeren Verband der „Museen, Gedenkstätten und Sammlungen" auf.

Zum fertigen Teilabschnitt gehörten die Obere Tonne mit einer Modell-Sonderausstellung über neue Bauvorstellungen für Magdeburg und das Foyer-Café im ehemaligen Sommerremter. Bereits

Ausstellung spätmittelalterlicher Holzskulpturen in der Mittleren Tonne

Mit der ehrgeizigen Förderung des regionalen und DDR-nationalen Staatsapparates mutierte in erster Linie das Kloster zum Vorzeigeobjekt. Dieser durchaus begrüßenswerten Chance standen weiterhin sehr mangelhafte bauliche Gegebenheiten und zu geringe Präsentationsmöglichkeiten für das ehemalige Kaiser-Friedrich-Museum gegenüber. Aber diesem Kapitel Magdeburger Geschichte gebührt mehr Raum darstellender Dokumentation. Der Herbst 1974 kulminierte zum ersten entscheidenden Druckpunkt, der Öffentlichkeit das Kloster anläßlich des 25. Jahrestages der DDR als neues Zentrum „geistig-kulturellen Lebens" zu übergeben.

in dieser Phase waren die inhaltlichen Konturen und bauerschließenden nächsten Schritte für die dann realisierte Nutzung abgesteckt.

Sammlung, ständige und temporäre Ausstellungen von Kleinplastik der DDR waren ein ebenso würdiges wie verpflichtendes Vorhaben für das Kloster-Museum. Mit Beibehaltung der Zuordnung spätmittelalterlicher Skulpturen konnte ein breiteres Fundament für das Genre Bildhauerkunst geschaffen und auch dem Geist des sakralen Bauwerkes entsprochen werden. Da keinerlei mobiler Kunstbesitz im Kloster erhalten war, dienten die Magdeburger Kunstsammlungen als Reservoire. Gleiches traf für Exponate einer über Jahre favorisierten, als kleine Schatzkammer geplanten Ausstellung europäischer Fayencen in der Unteren Tonne zu. Sie inspirierte nicht unwesentlich eine bis heute durch überregionale Ausstellungs- und Sammelaktivität erreichte weitere Profilierung neben der Bildhauerkunst.

In einer Entwicklungskonzeption[14] vom Anfang 1975 waren Bauabschnitte der Folgejahre fixiert. Anläßlich des 8. Mai 1975, also ein gutes halbes Jahr nach der Eröffnung, konnten die eindrucksvollen unteren tonnengewölbten, saalartigen ehemaligen Kloster-Nutzräume einbezogen werden.

Für die beschlossene Unwidmung der Klosterkirche zu einer Konzerthalle ergab sich bis zu deren Spielbeginn im September 1977 ein zunächst nicht abschätzbarer Forschungs- und Bauaufwand. Über den größten Eingriff in die romanische Basilika, eine Konzertorgel zu integrieren, wurde ausführlich und kompetent in Fachgremien beraten. Ihr Standort im Hohen Chor mußte anderen Varianten, der Anbindung im Westen oder in den Querschiffen, vorgezogen werden. Die Sichtorientierung der Zuhörer wie die erforderliche Akustik im Zusammenspiel Orgel/Instrumentalmusik gaben den Ausschlag. Aber erst die Installierung einer Fußbodenheizung im gesamten Kirchenraum erforderte eine archäologische Bauuntersuchung großen Ausmaßes. Um die Vierung und im westlichen Mittelschiffbereich fand unter Leitung des Instituts für Denkmalpflege, zusammen mit dem Landesamt für Ur- und Frühgeschichte, Halle, eine ausführliche, mehrere Meter tiefe Grabung statt. Als eines der aufsehenerregenden Ergebnisse wurde die einstige Grablege Norberts von Xanten gefunden, dessen Gebeine aber bereits Anfang des 17. Jahrhundert beim Auszug der Prämonstratenser daraus entfernt worden waren.

Bis zum September 1977, der Einweihung der Konzerthalle „Georg Philipp Telemann", überspannte eine Stahlbetondecke die Grabung. Zur baubefundlichen Erforschung gehörte weiterhin der Nachweis einer ursprünglich vorhandenen Vorkrypta zwischen dem Raum der Grablege und der Krypta. In sachlich-strenger Bauform wurde dieser Längsgang aufgemauert, zum Kirchenschiff hin heute in Form einer veränderten Baukomposition erlebbar. Die einst barocke Treppenführung zum Chor wie den Abgängen zur Krypta wich einem spröd-herben kastenartigen Chorsockel.

Gewölbe, Bündelpfeiler und Arkaden wurden sorglich saniert, Fenster der Kirchensüdseite auf ihr romanisches Maß zurückgeführt. Der bauliche und ästhetische Gesamteindruck erfuhr eine deutliche Steigerung. Grundsätzliche Umbauten der Kirche fanden nicht statt - wie oft falsch interpretiert.

Erst ab 1979, mit dem fertigen Einbau der Orgel, dem 1000. Werk der Firma Jehmlich, Dresden, konnte die gewünschte Vollendung erreicht werden.

NEUE GOBELINS FÜR DIE AUSSTATTUNG

Zunächst notgedrungen, wurde wegen der störend langen Nachhallzeit in der Kirche das Konzept textiler Ausstattung entwickelt, dabei Gobelinweberei als traditionelles Medium der Hochkultur favorisiert. Sechzehn Künstler der ehemaligen DDR erhielten Aufträge. So begründet die Ausstattung in Korrespondenz mit einstigen mittelalterlichen Dorsalien, Hungertüchern und andern liturgischen Stoffen in Kirchen gewesen wäre, so wenig konnte gerade diesem Aspekt nachgegangen werden. Musik und Theatergeschehen im weiteren Sinne als Themen-Rahmen vorgegeben, mußte allerdings nicht notwendig als falsch gelten.

In zwei Hauptgruppen entstanden Teppiche mit selbständigen Bildmotiven und anderen mehr ornamentalen Grundstrukturen. Altehrwürdige Metaphern für die Bedeutung des Gesanges und der Töne vermitteln die Gobelins „Odysseus" (Ronald Paris) und „Orpheus" (Heinrich Apel).

Der Musik als der abstraktesten künstlerischen Gattung entsprechen besonders „Die Klangrose der Laute" (Elried Metzkes) und Associationen zu „Telemanns Tageszeiten" (Ingrid Müller-Kuberski) wie „Carmina burana" (Friederike Happach). Der Gobelin von Elried Metzkes verdient eine besondere Hervorhebung. Durch Aufnahme des Flechtbandmotivs aus der Architektur und der Romanik verwandten Rundmotiven ist in ihm die überzeugendste zeitlose Verschmelzung zwischen Musik, Bau- und Bildkunst gelungen.

Viel Zeit wäre notwendig gewesen, um die Handschriften der Künstler im Sinne einer tiefergehenden Beziehung zum Kloster und auch im Zusammenwirken untereinander ausreifen zu lassen. In unguter, aufgezwungener Eile, den Eröffnungstermin der Konzerthalle 1977 einhalten zu müssen, haben die Künstler letzten Endes in ihren Ateliers nur noch individuell über Teillösungen entscheiden können. Das logischerweise disparate Ergebnis dieser Sammlung führte bei gleichzeitiger Aufhängung aller Bildteppiche in den Seitenschiffarkaden zu ästhetisch-räumlichen Störungen. Das dominierende Gleichmaß der Architektur korrigiert zu heftige und gegenläufige Zuordnungen. Seither werden immer nur einige Gobelins gezeigt, eine Feststellung, die nicht befriedigen kann und nach konzeptioneller Weiterführung verlangt.

Kruzifix, 2. Hälfte 11. Jahrhundert, niedersächsisch, Bronze, Plastiksammlung

SAMMLUNG DEUTSCHER BILDHAUERKUNST DES 20. JAHRHUNDERT

Die 1976 gezeigte erste Ausstellung der „Nationalen Sammlung Kleinplastik der DDR" in der Oberen Tonne begründete sich mehr in Fortsetzung einer Tradition in Magdeburg als in einem administrativen Zuordnungsakt. Die Initiative ging Ende der 50er Jahre vom Museum aus, das nach dem Kriegsverlust wichtiger Sammlungen nach einer neuen, sinnvoll begründeten Profilierung suchte, wollte das einstige, angesehene Kunstmuseum/Kaiser Friedrich-Museum eine gewichtige Stimme behalten.

Heiliger Petrus, um 1400, Holz, Plastiksammlung

Die Beziehungssuche führte zu den Hoch-Zeiten der überkommenen Bildhauerkunst, besonders des 12. und 13. Jahrhundert Die Gegenwart des Magdeburger Reiters, von Grabplatten der Erzbischöfe Wettin und Wichmann, das Bewußtsein der hier gegossenen Nowgoroder Bronzetür, die Klugen und Törichten Jungfrauen, das im Dom befindliche Vischergrab vom ausgehenden 15. Jahrhundert und Barlachs Ehrenmal von 1929, alles Werke der Weltkunst, regten zum weitsichtigen und tragfähigen Profil an, zeitgenössische Plastik zu favorisieren. 1969 veröffentlichte die damalige Kustodin, Sigrid Hinz, ein Katalogbuch „Bildhauerkunst in Magdeburg", in dem alle wichtigen Werke des Domes, der Stadt und des Museums beschrieben sind.

Seit rund 20 Jahren sind nunmehr unterbrechungslos Skulpturen, Plastiken, Reliefs, Bildhauerzeichnungen und -grafiken, vornehmlich der 2. Hälfte unseres Jahrhunderts, im ehemaligen Winterremter, aber auch anderen Räumen des Klosters zu sehen. Die mit erheblicher finanzieller Förderung des damaligen Kulturministeriums möglichen Erwerbungen haben die einzige Spezialsammlung ihrer Art wachsen lassen, die über Werke von ostdeutschen Bildhauern aller Generationen verfügt.

Das Jahr 1989 führte gleichermaßen zum Höhe- und Endpunkt der DDR- Plastiksammlung. Ihre Erweiterung auf das große Format, die Aufstellung von ca. 45 Plastiken im Außenraum und ein Bestandskatalog waren anläßlich des 40. Jahrestages im Oktober noch realisiert worden.

Im Vorwort zum Katalog heißt es u. a.: „Die Entwicklung, die die Sammlung bis heute genommen hat, ermutigt uns, jetzt einen Schritt weiter zu gehen und die Kleinplastiksammlung zu einer Nationalen Sammlung Plastik der DDR zu erweitern... Was ferner zu der Erweiterung ermutigte, u. a. daß Betriebe in Stadt und Bezirk als sozialistische Mäzene Kunstwerke für die NSP erwerben." (Kat. Nationale Sammlung Plastik, Magdeburg 1989)

Die Zuwendung vieler, auch ausländischer Künstler, die Leihgaben von Stiftungen und Privatpersonen, Ausstellungskooperationen mit anderen Museen und Mittelförderungen sind auch in jüngster Zeit Bestätigungen zur Weiterführung der Sammlung. Neue Möglichkeiten werden seit der Wende genutzt, als Forum für künstlerische Prozesse zu wirken, deren Partner nach ihrem Beitrag und nicht mehr nach ihrem vormals ausschlaggebenden östlichen Wohnsitz beteiligt werden können.

ZEITGENÖSSISCHE KERAMIK - KUNST AUS TON

Weniger tief als die Plastik in Magdeburgs Geschichte wurzelt die inzwischen weit überregionale Präsenz zeitgenössischer Keramik-Ausstellungen im Kloster. Die als Glücksfall empfundene Chance, in einem mittelalterlichen Bauwerk diesen Ranges Kunst auszustellen, weckte auch Begehrlichkeiten des damaligen Verbandes Bildender Künstler, Sektion Kunsthandwerk. Die Magdeburger Museen konnten nur zögernd zustimmen, weil der Inhaltsbezug vor einem Raumnutzungszweck stehen mußte. Die qualitative, wenngleich quantitativ nicht mehr reiche Sammlung von Fayencen, Steinzeug und Steingut,

Baldur Schönfelder: Nike II,
(Heimkehr und Ende eines Mythos),
1981, Bleilegierung, Blattgold, Plastiksammlung

der noch vorhandene Bestand an Geschirren und Ziergerät der einst in Magdeburg ansässigen Fayence- und Steingut-Manufaktur Guischards schienen eine Fortsetzung in neuer Form zu begründen.

Zwischen 1977 und 1989 fanden insgesamt fünf „Zentrale Keramikausstellungen" der DDR statt, die sich als wahre Besuchermagneten erwiesen. Eine begleitend angelegte Sammlung war der selbstverständliche Eigenauftrag.

Nach der Wende 89 drängten Künstler, Kunsthistoriker und Galeristen auf Fortsetzung der nunmehr gesamtdeutsch auszurichtenden Expositionen.. 1993 begann die als Triennale geplante erste Ausstellung der Reihe „Kunst aus Ton".

KONTINUITÄT UND ÖFFNUNG

Auf den politischen Entwicklungseinschnitt und die Turbulenzen der Wende in Deutschland 1989 folgen selbstverständlich auch Reaktionen auf das scheinbar in sich harmonisierte Leben auf dieser Insel der schönen Künste.

Sowohl anfragendes Interesse von außen wie Reflektionen von innen über Gültigkeiten bisherigen Tuns verlangen Antworten. Sie müssen weniger erdacht, mehr aus den sichtbaren Befunden geschlossen werden. Sie verlaufen in zwei Richtungen, betreffen den geistigen und denkmalpflegerischen Umgang mit dem Sakralbau und die Stationen seiner Widmung zum Museum zeitgenössischer Kunst. Zum ersten Teil geben das Gesamtprojekt dieses Buches und die geplante Ausstellung in der Einleitung Auskunft.

Zum zweiten Teil gibt es keine schnellen geschmeidigen Begründungen für oder gegen etwas. Die musealen Nutzer sind Beteiligte und Förderer eines Prozesses, der mit kurzlebigen Tagesereignissen viel weniger zu tun hat als auch jetzt wieder angenommen. Aus einer verordneten Abgeschiedenheit eher klassisch-retardierender Kunsthaltung mit Leitbildfunktionen für Menschen- und Geschichtsbilder in der DDR herauskatapultiert, wurden jüngst Wertemaßstäbe in Frage gestellt. Kantiger könnte der Gegensatz zu bisher westlichen Kunstauffassungen mit einem anderen Koordinatensystem auch nicht sein. Abbildnaher Realitätsschilderung stehen Werkauffassungen gegenüber, deren Ziel nicht das ethisch-gültige Finalprodukt mit Sendungscharakter darstellt. Es sind vielfach mehr Ereignisvorgänge des Lebens, die mit neuen ästhetischen Mitteln gespiegelt werden. Das durch die jüngste Geschichte erzeugte Mißtrauen gegen die Wertedauer und ihre Fragwürdigkeit hat eher zu einem Credo von Flüchtigkeit und Vergänglichkeit geführt.

DENKMALPFLEGERISCHE BAUERHALTUNG

Jedes Baudenkmal dieser Bedeutung bedarf stetiger Erhaltungsmaßnahmen. Mit Beginn der tourismusfördernden Initiative Sachsen-Anhalts „Straße der Romanik" im Frühjahr 1993, und zwar ausgehend vom Magdeburger Liebfrauenkloster, ruht gesteigertes öffentliches Interesse auf dem Baudenkmal. Durch unterstützende Finanzierungshilfe konnten u. a. die bauhistorisch bedeutende Krypta und der östliche Remtergiebel restauriert werden. Für die obere Rotunde der Tonsur und den Raum der Norbert-Grablege steht Gleiches noch aus. Begonnen wird gegenwärtig in Form eines Modellvorhabens die Sanierung der stark geschädigten Sandsteinsäulen und Kapitelle des unteren Kreuzganges. Weiter muß eine sehr behutsame Erweiterung des nördlichen Eingangsbereiches angestrebt werden, da sich die vor 20 Jahren geplante Besucherkapazität erhöht hat, wozu die regelmäßige Konzerttätigkeit beiträgt.

ANMERKUNGEN

[1] Information von Herrn Siegfried Reincke, Vorsitzender der Genealogischen Gesellschaft Sachsen-Anhalt, am 8.6.1995

[2] Rekonstruktion in der Broschüre: 100 Jahre Denkmalpflege - VEB Denkmalpflege/Fa. Paul Schuster, Magdeburg 1986

[3] 1968 wurde im Auftrage des Instituts für Denkmalpflege, Halle, ein Nutzungsprojekt einer Dresdner Projektgruppe erarbeitet.

[4] Brief von Dr. Hans Berger an die Verfasserin vom 22.8.1990

[5] Th. Karutz: Von der Gründung bis zum Zusammenschluß der reformierten Gemeinden in Magdeburg. 3.5.1982, Typoskript

[6] Schreiben vom 3.3.1971

[7] Schriftliche Weisung vom Rat der Stadt, Stadtrat für Kultur, vom 8.6.1972 an das Kulturhistorische Museum

[8] Schreiben des Kulturhistorischen Museums an den Rat der Stadt vom 11.10.1972

[9] Protokoll vom 13.4.1973

[10] LDZ, 1.10.1969

[11] Beschlußvorlage Nr. 1-3/65 vom 15.10.65

[12] s. Anm. 11; Nutzungsvorschlag des Museums (6.10.1972), Protokoll der Arbeitsgruppe „Kulturhistorische Bauten" vom 16.11.1972 und 13.4.1973

[13] Nutzungskonzeption des Museums, Variante A, o.N., o.D., handschriftlich, 3.5.1974

[14] Kulturhistorisches Museum 1975, o.N., o.D.
sowie: O. Förster: Dokumentation zur Baugeschichte - KOLF, Typoskript 1995

Renate Stahlheber

Zur frühen Norbert-Ikonographie in der ehemaligen sächsischen Zirkarie

Es waren nur knappe acht Jahre (1126-1134), in denen Norbert als Erzbischof in Magdeburg wirkte. Gleichzeitig war sein Erzbischofstuhl infolge seiner häufigen Abwesenheit oft verwaist, so vor allem in den letzten 22 Monaten seines Lebens durch die Romreise im Dienst von Kirche und Reich[1], so daß sich eine innige und vertraute Beziehung zu den Menschen in seiner Diözese wohl kaum entwickeln konnte. Die ständige Anwesenheit war zu seinen Lebzeiten den Magdeburgern weitgehend versagt geblieben, das änderte sich nach seinem Tod. Das Kloster Unser Lieben Frauen wurde zur Grablege der Gebeine Norberts und damit der dort bis 1526 bewahrte Sarkophag zum Reliquienschrein[2]. Das war eine Präsenz, die einer Verehrung kräftige Impulse hätte geben können, wenn sich ein spontaner Glaube im Volk entwickelt hätte, der in der Gestalt Norberts ein Vorbild erkannt oder in seinem Wirken den Grad von Vokstümlichkeit verspürt hätte, der über den Tod hinaus die enge Verbindung zu ihm als Schutzbringer oder Wegweiser zur Heilsgewißheit als suchenswert angesehen hätte. Für die Magdeburger aber war Norbert in erster Linie ein institutioneller Amtsträger, noch dazu ein recht umstrittener[3].

So entwickelte sich die postmortale Verehrung Norberts zunächst innerhalb des Ordens und zeigte sich zuerst und am deutlichsten in der Hagiographie, in der zwar neben der Hervorhebung der Tugenden Norberts Adiaphora hinzutraten, wie die auffällig langsame Verwesung des Leichnams und dessen verströmender Wohlgeruch[4], jedoch darüber hinaus keine Berichte von Wunderereignissen am Grab. Die Ordensbrüder von Unser Lieben Frauen verfaßten nach Aussage ehemaliger Magdeburger Quellen erst um 1190 eine Liste von Wundern, die sich am Grab Norberts ereignet haben sollen[5], ein Verzeichnis, das vermutlich zur Vorbereitung einer erwünschten Heiligsprechung des Ordensgründers dienen sollte. Da der von der Kirche genehmigte offizielle Kult aber erst 1582 gestattet wurde, muß man eine Heiligenverehrung im öffentlichen Bereich nach dem kirchlichen Verständnis ausschließen[6]. Ohne den kanonischen Akt in Rom war die „Ehre der Altäre" nicht zu erlangen. Wenn Charles Louis Hugo in seiner Lebensbeschreibung Norberts aus einem Manuskript einer Vita Norberti zitiert: *B. Pater Norbertus inter conscriptos coeli patres a temporibus Innocentii adlectus est*[7], wird damit nicht von einer erfolgten Heiligsprechung berichtet, sondern es beschreibt die durchaus nachvollziehbare Sicht der Prämonstratenser über Norbert innerhalb ihrer Klostermauern. Die ordensimmanente Verehrung des Ordensgründers war Teil ihrer Spiritualität.

Die Äußerungen hinsichtlich der Verehrung bleiben aber insgesamt eher verhalten und bewegen sich ganz im Rahmen der vorgeschriebenen kirchenrechtlichen Bedingungen. Die Quellen, die Auskunft darüber geben, wie Nekrologe, nennen Norbert *reformator* oder *reparator* des Ordens[8]. Dennoch haben sich einige Bildzeugnisse aus der Frühzeit erhalten, die belegen, daß sich die Prämonstratenser durchaus nicht scheuten, dem von ihnen Verehrten schon vor 1582 den Titel *sanctus* zu verleihen, ohne die ihnen gesetzten Grenzen zu überschreiten. Den frühesten Beleg finden wir in der Bild-Vita des Weißenauer Abtes Jacob Murer im Weißenauer Traditionscodex[9]. In der Szene, in der sich Norbert auf dem Konzil zu Fritzlar seiner angeblichen Amtsanmaßung und Lebensführung wegen verteidigt, liegt vor ihm auf dem Boden ein

Täfelchen mit der Inschrift *S. Norpertus*. Jakob Murer umgeht im gesamten Beitext den Titel *sanctus*, indem er in der Tradition der Vita B vom *vir Deus* oder *beatus* spricht. *Vir Deus* oder *beatus* sind Epitheta, die letztendlich die Heiligmäßigkeit des Erwähnten umschreiben. Murer läßt in dem attributiven Zeichen des Täfelchens deutlich werden, welcher Rang Norbert in den Augen des Ordens unbestritten zustand und den die Herren Theologen und Professoren in Fritzlar eigentlich hätten erkennen müssen. Norbert ist im Augenblick der Anklage in religiöser und ethischer Hinsicht vollkommen. Seine religiöse Autorität kommt nicht von seinem Amt, sondern von seiner Lebensführung und den der Bibel entnommenen Argumenten, mit denen er diese untermauert. Seine Richter erkannten diese Heiligkeit nicht. Von ikonographischer Sicht her ist das als Verweis auf eine *imitatio Christi* zu verstehen: Jener steht ebenfalls vor Richtern, die seine Göttlichkeit nicht erkennen. Es war also möglich, in einem Codex, der nur für den Gebrauch innerhalb des Klosters gedacht war, Norbert als einen *sanctus* zu betiteln, ohne daraus einen kirchenrechtlichen Anspruch herleiten zu wollen. Murer enthält sich in der gesamten Bild-Vita, die Person Norberts mit einem Heiligenschein zu versehen und trennt damit kanonischen Konsens von privater Überzeugung.

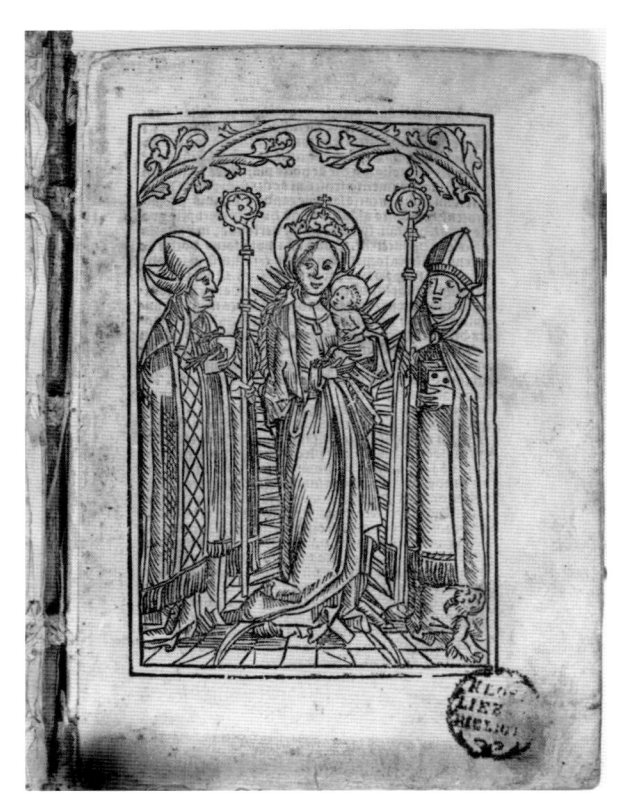

Muttergottes zwischen Augustinus und Norbert, Magdeburg, 1504

Im Laufe des 16. Jahrhunderts verstärkte sich im Orden der Wille, die ungelöste Frage der offiziellen Kanonisation endlich zu regeln. Die Entstehungszeit eines Einblattdruckes fällt in den recht langen Zeitraum zwischen 1521, als man auf dem Generalkapitel zum erstenmal gezielt die Kanonisierung zum Thema machte, und der dann erst 1582 erfolgten kanonischen Heiligsprechung. Das Blatt ist möglicherweise ein Beleg dafür, daß man sich in diesem Zusammenhang schon Gedanken machte, in welcher Weise man die Gestalt Norberts in der Öffentlichkeit bekannt machen wollte. Es stellt Norbert in der Form eines vollendeten Andachtsbildes dar[10]. Einblattdrucke und Andachtsbilder waren aber zur Verteilung in der Öffentlichkeit gedacht, gelangten also außerhalb der Klostermauern. Der Titulus mit der Aufzählung von Rang und Ämtern - *S.Norbertus Archiepiscopus Magdeburgensis Fundator Praemonstratensis* - und der Nimbus geben ganz eindeutig Auskunft über die Auffassung vom Stand des Dargestellten. Auch die Beifügung von individuellen Attributen - neben den allgemeinen, den Amtsinsignien, nämlich Palme und Brotkorb - zeigt, daß man hier die Darstellung eines Heiligen geprägt hatte. Über den Korb mit den Broten ist im übrigen im Zusammenhang mit einer Magdeburger Tradition nachzudenken. In keiner späteren Darstellung taucht dieses Attribut wieder auf. Es könnte zwar durchaus auf eine nachahmenswerte Tugend Norberts hinweisen, wie sie in den Viten herausgearbeitet wird, etwa die Fürsorge für die Armen[11]. Später hat man sich aber für ein anderes Motiv entschieden[12], wobei der Vorbildcharakter der Sorge für die Armen hinter dem Anspruch des absoluten Armutsideals zurücktritt. Umso mehr bedarf das Brotkorb-Attribut einer schlüssigen Erklärung. Aus Anlaß des 50jährigen Todestages Norberts stiftete dessen Nachfolger, Erzbischof Wichmann, 1184 eine Memorie, die dem jährlichen Gedächtnis an den 13. Erzbischof von Magdeburg dienen sollte[13]. Wenn am 6. Juni, dem Todestag Norberts, 1.200 Brote, 400 Käse und Maße Bier aus dem Vorrat des Stiftes Unser Lieben Frauen an die Armen verteilt wurden[14], war das ein sichtbarer Akt der Nächstenliebe in der preisenden Erinnerung an den Ordensgründer. Sollte sich in der Art der Stiftung überhaupt ein persönliches Verdienst Norberts spiegeln, so war es nicht sein Wirken als Erzbischof. Norbert war nicht nach Magdeburg gekommen, um dort die Armen zu speisen. Die Reformierung der kirchlichen Einrichtungen (Stifte), die Sicherung der Rechte des Erzstuhles und das Engagement für Reich und Kirche auf höchster Ebene sind die von aller Nächstenliebe scharf abgehobenen Aufgaben, denen er sich hauptsächlich widmete[15]. Durch die jährliche Armenspeisung aber wird der „Vater der Bedürftigen"[16] beschworen und damit ein karitativer Zug des Ordens im allgemeinen dargestellt. Diese in Magdeburg gepflegte Tradition verschmolz offenbar so mit dem Bild, das man sich von Norbert machen wollte, daß man das Attribut des Brotkorbes wählte. Die Initiative zu diesem Stich kam ganz offensichtlich aus den deutschsprachigen Zirkarien, auch wenn ein Auftraggeber nicht benannt werden kann. Es kann vermutet werden, daß bei dem Ringen um eine bildliche Form nach lebendigen Traditionen in den Zirkarien gefragt wurde. Möglicherweise wehte auch noch die jahrhundertelange Vormachtstellung Magdeburgs als Zentrum der sächsischen und der deutschen Zirkarien nach, so daß aus der dort noch gegenwärtigen Tradition der Brotspende dieses Motiv erwuchs.

Als die endgültige Bildgestalt Norberts dann durch die Bestrebungen aus Antwerpen geprägt wurde, wurde das Brotkorb-Motiv verworfen und damit auch die Magdeburger Tradition dem Vergessen anheim gegeben. Das Brotkorb-Motiv barg nicht genug Schlagkraft, um dem gegenreformatorischen Impetus, der jetzt gefragt war, zu dienen. Den Magdeburgern aber fehlte bereits die Kraft, in irgendeiner Art Einfluß zu nehmen, da ihnen schon ein anderes Schicksal beschieden war.

Die eben genannten Beispiele führen alle in den süddeutschen Raum, während wir uns vordringlich mit der ehemaligen sächsischen Zirkarie zu befassen haben. Hier ist in der Buchkunst ein sehr frühes Bildwerk erhalten geblieben, aber es ist – soweit bisher bekannt – auch das einzige.

Zu den Ordensschriften gehört ein Brevier[17], das 1504 bei Mauritius Brandis herausgegeben wurde und mit einem Holzschnitt geschmückt ist. Geschichtlich ist dieses Brevier insofern als Zeugnis neu belebter Norbert-Verehrung wichtig, als darin der sogenannte *Sermo Norberti* aufgenommen wurde[18]. Außerdem wird darin das alljährliche

Norbert mit Palmzweig und Brotkorb.
Antwerpen, Mitte des 16. Jh.

Gedächtnis der Reliquien Norberts festgeschrieben[19]. Die Herausgabe des Breviers fällt in eine Zeit, in der die Pröpste Magdeburgs versuchten, die Ordensdisziplin der Klöster in der sächsischen Zirkarie zu reformieren[20]. Magdeburg und den sechs Klöstern, die sich dieser ordensinternen Erneuerung anschlossen, wurde ein Brevier an die Hand gegeben, das durch die konsequente Hinführung zu Norbert, auch über den historisch belegbaren Rahmen hinaus, wie die Aufnahme des *sermo* zeigt, das Selbstbewußtsein der verunsicherten Ordensmitglieder stärken sollte. Dieses Anliegen wird durch die Beifügung des Holzschnittes noch unterstrichen.

In dieser, in der Form einem Andachtsbild entsprechenden Darstellung, wurden den Ordensangehörigen die drei Hauptpatrone ihrer Gemeinschaft vor Augen geführt. Sie stehen unter einem aus gekrümmten Ästen gebildeten, dreiteiligen Bogen. Die zentrale Figur ist die auf der Mondsichel vor einem Strahlenkranz stehende gekrönte Madonna mit Kind. Zu ihrer Rechten präsentiert

Altengönna, Altar,
Detail

sich der hl. Augustinus im bischöflichen Ornat und mit Nimbus, in seiner Linken das von einem Pfeil durchbohrte Herz tragend. Auf der anderen Seite steht Norbert, noch ohne Nimbus, ebenfalls im bischöflichen Ornat und mit der Mitra bedeckt. Unter seinen Füßen befindet sich eine Teufelsgestalt. Bisher im Orden schon gängige Muster werden hier aufgegriffen und zu einem Bild vereint. Die Marienverehrung ist das zentrale Motiv der Illustration, das in früheren Brevieren schon vorgeformt worden war[21]. Die lokale Tradition des Druckortes ist in diesem Falle natürlich ebenso zu berücksichtigen, war es doch die Kirche Unser Lieben Frauen, die der Heilige mit Prämonstratensern besetzen ließ und in der sein Leichnam noch bestattet war. In der Gegenüberstellung mit Augustinus wird der zweite Patron ins Bild gebracht, so wie schon geschehen in der ältesten Miniatur in der Schäftlarner Abschrift der Norbertvita und so wie es später in der Barockzeit zum guten Ton gehörte, daß der Hochaltar in den Klosterkirchen von den Hll. Augustinus und Norbert flankiert wurde. Norbert ist, damit ebenfalls den ältesten Darstellungen folgend, in seiner Würde als Amtsträger dargestellt. Zu den allgemeinen Attributen, Pedum und Buch, tritt zum erstenmal in der Buchillustration die Teufelsgestalt, die am Boden zu Füßen des Heiligen kauert, als Attribut mit individuellem Charakter. Die Viten Norberts berichten von zahlreichen Teufelsaustreibungen[22] und folgen damit den Gebräuchen mittelalterlicher Hagiographie[23]. Die Überwindung der Versuchungen am eigenen Leib sowie die Exorzismen rücken Norbert als glühenden Widerstreiter gegen den Versucher und die Dämonen in die Nachfolge Christi. Hilfe in diesem Kampf ist ihm aber auch die ihm zur Seite gestellte Muttergottes, die er während des Exorzierens, das vorwiegend am Ende einer Messe stattfand, um Beistand anflehte[24].

Der Kontext der Darstellung innerhalb des Prämonstratenserbreviers nimmt sowohl der Teufelsfigur die Ambivalenz ihrer Bedeutung[25], als er auch hinreichend den Bischof als Norbert kenntlich macht[26].

Festzuhalten ist, daß die Magdeburger Darstellung lediglich die institutionelle Würde und die übernatürliche Befähigung Norberts ikonographisch hervorhebt. Ein Nimbus fehlt und es werden keine geltenden Regeln verletzt.

Außer dieser Buchillustration ist gegenwärtig keine andere gesicherte Norbert-Darstellung in dieser Gattung bekannt. Man kann annehmen, daß es im sächsischen Raum innerhalb der Ordensliteratur weitere gegeben haben mag. Die Verluste infolge von Glaubenskämpfen und Kriegen werden eine abschließende Meinung zu diesem Thema vermutlich nicht zulassen.

Ein Blick in die ikonographischen Handbücher sagt für den Bereich der Plastik und Tafelmalerei

überraschenderweise das Gegenteil aus. Braun zählt in seiner Ikonographie der Heiligen[27] unter dem Stichwort „Norbert" und dem Aspekt des Kelch-Attributs eine ganze Reihe spätmittelalterlicher Darstellungen aus dem sächsischen Raum auf: Altengönna, Pouch, Niederglaucha, Kloster Mansfeld. Es wird der Anschein erweckt, als sei zu einer bestimmten Zeit gerade in der sächsischen Zirkarie eine Reihe von Darstellungen Norberts im öffentlichen Bereich entstanden, die sich zudem durch das individuelle Attribut des Kelches auszeichneten.

Die genannten Kirchen, bei denen es sich überwiegend um kleine Dorfkirchen handelt, gehörten aber weder einem Prämonstratenserkloster noch waren sie dem Orden inkorporiert. Es scheint mir deshalb angebracht, diese Fälle einer kritischen Betrachtung zu unterziehen. Braun fährt in der erwähnten Ikonographie bezugnehmend auf ein angeblich bereits zu dieser Zeit entwickeltes Monstranz-Attribut fort, indem er auch dafür Beispiele aus der sächsichen Zirkarie nennt: Oschatz und Rostock. Diese Angaben vertreten die Meinung,

in der sächsischen Zirkarie habe sich noch vor der offiziellen Heiligsprechung eine Ikonographie auf Altären entwickelt, die nicht nur individuelle Attribute hervorbrachte, sondern sogar d a s Attribut, das erst auf dem Hintergrund gegenreformatorischer Ziele so unverbrüchlich mit der Gestalt Norberts verknüpft wurde, die Monstranz.

Möglicherweise haben hier Gedankengänge mitgespielt, die es für unabdingbar hielten, daß sich der Aufenthalt Norberts in Magdeburg und die Verbreitung seines Ordens im sächsischen Gebiet als Zeichen eines lokalen Weiterlebens spätestens auch in der Entwicklung einer eigenständigen Ikonographie ausdrücken müßte.

Um eine Bilanz zu ziehen, was in der einschlägigen Literatur bisher als Norbert-Darstellung erwähnt und wie sie z.T. auch kontrovers benannt wurde, wurde eine tabellarische Übersicht zusammengestellt.

Anhand dreier Beispiele soll exemplarisch vorgeführt werden, wie brüchig sich teilweise die Angaben sowohl in den Inventaren, als auch in den Ikononographien erweisen.

ORT	ALTENGÖNNA	BÖRTEWITZ	BORNE	JERICHOW	JERICHOW	KLOSTER MANSFELD
PATRO-ZINIUM D. KIRCHE	Dorfkirche ?	Dorfkirche ?	inkorporiert (Magdeburg) Margareta	Klosterkirche B.M.V. + Nikolaus	Klosterkirche B.M.V. + Nikolaus	Klosterkirche ?
OBJEKT	Altar Plastik	Altar Gemälde	Taufstein Relief	Osterleuchter Relief	Tympanon Relief	Altar Plastik
ATTRIBUT	Kelch Bettler z.Füßen	Kelch (segnend) Bettler z.Füßen	-	-	-	Kelch, kl. Figur zu Füßen
INVENTAR	Martin[28]	Norbert(?)[29]	Martin(?)[30]	o.Benenn.[31]	„nicht Gode-hard" (sic!)[33]	Wigbert[32]
BRAUN	Norbert[34]	-	-	-	-	Norbert[35]
LCI	Norbert[36]	-	-	-	-	Norbert[37]
DEHIO	-	o.Benennung d.männl.Hll.[41]	Martin(?)[38]	Norbert[39]	Bischof[40]	-
HOOTZ	Bischof[42]	-	-	-	-	-
ANDERE	Martin[43]	-	-	-	-	-

ORT	LONNEWITZ	NIEDER-GLAUCHA	OSCHATZ	POUCH	ROSTOCK	ZÖSCHAU
	Dorfkirche	Dorfkirche	Archidiakonats-kapelle	Dorfkirche	Domkirche	Dorfkirche
PATRO-ZINIUM D. KIRCHE	?	Georg oder Martin	Elisabeth	Johannes Ev.	Maria	?
OBJEKT	Altar Plastik	Altar Plastik	Wand-malerei	Altar Gemälde	Altar Plastik	Altar Gemälde
ATTRIBUT	Teufel z.Füßen	Kelch Teufel z.Füßen	Monstranz	Kelch Mensch z.Füßen	Monstranz	Besessener zu Füßen
INVENTAR	Nobert(?)[44]	Norbert[45]	Nikolaus[46]	Norbert[47]	Hugo v. Rouen[48]	Norbert[49]
BRAUN	-	Norbert[50]	Norbert[51]	Norbert[52]	Norbert[53]	-
LCI	-	-	-	Norbert[54]	Norbert[55]	-
DEHIO	o.Benennung[56]	-	Heiliger[57]	-	Bischof[58]	-
HOOTZ	-	-	-	-	o.Benennung[59]	-
ANDERE				Valentin[60]	Norbert[61] Hugo v. Rouen[62]	

Der spätgotische Schnitzaltar in der Dorfkirche von Altengönna wird im INVENTAR wie folgt beschrieben: „...; im Haupttheil im Mittelschrein Maria mit dem Jesuskind stehend, zwischen Petrus und Paulus, an den Innenseiten der Flügel links hl. Nikolaus, rechts Martin."[63]. Die fragliche rechte Gestalt trägt das Bischofsgewand (Pluviale, Mitra), mit beiden Händen hält sie einen Kelch vor sich, zu ihren Füßen kniet eine kleine Figur offensichtlich in Bitthaltung. Wie alle anderen Heiligen des Altars ist auch ihr Kopf mit einem Nimbus auf dem Hintergrund umgeben.

Braun korrigiert in seinem Standardwerk: „Der Kelch findet sich als Attribut des Heiligen bei- spielsweise auf einem Retabelflügel von etwa 1500 zu Altengönna (Inv. Sachsen-Weimar II,4. Die Figur wird hier irrig als der hl. Martin gedeutet)....". Er zählt, wie schon erwähnt, noch Pouch, Nieder- glaucha und Kloster Mansfeld auf und kommt zu dem verführerischen Schluß: „Er (d.h. der Kelch) kommt besonders auf spätmittelalterlichen Darstel- lungen des Heiligen aus Sachsen vor"[64].

Braun stellte sich dabei nicht die Frage, ob Nor- bert auf spätmittelalterlichen Altären überhaupt vorkommen durfte - die „Ehre der Altäre" war ihm kirchenrechtlich um 1500 noch nicht gestattet. Er stellt auch nicht die Frage nach der Ordens- struktur. Altengönna gehörte meines Wissens nicht als inkorporierte Pfarrei zu einem Prämon- stratenserkloster. Ohne diese Vorbedingung konn- te man aber in einer Dorfkirche kaum die Dar- stellung eines Ordensangehörigen der Prämon- stratenser erwarten. Es ist auch nicht die Rede davon, daß der Altar ursprünglich aus solch einer Kirche, also mit irgendwelchen Beziehungen zum Orden, stammte und erst später nach Altengönna kam.

Der Artikel „Norbert" im LCI greift die Braun- sche These auf: „In spätmittelalterlichen Darstel- lungen in Sachsen erscheint mehrfach der Kelch als Attribut (eine giftige Spinne, die in den Kelch gefallen war, trank Norbert mit dem Blut Christi aus und gab sie unbeschadet nach der Messe durch die Nase wieder von sich): Retabelflügel, um 1500, Altengönna .."[65] und führt noch Kloster Mansfeld als weiteres Beispiel auf.

Das Bildhandbuch „Deutsche Kunstdenkmäler" (Hootz ist in der Benennung vorsichtiger. Unter Altengönna ist zu lesen: „Dorfkirche. Schnitzaltar. Im Mittelschrein die Madonna mit Petrus und

Paulus, auf den Seitenflügeln je eine Bischofsfigur. Aus einer Jenaer Werkstatt um 1510"[66].

Der jüngste Bericht über den wiederhergestellten Schnitzaltar bringt als neue Erkenntnis einen anderen Entstehungsort: „Er stammt nicht aus einer Jenaer oder Saalfelder Werkstatt, sondern kam von Norden aus einer Wekstatt, die im Gebiet des Harzes oder im Saalekreis ihre Heimat hatte.... Das Entstehungsjahr mag etwa um 1512/15 liegen."[67]. Bei der Beschreibung der Figuren wird ohne detaillierteres Eingehen auf die Attribute gesagt: „Im rechten Flügel steht der hl. Martin, Bischof von Tours"[68].

Zur Entscheidung der Frage Martin oder Norbert können nur Erwägungen für die eine oder andere Benennung angeführt werden. Der hl. Martin ist bis ins hohe Mittelalter sehr populär und das fast ohne größere lokale Einschränkung. Auch für die Paarung Nikolaus/Martin würden sich wohl zahlreiche Beispiele anführen lassen.[69] Die attributive kleine Gestalt zu Füßen der Altengönner Figur läßt sich als Bettlerfigur identifizieren. Sie ist kniend und in Bitthaltung mit gefalteten, leicht erhobenen Händen dargestellt.

In der Hagiographie Norberts spielen Bettler im anekdotischen Sinn keine Rolle, dagegen viele besessene, also kranke Menschen, die aber in der Ikonographie dann auch entweder liegend oder irgendwie verzerrt dargestellt werden. Die Bettlerfigur, wäre sie alleine, verweist eindeutig auf Martin: „Als Bischof mit dem individuellen Attribut des Bettlers."[70]. Das Zusammenspiel von Bettler und Kelch allerdings verunklärt wieder die Eindeutigkeit. Das Kelch-Attribut ist beim hl. Martin zwar zu finden, jedoch in der differenten Form eines Pokals.

Bei Braun ist dazu folgendes zu lesen: „Der Heilige ist, wenn er mit einem Pokal als Attribut dargestellt ist, stets als Bischof in Pontifikalkleidung abgebildet. Der Pokal hat am häufigsten die Form eines Doppelhumpens, eine Kanne stellt er bei der Altarstatue zu Purk dar. Immer aber handelt es sich um ein Trinkgefäß zu weltlichem Gebrauch."[71]. Der Kelch der Figur in Altengönna scheint mir in seiner Gestalt jedoch auf den liturgischen Gebrauch hinzudeuten: Er besteht aus einer glatten Kuppa und einem ornamentierten vierpaßförmigen Fuß. Die Finger der Rechten umgreifen wohl den Nodus.

Weiterhin scheint das Auftreten des Pokals als Attribut des hl. Martin, folgt man den Ikonographien, auf Ober- und Niederbayern und das angrenzende Österreich beschränkt zu sein. Es müßte untersucht werden, ob Martin als Patron der Winzer, als der er durch den Pokal bezeichnet würde[72], auch im thüringischen Gebiet, in dem in einigen Regionen Weinbau betrieben wurde, Verbreitung fand. Von diesen Einschränkungen abgesehen, fügt sich die Gestalt des hl. Martin jedoch überzeugender in die gesamte Ikonographie des Altars, mit den im Mittelalter so beliebten Nikolaus, Stephanus und Laurentius, Barbara und Katharina, als die im Grunde unpopuläre Person des hl. Norbert, der, und das muß immer von der kirchenrechtlichen Seite her betont werden, zur Entstehungszeit noch nicht kanonisiert war und damit nicht das Recht besaß, zum Altar erhoben zu werden.

Eine andere Konstellation findet man in Pouch. Dort verzeichnet das INVENTAR: „Der Altaraufsatz besteht in einem Schreine, welcher bei völlig geschlossenem Zustande diese Gemälde darbietet. Im feststehenden linken Flügel ist der hl. Norbert gemalt als segnender Bischof mit einem Kelch, zu seinen Füßen bemerkt man einen ausgetriebenen Teufel. Die beiden äußeren beweglichen Flügel zeigen die Verkündigung Mariä .... Der rechte, feststehende Flügel trägt das Bild des h. Jacobus major, ..."[73]. Ein Vergleich dieser Beschreibung mit der Fotografie des Altarflügels zeigt aber einen etwas anderen Sachverhalt: Dargestellt ist ein nimbierter Bischof mit Kasel und Mitra, in der Linken einen Kelch haltend, die Rechte im Segensgestus erhoben. Die kleine Gestalt zu seinen Füßen ist jedoch kein Teufel, sondern ein schräg liegender Mensch, dessen steif zurückgestreckter Kopf, die Verschränkung der Beine und die gespreizte Haltung der Hände an einen kranken Menschen denken lassen, an einen „Besessenen", vielleicht also an einen Epileptiker. Wie im Fall Lonnewitz (s. Anm. 44) muß hier eine fehlerhafte Interpretation bzw. Beschreibung seitens des INVENTARS konstatiert werden. Es zeigt, daß man diese Angaben erst nach Überprüfung am Objekt übernehmen kann, eine Verfahrensweise, wie sie von Braun und vom LCI anscheinend nicht konsequent praktiziert wurde. Wie oben schon erwähnt, übernimmt Braun diese Interpretation. Völlig

Flügelinnenseite des Schnitzaltars in Pouch, um 1520

mangelhaft erscheint mir die diesbezügliche Beschreibung im LCI: „Neben der Monstranz erscheint bisweilen ein angeketteter Teufel zu Norberts Füßen, Zeichen seiner exorzistischen Tätigkeit; er tritt schon im Spätmittelalter auf, z.B. Retabelflügel, um 1500, Pouch (...)"[74]. Ich möchte in der liegenden Figur eine Teufelsgestalt, noch dazu eine angekettete, doch ausschließen. Der Teufel, das zeigt die Magdeburger Illustration im Brevier ganz entschieden, ist gewöhnlich mit Fratze, Krallen an den Händen und Hörnern auf dem Kopf dargestellt. Nach Auskunft des zuständigen Pfarrers und der Restauratorin des Altarwerks hat man sich in Pouch entschieden, in dem Dargestellten den hl. Valentin zu sehen. Das ikonographische Handbuch, auf dem diese Beurteilung gründet, führt unter dem Stichwort „Valentin" auf: „Er trägt immer Pontifikalkleidung; sein ständiges Attribut, ein Krüppel zu Füßen, ist der Legende des hl. Bischofs von Terni entlehnt; dieser heilte den verkrüppelten Sohn eines römischen Rhetors und wurde enthauptet, daher bei ihm Schwert und Krüppel (auch eines Epileptikers) als Attribut. Die meisten Statuen zeigen nur den Krüppel ..."[75]. Ich zitiere die Passage so ausführlich, weil daraus deutlich wird, daß dem Heiligen, dessen Kult von Passau ausging, als zweites Attribut jedenfalls nicht der Kelch beigegeben wird, sondern ein Schwert[76]. Das ist ein Schwachpunkt in der Bestimmung des kelchtragenden Heiligen als Valentin. Da im Mittelalter Epilepsie oft genug als Symptom von Besessenheit erklärt wurde, könnte der kleine Mensch zu Füßen des Heiligen durchaus einen der vielen Besessenen darstellen, die Norbert nach den Berichten der Viten heilte. Und verlockend ist es, den Kelch dem hl. Norbert zuzuordnen, da die Exorzismen im Zusammenhang mit einer Messe und dem Gottesdienst stattfanden[77]. Andererseits würde sich Valentin viel besser als Patron der Epileptiker zu dem auf dem Gegenflügel abgebildeten Rochus als Pestpatron einfügen. Sie waren im Mittelalter, in den Zeiten der Pest und in der Hilflosigkeit gegen Krankheiten wie die Epilepsie, die häufig dargestellten Heiligen, bei denen man Hilfe und Schutz erflehte[78].
Auch für Pouch sind mir keine Beziehungen zum Orden der Prämonstratenser bekannt.
Ähnliches läßt sich auch für Rostock sagen. Der im Dom befindliche Rochusaltar, ein ungefaßter

270

Schnitzaltar von eigenwilligem Charakter, enthält eine Figur mit einer Monstranz, die vom INVENTAR in den Zusammenhang des ikonographischen Gesamtprogramms des Altars gebracht wird: „Im linken Flügel Cosmas und Damian, im rechten Christophorus und ein Bischof (der hl. Hugo von Rouen), also lauter Schutzheilige gegen Krankheit, Pestilenz und schnellen Tod"[79]. Bei der fraglichen Figur handelt es sich um einen Bischof im Ornat mit Pluviale und Mitra, der vor sich eine Monstranz hält. Andere Beigaben sind auf der Abbildung nicht zu erkennen. Braun bringt die Monstranz mit Norbert in Verbindung: „Eine Monstranz begegnet uns als Attribut des hl. Norbert in mittelalterlicher Zeit schon auf einem Wandgemälde aus der 1. Hälfte des 15. Jahrhunderts in der Archidiakonatskapelle zu Oschatz ... Ein Beispiel aus dem Jahre 1482 findet sich in einem Retabel der Nikolaikirche zu Riga (Livland, Estland, Taf. VI), ein solches aus dem frühen 16. Jahrhundert auf einem Retabelflügel in St. Marien zu Rostock ..."[80]. LCI nimmt diesen Strang auf: „Ob sich die frühe Darstellung einer Monstranz als Attribut auf die Rückgabe der Altargeräte bezieht oder schon eine Vorwegnahme der späteren gegenreformatorisch eucharistischen Symbole ist, ist ungewiß: zu den seltenen vorbarocken Darstellungen gehört der Retabelflügel, frühes 16. Jahrhundert, in Rostock, St.Marien ..."[81]. Während der „Führer zu großen Baudenkmälern" von 1944 Norbert ausdrücklich ebenfalls unter die „Schutzheiligen gegen Krankheit und schnellen Tod" zählt[82], spricht der Kunstführer „Das christliche Denkmal" von 1954 nur unverbindlich von den „Schutzheiligen gegen Krankheit und Tod"[83], ohne die einzelnen Namen zu nennen. Dehio zählt alle dargestellten Heiligen ebenfalls auf, aber die uns interessierende Figur wird bei ihm nur als „ein Bischof" erwähnt[84]. Die Rostocker Mariengemeinde sieht nach Aussage des Pastors in ihr Hugo von Rouen, damit auf dem INVENTAR fußend.

Rochusaltar, von Benedikt Dreyer (?), St. Marien, Rostock, um 1530

Der 730 verstorbene Bischof Hugo von Rouen gehört im Gegansatz zu Rochus oder Cosmas und Damian nicht zu den häufig dargestellten Heiligen. Braun führt ihn überhaupt nicht auf, bei Detzel[85] und im LCI[86] wird jeweils nur auf eine einzige Darstellung verwiesen: auf einen Holzschnitt Hans Burgkmairs um 1510 auf einem Blatt der Ahnengalerie Kaiser Maximilians I., auf dem Hugo von Rouen als exorzierender Bischof erscheint, wie er mit der Monstranz einem Manne den Teufel austreibt. Inwieweit das Auftauchen eines so seltenen Heiligen wie Hugo von Rouen in Rostock erklärlich ist, müßte anhand anderer historischer Quellen begründet werden. Außerdem ist durch das Fehlen einer kleinen Figur (eines Liegenden o.ä.) nicht einmal der exorzierende Charakter der Monstranz hervorgehoben, wie es für Hugo von Rouen unabdingbar wäre.

Die Einordnung Norberts in die Reihe der Schutzheiligen gegen Krankheit oder schnellen Tod erscheint mir durch nichts gerechtfertigt. Seine exorzistischen Fähigkeiten wurden, wie das Beispiel des Magdeburger Holzschnittes zeigt, eindeutig durch die attributive Teufelsfigur ins Bild gesetzt. Fehlt dieses Attribut oder ist es durch die Gestalt eines Menschleins ersetzt, so fehlt eine hinreichende Begründung zur Identifizierung als Norbert. Die Monstranz als alleiniges Attribut besitzt nicht die Eindeutigkeit, die den Ordensgründer der Prämonstratenser in der Domkirche zu Rostock ausreichend erklären könnte.

Zu den Prämonstratensern fehlen meines Wissens jegliche Kontakte Rostocks.

Die Erwartung von Ordenshistorikern, die an einigen Artikeln in den ikonographischen Nachschlagewerken mitgearbeitet haben[87], an den Ort Magdeburg und die sächsische Zirkarie überhaupt ist, wie sich in dieser ersten kritischen Stellungnahme gezeigt hat, teilweise überzogen. Die großen Verluste von einst vorhandenem Bildmaterial in diesem nördlichen Teil Deutschlands erschweren eine umfassende Aussage über eine genuin sächsische Norbert-Ikonographie. Die offenen Fragen, die hier angerissen wurden, müßte man in Einzeluntersuchungen, wie etwa Monographien zu den erwähnten Kirchen, angehen. Dabei müßte beispielsweise nach Querverbindungen gesucht werden, die in der Landesgeschichte oder in kirchenhistorischen Strukturen begründet liegen. Erst dann ließe sich die Frage beantworten, wie der hl. Hugo von Rouen auf einen Altar in Rostock gelangt oder ob der hl. Martin in Sachsen bzw. Thüringen mit Bettler und Kelch dargestellt wurde. Man müßte eine kritische Beurteilung der Gesamtikonographie der einzelnen Altäre vornehmen. Es müßte auch der Frage nachgegangen werden, ob die Darstellung eines nicht offiziell Kanonisierten auf einem Osterleuchter oder auf einem Tympanon (also genaugenommen außerhalb der Kirche) gegen kanonische Bestimmungen verstieß oder grundsätzlich möglich war.

Man wird in Zukunft bei der Gesamtdarstellung einer Norbert-Ikonographie in der Beurteilung sächsischer Bildwerke vorsichtiger sein und von inzwischen lieb gewordenen Traditionen Abschied nehmen müssen. Die geplante Ausstellung im Kloster Unser Lieben Frauen und das hier vorgelegte Buch zeigen ein neu erwachtes ideologiefreies Interesse an der eigenen Geschichte. Es ist ein begrüßenswerter Beginn, endlich in wissenschaftlicher Strenge den Spuren der Norbert-Darstellungen nachzugehen, die in der Literatur seit Jahrzehnten herumgeistern.

ANMERKUNGEN

[1] Siehe dazu das Itinerar Norberts für die Jahre 1126 bis 1134 in: W.M.Grauwen: Norbert, Erzbischof von Magdeburg (1126-1134), 2., überarb. Auflage, übers. und bearb. von L. Horstkötter, Duisburg 1986, S. 462

[2] Über die Bedeutung dieser Reliquien für Magdeburg ebd., S.440f. sowie K. Elm: Norbert von Xanten. Bedeutung-Persönlichkeit-Nachleben in: K. Elm (Hg): Norbert von Xanten, Adliger, Ordensstifter, Kirchenfürst. Köln 1984, S. 289

[3] Ebd. S. 272f.

[4] Acta Sanctorum (AASS), Juni I, Antwerpen 1695, S. 857 D. Eine kritische Beurteilung dieses Phänomens bei Grauwen (wie Anm. 1), S. 439

[5] Abgedruckt bei Ch.L.Hugo: Vie de Saint-Norbert. Luxemburg 1704, S. 392. F.Winter: Die Prämonstratenser des zwölften Jahrhunderts und ihre Bedeutung für das nordöstliche Deutschland. Berlin 1865 (Neudruck Aalen 1966), S. 9ff.

[6] Das Dekret *Audivius* von Papst Alexander III., zwischen 1170 und 1180 erlassen, erklärt die Verehrung eines Heiligen ohne die Autorität des Apostolischen Stuhles für unerlaubt. Theologische Realenzyklopädie (TRE), Berlin/New York 1991, Bd. 14 Stichwort „Heiligenverehrung", S.652.

[7] Winter 1865 (wie Anm.5), S. 294

[8] F.Petit La Dévotion à St. Norbert au XVIIe et au XVIIIe siècles. In: Analecta Praemonstratensia 49, 1973, S. 198. Elm 1984 (wie Anm.2), S. 282

[9] R. Stahlheber: Der Norbert-Zyklus im Weißenauer Traditionskodex. In: H. Binder (Hg.), 850 Jahre Prämonstratenserabtei Weißenau 1145-1995. Sigmaringen 1995, S. 366, Abb.4

[10] Kupferstich, Größe: 12,0 x 9,0 cm, Rotdruck auf Papier, bez.: AZ. Exemplar: Antwerpen, Stedelijk Prentenkabinet, Inv.Nr.1330. Das auf der Schwelle befindliche Monogramm wird versuchsweise identifiziert mit Adam Zeller, der seit 1502 in Basel nachzuweisen ist. Der gebirgige Hintergrund des Blattes unterstützt vom ikonographischen Standpunkt her die Annahme, daß es im süddeutschen Raum entstanden sein muß. G.K. Nagler: Die Monogrammisten I, München/Leipzig 1858, S. 682f. Nr.1542; Ausstellungskatalog Averbode 1971, S. 36 Nr.25; R. Stahlheber: Die Ikonographie Norberts von Xanten. Themen und Bildwerke. In Elm (wie Anm.2), S. 233 Abb.9

[11] Ebd. S. 234

[12] Th.Galle: Norbert verteilt sein Vermögen. Antwerpen 1622. R. Stahlheber: Die 13 Weißenauer Tafelbilder zur Vita Norberti. In: Binder 1995 (wie Anm.9), S. 399 Abb.2

[13] Elm 1984 (wie Anm2), S. 287f. und Anm. 114

[14] Nach der Reformation wurde dieser Brauch der Speisung in der Plattnerschen Stiftung jährlich am 24. Juni wiederbelebt. Diese Maßnahme der Armenpflege fand im 1. Weltkrieg ihr Ende. K.Weidel: Das Kloster Unser Lieben Frauen in Magdeburg (Germania Sacra Serie B.I.c). Augsburg 1925, S. 19

[15] Elm 1984 (wie Anm.2), S. 267-318

[16] Winter 1865 (wie Anm. 5), S. 244

[17] Breviarium secundum Ordinem Praemonstratensem Magdeburgi in Monasterio S.Mariae Virg. 1504. Größe: 14x8,8 cm. Exemplare: Kloster Unser Lieben Frauen Magdeburg; Averbode, Klosterbibliothek. H.Bohatta: Bibliographie der Breviere 1501-1850. Leipzig 1937, S. 84 Nr.980.

[18] W.Grauwen: Die Quellen zur Geschichte Norberts von Xanten. In: Elm 1984 (wie Anm.2), S. 20

[19] Elm 1984 (wie Anm.2), S. 289

[20] Weidel 1925 (wie Anm.14), S. 7

[21] Stahlheber 1984 (wie Anm.10), S. 219ff. mit Abb. 2, 3 und 5

[22] AASS Juni I, S. 834f, 840, 843 (Exorzismen), sowie AASS Juni I, S. 832f, 838f, 847f. (Versuchungen)

[23] „Aufgrund der Annahme, daß beim Exorzismus sich die Kraft des Dämons mit dem Charisma des Exorzisten messe, gehört ein Exorzismus sozusagen als Topos zur Vita jedes 'soliden' Heiligen und wird bei entsprechenden szenischen Darstellungen der Vita fast immer dargestellt". E.Kirschbaum/W.Braunfels: Lexikon der Christlichen Ikonographie (LCI). Freiburg 1976, Band 6, S. 211

[24] *Rogabat siquidem orando sanctam Dei Genitricem in cuius honore ecclesia erat consecrata ut ejus misereretur* (Teufelsaustreibung in Viviers, Notre Dame), AASS Juni I, 843

[25] Der Teufel steht in der Ikonographie auch für die Überwindung des Heidentums.

[26] Angeketteter Dämon auch als Attribut für Philippus v. Agira, Prokopius von Böhmen u.a.

[27] J.Braun: Tracht und Attribute der Heiligen in der deutschen Kunst. Stuttgart 1943

[28] Bau- und Kunstdenkmäler Thüringens. Heft I: Großherzogtum Sachsen-Weimar-Eisenach. Amtsgericht Jena (Paul Lehfeldt), Jena 1888, S. 3f. Abbildung der Gesamtansicht des Altars S. 5.

[29] Beschreibende Darstellung der älteren Bau- und Kunstdenkmäler des Königreiches Sachsen, XXVII. Heft (C. Gurlitt): Amtshauptmannschaft Oschatz I, Dresden 1905, S. 37. Schnitzaltar, um 1520. Mittelschrein: Hll. Agnes, Elisabeth, Barbara. Flügel und Predella (übernagelt): biblische Darstellungen (Lein-

wand/Öl). Flügelrückseite (43 x 140 cm): Hl. Hubertus und „Der hl. Norbert (?), als Bischof, zu seinen Füßen ein Bettler liegend. Er segnet den Kelch. Auffallend wäre freilich die Darstellung eines Prämonstratensers in dieser Kirche".

[30] Beschreibende Darstellung der älteren Bau- und Kunstdenkmäler der Provinz Sachsen. X. Heft (G. Hertel): Kreis Calbe, Halle 1885, S. 27-29. „Gleich hochinteresssant ist der mit 8 Relief-Vollfiguren besetzte romanische Taufstein, (Fig.27), welche folgende Reihe bilden: Maria mit dem Jesuskind auf einem Sessel, S.Katharina mit dem Schwert, ein Bischof (Martin?), Paulus mit dem Schwert, Petrus mit dem Schlüssel, eine gekrönte Heilige, ein gekrönter Heiliger mit undeutlichem Attribut, ein desgl. mit unbekanntem Attribut." Die Umzeichnung in Fig.27 bildet die Bischofsfigur ab, von der im Museum Unser Lieben Frauen Magdeburg heute die Frage aufgeworfen wird, ob es sich hierbei möglicherweise um eine Darstellung Norberts handelt.

[31] Inventar Provinz Sachsen (wie Anm.30), XXI. Heft (E.Wernicke): Die Kreise Jerichow, Halle 1898, S. 308ff. „In der Krypta steht der Stumpf eines mit 11 Rundstegen gewundenen Säulenschaftes mit einem achteckigen Fuße, dessen senkrechte Flächen in Rundbogennischen mit sehr hohen Reliefs, zwei von Blattornament, die übrigen von menschlichen Figuren in Kniestück, teils in betender Haltung, teils mit Schriftrollen und Büchern, gefüllt sind. (s.Fig. 104) - wohl der Fuß eines ehemaligen Osterleuchters" (S. 325)

[32] Inventar Provinz Sachsen (wie Anm. 30), XVIII.Heft (H. Grössler/A. Brinkmann): Der Mansfelder Gebirgskreis, Halle 1893, S. 101-116. „an der gegenüberliegenden Wand stehen zwei Flügel eines andern Altarschreins, die in 2 Reihen je 6 Heilige zeigen. In der oberen Reihe des linken Flügels stehen a) eine weibliche Heilige, barhaupt; b) ein Bischof; c) ein barhäuptiger und bartloser Heiliger, mit der Rechten in eine Sacktasche fassend; in der unteren Reihe: d) der Apostel S.Andreas mit dem Schrägkreuze, e) ein Mönch mit Kutte, Buch und Kappe, viell. S. Gumbert; f) S.Jakobus der Ältere mit Pilgertasche und Muschelhut. In der oberen Reihe des anderen Flügels erblickt man g) einen barhäuptigen und bartlosen Heiligen mit Buch; h) einen Bischof oder Abt mit einem Kelche in der Linken und einer kleinen menschlichen Figur zu seinen Füßen, vielleicht St. Wigbert; i) einen barhäuptigen Heiligen mit Buch; in der unteren Reihe: k) S.Christophorus mit dem Christkinde auf der Schulter; l) einen barhäuptigen und bartlosen Heiligen mit Steinen im Gewande, also Stephanus; m)einen älteren Mann mit lockigem Haar in weltlicher Tracht, eine barettartige Mütze tragend, in mantelartigem Obergewand" (S. 114). Der Angelsachse Wigbert folgte dem hl. Bonifatius zur Mission in Hessen und Thüringen und wurde zum Hersfelder Patron (LCI, wie Anm. 23, Bd.8, Sp.601/602). Im Inventar Provinz Sachsen (wie Anm.30), Heft XIX: Der Mansfelder Seekreis, wird er beispielsweise auf einem Altarschrein in der Kirche zu Polleben vermutet, als Bischof mit Krummstab und „zu Füßen eine kleine männliche Gestalt auf der Seite liegend" (S. 319). Im gleichen Inventar, Heft IX: Der Kreis Eckartsbergen, wird er in der Kirche zu Cölleda erwähnt (S.17), hier mit dem Attribut Kelch mit der Weintraube. Wigbert ist Patron dieser Kirche. Das Kelchattribut bei Wigbert hat anekdotischen Charakter und ist gewöhnlich mit der Traube verbunden: Eine Begebenheit aus seinem Leben berichtet, daß Wigbert eine Traube im Kelch ausdrückte, als Meßwein fehlte. Von einer kleinen Figur zu Füßen des Heiligen ist in den einschlägigen Ikonographien allerdings nie die Rede. Ob sich in Kloster Mansfeld etwa eine Traube in dem Kelch befand, konnte ich nicht verifizieren. Im Heft „Klostermansfeld" aus der Reihe Denkmal an der Straße der Romanik in Sachsen-Anhalt (Große Baudenkmäler Heft 441, München 1993) wird ein Marienkrönungsaltar beschrieben, der offenbar aus einigenFiguren des im Inventar beschriebenen Schreins zusammengesetzt wurde. Die Figur mit dem Kelch befindet sich nicht darunter.

[33] Inventar Provinz Sachsen (wie Anm. 31), S. 317f.: in der Turmfassade Rundbogenportal mit drei Reliefplatten aus gebranntem und glasierten Ton: „Die mittelste zeigt eine gekrönte sitzende Figur nit langem Lilienszepter in der Rechten und einer kleinen Weltkugel in der Linken: langes Haar scheint ihr über die Schultern herabzuwallen. Unzweifelhaft kann das nicht die h. Maria sein (die Abbildung bei Adler ist falsch), wie auch die Deutung der beiden infulierten sitzenden Nebenfiguren, von denen die rechte das Pedum nach innen, die linke nach außen gewendet trägt, auf die heiligen Nikolaus und Godehard rein willkürlich ist".

Die Darstellung des Nikolaus wäre an dieser Stelle durchaus nicht willkürlich, ist er doch der Nebenpatron der Kirche. Godehard betreffend schreibt Winter 1865 (wie Anm. 5), S. 186f. „Godehard war vielmehr nächst der Maria der besondere Schutzheilige für die Prämonstratensermission". Winter äußert ebd. S. 11 über das Tympanon: „Indessen, solcher Prädikate (d h. 'ad decorem serenissimi patris Norberti') hatte sich doch kein anderer Erzbischof oder Bischof im ganzen Magdeburger Erzsprengel zu erfreuen und unwillkürlich wird sich, trotzdem daß man dem Norbert nie die Bezeichnung 'Beatus' oder 'Sanctus' gibt, die Kanonisation im Schoße des Ordens vollzogen haben. Ein interessanter Beleg hierfür würde es sein, wenn es sich als richtig erwiese, daß unter den drei Figuren aus glasiertem Ton, die das Portal der Kirche in Jerichow zieren, und von denen zwei unzweifelhaft die Patrone Maria und Nikolaus darstellen, die dritte die des Norbert wäre".

[34] Braun 1943 (wie Anm.27), Sp. 557

[35] Ebd. Sp. 557

[36] LCI (wie Anm. 23), Bd. 8, Sp. 69

[37] Ebd. Sp. 69

[38] G. Dehio, Handbuch der deutschen Kunstdenkmäler. Der Bezirk Magdeburg München/Berlin 1974, S. 46f.: „Taufe. Sandstein, am 8seitigen Becken Relieffiguren: die thronende Maria mit dem Kind, Katharina, ein Bischof (Martin?), Paulus, Petrus, eine weibliche und zwei männliche Figuren mit Kronen; A. 13.Jh."

[39] Ebd., S. 216f: „Skulptierter Sockel aus Sandstein, um 1170, vermutlich für einen Osterleuchter, der heute aufgesetzte gedrehte Säulenschaft aber ursprünglich wohl nicht zugehörig.... Die ikonographische Mitte bildet der Erlöser Christus mit Schriftrolle, ihm auf der Gegenseite zugeordnet ein Orant, zur Rechten ein auf Christi Herrschaft vorausweisender Prophet zwischen Symbolen des Alten und neuen Bundes, einer Palmette mit geneigten Blättern und einer fruchttragenden Weinranke, zur Linken zwischen den Aposteln Petrus und Paulus ein Ordensheiliger im bischöflichen Ornat, wohl Norbert, der Stifter des Prämonstratenserordens."

[40] Ebd. S. 215: „Über dem Portal (WBau) in Nischen drei kleine Terrakotta-Reliefs eingesetzt, die Madonna zwischen zwei Bischöfen, um 1240".

[41] Dehio (wie Anm. 38), Bezirk Dresden/Karl-Marx-Stadt/Leipzig, München/Berlin 1965, S. 42: „Altarschrein mit 3 weiblichen Heiligen, vermutlich von einem Zwickauer Meister um 1520, Flügel und Predella mit guten Gemälden".

[42] R. Hootz (Hg.): Deutsche Kunstdenkmäler, Bildhandbuch. Bezirk Thüringen (F. und H. Möbius) Darmstadt 1968, Abb.A/2 (Detail des Bischofs mit dem Kelch-Attribut) und Text S. 355

[43] D.Pasche, Der Schnitzaltar in der Dorfkirche zu Altengönna, in: STANDPUNKT 1984/12, S. 327f.

[44] Inventar Königreich Sachsen (wie Anm.29), S.167 bis 169. Flügelaltar, um 1510. Mittelschrein: Johannes der Täufer-Madonna auf Mondsichel-Jakobus; Seitenschreine (ebenfalls plastisch): links: Barbara mit Schwert + Klara mit Kelch; Anna(?) als Matrone mit Kind + Heilige; rechts: Lorenz mit Rost + Antonius Eremita mit Glocke und Schwein; Martin, einem winzigen Bettler seinen Mantel teilend + „Norbert (?) mit einem Teufel zu Füßen, als Bischof". Nach den Fotos, die mir zur Verfügung gestellt wurden, ist die Figur zu Füßen des zuletzt erwähnten Heiligen nicht richtig beschrieben. Von den Gewandfalten teilweise bedeckt, liegt auf der Erde ein nackter Mensch, vielleicht im Jünglingsalter. Weder sein Aussehen noch seine Haltung lassen irgendwelche Auffälligkeiten erkennen, es ist auf keinen Fall eine Teufelsgestalt. Der Bischof, mit Pedum und Mitra, hat in seiner Rechten offensichtlich einen nicht mehr vorhandenen Gegenstand gehalten. Auf dem Hintergrund ist, wie bei den anderen Heiligen auch, ein Nimbus auf Goldgrund eingeprägt.

[45] Inventar Provinz Sachsen (wie Anm.30), XVI.Heft (G. Schönermark): Kreis Delitzsch, Halle 1892, S. 163f. Altarschrein, 16. Jahrhundert Mittelschrein: Bischof-Anna selbdritt-Jacobus major. linker Flügel oben: Michael-Ursula-Hieronymus (?); unten: Urbanus-Heilige-Heiliger. Rechter Flügel oben: Andreas-Dorothea-Moritz, unten: Apostel-Ottilia (Lucia)-„Norbert mit einem Kelche und zu seinen Füßen einen ausgetriebenen Teufel". Nach Mitteilung des Pfarramtes Glauchau (Jerisau) wurde der „3-teilige Flügelaltar im 19. Jahrhundert beseitigt", so daß eine Überprüfung nicht möglich ist.

[46] Inventar Königreich Sachsen (wie Anm.29) XXVlll.Heft (C.Gurlitt): Amtshauptmannschaft Oschatz II, Dresden 1905, S.257-262. Ein vom Domherrn Nikolaus Homut 1394 erworbenes Haus wurde von ihm in ein Hospital mit Kapelle umgewandelt. Im Inventarband von 1905 werden die darin enthaltenen Fresken aus der Entstehungszeit der Kapelle beschrieben und abgebildet. Damals befanden sie sich, u.a. durch spätere Einbauten, bereits in teilweise zerstörtem Zustand. Nach Aussagen der zuständigen Pfarrei sind die Fresken heute so verblaßt, daß neue Fotoaufnahmen sinnlos sind. Von der Südseite der Kapelle wird eine Gestalt (Fig. 278) - als „St. Nikolaus in Bischofstracht" (S. 261) bezeichnet - abgebildet, neben der in Kopfhöhe eine Monstranz erscheint. Die Malerei ist an dieser Stelle empfindlich gestört, so daß sich noch nicht einmal erkennen läßt, ob die Monstranz vom dem nimbierten (!) Heiligen gehalten wird, oder ob sie als ein im Raum befindlicher Gegenstand (auf einem Altar stehend?) dargestellt wird. Nach LCI (wie Anm.23) erscheint Nikolaus bis ins 14. Jahrhundert „ohne individuelle Attribute als Bischof im pontifikalen Meßornat" und erhält später Attribute, die die besondere Nothelferfunktion als Retter, Beschützer, Gebender und Helfender hervorheben (Bd.8, Sp.50f.). Eine Monstranz gehört meines Wissens nicht zu diesen Attributen. Im Hinblick auf den Stifter der Kapelle, der selbst in dieser Eigenschaft an der Ostwand dargestellt ist, erscheint die Darstellung seines Namenspatrons jedoch durchaus angebracht. Beziehungen zu einem der sächsischen Prämonstratenserklöster sind mir nicht gegenwärtig.

[47] Inventar Provinz Sachsen (wie Anm.30), XVII. Heft (G. Schönermark): Kreis Bitterfeld, Halle 1893, S. 59-61.

[48] Die Kunst- und Geschichtsdenkmäler des Großherzogtums Mecklenburg-Schwerin, I.Band: Die Amtsgerichtsbezirke Rostock, Ribnitz, Sülze-Marlow u.a., Schwerin 1896, S. 27-29 und Gesamtansicht des Altares auf S. 28

[49] Inventar Königreich Sachsen (wie Anm. 46), S. 339-343. Der um ca. 1520 datierte Flügelaltar zeigt folgendes ikonographisches Programm: im Mittelschrein: Nikolaus als Bischof mit Stab und drei Kugeln; Flügelinnenseite rechts: „St. Norbert, als Bischof, zu seinen Füßen auf dem Rücken liegend ein kleiner Besessener"; links: zerstört; Flügelaußenseite rechts: Johannes Apostel, mit Kelch und Schlange; links: Hieronymus als Kardinal mit Löwe. Zwei weitere Flügel: Johannes der Täufer mit Buch und Lamm; Antonius mit Kreuzstab, Glöckchen und Schwein. In Dehio (wie Anm. 41), S. 440 wird der Altar nicht mehr erwähnt. Nach Mitteilung des Pfarramtes Naundorf wurde er Ende des vorigen Jahrhunderts nach Dresden ausgelagert und verbrannte dort beim Bombenangriff von 1945.

[50] Braun (wie Anm.27), Sp. 557. Da der Altar bereits im 19.Jahrhundert beseitigt wurde (s. Anm. 45) übernahm er wohl die Angaben aus dem INVENTAR.

[51] Ebd.

[52] Ebd.

[53] Ebd.

[54] LCI (wie Anm.36), Sp.70

[55] Ebd., Sp.69

[56] Dehio (wie Anm.41), S. 249f. beschreibt den Schnitzaltar ohne einzelne Nennung der Figuren in den Seitenflügeln.

[57] Ebd., S. 313 „Reste fig. Wandmalerei (Verkündigung Stifter, Heilige) aus der Zeit um 1400".

[58] Dehio (wie Anm.38), Bezirke Neubrandenburg, Rostock, Schwerin. München/Berlin 1968

[59] Hootz (wie Anm. 42), Mecklenburg (G. Baier) Darmstadt 1971, S. 390

[60] Nach Aussage des Pfarramtes Pouch und der Restauratorin des Altars.

[61] H.A. Gräbke: Rostock. Marienkirche, Neuer Markt und Rathaus (Führer zu großen Baudenkmälern Heft 54), Berlin 1944; I.A.Lorenz: Die Marienkirche zu Rostock (Das christliche Denkmal, Heft 61) Berlin 1954

[62] Nach Aussage des Pastors der Mariengemeinde von Rostock.

[63] s. Anm.28

[64] s. Anm. 34, Sp.557. So auch bei H.L. Keller: Reclams Lexikon der Heiligen und der biblischen Gestalten. Stuttgart 1984, S. 447f.

[65] s. Anm. 36

[66] s Anm.42

[67] STANDPUNKT 1984/12 (wie Anm.43), S. 327

[68] Ebd. S. 328, irrtümlich heißt es dort: „Er ist der Apostel Galiziens", wo es wohl Gallien heißen müßte.

[69] Braun 1943 (wie Anm. 27) bringt auf S. 512 Abb. 274 ein Beispiel direkter paarweiser Aufstellung ebenfalls um 1500.

[70] LCI (wie Anm. 23), Band 7, Sp. 573

[71] Braun 1943 (wie Anm. 27), Sp. 519

[72] LCI (wie Anm.70), Sp. 572

[73] s. Anm. 47, S. 59/60; Jacobus major ist nicht richtig, es handelt sich um Rochus.

[74] s. Anm. 4

[75] H. Sachs/E. Badstübner/H. Neumann: Christliche Ikonographie in Stichworten. München 1975, S. 339

[76] s. auch Reclams Lexikon der Heiligen (wie Anm.64), S. 560

[77] s. Anm. 24

[78] Valentin zusammen mit Rochus + Sebastian dargestellt Anfang 16. Jh. in Österreich, s. LCI, Bd. 8, Sp. 530

[79] s. Anm. 48

[80] s. Anm. 53

[81] s. Anm. 55

[82] Gräbke (wie Anm. 61), S. 12

[83] Lorenz (wie Anm. 61), S. 26

[84] s. Anm. 58

[85] H. Detzel: Christliche Ikonographie. Ein Handbuch zum Verständnis der christlichen Kunst. Bd II die bildlichen Darstellungen der Heiligen, Freiburg i.Br. 1896, S. 417

[86] LCI (wie Anm. 23), Bd 6, Sp. 554

[87] Nachgewiesenermaßen für den Beitrag im LCI (wie. Anm. 36)

Uwe Jens Gellner

Aspekte einer späten Genese - Das Kunstmuseum Kloster Unser Lieben Frauen

Auch die binnen zweier Jahrzehnte gemachten Erfahrungen lösen ein historisches Bauwerk wie das Kloster Unser Lieben Frauen nicht aus seiner vielhundertjährigen Geschichte. Um so erstaunlicher mutet die recht schnell hinzugewonnene neue Identität an, die diesen Ort nach seiner Mitte der siebziger Jahre beschlossenen Einbindung innerhalb der Magdeburger Museen für das kulturelle Selbstverständnis der Stadt mittlerweile charakterisiert. Hier soll es um einige Überlegungen gehen, die sich mit den Eigenheiten des Kunstmuseums an diesem Ort befassen, damit, worauf diese kulturgeschichtlich zurückführbar sind, wie sie sich mit einem musealen Inhalt und der Darstellung von Kunst verknüpfen.

Man kann sich der historischen Bedeutung Magdeburgs im Mittelalter noch heute mit dem Blick auf das westliche Elbufer versichern. Sichtbar erinnern Sakralbauten wie beispielsweise der Dom, das Kloster Unser Lieben Frauen sowie St. Johannis nicht lediglich an resistente mittelalterliche Stadttopografie, sondern bezeugen ebenfalls den Umstand, daß diese Bauwerke über ihre vielhundertjährige Geschichte bis in die unmittelbare Gegenwart hinein prägnant das geistige Leben in der Stadt mitrepräsentieren, d.h. in jeder Zeit teils in modifizierter Funktion zur sozialen, kulturellen und strukturellen Sinngebung der Stadt originär und unmittelbar beitrugen.

Seit ihrer Errichtung und im Sinne ihrer monumentalen Anwesenheit vermochte sich hier stets eine, für die jeweilige Zeit wesentliche Bedeutung zu konstituieren. Die Dominanz ihrer architektonischen Physis hat dies begünstigt, auch lange bevor die Neuzeit solche mittelalterlichen Bauwerke in kunstgeschichtlicher Kategorisierung anerkannt und bewertet hat.

Wie Thomas Topfstedt beschreibt, besitzen alle vorgenannten Sakralbauten die eigentümlich magdeburgische Variante der westlichen Doppelturmfront mit integriertem hoch aufragendem Mittelbau, der erstmals für den Bau der Liebfrauenkirche nachweislich ist. Sich auf diesen Ort beziehend, erläutert er den städtebaulichen Sinn: „Die Eigenart dieses wie ein Schild vor der Basilika aufgerichteten Westbaues besteht vor allem darin, daß er das Kirchenschiff nicht nur mit seinen beiden Rundtürmen, sondern auch mit seinem turmartig hochgereckten, als Glockenstube dienenden und von einem Satteldach überfangenen Mittelbau weit überragt. Demzufolge wendet sich die Doppelturmfront gleichermaßen dem Breiten Weg und dem Elbufer zu."[1]

In beiden Richtungen öffnet sich der obere Mittelbau mit zwei Reihen von Doppelarkaden. Auf diese Weise dokumentiert sich die Architektur als ein aktives Zeichen mit auf Fernsicht angelegtem, nach außen gerichteten Anspruch. Wieviel Aufmerksamkeit gerade der elbseitigen Ansicht galt, zeigt auch die Ausführung des Ostgiebels des Refektoriums, der das Thema des Mittelturmes, modifiziert, als Pendant aufgreift und somit unterstreicht. Aufgrund eingeschränkter Sichtverbindung ist diese reizvolle Beziehung in der gegenwärtigen Situation kaum wahrzunehmen.

Zur Gegenrichtung, also zur Stadt hin, fügte sich die Architektur des Klosters, historisch mehr und mehr von Randbebauung umsäumt, in das innerstädtische Geschehen ein. Erst seit den Zerstörungen von 1945 zeigt sich das Umfeld so erheblich geöffnet. Die Architektur ist nun wunderbar geschlossen wahrzunehmen, wurde aber „denkmal-ästhetisch" seziert und im Grundriß auf ihre wesentlichen mittelalterlichen Bauteile reduziert.

Wenigstens konnte der Anbau des ehemaligen Alumnats des Pädagogiums Unser Lieben Frauen von 1848/53 erhalten bleiben. Im Verlauf beziehungslos gewordener Straßenführungen um das freiliegende Kloster ist erkennbar, daß die stereotype Nachkriegsbebauung jede historische Erinnerung, viel weniger Anbindung, scheut. Es ist nicht unerheblich, darauf aufmerksam zu werden, daß die fehlenden Gebäude, insbesondere aus der Zeit des Pädagogiums bzw. Gymnasiums, die sichtbare Erinnerung an ein bedeutsames Stück geisteswissenschaftlichen und geschichtspädagogischen Lebens in der Stadt, das bis in das 20. Jahrhundert hineinwirkte, nicht mehr kenntlich bezeugen und die Geschichte an diesem Ort auf ihre mittelalterliche Periode visuell reduzieren.

Im Unterschied zur Fernansicht der Turmgruppe ist der Eindruck der Architektur aus der Nähe sehr geschlossen und scheint uns im Ausdruck strenger Schlichtheit das innere Selbstverständnis eines solchen Ortes aus früher Bauperiode sichtbar zu bestätigen. Wiederum fügt sich Funktion zu Gestalt, der Baukörper scheidet aus Nahsicht von seiner unmittelbaren, alltäglichen Nachbarschaft. Der Begriff „Claustrum" bezeichnet diese räumliche Abgeschiedenheit. Die mittelalterliche Klosterarchitektur betont den Abschluß nach außen zum Zwecke der Konzentration nach innen.

Museumsbauten dagegen erfüllen öffentliche Funktionen, und sie fühlen sich verpflichtet, von dieser Funktion sichtbar zu künden. Aus Gründen der Übersichtlichkeit sind ihre Innenräume oftmals symmetrisch gegliedert, jeder Besucher soll sich beim Museumsrundgang leicht orientieren können. Ein logischer Grundriß folgt der klassischen Überlegung, die Kunst würde sich in kontinuierlichen Schritten entwickeln. Ähnliches galt ursprünglich auch für das 1906 eröffnete Kaiser-Friedrich-Museum Magdeburg. Dort trat nach außen ein turmartig überdachter Eingangsbereich dominant in Erscheinung. Von dem repräsentativen Foyer ausgehend, folgte die innere Raumordnung in zeittypischer Weise der chronologischen Abfolge historischer Kunstepochen oder aber speziell herausgehobenen Themenkreisen und stilistischen Schulen. Nach 1945 wurde dieses Konzept nicht mehr weiterverfolgt.

Das Kloster Unser Lieben Frauen war mit der Nachkriegszeit und der Gründung der DDR weitgehend aus seinen bisherigen Funktionen gelöst. Um seine Räume vorgesehenen musealen Zwecken anzupassen, boten sich anstehende Entscheidungen bei der Rekonstruktion und Restaurierung kriegszerstörter Bauteile an. Beispielsweise wurde beim Wiederaufbau des zerstörten

Knoten,
Kapitellornament in der Krypta

Westflügels der Klausur auf dem historischen Grundriß die alte Situation zum Innenhof komplett rekonstruiert, zur westlichen Seite aber durch eine museal nutzbare Raumstruktur und im gesamten Obergeschoß durch eine Reihe großformatiger Fenster verändert. Von innen hat man großzügig die Sichtverbindung zum Außenraum bewahrt, für ein Museum, dessen Raumplan sich nicht auf dem ersten Blick erschließt und das gut ausgeleuchtete, technisch anonyme Ausstellungsräume schätzt, eine durchaus zweckmäßige Gegebenheit. - Schon die Fassade des ersten regelrechten Museums in Europa, des 1777 vollendeten Baus des Museum Fridericianum in Kassel, besitzt große Fenster. Genauso auffällig wie solche

Antworten auf Zweckfunktionen, ist die deutlich nach außen gekehrte Symbolik des Kasseler Gebäudes. Wolfgang Kemp äußert dazu: „Nach damaligem Verständnis ist es ein Nutzbau, der als einzige Auszeichnung nur eine antike Tempelfassade aufweist. ... Es ist ein Tempel der Musen, der Künste und Wissenschaften, der hier zum ersten Mal seine adäquate Gestalt gefunden hat. Von nun an gehört es zum stehenden Repertoire der Museumsprogramme und der Museumskritik, diese Institution mit der älteren Kirche in Vergleich zu bringen."[2]

Die aufbrechende bürgerliche Gesellschaft bedient sich eines erprobten symbolhaften Vokabulars, das sich an Sakralbauten lange zuvor entwickelt hatte. Die junge Institution Museum, auf zeitlose Gültigkeit angelegt, schiebt sich selbstbewußt das Recht zu, aus der Geschichte dienstbar zu zitieren. Es gibt eine Analogie für den Bereich der Musik in der Entstehung von Konzenhäusern. Das nimmt Bezug auf einen wichtigen Zusammenhang, der noch die anstehenden Baumaßnahmen im Kloster Unser Lieben Frauen induziert. Die neuzeitlichen Interventionen am Bauwerk begegnen sich auf zweierlei Wegen, bilden aber einen Zusammenhang. Während einerseits wesentliche Bereiche der mittelalterlichen Architektur in alter Vollkommenheit und von einer Vielzahl späterer, „unzeitgemäßer" Veränderungen weitgehend bereinigt, die Nähe ursprünglichen Ausdrucks finden, sind an anderer Stelle die als notwendig erachteten funktionalen Veränderungen der 60er und 70er Jahre in ihrer notwendigerweise eigenen, inzwischen auch schon als historisch wahrnehmbaren Ästhetik integriert. Restaurierung und Rekonstruktion im Sinne eines Architekturdenkmals sowie neuzeitliche Veränderung im Sinne musealer und konzertanter Nutzung haben das Kloster Unser Lieben Frauen in einzelnen Aspekten aus seinem gewachsenen, bis ins Jahr 1945 führenden Kontext gelöst, um diesen neu zu interpretieren.

Für den heutigen Besucher des Hauses äußert sich diese symbiotische Verknüpfung als eine sensibel erreichte Ganzheit, die in räumlich differenzierter Weise über die unterschiedlichen kulturellen Funktionen erlebbar wird. Darin ist das Kloster gegenwärtig ebenso museale Institution wie museales Objekt.

Nähert man sich vom Domplatz, aus Richtung Süden dem Kloster Unser Lieben Frauen, so kommt das um 1150 in die Kirche eingebrachte Südportal ins Blickfeld. Unter einem schlichten Tympanon und gerahmt von einem jeweiligen Säulenpaar im Türgewände, wurde hier 1977 eine zeitgenössische Bronzetür eingebaut, die der klaren Tektonik des mittelalterlichen Baukörpers mit kontrapunktischer Dynamik antwortet. „Gefahren und Kreatur", die Lösung erweckt Aufmerksamkeit. Tatsächlich meidet der Bildhauer Waldemar Grzimek formalästhetisch den Weg historisierender Anlehnung, entwirft mit seinen modernen Mitteln eine Szene, die in der Beschreibung von Gegenwart ein Sinnbild menschlicher Existenz zeichnet. Die Gegenwart ist das Ergebnis bisheriger Geschichte, und sie fließt immer wieder in Geschichte ein. Die Gegenwart des Bildhauers Grzimek begegnet der Gegenwart der Erbauer dieses romanischen Säulenportals. Geschichte läßt sich nicht harmonisieren. Das rechte äußere Kapitell im romanischen Türgewände besitzt dämonische Gesichtszüge, ein Hinweis auf seine Wächterfunktion. Grzimeks zeitgenössische Allegorie, so könnte man meinen, illustriert diese Funktion in heutiger Thematik.

Es wäre nicht korrekt, diese und die vier weiteren Bronzetüren von zeitgenössischen Bildhauern im Kloster Unser Lieben Frauen als museale Exponate zu bezeichnen, ortsfest und zweckbezogen installiert bzw. in den historischen Kontext implantiert, erfüllen sie nicht eigentlich museumsübliche Kriterien. Natürlich klingt in der Synthese von heutiger Bildhauerkunst mit dem historischen Bauwerk die museale Programmatik des Hauses - ein Sammlungsort für Plastik - an.

Ein Museum hat vor allem die Verpflichtung zum Vergleich. Anders als bei einer fest eingebauten Tür, die sich mit offenbar wichtigen Hinweisen für den Weg in den Innenraum öffnet und die eine Einstimmung für den Weg im Raum hinter der Tür - vom Südportal ursprünglich zum Altar - liefert, müssen die Kunstwerke in den Ausstellungsräumen eines Museums viele Möglichkeiten zur eigenen Wahl der Besucher offenhalten, denn das Museum verpflichtet sich, die Fülle der Welt in einem kleinen Kosmos nachzubilden. Wie wörtlich man sich dieser Verpflichtung gegenübergestellt sah, zeigen noch viele der Sammlungen,

die im 19. und beginnenden 20. Jahrhundert zusammengetragen und ausgestellt wurden.
In dieser Zeit entsteht auch die historische Plastiksammlung, die sich, soweit noch existent, heute im Kloster Unser Lieben Frauen befindet. Für Magdeburg galt als Grundsatz, die Region mit Hochleistungen aus unterschiedlichen, teils sogar über Europa hinausweisenden Kunstzentren zu bereichern und auf diese Weise das lokale Klima möglichst fruchtbringend zu verändern. Museumswürdig war, was sich diesem Zusammenhang einbeschreiben ließ und dazu geeignet war, einen Beitrag zum Zwecke eines möglichst umfassenden Überblicks zu leisten. Dabei war die Ausgangssituation der musealen Sammlungen, die auch in Magdeburg maßgeblich aus Stiftungen von z.T. langjährig zusammengetragenen bürgerlichen Privatsammlungen verschiedenster Genres bestanden, ist bezüglich Qualität und Zusammensetzung außerordentlich heterogen. Mit Umsicht wurde profilsuchend ergänzt. Für die Magdeburger Sammlungen war zeitweilig mit Wilhelm von Bode einer der profundesten Kenner der italienischen Renaissanceplastik mit Ankäufen vor Ort beauftragt.

Um der musealen Verpflichtung zum ästhetischen und kulturgeschichtlichen Vergleich Rechnung tragen zu können, war das Interesse an historischen Originalkunstwerken nicht immer so explizit, wie es heute die übliche Regel ist. Wo Originale nicht verfügbar waren, halfen Duplikate oder Repliken, um kunstgeschichtliche Entwicklungslinien zu illustrieren. Das Inventar der Plastiksammlung weist für die ersten Jahrzehnte dieses Jahrhunderts in allgemein üblicher Praxis immer wieder Ankäufe von Gipskopien nach antiken und auch späteren Vorbildern auf. Bald melden sich erste Stimmen zu Wort, die den Schwerpunkt in der Berücksichtigung qualitativer Kriterien in der musealen Sammlungstätigkeit zuungunsten der Darstellung lückenloser kulturgeschichtlicher Abläufe setzen. Otto H. Förster, Kustos im Wallraf-Richartz-Museum Köln, fordert 1926: „Wie soll das Museum sein Tätigkeitsfeld nach außen hin begrenzen? Soll man in Breslau oder Magdeburg Velasquez oder Delacroix kaufen? Antwort: ja und dreimal ja,

Ausstellung „Werner Stötzer - Skulptur und Zeichnung", 1992

denn man soll in jeder Stadt wenigstens einen Strahl von dem Größten und Besten unseres künstlerischen Erbes einzufangen suchen. Niemand dürfte natürlich hieraus die Folgerung ableiten, man solle einheimisches Kunstgut höchsten Ranges um fremden Kunstgutes willen vernachlässigen; aber grundsätzlich sich gegen Kunstwerke ablehnend zu verhalten, weil sie außerhalb des Schattens unseres Kirchturmes, außerhalb eines immer willkürlich begrenzten Interessenkreises gewachsen sind, das muß zur provinzlerischen Verödung unserer Sammlungen führen."[3]

Der Einzug in die Museen löste die Kunst aus ihrer bisher existentiell notwendigen Zweckverbindung in sakralen, architektonischen, dekorativen, politischen oder sozialen Funktionen. Auf diese Weise verhalf das Museum der Kunst zur Autonomie. Noch bis in die dreißiger Jahre allerdings zeigen die Museen Ausstellungen, in denen Kunstwerke aller Genres in einer Illusion von Herkunft zusammengeführt werden. In Magdeburg sind das insbesondere die „Stilzimmer". Spezialmuseen gewinnen erst nach dieser Zeit an Bedeutung.

Die Neubewertung in den nur für die Kunst und frei aller anderen Bestimmung geschaffenen Räumen erzwang ihre vorherige Entwertung. Thema, Herkunft, technische Ausführung, Kostbarkeit, Alter ordneten sich nun dem Urteil ein, das die Kunst in der vergleichenden Betrachtung innerhalb der Museen neu erfuhr. Nachdem die europäische Kunstgeschichte im Überblick dargestellt werden konnte, und nachdem auch die für wesentlich erachteten außereuropäischen Phänomene der Kunstgeschichte präsent waren, nähert sich das Interesse der Museen auch immer mehr der Kunst der Gegenwart. So z.B. erwirbt das Magdeburger Museum mit dem „Kopf Johannes des Täufers" bereits 1907 eine Marmorskulptur aus dem Atelier von Auguste Rodin. Diese leider kriegsbeschädigte Arbeit ist heute ein Exponat der ständigen Ausstellung zur Bildhauerkunst im 20. Jahrhundert im Kloster Unser Lieben Frauen. Die Kunst der Gegenwart wurde über die Museen schnell zum Allgemeinbegriff, so widersprüchlich sie sich auch gegenüber bisher Bekanntem verhielt, so heftig die Reaktionen auch waren, die sie auslöste, obgleich sich eine Vielzahl der Museen zeitgenössischen Tendenzen der Kunst zunächst noch vorenthielt. Über die öffentliche Funktion der Museen drang die Kunst ins öffentliche Bewußtsein. In dieser Hinsicht sind die späteren Verluste der Magdeburger Sammlungen besonders schmerzlich. Das Dogma zweier politischer Diktaturen hat die Situation der Kunst und der Museen im allgemeinen nachweislich verändert, Krieg und Bildersturm haben Lücken gerissen, ideologische Bewertungskriterien haben oft den wünschenswerten Zugang in die Sammlung und die Bewahrung manches qualitätvollen Kunstwerks versperrt.

Unter dem Dach des Kulturhistorischen Museums müssen sich die Kunstsammlungen mit der Nachkriegszeit den vorhandenen Raum zugleich mit den Sammlungen der Geschichte und Naturkunde teilen. So bleibt Magdeburg weitgehend außerhalb des neuen Trends, der besonders in Westdeutschland zur häufigen Spezialisierung der Museumslandschaft zugunsten von Spezialmuseen führt. - Mit einer späten Ausnahme, dem Kloster Unser Lieben Frauen.

Die museale Sammlungstätigkeit im Kloster beginnt 1976 mit der Gründung der „Nationalen Sammlung Kleinplastik der DDR", als sich die verhärteten kulturpolitischen Realismusformeln der sechziger Jahre schon allmählich in „Weite und Vielfalt" aufzulösen beginnen. Ein Konzeptionsentwurf erläutert das Ansinnen: „Die Kleinplastik ist ein bedeutsamer eigenständiger Bereich der sozialistisch-realistischen bildenden Kunst... Anknüpfend an die besten Traditionen der deutschen Bildhauerkunst, verkörpert sie mit den ihr eigenen Mitteln ein Stück unserer kontinuierlichen Kunstentwicklung und damit der Entwicklung unseres sozialistischen Staates... Ziel der Sammlung ist es daher, die besten Werke einer dreißigjährigen Entwicklung dauerhaft zugänglich zu machen, den nationalen Kunstbesitz zu mehren, eine effektive kunstwissenschaftliche Bearbeitung und Forschung zu gewährleisten und Formen einer immer breiteren Förderung des kleinplastischen Schaffens erschließen zu helfen."[4]

Der Gründungsbericht verdeutlicht den Zusammenhang, den die Gründung der Sammlung in Magdeburg begünstigenden Umständen zuzuschreiben hat: „Durch die Wanderausstellung der Kleinplastik, die 1974/75 in mehreren Städten, auch in Magdeburg im neueröffneten Kloster Unser Lieben Frauen, gezeigt wurde, war die öffentliche Aufmerksamkeit auf dieses Teilgebiet der Plastik gelenkt worden. Schon vorher war der Gedanke aufgekommen, die im Kloster entstandenen schönen Räume für zeitgenössische Plastik zu nutzen. Dieser Gedanke lag aus verschiedenen Gründen in der Luft: in Magdeburg gab es und gibt es ein besonderes Interesse an Plastik, man spürt das im Dom und in der Stadt selbst und das Kulturhistorische Museum verfügt bereits über eine qualitätvolle Sammlung mittelalterlicher und neuer Plastik. Zugleich ist Magdeburg eine bedeutende Industriestadt, deren kulturelle Bedürfnisse größer werden."[5]

Die Sammlungsbestände wurden unter der Einflußnahme des Kulturministeriums kontinuierlich erweitert, einen wichtigen Grundstock lieferten die zeitgenössischen und historischen Plastiksammlungen des Kulturhistorischen Museums.

1989 wird mit einer umfangreichen Auswahl an Plastiken im Außenraum, die auf mehreren Grünflächen um das Kloster aufgestellt werden, aus der Kleinplastiksammlung die „Nationale Sammlung Plastik der DDR". Magdeburg verfügt heute unzweifelhaft über den umfangreichsten und qualitativ bedeutsamsten Bestand zeitgenössischer deutscher Plastik, soweit sich dies in seiner Herkunft auf das Territorium der neuen Bundesländer bezieht. Daß es sich dabei maßgeblich um Kunstwerke handelt, die heute kulturgeschichtlich unter dem Begriff DDR-Kunst subsumiert werden, erklärt sich notwendigerweise aus dem Ort der Sammlungstätigkeit, ist aber als eine Besonderheit zu bewerten, die dieser Sammlung im Rahmen der Bundesrepublik einen einzigartigen kulturgeschichtlichen Stellenwert verleiht. Innerhalb der deutschen Museumslandschaft ordnet sich das Kloster Unser Lieben Frauen damit als eine der wichtigsten Plastiksammlungen ein.

Selbstverständlich ist die Qualität von Kunstwerken nur im Einzelfall zu beurteilen und ist die Bedeutung der in der DDR entstandenen Kunst als einer speziellen, unter hermetischen politischen Verhältnissen entstandenen deutschen Kunsttradition, dem Urteil der Kunstgeschichte zu unterstellen. In jedem Fall wird die Notwendigkeit einer solchen Bewertung für das künstlerische Genre der Plastik ohne die Magdeburger Sammlung nicht möglich sein. Künstlernamen wie Gustav Seitz, Wieland Förster, Werner Stötzer, Baldur Schönfelder, Waldemar Grzimek, Jenny Mucchi-Wiegmann, Max Lachnit, Theo Balden, Fritz Cremer, Sabina Grzimek, Hans Scheib oder Franziska Lobeck-Schwarzbach usw. lassen sich weder aus der Vergangenheit noch aus der Gegenwart in den engen begrifflichen Zirkel von „DDR-Kunst" einordnen, sie zählen vielmehr zu den namhaften Vertretern einer auch in Westdeutschland zu findenden Traditionslinie der deutschen Kunst in der zweiten Hälfte des 20. Jahrhunderts, der figurativen Plastik.

Da die DDR den künstlerischen Austausch international verhinderte, Vergleichbarkeit mit nichtrealistischen Tendenzen der Kunst einschränkte, stand das Kloster Unser Lieben Frauen, wie andere Museen in der DDR, teilweise außerhalb der kunstgeschichtlichen und museumsspezifischen Entwicklungen, die die klassische Moderne ausgelöst hat. Während innerhalb der westlichen Kultur der historische Museumsbegriff zunehmend auf Kritik stieß, da die Entwicklung des Autonomieverständnisses der Kunst programmatisch geläufige museale Sammlungs- und Ausstellungmechanismen als untaugliches Korsett ablehnte und zu überwinden suchte, standen Anlage und Profilbildung einer staatlichen Institution wie der Nationalen Sammlung Kleinplastik in einer unvermeidlichen Korrespondenz zum offiziellen Kunstbegriff und siedelten sich in ihrer öffentlichen Präsentation in einem idealistisch-traditionellen Rahmen an.

Die Kleinplastik, ein spezielles Phänomen, das besonders in den sechziger und siebziger Jahren recht verbreitet zur Äußerung kommt, öffnet den Themenkreis der Bildhauerkunst der DDR, der sich bis dahin insbesondere in der Darstellung von Denkmalsplastik für antifaschistische Gedenkstätten bewegte, in genrehafter Vielfalt. Die Kleinplastiken ermöglichen Themenvielfalt, zeigen Alltagsszenen, gestalten Tier-, Porträt- und Gruppenplastiken, aber auch politische Statuellen. Arbeiten in allen klassischen Techniken entstehen und ermöglichen auch preiswerte Kleinserien für private Sammelleidenschaft. Die Kleinplastik setzt dem mangelnden internationalen Austausch einen DDR-eigenen Mikrokosmos entgegen, der den offiziellen Forderungen nach „Volksverbundenheit" und „optimistischer Ausstrahlung" Interpretationsmöglichkeiten bot, der aber ebenfalls inhaltlich und stilistisch den Prozeß der Individualisierung

Hans Scheib, Skulpturen,
Ausstellung „Weiße Fahne - Gebranntes Kind - Watzmann",
zusammen mit Peter Herrmann u. Reinhard Stangl, 1993

und des Formexperimentes unverfänglich erweiterte. In Themenstellungen von ambivalenter Metaphorik verbergen sich in vielen Fällen alternative Lebensvorstellungen und dissidente Aussagen. Vor diesem Hintergrund ist die schnelle überregionale Bekanntheit und Beliebtheit der Kleinplastiksammlung im Kloster kaum verwunderlich. Museen sind zum Vergleich verpflichtet, aber es ist möglich, daß sie bei ihrer Auswahl auch Fehler machen. Solche Arbeiten werden sich über kurz oder lang zu erkennen geben, der gegebene Vergleich wird es ans Licht führen, auch wenn der prüfende Blick vorübergehend von der Neuartigkeit, der Verblüffung oder vielleicht von einem allgemeinen Trend beeindruckt ist. So hat jedes einzelne Werk eine Funktion, es bestätigt oder zweifelt an, es trägt dazu bei, der Gesamtbetrachtung einen Maßstab zu geben. Es gilt aber dann, Obacht zu wahren, wenn man bei der Aburteilung einer Arbeit allzu schnell zu Festlegungen kommt. Die Wertmaßstäbe ändern sich, nicht zuletzt, weil die Kunst immer wieder neue Erscheinungsformen hervorbringt. In dieser Hinsicht sollte das Museum zuallererst Vorsicht und Respekt walten lassen - jedem Stück seiner Sammlung gegenüber. Kunstausstellungen bilden immer eine Ganzheit. Dabei fällt ins Gewicht, daß das einzelne Kunstwerk für diese arrangierte Ganzheit von Verschiedenartigem nicht vorbereitet ist. Das Werk verhält sich seiner unvermeidlichen Nachbarschaft gegenüber aktiv oder passiv, in Konflikt oder Harmonie. Diese Beziehungen sind dem künstlerischen Wertbegriff nicht eigentümlich immanent, wachsen über das Werk hinaus, sind aber im musealen Funktionsverständnis notwendig, und spiegeln einen Teil der Verantwortung musealer Arbeit ganz unmittelbar wieder. Sie sind eine dramaturgische Hilfestellung für den Vergleich. Der Gesamteindruck einer Ausstellung läßt sich nicht auf eine Summe reduzieren. Jeder Betrachter kann sich innerhalb dieses Ganzen nach Belieben orientieren, und er wird bemerken, daß sich seine sinnliche Anmutung auf ganz verschiedene Weise von den einzelnen Werken anrühren läßt. Jeden Menschen sprechen sie anders an. Rudi Fuchs erklärt in diesem Zusammenhang: „Ein Museum ist ein Museum, weil es der Öffentlichkeit die Werke von unterschiedlichen Künstlern simultan und einheitlich vor Augen führt - sie mögen jung sein oder alt, berühmt oder fast schon vergessen. Das ist Sinn und Zweck eines Museums. Verliert es das aus dem Blick, verliert es an Glaubwürdigkeit und Kompetenz."[6]

Die Zeit nach 1989 stellt zu Recht neu die Frage nach der musealen Aufgabenstellung für das Kloster Unser Lieben Frauen. Diese findet sich nun

Heike Mühlhaus, Tisch und Leuchter,
Ausstellung „Cocktail"
zusammen mit Renate von Brevern, 1993

eingeordnet vor dem Hintergrund eines sich in der zweiten Hälfte des 20. Jahrhunderts zunehmend veränderten Funktions- und Begriffsverständnisses im Hinblick auf das Wesen bildhauerischer Prozesse und auf deren künstlerische Ergebnisse. Die besondere Relevanz dieser Aufgabe leitet sich aus der aktuellen Kunstwirklichkeit ab, die klassische Nomenklaturen umbewertet und Genregrenzen unterläuft. Diese hat innerhalb der neuen Bundesländer die einseitig orientierte offizielle Tradition des Realismus längst überbrückt. Aber die Qualitätsmaßstäbe für die Gegenwart lassen sich nicht aus der Umklammerung theoretischer Kategorien erkennen, sondern aus den Prozessen und Resultaten künstlerischer Praxis, mittels bildhauerischer Intentionen, also in raumbildenden, eine dreidimensionale physische Gestalt vermittelnden Reflexionen.

Sammlungen sollten nicht lediglich numerische Anhäufungen sein. Magdeburgs besondere Aufgabe wird darin bestehen, Vergangenes und Gegenwärtiges gleichermaßen bemüht objektivierend gegenüberzustellen, ohne dabei vor subjektiven Entscheidungen im gegebenen Fall zurückzuschrecken. Bei den ständigen Ausstellungen an zeitgenössischer und historischer Plastik im Kloster Unser Lieben Frauen handelt es sich um einen als wesentlich zu bezeichnenden Teil der Kunstsammlungen Magdeburgs, der permanent öffentlich zugänglich ist. Bezüglich der Stellung und Größe der Stadt sowie der allgemein anerkannten Bedeutung von Dauerausstellungen in Kunstmuseen kommt diesem Umstand eine nicht zu unterschätzende Rolle zu. Diese Sammlungen sind in einer Auswahl im Nordflügel der Klausur, im Refektorium und in dem darunter liegenden großen Kellergewölbe ausgestellt. Darüber hinaus, und mit geradezu bemerkenswerter öffentlicher Aufmerksamkeit im Stadtbild bedacht, ist seit 1989 und in sukzessiver Veränderung begriffen, eine große Anzahl von Plastiken im innerstädtischen Freiraum nahe dem Kloster aufgestellt.

Die Eindrücke auf dem Weg in das Kloster addieren sich somit über die eindrückliche Fernwirkung der Architektur, finden in vielen Skulpturen im Freigelände um das Kloster eine museale Einstimmung und führen durch die visuell-haptische Begegnung der von dem Bildhauer Heinrich Apel geschaffenen Eingangstür in das Rauminnere des Bauwerks. Hier findet im historischen Raumeindruck von Klosterinnenhof mit Kreuzgang und Brunnenhaus die von der Außenansicht mitgeführte Erwartung ihren intensiven Widerhall, hier verbinden sich die Eindrücke aus den Dauer- und Sonderausstellungen zu einem temporären Gesamtbild in wechselvoller Veränderung.

Als der Bildhauer Heinz Breloh aus Köln dem Wunsch des Museums nach einer Personalausstellung nachkommt, entschließt er sich, seinen künstlerischen Weg um einen bisher nicht gegangenen Schritt zu erweitern. Breloh, der seine skulpturale Position aus der eigenen Körperbewegung im Raum ableitet, glaubt, in dem architektonisch vorgegebenen, in sich geschlossenen Verlaufsystem des Kreuzgangs eine assoziative Bestätigung für seine Arbeitsweise ablesen zu können.

Der Begriff Kreuzgang ist eine speziell deutsche Wortverschiebung, die sich mit dort abgehaltenen Prozessionen erklärt. Die Bewegung auf einer in sich geschlossenen bzw. kreisförmigen Bahn sucht nicht das Ziel, sie ist das Ziel. Sie beginnt irgendwann, und sie läßt sich beliebig andauernd fortsetzen, gleichwie ob zum Zwecke der Kontemplation, Meditation oder Prozession. So unwillkürlich, wie jeder Besucher des Klosters diesen Weg geht, ebenso selbstverständlich formuliert sich der Prozeß der Genese einer Plastik des Heinz Breloh. Der Kreuzgang, für den Bildhauer eine spezielle raumplastische Erfahrung, führte zu einer Plastik in Analogie zum Architekturerlebnis. Der fragmentierte Weg durch den Gang, der die Person um- und einfängt, führte zu der erstmals modellierten Variante der „Lebensgröße", der „Überlebensgröße". Diese Gipsplastik hat Breloh neben drei weiteren damit in Bezug stehenden Größen für die Ausstellung „Die vier Lebensgrößen" vom Juni bis August 1995 im Galerieraum aufgebaut.

In einer gemeinsamen Ausstellung mit dem Titel „Kloster Unser Lieben Frauen" vom Oktober 1992 bis zum Januar 1993 nehmen die Maler Frieder Heinze und Olaf Wegewitz sowie der Fotograf Hans-Wulf Kunze die bildhafte Imagination sichtbarer und auratischer Spuren der Vergangenheit an diesem Ort zum Anlaß ihrer künstlerischen Auseinandersetzung.

Der in Rothspalk lebende Künstler Jörg Herold, der gemeinsam mit der Fotografin Annelies Strba aus Zürich vom Januar bis April 1994 die Ausstellung „Mythos - Leben" im Kloster hatte, richtete die großformatige Installation „Ruheraum" ein. Die dabei entwickelte konstruktive Raumsituation lenkt frei aller imitativen Bildwiedergabe auf eine suggestiv in Szene gesetzte Symbol- und Materialsprache und spielt Lebens- und Daseinsstationen des Norbert von Xanten nach.

Es ist wichtig, solche künstlerischen Bezugnahmen zum Kloster, seiner Aura und seiner Geschichte zu erörtern, weil die Gründe dafür leicht mißverständlich gedeutet werden könnten. Die Empfindungen der meisten Künstler unterscheiden sich vermutlich wenig von denen anderer Besucher in diesem Bauwerk. In dem Moment aber, wo es um eine Ausstellung geht, kommen sie automatisch mit der eigenen künstlerischen Arbeit in ein Wechselverhältnis. Gerade weil das Kloster nicht den „white cube", die übliche und zweckmäßige Anonymität von eigentlichen Museumsbauten liefert, die darauf ausgerichtet ist, jeder Kunst einen gleichbleibend geeigneten Rahmen zu bieten, muß die Präsentation in seinen Räumen das beachten. Die meisten Ausstellungen in Museen zeigen neue Kunst. Das folgt der Einschätzung, bei den ausgestellten Werken bzw. bei der Arbeitsweise des Künstlers gäbe es wichtige Bezugspunkte für das gegenwärtige Leben der Menschen.

Das Konzept für die Sonderausstellungen im Kloster Unser Lieben Frauen, das als ersten Schwer-

Heinz Breloh, Überlebensgröße,
Ausstellung „Die vier Lebensgrößen", 1995

punkt die Bildhauerkunst, als zweiten Schwerpunkt die Keramik aufweist, verknüpft sich insbesondere seit den Jahren nach 1989 mit einer ganzen Reihe exponierter Vertreter der europäischen Gegenwartskunst. In einer Auswahl benannt seien hier Schang Hutter - Schweiz, Ruth Francken - USA/Frankreich, Auke de Vries - Holland, Jochen Seidel - USA, Max Lachnit, Werner Stötzer, Hartwig Ebersbach, Heike Mühlhaus, Wieland Förster, und Rolf Szymanski - Deutschland.

Der Eintritt ins Museum ist für ein Kunstwerk ein unumkehrbarer Schritt, auch falls es dabei für das Werk „nur" um eine zeitweilige Präsentation geht. Innerhalb des Museums löst es sich aus der unmittelbaren Bezugnahme seiner Herkunft, aus dem Anlaß seiner Entstehung, dem Geschehnis seiner Materialisierung, seiner direkten Anteilnahme an den Lebensabläufen. Es fügt sich in den musealen Rahmen und erklärt damit seine Abnabelung von jeder weiteren künstlerisch manuellen oder auch ideellen Einflußnahme. Es steht nun eine Metamorphose an, die Danil Buren folgendermaßen beschreibt: „Jedes Kunstwerk bewahrt - ausdrücklich gewollt oder nicht - Spuren einer Geste, einer Vorstellung, eines Charakters, einer Epoche, einer Geschichte, eines Gedankens auf, und es wird seinerseits vom Museum (wie ein Erinnerungsstück) aufbewahrt."[7]

Hier wird ein Problem deutlich, das sich bei der Inszenierung von Kunstausstellungen im Kloster Unser Lieben Frauen permanent einstellen kann. Gerade weil diese Museumsräume eine Aura besitzen, weil sie sich auf ganz verschiedene Weise ins Gespräch mischen, ist es notwendig, geeignet darauf zu antworten. So ungewöhnlich ist das Problem allerdings nicht, Museen befinden sich oftmals in Gebäuden, die nicht als Museum gebaut wurden, und das bekannte Klagelied über die Unflexibilität vielversprechender moderner Museumsneubauten scheint nicht abzuklingen.

Darüber hinaus ist auf die Entwicklung in der Kunst zu schauen, die sich vielfach auf den Weg begeben hat, der andauernden Seßhaftigkeit der musealen Räume zu entweichen. Boris Groys erläutert im Zusammenhang mit dem gegenwärtigen Paradigmenwechsel in der zeitgenössischen Kunst: „Früher war das Kunstmuseum,..., der privilegierte Kontext für die Kunstbewertung - der einzige Raum, wo über Alt und Neu im besonderen unterschieden werden konnte. Dieser privilegierte Raum verliert nun seine Bedeutung, und das heißt, daß jedes einzelne Kunstwerk in die verschiedensten Kontexte gebracht werden kann, ohne daß es seinen Wert verliert."[8]

Es ist heute für viele Künstler sehr wesentlich, darüber nachzudenken, ob und in welcher Art und Weise sie ihre Arbeit an einem möglichen Ausstellungsort - und dazu zählen heute längst nicht nur Museumsräume - realisieren bzw. ausstellen. Das ist ein Ergebnis künstlerischer Tendenzen, die nicht zuletzt den Versuch darstellten, sich über das klassische Privileg der Museen als Ausstellungsort hinauszubewegen. Möglicherweise kann man behaupten, das Kloster Unser Lieben Frauen habe sich auch vor diesem Hintergrund als gültige Herausforderung erwiesen. Die Intensität seiner architektonischen Wirkung wird das menschliche Empfinden immer erreichen. Sie in der respektvollen zeitlichen Verbindung mit anspruchsvollen Ausdrucksweisen der Gegenwartskunst zu erleben, kann der Begegnung immer wieder einen neuen Sinn verleihen.

Jörg Herold, Ruheraum für N.,
Ausstellung „Mythos - Leben", zusammen mit Annelies Strba, 1993

ANMERKUNGEN

[1] Topfstedt, Thomas: Der Dom in der mittelalterlichen Elbfront Magdeburgs. In: Der Magdeburger Dom - ottonische Gründung und staufischer Neubau, Hg. v. Ernst Ullmann, Leipzig 1989, S. 196

[2] Kemp, Wolfgang: Kunst kommt ins Museum. In: Funk-Kolleg Kunst - Eine Geschichte der Kunst im Wandel ihrer Funktionen, Bd. 1, Hg. v. Werner Busch, München 1987, S. 210

[3] Förster, Otto H.: Sinn und Aufgabe der öffentlichen Kunstsammlungen in der Gegenwart, Wallraff-Richartz-Musum, Köln 1926, S. 10

[4] Konzeption für die Sammlung der Kleinplastik der DDR, Archiv Kloster Unser Lieben Frauen, 1976, S.1

[5] Semrau, Jens: Die Anfänge der Nationalen Sammlung der Kleinplastik der DDR - Gründungsbericht, Archiv Kloster Unser Lieben Frauen, S.1

[6] Fuchs, Rudi: Der ärgste Feind ist die Mode. In: Art 8/95, S. 41

[7] Buren, Daniel: Die Funktion des Museums (1), 1970/73. In: Daniel Buren, Stuttgart 1990, S. 300

[8] Groys, Boris: Kunst und Museum. In: Olaf Nicolai, Sammlers Blick, Altenburg 1995, S. 27

Heinrich Apel, Nordportal, Detail

Renate Hagedorn

Die Entstehungsgeschichte der fünf Bronzetür-Reliefs

Für die Nutzung und den denkmalpflegerischen Umgang mit mittelalterlichen Sakralbauten gibt es kein Regelbuch. Jedes dieser Unikate verlangt nach individueller Entscheidung, wie mit seiner geistigen Herkunft und den Baubefunden umgegangen wird. Besteht Bedarf, sie zu gebrauchen, Sinnträger von Gegenwart zu werden, fallen Chance und Verantwortung gleichermaßen zusammen. Das hochmittelalterliche ehemalige Prämonstratenser-Kloster mit bronzenen Türreliefs auszustatten, mußte es mehr Gründe geben, als ihm gegenwartseitel einige bildhauerische Broschen anzuheften. Wie an anderer Stelle des Buches beschrieben, waren seit den 50/60er Jahren eine Plastik-Sammlung und ein Kunstmuseum intendiert. Räume mittels so hervorgehobener Reliefportale zu erreichen und zu durchschreiten, bedeutet neue Erfahrungen für die Relativität von Zeit. Auch als Lehrstücke taugen sie, über wiederkehrende Abläufe des Lebens nachzudenken und ethische Werte des Mittelalters mit denen der Gegenwart zu vergleichen.

Die rund 25jährige Geschichte von Ideenfindung und Ausführung der fünf Klostertüren verlief keineswegs als stilles Hintergrundgeschehen. Eher im Gegenteil. Von Anfang an waren neben der notwendigen Denkmalpflegeaufsicht auch politische Scheinwerfer auf Autoren und Auftraggeber gerichtet. Berechenbare, noch mehr unberechenbare Faktoren wirkten auf die Künstler und ihre Arbeit ein. Eine starke Einfärbung ergab sich durch die kulturpolitische Optik der ehemaligen DDR. Einerseits bestand großer Ehrgeiz, das scheinbar von seiner Vorgeschichte befreite „sozialistische Kulturzentrum" attraktiv auszustatten; andererseits waren Zäune eng gezogen, wenn es darum ging, bestimmte gewünschte Künstler als Partner zu gewinnen, sofern sie westlich der Elbe lebten. Dabei ging es nicht um ihre bildhauerische Handschrift, sondern um ihren Wohnsitz! -

In diesem Aufsatz werden erstmals in schriftlicher Form[1] anhand verschiedener Quellen, von Aufzeichnungen, Verträgen und Briefen die Ereignisse um die Entstehungsgeschichte nachgezeichnet. Beteiligte wie die Bildhauer Gerhard Marcks und Waldemar Grzimek sowie die frühere Kustodin am Magdeburger Museum, Sigrid Hinz, leben nicht mehr. Ihrer soll gebührend gedacht und gedankt werden. Bleibend und verdienstvoll sind sie mit diesem Kapitel der Kloster-Museums-Geschichte verbunden.

Das Moment der Inspiration für die erste Tür ist nicht mehr nachvollziehbar. Vermutlich entstand der Gedanke Ende der 50er Jahre, als Waldemar Grzimek zu einer Personalausstellung ins Kulturhistorische Museum Magdeburg eingeladen wurde. Er war und blieb der alten sächsischen Kulturlandschaft zeitlebens sehr verbunden. Ihm kann sich die bildhauerische Chance eröffnet haben, am noch weitgehend ungenutzten Prämonstratenser-Kloster ein Portal zu gestalten. Das Netzwerk zum mittelalterlichen Bronzeguß in Magdeburg, der Nowgoroder Tür und den bekannten bronzenen Grabplatten der Erzbischöfe Wettin und Wichmann (12. Jahrhundert) war bald geknüpft.

Als eine Ursache, daß es zu diesem Zeitpunkt nicht zur Realisierung des Projektes kam, können Schwierigkeiten angenommen werden, die der engagierte, aber doch freiheitlich gesonnene Grzimek mit dem DDR-Staat hatte. Sein unkonventionelles Heine-Denkmal in Berlin war bereits auf Kritik gestoßen. Und nun ein Portal an einer mittelalterlichen Kirche? - Grzimek empfahl den jungen „heimlichen Meisterschüler" Werner Stötzer[2]. Er selbst verließ 1961 das Land. Erst in einem zweiten Anlauf, ca. 15 Jahre später, gelang es ihm, den alten Traum zu verwirklichen.

WERNER STÖTZER
„IDYLLEN UND KATASTROPHEN"

In einer ersten Konzeption vom 28.6.1966 formulierte das Kulturhistorische Museum/Dr. S. Hinz als Auftraggeber u. a.:

„Die zu gestaltende Tür zum Eingang ins Sommer-Refektorium ist zweiflügelig vorgesehen, soll in sechs Feldern mit Mittelachse und mit einem Trittschutz aus dem gleichen Material ausgeführt werden, innere Ecken mit Maskenköpfen verziert. Thematik: Gegenüberstellung von tragischen, bzw. katastrophalen und idyllischen Erlebniswerten des Menschen (angeregt durch B. Brecht: Katastrophe und Idylle). Es sind sowohl zeitnahe wie auch historische, bzw. mythologische Darstellungen beabsichtigt: i. e. Kindermord von Bethlehem, Auschwitz, evt. Vietnam, - Urteil des Paris, Liebende, Mütter mit Kindern."

In Vertragsform[3] wurden Guß, Finanzierung und Termine bis zur vorgesehenen Fertigstellung zum 20.12.1967 geregelt. Die Abnahme der fertigen Arbeit im Atelier Stötzers in Berlin am 17.8.1967 u. a. in Anwesenheit des Magdeburger Restaurators und Bildhauers Fritz Maennicke, fiel zu allgemein größter Zufriedenheit aus[4]. „Die Arbeit an der Bronzetür für das Kloster Unser Lieben Frauen ist wohl der bisherige Höhepunkt des Schaffens von Werner Stötzer" (Hinz 1968, 44).

Wie keine andere, hatte sie dann eine lange Leidensgeschichte vor sich, die inzwischen ein glückliches Ende gefunden hat. Der ursprünglich gedachte Standort konnte nicht beibehalten werden. Mit der erst in den frühen 70er Jahren umfassenden Konzipierung des Klosters zum Kunstmuseum änderte sich auch der Eingang, nunmehr zur Nordseite. Ein weiteres, nicht geklärtes Malheur, lag in einem Vermessungsfehler des oberen Rundbogenabschlusses. Dem ersten folgte ein zweiter Fehlguß, beide Male entstand nur ein gedrückter Bogen. Über Jahre gab es quälende, nicht endende Bemühungen um einen neuen Standort der Tür. Stötzer lastete uns wohl einen nicht sorglichen Umgang mit dem Relief an. Das ungewollte Nonfinito wurde in fragmentarischer Form sogar in Stötzers Personalausstellung in der Akademie der Künste, Berlin, 1977 gezeigt.

Im Schriftwechsel über die Tür mit Stötzer trat dann eine lange Pause bis 1977 ein. Ab hier datieren Briefe des Klosters mit dem Bemühen, die Folgen seinerzeitiger, fachlich begründeter Bauerschließung zu beheben, das Relief korrigiert und montiert im sinnvollen Verbund mit dem Bau auf Dauer einzulassen. Ende 1979/80 kam es zu einer ersten Einigung zwischen dem Bildhauer, dem damaligen Landeskonservator, Dr. Berger, und dem Kloster, den Türdurchbruch in der Nordostecke, später der lichtgünstigeren Südostecke des inneren Kreuzganges hierfür zu bestimmen. Nach nochmals einem Jahrzehnt, auch bedingt durch Baumaßnahmen bei der Erschließung des gesamten Schulanbaus aus dem 19. Jahrhundert, ist das bronzene Doppelrelief im August 1991 endlich an Ort und Stelle, erleichtert und euphorisch dem Künstler mitgeteilt, in der Hoffnung, er könne sich sein „geniales Frühwerk" möglichst bald ansehen. Das konnte er zwar nicht, aber anläßlich seiner bundesweit gezeigten Personalausstellung (Berlin, Bonn, Heilbronn, Magdeburg, Rostock) wurde der 17.5.1992, der Tag der Eröffnung in Magdeburg, ein glücklicher Tag dieser späten Türeinweihung.

Der Abschluß des dornigen Weges ist ein verzögerter Anfang, die Tür endlich in Verschmelzung mit dem gemauerten Geschichtsdenkmal zu erleben, der Blick auf diese eingetretene Verfremdung in besonderer Weise geschärft. Schließlich änderte sich das Koordinatensystem gleich in mehrfacher Hinsicht: von ursprünglich öffentlicher Außen- zu intimer Innen-Ansicht, von genau berechneten zu nicht berechneten Lichtverhältnissen und, keineswegs unerheblich, zu vier weiteren Türen von Grzimek, Marcks, Apel und Förster. Das Implantat scheint in höchstem Maße geglückt. Schlüssige Beglaubigung allein bewirkt ein autarkes Kunstwerk, dessen Botschaft über Gut und Böse zeitlos verständlich bleibt.

Aus dem bewegten Reliefgrund, den Lebenspulsen vergleichbar, formen sich sensible, klassische Figuren sparsam-ster Gestik. Sinnliche Abbreviaturen sind es für die Antiphonen menschlicher Existenz.

HEINRICH APEL ZWIEGESPRÄCH „MANN UND FRAU"

Autor der zweiten Tür ist der Magdeburger Heinrich Apel.

Ihre Geschichte begann mit einem Besuch des Künstlers im Kulturhistorischem Museum, unserem damaligen Domizil, im Jahre 1972. Er interessierte sich, angeregt durch Waldemar Grzimek, ebenfalls dafür, ein Portal zu gestalten, fragt, wieviel Geld denn für eine mögliche Realisierung vorhanden sei. Es sind insgesamt 8.000 Mark für Honorar und Guß, die 1972 und 1973 bezahlt werden. Dafür ist aber kein ganzes Bronzerelief zu gießen. Für ihn stellt das kein Problem dar. Er freut sich über die Aufgabe, geht nach Hause ins Atelier und stellt bald vor, wie er sich das gedacht hat. Es sollen bronzene Beschläge werden. Zum Thema: Mann und Frau, angebracht an der bereits mit Kupferblech beschlagenen Haupteingangstür auf der Nordseite.

Wie in allen späteren Fällen gab es durch uns als Auftraggeber keine Reglementierung beim Thema, keine Eingriffe während der Arbeit. Das zu bemerken, scheint wichtig, da diese Freiheit den Künstlern immer gestattete, ihre Arbeit ganz nach eigenem Ermessen zu entwickeln. Die inhaltliche Anregung erhielt Apel durch seine damalige Lektüre, den sizilianischen Schriftsteller Salvadore Quasimodo, Übersetzer etruskischer Inschriften. Was die Frau dem Mann, der Mann der Frau sagt, steht auf den Blättern, die zusammen mit den beiden Köpfen die Mittelzone bilden.

Der Mann an die Frau	Die Frau an den Mann
Du lache - ich wache	Ich lache - du wache
Du spiele - ich ziele	Ich spiele - du ziele
Du schwebe - ich lebe	Ich schwebe - du lebe
Du bewahre - ich sterbe	Wer bewahrt wenn du stirbst
Du träume zur Flöte	Mein Mana der dir lacht
ich zeuge und töte	Mein Wunsch der dich macht
Was uns schürt verlöscht die Zeit	Mein Traum drinn du schwebst
aber wie ich dich führe	Mein Laub dem du lebst
behütet dich...	Mein Schoß in dem Du dich verbargst!

in alle Ewigkeit ... ich!

Asymmetrisch verklingt das Hauptmotiv in Miniaturköpfen und Blattmotiven auf den malerisch oxydierten Kupferblechen. Obwohl das geringe Geld Grenzen setzte, stellt diese Gestaltungswahl keine Notlösung dar. Es gibt sie mehrfach bei Apels Türklinken am Dom und an St. Sebastian, in Salzwedel an St. Lorenz und ähnlich wie bei Liebfrauen Magdeburg an der Basilika-Pforte der Hamersleber Stiftskirche. Mit diesem erzählsamen Minimalprogramm korrespondieren zwei andere Türen Apels in räumlicher Nähe. Auf 14 additiven Bronzetafeln am Rathaus fabuliert er Persönlichkeiten und Ereignissen der Stadtgeschichte nach. Den urbanen Kriegszerstörungen von 1631 und 1945 widmete er andererseits am Westportal der Johanniskirche ein parabelartiges Bildprogramm mit freistehenden Assistenzfiguren.

WALDEMAR GRZIMEK „GEFAHREN UND KREATUR"

Grzimek wird eine besondere Seite im Buch der jüngeren Geschichte des Klosters gewidmet. Er setzte das Initial, kehrte zum Anfang seines Türwollens zurück, beflügelte uns, mit ihm und anderen Künstlern diese tragfähige und in Magdeburg sinnstiftende Idee Schritt um Schrit in künstlerische Projekte umzusetzen.

Die ruhenden Kontakte nach Magdeburg wurden Anfang der 70er Jahre, durch die nach Berlin übergesiedelte, mit Grzimek befreundete Sigrid Hinz wiederbelebt. Das Interesse an einer Portalgestaltung am Kloster war ungebrochen. Seine deutsch-deutschen Aktivitäten, möglicherweise für beide Seiten ärgerlich, pflegte er um der unteilbaren Kunst und ihrer Herkunft willen unbeirrt und eigensinnig.

In einem Brief an den Bildhauer-Kollegen und -freund Apel in Magdeburg schreibt er:
„Sie haben ja schon von Sigrid Hinz gehört, daß ich gerne die fehlende Tür für 'Liebfrauen' arbeiten würde. Es wäre doch ganz erfreulich, wenn Sie, Stötzer und ich mit je einem Werk an dem Gebäudekomplex vertreten wären. - Können Sie bei Dr. Bellmann (Institut für Denkmalpflege, Halle - die Verf.) ein gutes Wort einlegen? Ich begnüge mich mit einem Mini-Honorar, Hauptsache ist die Aufgabe." (28.4.1972)

Bald danach kamen Beziehungen zur offiziellen Institution Museum als dem Nutzer des Klosters zustande. Zu damaliger Zeit war derlei weder gewünscht noch gefördert. Im Gegenteil, der in Westdeutschland, also beim „Klassenfeind" Lebende, einst mit dem Nationalpreis der DDR Geehrte, war nunmehr eine Person, der mit Mißtrauen begegnet werden mußte. Daß es trotz mannigfacher Widrigkeiten zwischen 1972 und 1977 gelang, das Südportal der Klosterkirche wie erhofft mit einem Bronzerelief zu bestücken, darf als besonderer Erfolg gelten. Natürlich spielte er als Persönlichkeit, begabt mit Ausdauer und einer positiven Sturheit, die entscheidende Rolle.

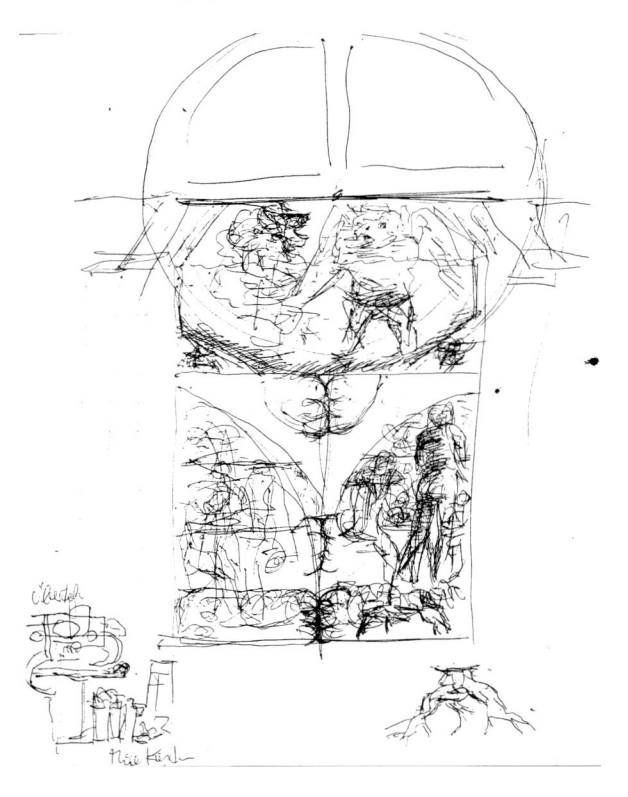

Ruhig und unbeirrt zwang er viele Offizielle, seine Vorhaben, zu denen auch wichtige Buchprojekte über die Geschichte deutscher Bildhauerei gehörten, zu unterstützen. Der charismatische Bohemien gab sich gelegentlich introvertiert. Die gestelzten Bemühungen seiner offiziellen Verhandlungspartner, dem Professor mit viel Etikette aufzuwarten, negierte er gern, einmal etwa mit dem Wunsch nach Streußelkuchen, Kaffee und Unterhaltung mit den Museumsleuten. Magdeburg war 1988 an der Ehrung für den zu früh Verstorbenen mit einer großen Gedenkausstellung beteiligt. Wenige Jahre vor seinem Tod 1984 hatte er noch Interesse bekundet, in dieser Stadt ein Standbild für Karl den Großen und einen Brunnen auf dem Domplatz zu schaffen.⁵ Beides dürfte an der Grenze in Deutschland gescheitert sein. In einer Brunnenanlage, die er selbst nicht mehr vollenden konnte, wurde diese Idee als sein letztes Werk in Berlin auf dem Wittenbergplatz umgesetzt.

Erster gedachter Türstandort am Kloster war das Westportal. Er hatte Zeichnungen und einen kleinen Terrakotta-Entwurf fertig, als die Hallesche Denkmalpflege Einwände geltend machte. Sie betrafen den nicht ursprünglichen Baubefund. Die einst offene Vorhalle war im Zuge der barocken Staßenbebauung geschlossen worden. Notwendige Grabungen wurden in Aussicht gestellt. Zu diesem Zeitpunkt war Grzimek mutlos und kaum zur Fortsetzung an anderer Stelle zu bewegen, was wesentlich mit dem längere Zeit spürbaren Bremsverhalten des örtlichen Staatsapparates zu tun hatte.

Ein altes, halb im Erdreich verschüttetes südseitiges Gewändeportal erwies sich nach völliger Freilegung als ein ebenbürtiges Äquivalent.

Der zustandekommende Auftrag vom Museum und der Stadt als Finanzier war weitgefaßt, vom Bildhauer später mit „Gefahren und Kreatur" interpretiert.

Die Entstehungszeit war beflügelt, dieses Werk wachsen zu sehen und überschattet von der ständigen Sorge, es nicht an Ort und Stelle zu erleben. Mit mehr illegalen Kontakten, unter Schwierigkeiten besorgten Aufenthaltsgenehmigungen, konnten trotzdem die notwendigsten Verbindungen gehalten, die Geldgeber und Gießer zu ihren vertraglichen Verpflichtungen bewegt werden.

Dem breitgelagerten Bruchsteinmauerwerk der Südseite der Kirche ist das bildhauerisch lebhafte, stark plastische Türrelief unter flachem Tympanon eingepaßt. In drei, dem romanischen Bauduktus nahen halbrunden Bogenfeldern kombiniert er in einem unklassischen Bildprogramm sakral-profane Versatzstücke zu ikonographischer Neuschöpfung. Um den gefesselten und gepeinigten Adam links und eine heiter-sinnliche Eva rechts, illustrieren figürliche Szenen stakkatoartige Indizien von Drangsal einerseits wie elysische Seinszustände andererseits. Im seltsam von oben hereindrängenden Tierkampfknäuel hat man gleichsam die Allegorie des unten anklingenden tödlichen Kräftemessens zu sehen.

Er notierte: „Ich wollte niemals ein christliches Portal schaffen, obwohl ich aus Achtung vor den ethischen Werten dieser Lehre auch eine betont ethische Thematik aufgriff... Das Mythische im Gehalt der verehrten Kunstwerke lag mir allerdings fern..."(Roters 1979, 130-137) und an anderer Stelle: „Das Thema Gut und Böse ist zwar unmodern, einfach, doch wiederum sympathisch."⁶

Das seit 1977 am Ort befindliche Portal hat zu seiner Symbiose mit dem Bauwerk geführt - bei allen Unterschiedlichkeiten, die hier eine natürliche Rolle spielen. Es gab auch Einwände und Zauderer, deren Bedenken wohl mehr dem Eingriff ins Bauwerk als dem Reliefprogramm selbst gegolten haben. - Heute ist das wuchtige Relief im Einfluß lebhaft-wechselnder Lichtbewegung der Südseite kaum noch wegzudenken.

GERHARD MARCKS' KIRCHENPORTAL

Als einen künstlerischen Glanzpunkt darf man das flachreliefene Kirchenportal im südlichen Kreuzgang ansehen, das von der Hand des schon zu

5 Köln 41 Belvedere 149ᵃ

Sehr verehrte Frau Dr. Hagedorn!

Durch meinen Freund Prof. Grzimek hörte ich, dass für das Kloster unsrer lieben Frau in Magdeburg Türen vorgesehn sind und dass man nicht ungern meine Beteiligung an dieser Aufgabe sähe.
Ich habe mich mit diesem Problem (es ist ein Problem!) beschäftigt und würde sehr gern das Modell einer Tür anfertigen. Dazu habe ich erstmal ein plastisches Modell 1:5 gemacht. Es handelt sich m.E. darum, nicht in unerlaubte Conkurrenz mit den grossen Vorfahren zu kommen, hingegen ein Stück anzubringen, das schön ist ohne aufdringlich zu sein, d.h. kein Kunstgewerbe, sondern Einfachheit.
Ein paar Schmuckformen an der Anschlagleiste und am Griff habe ich 1:1 in Gyps hergestellt.
Wie soll's weitergehn?
Wenn Ihnen meine Formgebung zusagt, so wollte ich für die gute Sache meine Arbeit unentgeltlich zur Verfügung stellen, d.h. Ihnen das Gypsmodell 1:1 liefern, unter der Bedingung dass es in Bronze gegossen wird.
Allerdings bin ich mit der Technik der Tür nicht bewandert, die liesse sich leicht durch einen Fachmann für Angel und Schloss anbringen. Der Transport könnte von Ihnen getragen werden?
Ihrer Antwort entgegensehend
mit freundlichem Gruss
Ihr ergebener
Gerhard Marcks

Lebzeiten mit einer Aura umgebenen Gerhard Marcks stammt. Der seinerzeit in Köln lebende Künstler, dem die Bildhauerei des 20. Jahrhunderts Maßstäbe setzende Werke und eine an Wertewahrhaftigkeit orientierte Gesinnung verdankt, beantwortete die Anregung, sich mit einer Türgestaltung zu beteiligen, sehr zustimmend. Der Ideengeber war Heinrich Apel, der mittelnde Freund Waldemar Grzimek. In einem undatierten, nachfolgend abgedruckten Brief äußerte sich Gerhard Marcks erstmalig Magdeburg gegenüber zu seinem Beitrag.

In der Korrespondenz mit Grzimek erwähnt dieser „Gerhard Marcks schreibt, daß seine Tür in der Größe 1:5 fertig ist. Er will sie einfach halten. Über inhaltliche Programme schreibt er gar nicht. Honorar wird sich so bemessen, daß in der Hauptsache die Unkosten herauskommen. Ich meine, daß Sie, Ihr Chef und alle, die am Gedeihen des Klosters Anteilnehmen, zufrieden sein können, Apel, der die Idee aufbrachte, wird sich auch freuen."[7]

Marcks erhielt Fotos, Beschreibungen und Bau-Zeichnungen vom Standort, dem nördlichen Eingang der Kirche. Mit einem wünschenswerten Besuch seinerseits konnte u. a. wegen seines hohen Alters nicht gerechnet werden. Einmal allerdings war Marcks doch mit einem Vertreter des Instituts für Denkmalpflege, Halle, im Kloster.[8]

Die wie im Falle Grzimek schwierigen Verabredungen mit dem in Westdeutschland Lebenden waren nur schriftlich, in Ausnahmefällen telefonisch möglich. Beim Recherchieren der Vorgänge zwischen 1975 und 1977, als das Bronzerelief zur Einweihung der Konzerthalle „Georg Philipp Telemann" gleichzeitig mit dem von Grzimek eingebracht worden war, kam wie in keinem anderen Falle Bitterkeit auf. Durch die abgegrenzte Kulturpolitik der DDR ist keine Begegnung zwischen Marcks und uns möglich geworden, das Natürlichste verhindert worden, gemeinsam über diese Zutat für den Mittelalterbau zu sprechen, die Entstehung zu erleben und zu begleiten. Es gab im Verlaufe der Monate und Jahre viele beschämende Momente! Marcks mußte wiederholt um den Ersatz seiner Unkosten bitten, vergeblich nachsuchen, daß die fertigen Gipsplatten endlich aus seinem Kölner Atelier zum Gießen abgeholt würden, das er lieber in einer westdeutschen Gießerei besorgt hätte. Die offizielle Abnahme des Gipsmodells in seinem Atelier fand mit einem sachfremden Gewährsmann statt. - Schließlich wurde der Gips im Magazin des Ostberliner Kunsthandels beschädigt entdeckt. Einen würdigen Schluß fand dieser sträfliche Verlauf durch Apels persönlichen Einsatz; er reparierte das Modell, überwachte den Guß und die Montage.

Mit einer nur plan-rhythmisierenden, unfigürlichen Türbekleidung wollte Marcks sich dem Bauwerk ein- und unterordnen. Dazu schreibt er an Grzimek: „Ich hoffe, die Leute dort mit meiner Tür nicht zu enttäuschen, wenn ich auf ‚engagierte Scenen' verzichtet habe - Neben der großartigen Architektur muß Zurückhaltung geübt werden. Außerdem ist eine Tür kein aufklappbares Relief, sondern ein Mittel, den Durchgang zu sichern."[9]

In einem Brief vom 23. 11. 75 heißt es: „Meine Vorstellung, daß eine von 4 Pforten kein Kirchenportal mit allen Propheten und Religionsgründern nebst eigenen Gedanken über dieselben sein kann, fällt wohl etwas aus der Gesellschaft der jüngeren Kollegen, die sich mal austoben wollen."[10]

Ohne jegliche Bewertung der einzelnen Klostertüren, - der von Marcks wird ihrer strengen Zurückhaltung wegen oft besondere Bewunderung besonders von denkmalpflegerischer Seite zuteil.

WIELAND FÖRSTER „FREUDEN UND LEIDEN"

Die vorerst letzte künstlerische Tür, die 1989 vollendet montiert wurde, verdankt das Kloster dem Berliner Bildhauer Wieland Förster. Sein Gesamtschaffen, eine gemeinsame Ausstellung 1973, Arbeiten in der Sammlung und ein stetiger Austausch über Künstlerisches favorisierten den geschätzten Bildhauer, Türautor zu werden. Unsere Offerte nahm er zwar interessiert, zunächst noch zögernd an. Gleichzeitig war ihm ein ehrenvolles Angebot gemacht worden, „...die große Tür zur Straßenseite am Berliner Dom" zu gestalten „eine Aufgabe an exorbitantem Platz!" Förster entscheidet: „Nein, mir war die Stille des Klosterhofes lieber."[11]

Bei einem Rundgang in Begleitung eines Denkmalpflegers 1976, bei dem Förster nahezu über jedes Portal für sich entscheiden konnte, fällt seine Wahl überraschend auf die kleine einflügelige Tür zur Hochsäuligen Kapelle. Zur Bedingung seiner baldigen Entscheidung machte er, nicht in einen der üblichen Vertragszwänge zu geraten. Er wollte sich den häufig gängelnden Ratschlägen und Beeinflussungen der Offiziellen entziehen. So kam es lediglich zu einem „Verpflichtungsvertrag" (30.4.1979), der bei Nichtrealisierung des Reliefgusses entweder die Rückzahlung der mäßigen Vertragssumme oder den Erwerb eines Kunstwerkes für die Magdeburger Plastik-Sammlung einschloß.

Die Modellabnahme, nunmehr mit dem offiziellen Auftraggeber, dem Rat der Stadt Magdeburg, verlief störungsfrei und beifällig.

In einer Nachbetrachtung der Verfasserin vom Dezember 1982 an den Bildhauer: „Die Wiederbegegnung mit Wieland Förster fand statt, um eine über lange Zeit sorgsam geschützte Arbeit zu besiegeln. Ich hatte die Jahre, in denen die Tür fürs Kloster Unser Lieben Frauen sich formte, in Gewißheit und Gelassenheit an das Fertige gedacht, ohne jeden Zweifel, es könne nicht zum Maßstab und zur Gesinnung dieses stillen, aber herausfordernden Bauwerkes gehören.

Ich teilte Försters leicht aggressive Sorge, das langsame Entstehen des Reliefs könne vor der Zeit durch lautes Dazwischensprechen und Erklären gestört werden. Die Tür ist von strengster Knappheit - ein kleines dichtes Figurenrelief auf einer herausfordernd glatten Fläche. Der immerwährende Kreis zwischen Leben und Tod, zwischen allgemeinem Gesetz und individueller Tragik - sind dargestellt."

Allerdings hat eine Veränderung stattgefunden, die man aus heutiger Sicht uner Umständen nicht mehr zugelassen hätte.

Förster schreibt zu diesem Vorgang: „Was kam also dazwischen? Mein Plan ging dahin, die einflügelige Tür unter Ausnutzung des ganzen Formats mit einem flachen Relief zu überziehen, links aufsteigend die Freuden des Lebens und rechtsseitig in Polarität, die Trauer und die Sphäre des Todes: das sind nun einmal meine Lebensthemen, ich sah keinen Grund, mich zu verleugnen und einem literarischen Thema - was mir ja auch niemand vorzuschlagen wagte, denn es ging immer um die freie Wahl - unterzuordnen. Erinnern muß

man an die hohe moralische Verpflichtung, die entsteht, wenn es die Pforte zu einer Architektur vom Rang der Hochsäuligen Kapelle zu gestalten gilt. Und so mußte der Kreis der Verantwortlichen um die Fachleute des Denkmalschutzes erweitert werden. Nach ihrer Ansicht bestand bei der das Türblatt ausfüllenden Lösung die Gefahr einer großen Wichtigkeit. Der Kompromiß, hätte ich

ihn nicht eingehen sollen?, lag in der Schrumpfung des figurativen Reliefs auf eine Mittelzone, die von einer Art Passepartout gefaßt wird. Ich werde diese Entscheidung nicht bewerten, so viel jedoch anfügen, daß mein plastisches Gefühl sich erst im großen Format hätte ausleben können."

Als Försters Adaption zur Weltgerichtsdarstellung beschreibt Almut Martin die Tür in einem Katalog zur Magdeburger Personalausstellung 1995: „Auf der linken Seite bewegen sich die Gerechten aufwärts zu Christus zum ewigen Leben, während auf der rechten Bildhälfte die Gerichteten hinabstürzen in die Hölle, zu Tod und Verdammnis."[12]

Wie für das Baudenkmal gewünscht, gibt sich auch diese Tür als bildhauerischer Zeuge des sich neigenden 20. Jahrhundert zu erkennen. Wie für den geistigen Anspruch erstrebt, hält sie mit ihrem verschlungenen Leiberstrom Sinnbilder bereit, die in allen Zeiten zwischen Inkonstanten und Konstanten ethischer Werte neu geschaffen werden müssen.

So wenig Auftraggeber im eingangs beschriebenen Sinne über ein Regelwerk bei Verbindungen zwischen neuen Kunstelementen mit alten Baudenkmälern verfügen, so wichtig ist gerade das hohe Richtmaß der Künstler selbst. Was Förster dazu resümmiert, mag auch im Sinne der anderen formuliert sein: „Aber: wir alle wollten dabei sein. Im schönen Ehrgeiz vergriff sich kaum einer in der Lautstärke seiner Stimme, das Gebot, sich dem hochrangigen Bau einzuschmiegen und ihn nicht zu bekämpfen, war selbstauferlegtes Gesetz."[13]

ANMERKUNGEN

[1] Erste öffentliche Darstellung bei einem Vortrag in Bonn, VHS, Oktober 1990

[2] In: Katalog Werner Stötzer, Seine Lehrer, Seine Schüler, Berlin-W. 1989/38

[3] Entwurf des Vertrages vom 18.10.1966

[4] Protokoll der Abteilung Kultur, Rat des Bezirkes Magdeburg, Beirat bildende Kunst

[5] Brief Waldemar Grzimek an die Verfasserin vom 26.7.1978

[6] Brief Waldemar Grzimek an die Verfasserin vom 17.7.1972

[7] Brief Waldemar Grzimek an die Verfasserin vom 1.4.1975

[8] Gespräch mit dem Landeskonservator G. Voß und dem Dekmalpfleger R. Rüger im März 1995

[9] Brief Gerhard Marcks an W. Grzimek vom 14.5.1975

[10] Brief Gerhard Marcks an die Verfasserin vom 23.11.1975

[11] Essayistische Nachbetrachtung von Wieland Förster vom 2. XII. (1990)

[12] Freuden und Leiden - Die Türgestaltung für das Kloster Unser Lieben Frauen, in: Liebe und Tod, Magdeburg/ Mosigkau, 1995, 34f.

[13] s Anm. 11

LITERATUR

Hagedorn, Renate: Zu den Bronzetüren. In: Basilika, Baudenkmal und Konzerthalle. Magdeburg 1987, S.30E-33

Hagedorn, Renate: Gefahren und Kreatur, Die Magdeburger Tür. In: Waldemar Grzimek. Katalog zur Ausstellung, Magdeburg/Berlin 1989, 21ff.

Heinrich Apel. Katalog mit Beiträgen von H. Apel, H. Berger, R. Hagedorn, Magdeburg 1991

Hinz, Sigrid (Zusammenstellung und Text): Bildhauerkunst in Magdeburg. Magdeburg 1968

Martin, Almut: Freuden und Leiden - Die Tür-Gestaltung für das Kloster Unser Lieben Frauen, Buch zur Ausstellung. Magdeburg/Mosigkau 1995, S. 34/35

Roters, Eberhard: Der Bildhauer Waldemar Grzimek. mit Werkverzeichnis, Berlin/W. 1979

Entwurf für den Orgelprospekt

Ulrich Bremsteller

Ein Genuß für Ohr und Aug'

Ein Jahr nach der Eröffnung der Konzerthalle „Georg Philipp Telemann" konnte 1979 auch die große Orgel der Firma Jehmlich (damals VEB Orgelbau Dresden) für diesen einzigartigen Konzertsaal fertiggestellt werden. Damit erhielt die Magdeburger Konzerthalle einen, wenn nicht überhaupt ihren wesentlichen Schwerpunkt. Denn es ist zwar seit langem üblich, große Konzertsäle auch mit entsprechend dimensionierten Orgeln auszustatten, doch finden sich nur wenige Fälle, in denen es zu einer glücklicheren Symbiose von Raum und Orgelklang kommen konnte als in der Konzerhalle im Kloster Unser Lieben Frauen zu Magdeburg. In der großen romanischen Klosterkirche dieses vormaligen Prämonstratenser-Chorherrenstiftes schuf gerade die Konzertorgel, die ihre Aufstellung im Hohen Chor der Kirche fand, eine besondere Verbindung zwischen der heutigen Konzerthalle als einem kulturellen Zentrum und der vormaligen Klosterkirche, die als geistlicher Mittelpunkt der ostelbischen Expansions- und Missionierungstendenzen deutscher Kaiser und Könige gelten durfte. War vormals das liturgische Leben in der Kirche ausgerichtet auf den Hohen Chor, in dem die Chorherren ihre Stundengebete und Messen lasen und sangen, so ist die Konzerthalle heute zentriert auf die große Orgel, die am gleichen Ort steht, an dem in früherer Zeit das gottesdienstliche Leben vonstatten ging. Nicht nur durch ihren Klang belebt diese Orgel nun den ehemaligen Kirchenraum, sondern sie gibt ihm durch ihren Standort an historisch hervorgehobener Stelle auch ein ganz neues räumliches Gepräge. Gleichzeitig bewahrt gerade die Orgel, die tradionell ja seit vielen Jahrhunderten auch immer ein sakrales Instrument gewesen ist, der Konzerthalle in ganz eigener Weise etwas von ihrem ursprünglichen Charakter als bedeutendem Sakralbau.

Musikalisch gesehen ist die Konzerthalle im Kloster Unser Lieben Frauen ein Glücksfall. In den klaren Dimensionen romanischer Architektur kann sich Klang - und gerade der der Orgel, die wie kaum ein anderes Instrument angewiesen ist auf die Weite des Raumes - in besonderer Weise frei entfalten und mit der Schönheit der mittelalterlichen Baukunst zu einem „Gesamtkunstwerk" besonderer Art verschmelzen. Die hohe Qualität des Klanges der Orgel in der Magdeburger Konzerthalle einerseits und die kraftvolle Schlichtheit des romanischen Bauwerkes andererseits erzeugen immer wieder neu eine ganz eigene Wechselwirkung zwischen Raum und Klang.

Dies umso mehr seit mit dem Umbau der Jehmlich-Orgel in der Klosterkirche Unser Lieben Frauen, der im Frühjahr 1995 abgeschlossen wurde, dieses bedeutende Instrument eine wesentliche Erweiterung erfahren hatte. Es handelte sich bei diesem Umbau um eine weitreichende Maßnahme, in deren Zuge zum einen wesentliche Veränderungen der Disposition vorgenommen wurden, die auf eine gleichzeitig größere Geschlossenheit und breiter gefächerte Farbigkeit des Klanges abzielten, zum anderen die Spielbarkeit des Instrumentes durch den Einbau moderner Spielhilfen wesentlich optimiert wurde. Im Ergebnis präsentiert sich die Jehmlich-Orgel der Konzerthalle Georg Philipp Telemann jetzt als eine echte „Universalorgel" im besten Sinne des Wortes: Sie stellt sich dar als ein Instrument, das eine adäquate Interpretation ebenso barocker, wie romantischer und zeitgenössischer Orgelmusik bestens ermöglicht. In welch entscheidendem Maße diese Orgel durch den Umbau erweitert wurde, konnte bereits der in diesem Jahr erstmalig durchgeführte „August Gottfried Ritter-Orgelwettbewerb" unter Beweis stellen. Bei einem Wettbewerbsprogramm, das alle Epochen vom frühen Barock über Johann Sebastian Bach und die deutsche Romantik bis hin zu Orgelwerken dieses Jahrhunderts umfaßte, konnte nicht nur die breite Klangpalette der Jehmlich-Orgel voll ausgeschöpft werden, auch die neu eingebaute Register- und Setzeranlage erwies sich als wesentliche Verbesserung der Spielbarkeit der Orgel.

Die Entscheidung, an der Konzerthalle im Kloster Unser Lieben Frauen zu Magdeburg einen Internationalen Orgelwettbewerb durchzuführen, in dessen Mittelpunkt August Gottfried Ritter stand, war in mehrerlei Weise Programm und durfte Zeichen setzen für die Bedeutung der Konzerthalle im allgemeinen und ihrer Funktion als einem der heute wesentlichen Orgelkonzertsäle.

Die Orgelsonaten von August Gottfried Ritter, der ab 1847 als Organist am Magdeburger Dom wirkte und bis heute als einer der bedeutendsten Vertreter deutscher Orgelromantik gilt, waren der Kernpunkt des Pflichtprogrammes dieses Wettbewerbes und stellten damit ein bewußtes Bekenntnis zur reichhaltigen musikalischen Tradition Magdeburgs dar, an der das Kloster Unser Lieben Frauen durch Jahrhunderte in verschiedenster Weise wesentlichen Anteil hatte. Gleichzeitig bedeutete aber auch die Durchführung eines Internationalen Wettbewerbes an der Orgel im Kloster Unser Lieben Frauen eine Öffnung des Konzertlebens an der Konzerthalle „Georg Philipp Telemann".

Die Konzerthalle im Kloster Unser Lieben Frauen schafft mit der Verbindung eines erstklassigen und vielseitigen Instrumentes mit einem architektonisch wie akustisch bedeutendem Raum einmalige Bedingungen zur Pflege konzertanter Orgelmusik und hat - nicht zuletzt in diesem Wettbewerb - bewiesen, welch große Anziehungskraft sie damit gerade auch auf die junge Organistengeneration - und ihr Publikum - auszuüben vermag. Sie darf daher nicht nur heute, sondern auch in Zukunft als einer der bedeutendsten Orgel-Konzerträume gelten.

Gerhard Marcks, Nordportal der Kirche, 1975/76, Bronze

Hl. Sebastian, Thüringen, um 1500, Holz, Plastiksammlung

Mittlere Tonne nach Westen

Probeweise Aufstellung von Plastiken,
Oberer nördlicher Kreuzgang, 1978

rechts:
Fritz Cremer, O Deutschland, bleiche Mutter II, 1961,
Bronze, Plastiksammlung

305

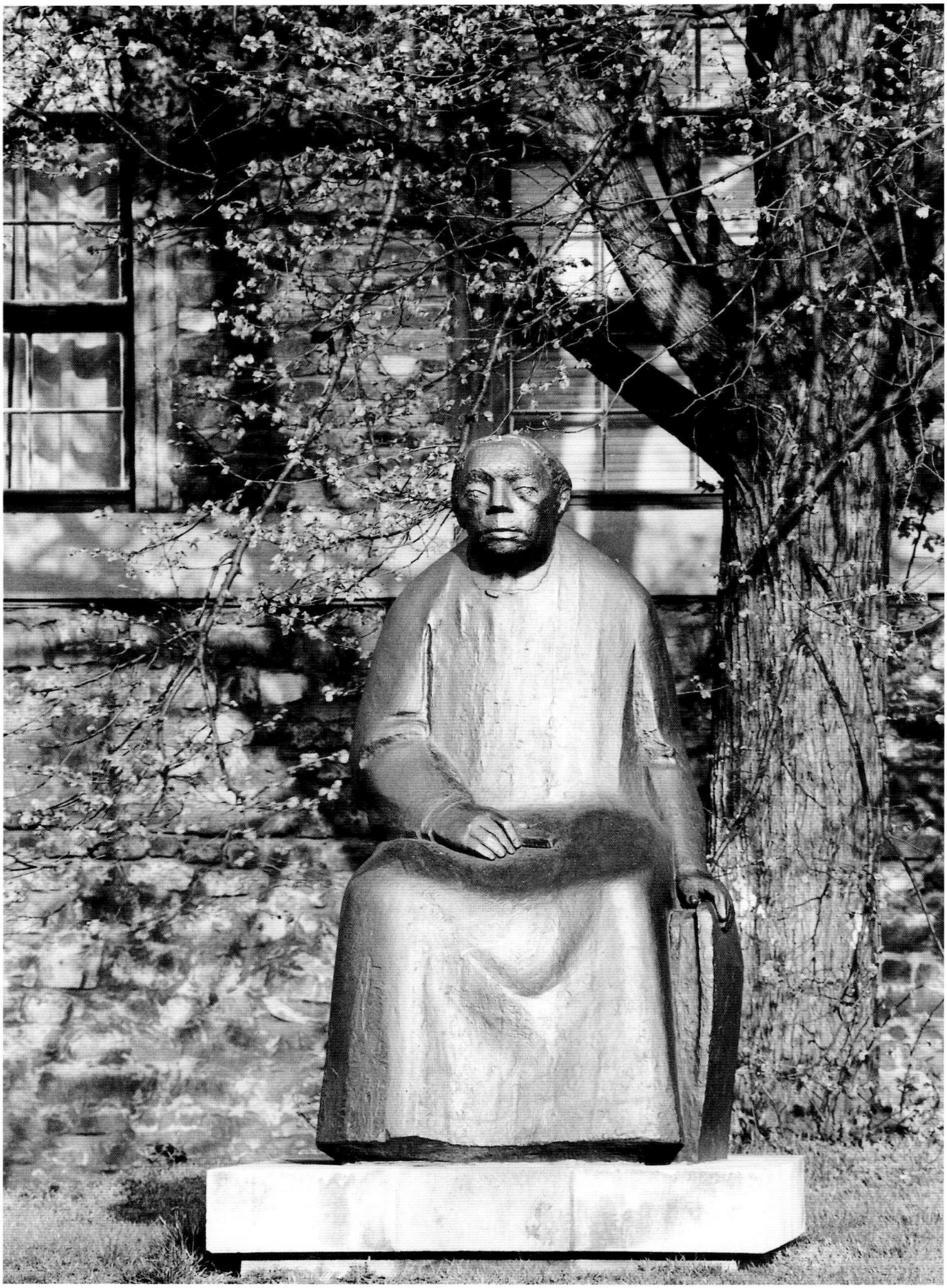

Sabina Grzimek, Stehende und ruhende Gruppe, 1979/85,
Bronze, Plastiksammlung

links:
Gustav Seitz, Käthe Kollwitz, 1958,
Bronze, Plastiksammlung

Ansicht von Südosten mit Plastiken der Sammlung

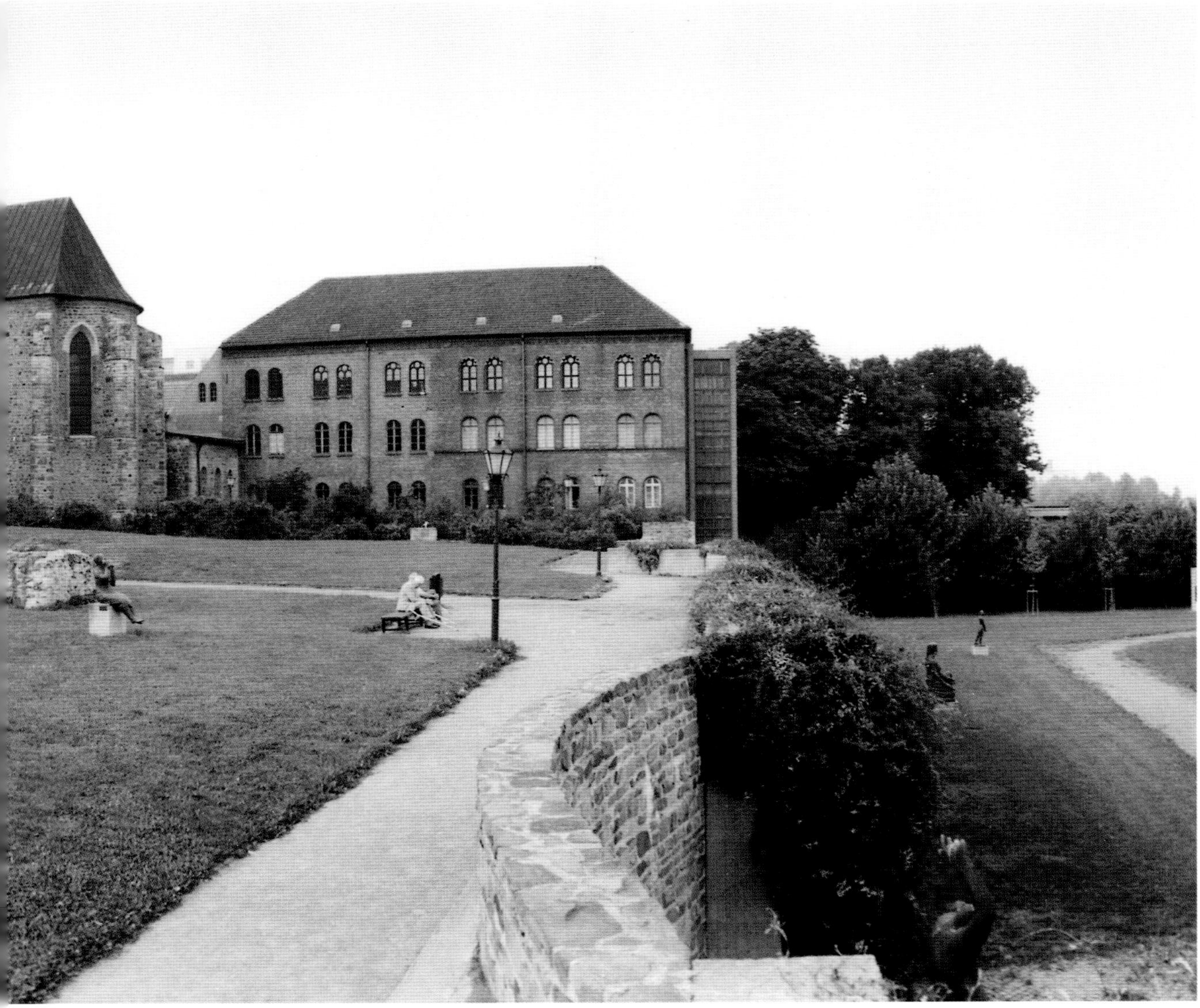

Plastiken in der Ständigen Ausstellung der Sammlung,
Obere Tonne

Werner Stötzer, Wegzeichen II,
Ausstellung „W. Stötzer - Skulptur und Zeichnung", 1992

Olaf Wegewitz, Bilder und Objekte, Ausstellung „Kloster Unser Lieben Frauen"
zusammen mit Frieder Heinze und Hans-Wulf Kunze, 1993

Werner Stötzer, Wegzeichen II,
Ausstellung „W. Stötzer - Skulptur und Zeichnung", 1992

Olaf Wegewitz, Bilder und Objekte, Ausstellung „Kloster Unser Lieben Frauen"
zusammen mit Frieder Heinze und Hans-Wulf Kunze, 1993

Auke de Vries,
Ausstellung „Skulpturen - Die 90er Jahre", 1995

Ute Brade, Keramische Plastik,
Ausstellung „Kunst aus Ton - Wege", 1993

Heidi Manthey, Fayencen,
Ausstellung „Kunst aus Ton - Wege", 1993

Hans Scheib, Die Hatz/Letzlingen, 1985, Holz,
Plastiksammlung

Frieder Heinze, Bilder und Keramiken, Ausstellung „Kloster
Unser Lieben Frauen" zusammen mit Hans-Wulf Kunze und Olaf Wegewitz, 1993

Ruth Francken, La Manif,
Ausstellung „R. Franken - Retrospektive", 1994

rechts:
Ausstellung „Max Lachnit 1900-1972", 1993

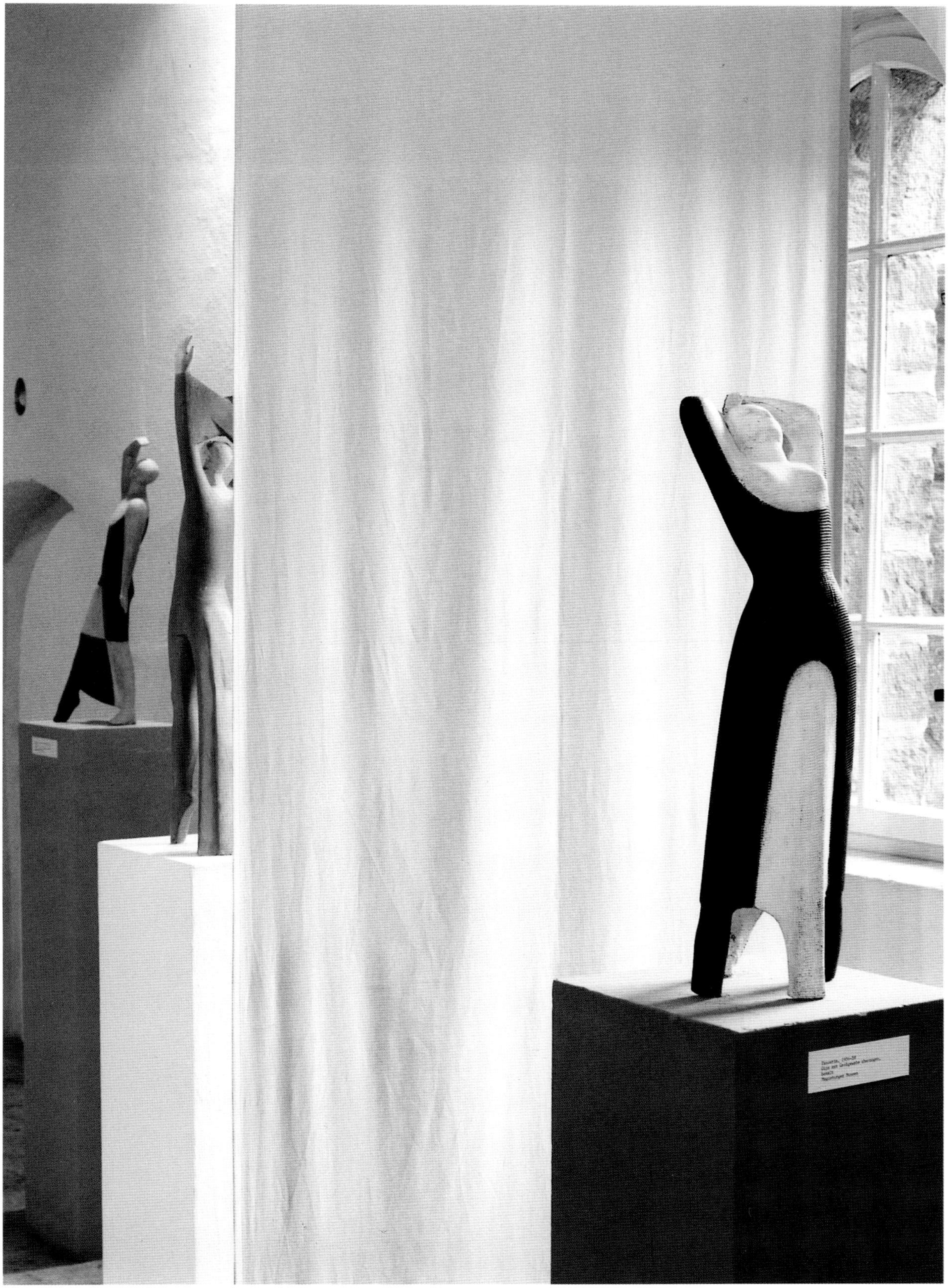

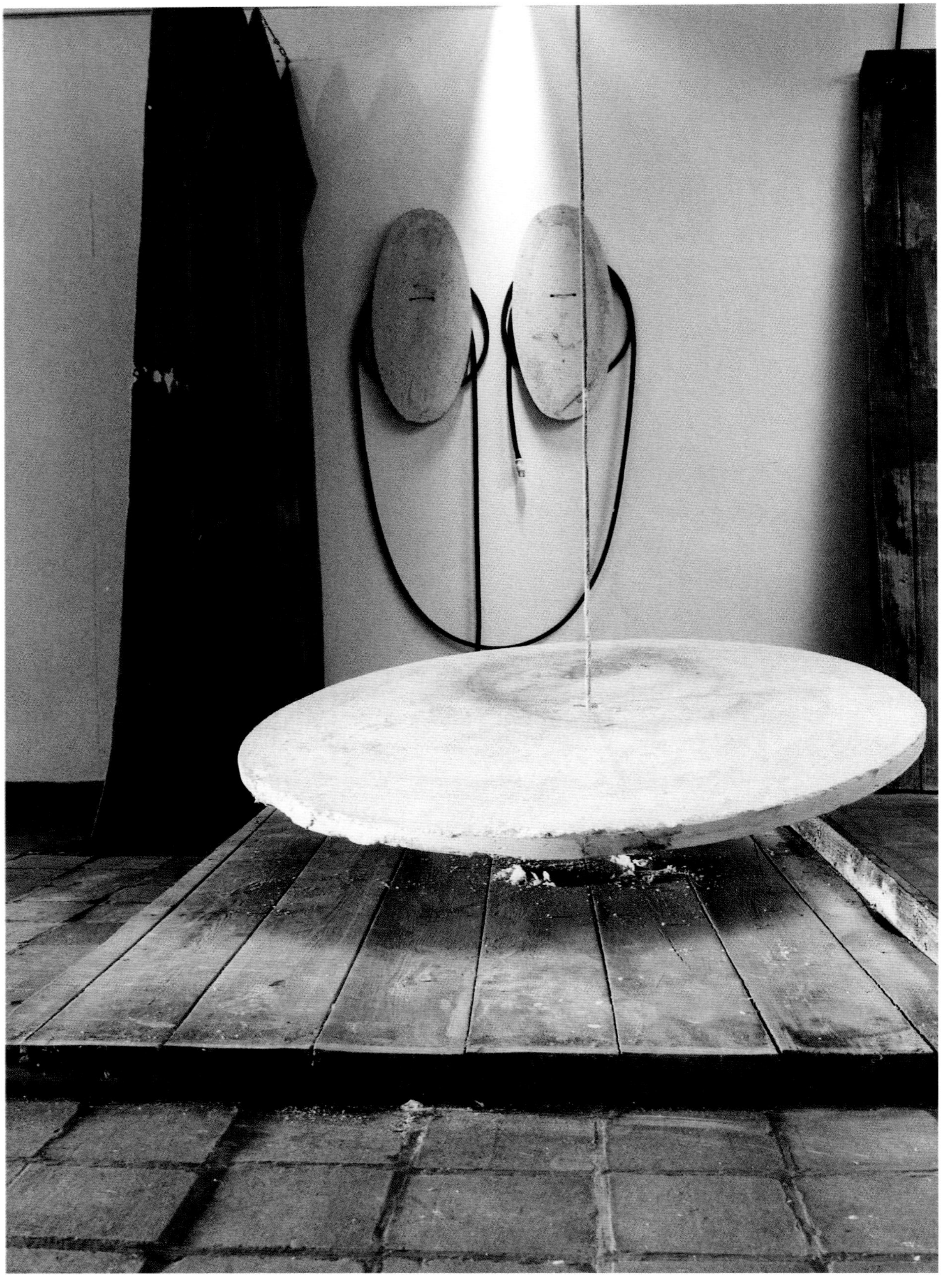

Heinz Breloh, Lebensgröße,
Ausstellung „Die vier Lebensgrößen", 1995
links:
Jörg Herold, Ruheraum für N., Ausstellung „Mythos - Leben",
zusammen mit A. Strba, 1993

Wieland Förster, „Großer schreitender Mann", 1969,
Plastiksammlung

VERGLEICHENDE ZEITTAFEL: BAUGESCHICHTE UND NUTZUNG

11. Jahrhundert

1017/1018
Gründung eines Kanonikerstifts durch Erzbischof Gero und Errichtung der Stiftskirche östlich der heutigen Anlage

1064-1078
Abriß der Kirche und Bau der frühromanischen Stiftskirche unter Erzbischof Werner als dreischiffige, flachgedeckte Basilika, mit kleinquadrigem, außen vermutlich verputztem Bruchsteinmauerwerk und sparsamer Wandgliederung an den Außenwänden in Form von aus Werkstein gefertigten Ecklisenen und Rundbogenfriesen an den Deckgesimsen

Vermutlicher Baubeginn am Langhaus als Säulenbasilika von Osten nach Westen mit acht Jochen in rhythmischem Stützenwechsel (Pfeiler/drei Säulen/Mittelpfeiler/drei Säulen/ Pfeiler), oberhalb der Mittelschiffsarkaden durchlaufender Flechtbandfries

Einfügung der Fundamente für ein querhausartiges Zwischenjoch im Westen und die Turmgruppe

Ostbau mit dreijochigem Querhaus mit kleinen Nebenapsiden, Chorquadrat mit großer halbrunder Apsis gen Osten begonnen und gegen Ende des 11. Jahrhunderts fertiggestellt, Chorquadrat und Apsis mit rundbogigen Nischen und vermutlich rötlicher Farbfassung

Krypta als dreischiffige, bis in die Vierung hineinreichende Hallenkrypta mit nördlichem und südlichem Treppenzugang, halbrunde Apsis mit drei kleinen rundbogigen Wandnischen, Säulen mit Würfelkapitellen

13. Dezember 1016
Gründungsurkunde (Fälschung): Erzbischof Gero von Magdeburg stiftet das Kloster Unser Lieben Frauen (KULF), stattet es mit reichen Besitzungen aus - frei von Pflichten und Diensten und besetzt es mit 12 Geistlichen, die kein Armutsgelübde ablegen und sich zur Seelsorge in den Gemeinden verpflichten

1078
Beisetzung Erzbischof Werners in der Krypta

12. Jahrhundert

seit 1129
Westbau als Doppelturmanlage in Form zweier Rundtürme mit eingefügtem Glockenhaus auf quadratischem Grundriß, mittels Arkaden nach Osten und Westen geöffnet
Errichtung der Klausuranlagen: zweigeschossiger Kreuzgang mit vier kreuzgratgewölbten Flügeln um einen rechteckigen Innenhof;
Nordflügel mit tonnengewölbtem Refektorium mit Dreifenstergruppe im Osten und westlich angrenzender Küche; darunter ein weiterer tonnengewölbter Raum; die unterste Tonne wohl erst nachträglich hinzugefügt;
Westflügel mit zweischiffiger, zum Kreuzgang hin offener Säulenhalle (sog. Sommerrefektorium); für die Stützen Verwendung antiker Spolien aus Italien;

19. April 1107
Beisetzung Erzbischof Heinrichs im südlichen Querschiff der Marienkirche

25. Juli 1126
Weihe Norberts zum Erzbischof von Magdeburg

29. Oktober 1129
Norbert überweist das KULF den Prämonstratensern (aufgrund des Habits auch als „Orden der Weißen Brüder" bekannt) und unterstellt es auf alle Zeiten sich und seinen Nachfolgern im Amt des Erzbischofs von Magdeburg - nicht Prémontré;
Übernahme der Regeln des Heiligen Augustinus, Leben als regulierte Chorherren; Einführung abweichender Liturgie- und Kleiderordnung

1129
Papst Honorius II. bestätigt die Übertragung an die Prämonstratenser

auf der Südseite der Klausuranlage, westlich des Querhauses, zweigeschossiger tonnengewölbter Raum, seit dem 19. Jahrhundert als Poenitentiarium bezeichnet;
vom Südflügel weit nach Osten vorspringend der ebenfalls zweigeschossige Dormitoriumsbau, dessen Erdgeschoß vermutlich den Kapitelsaal aufnahm;
vom östlichen Kreuzgangflügel in den Innenhof hineinragend das zweigeschossige Lavatorium mit gemauertem Helm, das älteste erhaltene Brunnenhaus im deutschsprachigen Raum

um 1150
Anlegung des Südportals als Haupteingang zur Kirche

Das Magdeburger KULF wird zum Mutterkloster des Ordens im sächsischen Raum, Ursprung einer Reihe von Tochtergründungen - Ostmissionierung

1129 oder 1130
Übertragung des Benediktinerklosters Pöhlde an die Prämonstratenser

1130
Norbert überträgt den Prämonstratensern im KULF das in der Nähe gelegene Alexius-Hospital

02. April 1131
Papst Innocenz II. bestätigt Norbert die Besitzungen des Erzbistums - darunter auch das KULF

1131
Grundsteinlegung für das Kloster Gottesgnaden (bei Calbe) durch Norbert und den Stifter Otto v. Reveningen
Weitere Filiationsgründungen:
Stade (1132), Leitzkau (1133), Brandenburg (1138), Quedlinburg, St. Wiperti (1139), Kölbigk (1140), Havelberg und Jerichow (1144), Klosterrode (1147), Ratzeburg (1154), Halberstadt (1186), Mildenfurth (1193), Gramzow (um 1216), Gottesstadt (vor 1231), Broda (1239/44) und Rhena (o.J.)

06. Juni 1134
Tod Norberts

11. Juni 1134
Beisetzung Norberts in der Marienkirche vor dem Kreuzaltar

1134
Wigger wird Propst des KULF (ab 1138 Bischof von Brandenburg - das KULF übt seitdem auf seinen Besitzungen in der Brandenburger Diözese selbst die bischöflichen Rechte aus)

1135
Papst Innocenz II. erteilt den Prämonstratensern die Vollmacht, auf ihren Besitzungen Kapellen zu errichten

1138
Evermod - Schüler Norberts - wird Propst des KULF (ab 1154 Bischof von Ratzeburg)

Auseinandersetzungen um die Gleichberechtigung bzw. Vorrangstellung zwischen Prémontré und Magdeburg über fast zwei Jahrhunderte

06. Dezember 1143
Ermahnung der Prämonstratenser-Äbte und -Pröpste durch Papst Coelestin II., alljährlich am 09. Oktober das Generalkapitel in Prémontré zu besuchen - wie Norbert es bestimmt hatte

1151
Schenkung der Dörfer Pretzin, Clützow und Mose an das Kloster durch Albrecht den Bären, dessen Sohn Siegfried etwa 20 Jahre Konventmitglied des KULF war

29. Dezember 1181
Wiederholung der Ermahnung durch Papst Lucius III.

22. Juli 1186-1187
Papst Urban III. muß die Ermahnung wiederholen, da die Pröpste der sächsischen Circarie sich dieser Forderung im Kampf um die Unabhängigkeit von Prémontré entziehen

nach 1188
Nach dem Stadtbrand (1188) Ummantelung bzw. Ersatz der Säulen im Langhaus durch Pfeiler; Reste der Säulenschäfte und der Kapitelle blieben sichtbar am ehemals östlichen Säulenpaar

Errichtung der „Hochsäuligen Kapelle" mit sechs schlanken, paarweise angeordneten Pfeilern; aus diesem Grund Abriß der nördlichen Nebenapsis

1188
Der Propst läßt sich von Rom die volle Jurisdiktion über die sächsische Circarie bestätigen

17. März 1193
Papst Coelestin III. fordert die Einhaltung der kanonischen Ordnung und der Regeln des hl. Augustinus und besonders der Vorschriften Norberts; der Magdeburger Konvent soll, wie Norbert festgelegt hatte, nur ihm und seinen Nachfolgern Gehorsam erweisen; außerdem erlaubt er den Magdeburger Prämonstratensern, die Auswahl der Priester in ihren Pfarrbezirken und die Empfehlung des Diözesanbischofs und bekräftigt nachdrücklich die Vergünstigungen und Freiheiten; er bestätigt den Besitzstand - frühester erhaltener Nachweis der Klosterbesitzungen

27. Juli 1198
Papst Innocenz III. bestätigt dem Abt von Prémontré alle seine Rechte

13. Jahrhundert

1207
Zerstörung des Doms durch Brand - die Marienkirche dient vorübergehend als Stätte erzbischöflicher Amtshandlungen

1211
In der Marienkirche spricht Erzbischof Albrecht auf Befehl des Papstes den Bann über Kaiser Otto IV. aus

1220-1240
Frühgotische Wölbung der Kirche, im Mittelschiff mit Kreuzrippen- und in den Seitenschiffen mit Kreuzgratgewölben; Vorblendung eines vielteiligen Stützenapparats vor die Mauern und Pfeiler zur Aufnahme des Gewölbeschubs; neue Gliederung der Wände durch Wandvorlagen (Dienste, Blendarkaden, Rundbogenfries und ein angedeuteter Laufgang unterhalb der Fensterzone) im Lang- und Querhaus zweizonig, im Chorraum einzonig

29. November 1224
Beilegung eines jahrzehntelangen Zwists zwischen dem Abt von Prémontré und den Pröpsten der Prämonstratenser in Deutschland durch den päpstlichen Legaten Conrad bei Festlegung besonderer Rechte für den Propst des KULF, den „Secundus Primas Germaniae"

nach 1225
Papst Gregor IX. verleiht Propst Wichmann (1210-1228) das Vorrecht, bischöfliche Insignien (Mitra, Dalmatica und Sandalen; ab 1187 bereits die Pontifikalhandschuhe) zu tragen

Oktober 1239
Das Generalkapitel der Prämonstratenser beauftragt Abt Hugo von Prémontré, sich mit dem Magdeburger Propst zu vergleichen;
Abt Hugo bestätigt diesen Vergleich mit dem Siegel des Generalkapitels und setzt als Anfangstermin für die getroffene Vereinbarung das Jahr 1240 fest;
Kontaktabbruch bis 1293

um 1300
weitgehender Abschluß der mittelalterlichen Klosteranlage

1293
Festlegung durch Abt Wilhelm von Prémontré der dem KULF unterworfenen Klöster (Visitationsrecht, Leitung der Propstwahlen, Exkommunikationsrecht): Gottesgnaden, Leitzkau, Brandenburg, Havelberg, Ratzeburg, Jerichow, Kölbigk, Roda, Quedlinburg, Mildenfurth, Pöhlde, Gramzow, Themnitz, Stade und Broda

06. Juni 1295
Das Generalkapitel der Prämonstratenser bestimmt, daß die Pröpste der deutschen Klöster alle 3 Jahre in Magdeburg zusammenkommen sollen und der Reihe nach nur einer von ihnen das große Kapitel in Prémontré besuchen soll; die Magdeburger setzen sich einen Ordensrat unter Vorsitz des Propstes ein und wählen zwei bis drei Schiedsrichter

14. Jahrhundert

1303
Zusammenschluß der Magdeburger Kapitel gegen Besitzübergriffe durch Erzbischof Burkhard II.

01. April 1307
Erzbischof Heinrich überträgt dem KULF die Kirchen in Burg (bis 1562) - damit Erweiterung der Patronatsrechte, wahrgenommen durch Konventuale

24. Juni 1310
Erzbischof Burchard III. überträgt dem KULF das Patronatsrecht über die Kirchen von Esterhausen, Borne und Glinde mit der Befugnis, dort Geistliche einzusetzen

21. April 1334
Bischof Ludwig von Brandenburg bezeugt die Schenkung mehrerer Güter an den Stephansaltar in der Marienkirche in Burg und bestimmt, daß zum Dienst bei jenem Altar ein Kanoniker aus dem KULF zu Magdeburg genommen werden soll

22. Dezember 1349
Erzbischof Otto überträgt dem KULF das Patronat über die Magdeburger Ulrichskirche und die Kirche zu Wörmlitz; die Prämonstratenser besaßen somit das Patronat über alle Stadtkirchen Magdeburgs

15. Jahrhundert

um 1400
Bau der II. Propstei und der Unteren Tonne

1440-1447
Propstwahlen finden nicht statt bzw. werden nicht bestätigt

1442
Johannes Busch, Augustiner-Chorherr von Windesheim, wird mit der Reform des KULF beauftragt; der Prior (Stellvertreter des Propstes) widersetzt sich bis zur Verhaftung; die Reorganisation unterbleibt

1445
Wiederaufbau des bei einem Brand zerstörten Dormitoriums

1445
Baugeldsammlung in Klöstern und Hansestädten bis zur wirtschaftlichen Konsolidierung

um 1500
Baumaßnahmen am Gewölbe des Chorquadrats und der Apsis

1446
Erzbischof Friedrich III. beauftragt Busch erneut, das KULF zu reformieren

1447-1479
Erfolgreiche Fortsetzung der Reformen durch Propst Eberhard Woltmann

1451
Erlaß eines Reformdekrets zur ausschließlichen Nutzung der Güter für Zwecke des Ordens

1454
Papst Nikolaus V. verbietet, die Reformer an ihrer Tätigkeit zu hindern

1475
Busch verfaßt ein Buch über seine Klosterreform und lehnt eine Übertragung des KULF an die Augustiner-Chorherren ab, da der Ort, an dem Norbert begraben liegt, den Prämonstratensern gehören müsse

16. Jahrhundert

1504
Heinrich III. aus Leitzkau wird Propst;
es entsteht eine Druckerei (erhalten ist das 1504 dort gedruckte „Breviarium secundum ordinem Praemonstratensem")

1505
Bau des Großen Gasthauses auf der Ostseite des Kirchhofs

1505
Das Generalkapitel dekretiert neue Statuten

1506
Bau der Wallfahrtskapelle zum Ölberg auf dem Kirchhof, südlich der Kirche in Höhe des Querhauses

1523
Der erste Konventuale verläßt das KULF, um sich der Reformation anzuschließen

1524
Verlust des Patronats über die drei städtischen Hauptkirchen St. Johannis, St. Ulrich und Hl. Geist (und weiterer Patronate im Zuge der Reformation - mit der Seelsorge geht eine zentrale Aufgaben der Prämonstratenser verloren)

1525
Aufbewahrung der Kleinodien aus dem Klosterschatz durch den Rat der Stadt während der Bauernunruhen

1546/1547
Plünderungen während des Schmalkaldischen Krieges

1547
Rat der Stadt schließt die ausgeraubte Kirche und verwahrt die Schlüssel

1550/51
Kriegsbedingte erneute Beschädigung des Dormitoriums

1555
Augsburger Religionsfrieden erkennt die Immunität des Klosters an

nach 1550
Der Kirchhof verliert zunehmend seine Bedeutung als Friedhof und wird nach und nach mit Wohnhäusern bebaut. Häuser, z.B. die I. Propstei, werden vermietet.

1582
Nach der Heiligsprechung Norberts Errichtung einer Grabanlage in der Kirche, die sich westlich der Krypta bis hin zum ersten Langhauspfeiler erstreckt, als tiefergelegter Raum mit Lisenengliederung der Wände, seitlicher Zugang über je eine Treppe;
westliche Kryptenwand nun mit drei Bögen zum Langhaus geöffnet, dahinter Kryptengang und östlich davon, sich wiederum in drei Rundbögen öffnend, die eigentliche Krypta

1584/97
Instandsetzung des Dormitoriums

1558
Rückgabe der Kirchenschlüssel an den Propst aufgrund der Anerkennung des Augsburger Religionsfriedens für Magdeburg im Wolmirstädter Vertrag

05. Dezember 1561
Landtag beschließt Übergang des gesamten Erzstiftes zur Reformation

14. Januar 1562
Erzbischof Sigismund verfügt u.a. die Abschaffung der Messen

1570
Verzicht der Prämonstratenser auf Ordenskleidung in der Öffentlichkeit

1573
Große Kirchenvisitation mit dem Ziel, die katholischen Klöster zur Aufgabe zu zwingen

1582
Heiligsprechung Norberts durch Papst Gregor XIII.

04. Juni 1584
Visitation des KULF: der Propst und ein Konventuale sind katholischen Glaubens - zwei Konventuale bekennen sich zur Augsburger Konfession

ab 1590
Horen (Stundengebete) werden nach evangelischer Art gehalten

25. März 1591
Domprediger Siegfried Sack hält die erste evangelische Predigt bei der Wiedereröffnung der Kirche des Klosters

1597
Tod des letzten katholischen Propstes: Adam Helfenstein (seit 1589)

09. April 1597
Wahldekret Adam Löders;
durch Einfluß des Domkapitels als erster wirklicher evangelischer Propst (bis 1612) gewählt

17. Jahrhundert

04. April 1601
Der letzte katholische Konventuale verläßt das KULF

1626
Während des Dreißigjährigen Krieges besetzen Wallensteins Truppen Magdeburg; diese Situation nutzend, fordert der Strahover Abt Caspar von Questenberg erneut die Herausgabe der Gebeine Norberts; nach drei vergeblichen Versuchen erhebt er die Gebeine mit Zustimmung des Rates der Stadt am 03. Dezember 1626

1631
Beschädigung des Klosterkomplexes während der Eroberung Magdeburgs im Dreißigjährigen Krieg; Zerstörung des dem Kloster 1130 übergebenen Alexius-Hospitals und des Dormitoriums

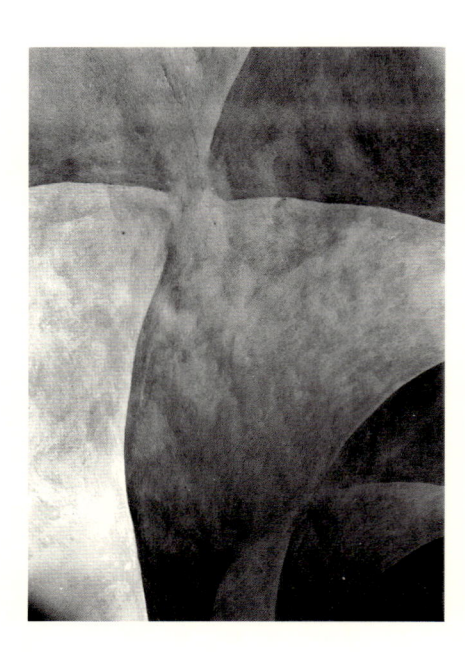

1652
Einsturz von Teilen des Chores samt Gewölbe

02. Mai 1627
Feierlicher Empfang der Norbert-Reliquien im Kloster Strahov in Prag

1628
Questenberg erzwingt durch kaiserlichen Befehl die Rückgabe des Klosters an die Prämonstratenser;
der bisherige Propst Jacobi (1614-1628), die Konventualen und 3 studiosi müssen das Kloster verlassen;
Johann Baptist Sylvius (Parcensis) nimmt (neben dem eingesetzten Propst Martin Stricker) als Vizepropst die Amtsgeschäfte wahr (bis 1632); drei Prämonstratenser aus Böhmen und sechs aus den Niederlanden ziehen ein

10. Mai 1631
Zerstörung Magdeburgs - Tillys Schutztruppe bewahrt das Kloster vor der Brandschatzung

08. Januar 1632
Vor dem Einzug der Schweden verlassen die Prämonstratenser mit Pappenheims Soldaten das Kloster und wenden sich nach Wolfenbüttel/Hildesheim - wahrscheinlich unter Mitnahme des Klosterarchivs, der Bücher und Kleinodien (Bis auf zwei Handschriften, das sogenannte Rote Buch und den Codex viennensis, ist das Archiv verschollen.)

1632-1638
Kloster leerstehend - bei gelegentlichen Einquartierungen

1638
Einsetzen von drei Konventualen durch das Domkapitel

1639-1645
Kirchennutzungsrecht geht an den Rat der Stadt, der das Gebäude wegen des ruinösen Zustands der Stadtkirchen übernimmt

1642
Regelwidrige Einsetzung des Sohnes des Dompredigers, Reinhard Bake, als Propst des KULF durch das Domkapitel

1646
Abdankung Bakes;
sein Nachfolger, Propst Malsius, sichert dem Kloster die Einkünfte und Besitzrechte erneut, ordnet die klösterlichen Verhältnisse, setzt die Selbständigkeit gegenüber dem Rat der Stadt und dem Domkapitel durch und hält alles in einem Statut fest, das die Konventualen beschwören müssen

1648
In den Verhandlungen zum Westfälischen Frieden beansprucht der Magdeburger Rat das Kloster Berge und das KULF

1650
Übereignung des KULF an Friedrich Wilhelm von Brandenburg

1696-1700
Weitgehender Neuaufbau der Hauptapsis und der südlichen Chormauer, Einbau großer spitzbogiger Fenster

ab 1689
Nutzung der Liebfrauenkirche durch die evangelisch-reformierten Glaubensflüchtlinge aus dem Elsaß, der später sehr bedeutsamen „Pfälzer Kolonie"

1693
Reglement von Propst Müller: „Ordnung/Statuta und Verfassung/Wie selbige bey dem Evangelischen Closter zu Unser Lieben Frauen in Magdeburg seit der Reformation in Übung gewesen"

01. Juni 1698
Aufruf zur Errichtung einer mit dem Kloster verbundenen Lehranstalt durch Propst Müller - Gründungsdatum des „Pädagogiums zum Kloster Unser Lieben Frauen"

um 1700
Einrichtung einer Klosterschulbibliothek für Lehrer und Konventuale

18. Jahrhundert

1719-1728
Bebauung der umliegenden Straßen (Regierungs-, Große Klosterstraße und Fürstenwall) auf Anweisung des Gouverneurs der Stadt, Fürst Leopold von Anhalt-Dessau; Schließung des ursprünglich offenen Zugangs zur Turmhalle und Errichtung eines Portals im Zusammenhang mit der Bebauung der angrenzenden Areale

1718
Umbenennung der Klosterschule in „Pädagogium"

Zweiteilung der Schulleitung: Die Schule erhält einen Rektor als Stellvertreter des Propstes - den Konventualen D. Ch. Müller

1725/1737
„Reglement für das Closter Unser Lieben Frauen zu Magdeburg" vom preußischen König Friedrich Wilhelm;
15 Schüler

1743
Neues Reglement: „Fundations- und Statuten mäßiger Ordnung auf dem Closter der Lieben Frauen zu Magdeburg" von König Friedrich II.

1746
Propst Ebeling läßt nördlich der Klausur das sogenannte Mittelhaus errichten

1746
Das Mittelhaus dient den auswärtigen Schülern und Lehrern als Unterkunft (Alumnat)

1752
Schulreglement für das Pädagogium vom Abt des Klosters Berge, Johann Adam Steinmetz, im Auftrag des Königs erstellt

1768
Visitation der klösterlichen Schule auf Anordnung von Friedrich II.

1776-1778
Einrichtung einer „ecole militaire"

1780
Einrichtung des ehemaligen Refektoriums im Nordflügel der Klausuranlage als Speisesaal für das Pädagogium, Schaffung mehrerer kleinerer Räume durch die Errichtung von Zwischenwänden

ab 1780
Aufschwung des Pädagogiums unter Propst Rötger, Modernisierung des Lehrplans, von Unterrichts- und Erziehungsmethoden, Einführung von Sittenklassen und Zensuren (kurze schriftliche Beurteilungen), die Schüler lernen in Fachklassen

1792
Fächerkanon: Hebräisch, Griechisch, Latein, Deutsch, Französisch, Theologie, Philosophie, Geschichte, Mathematik, Physik, Naturkunde und Geographie

Ende 18. Jahrhundert
Weitere Bebauung der Großen Klosterstraße

ab 1793
Edition von Jahrbüchern (Schulnachrichten, Schülerverzeichnisse, Lehrpläne, Aktiva und Passiva des Klosters);
103 Schüler

1794
Klostervisitation;
Einrichtung einer Schüler-Lese-Bibliothek

19. Jahrhundert

1804/05
Ostseite des Speisesaals zum „Roten Saal" umgebaut

1805
Berufung eines Prorektors

1805
Einziehen einer Flachdecke unter das Gewölbe des ehemaligen Refektoriums, außer „Roter Saal"

1806
Kirche dient als Magazin und Viehstall für die Franzosen (bis 1816)

1816
Kirche wird durch die katholische Gemeinde genutzt (bis 1878)
Bestellung des jeweiligen Propstes des KULF zum Prodominus in den Klosterbergischen Angelegenheiten

1826
Abiturprüfung für alle Schüler

um 1827
Einführung einer Tutorenstelle

1832
Carl Christoph Gottlieb Zerrenner wird Propst (†1851), der letzte vom Konvent gewählte

1834
Das Pädagogium erhält den Status einer staatlichen Schule; der Titel „Propst" wird als Ehrenbezeichnung weitergeführt; Säkularisation des Klosters

1848/53
Bau des Alumnats im Bereich des ehemaligen Dormitoriums unter Leitung des Preuß.-Königl. Baumeisters L'Hermet; Aufstockung des Nord- und Westflügels der Klausur; Neubau der Häuser Regierungsstraße 4-6

1847
Einrichtung eines Kandidaten-Konvikts

1851-1856
Propststelle vakant - weisungsberechtigt ist Professor Müller, der Direktor des Pädagogiums

1860
Bau des Bibliotheksgebäudes an der Nordseite

1856
Einstellung eines Geistlichen Inspektors

1886/87
Bau der Turnhalle in der Großen Klosterstraße

1861
Die Schülerzahl erreicht mit 517 den Höchststand

1888
Abriß des Hauses mit der Wallfahrtskapelle zum Ölberg

1890/91
Größere bauliche Veränderungen an der Kirche unter Leitung von Julius Kothe mit dem Ziel, den ursprünglichen romanischen Zustand wiederherzustellen; unter dieser Zielstellung Neugestaltung des Westabschlusses von Chor und Krypta, Ausmalung und Ausstattung in romanisierenden Formen

12. Dezember 1888
Neues Klosterstatut tritt in Kraft, das Pädagogium wird stiftische Einrichtung unter staatlichem Patronat; Notwendigkeit theologischer Ausbildung als Lehrer entfällt

17. Dezember 1891
Wiedereröffnung der Kirche des Klosters

20. Jahrhundert

1907
Einbau einer steinernen Orgelempore am Westende des Mittelschiffs

1925/26
Restaurierung des gesamten Kreuzgangs; bei den Grabungen im Kreuzgang, Innenhof und dem sog. Sommerrefektorium zahlreiche Gräberfunde, z.T. aus der Zeit vor Errichtung der Klosteranlage

1934
Erneute Grabungen im Bereich des Westflügels; Freilegung ehemaliger, unter dem Putz verborgener Tor- und Fensterbögen auf der Westseite des Gebäudes, die entsprechend auch auf der westlichen Innenmauer des sogenannten Sommerrefektoriums zutage traten

1943-1945
Zerstörung nahezu sämtlicher Gebäude auf dem Kirchhof, dem Fürstenwall, der Großen Kloster- und der Regierungsstraße, des gesamten Westflügels der Klausur und des Daches der Kirche

ab 1945
Aufräumungs-, Sicherungs- und Instandsetzungsarbeiten

1947-1949
Wiederaufbau des Chores der Marienkirche

1948
Abbruch der Orgelempore im Westen

1959
Baudenkmalpflegerische Entwürfe zur Gestaltung des Klosters mit Neubau der westlichen Klausur; Aufbau des Westflügels/Sommerremters

1960
Abriß der Aula auf dem Nordflügel und noch erhaltener Bauten Regierungsstraße/Große Klosterstraße

1968
Projekterarbeitung durch das Institut für Denkmalpflege Dresden für die Nutzung des Museums

1928
Zusammenlegung des Pädagogiums und des Domgymnasiums zum „Vereinigten Dom- und Klostergymnasium"; 767 Schüler - davon sind 200 ehemalige Klosterschüler

1932
Dr. Karl Weidel wird Propst (bis 1936)

1937
Trennung von Alumnat und Schule; die Schule existiert in vereinigter Form bis 1945;
im Alumnat wird ein Bezirks-Studienseminar mit 50 Referendaren eingerichtet

1950
Vertrag über die Nutzung der Kirche durch die Reformierte Gemeinde

1952/54
Einrichtung eines Internats im Schulanbau

1953
Beginn der Nutzung der Kirche durch die Reformierte Gemeinde

1959
Im Rahmen des Wiederaufbaus des Stadtzentrums Zweckbestimmung für kulturelle Nutzung

01. Januar 1966
Übernahme der Rechtsträgerschaft durch den Rat der Stadt; weitere Übertragung an das Kulturhistorische Museum; museale Nutzung determiniert

1966
Auftrag zur künstlerischen Gestaltung des westlichen Remterportals an den Bildhauer Werner Stötzer

1973
Abriß der Klosterbibliothek; nach Projekt des Instituts für Denkmalpflege, Halle, mehrjährige Bau- und Restaurierungsphase

1974
Fertigstellung von Winterrefektorium (obere Tonne), Kloster-Café, Kasse, Garderobe

1975
Restaurierung der tonnengewölbten ehemaligen Wirtschaftsräume

1975-1977
Grabung in der Kirche und Freilegung der einstigen Grablege des hl. Norbert;
Entdeckung eines unterirdisch gelegenen Spitzgrabens aus dem 9./10. Jh. im nordwestlichen Eingangsbereich

1977
Fertigstellung der Klosterkirche mit veränderter Chorsituation: Neubau einer Vorkrypta nach archäologischem Befund; Einbau einer Fußbodenheizung

23. September 1978
Einbringen des neuen Glockengeläuts der VEB Apoldaer Glockengießerei/Schilling

1979
Ausbau des Obergeschosses im Westbau für die Klosterschulbibliothek;
Installation der Konzertorgel im Chor

1988-1989
Restaurierung des oberen Kreuzgangs

1994
Restaurierung der Krypta

1995
Abschluß der Restaurierung des östlichen Remtergiebels;
Beginn des Modellvorhabens zur Sanierung der Säulen und Kapitelle im unteren Kreuzgang

1966-1973
Nutzung einiger Räume durch die Außenstelle der Akademie der Wissenschaften

1969
Erste stadtgeschichtliche Ausstellung im Obergeschoß

1971
Aufhebungsvertrag zur Kirchennutzung mit der Reformierten Gemeinde

1973
Portalgestaltung des nördlichen Eingangs durch Heinrich Apel

01. Oktober 1974
Eröffnung des neuen kulturellen Zentrums/Kunstmuseums im ebenerdigen Nord- und Westflügel

1975
Nutzung der beiden unteren tonnengewölbten Räume für Ausstellungen

Oktober 1976
Eröffnung der „Nationalen Sammlung Kleinplastik der DDR"

17. September 1977
Eröffnung der Konzerthalle „Georg Philipp Telemann"/Klosterkirche

1977
Neue Bronzetüren: Waldemar Grzimek, Gerhard Marcks; Gobelinsammlung

21. September 1979
Einweihung der Konzertorgel: Opus 1000 der Fa. Jehmlich/VEB Orgelbau Dresden

1988
Erschließung des Schulanbaus für die Verwaltung des Museums und der Konzerthalle

1989
Erweiterung der Kleinplastiksammlung zur „Nationalen Sammlung Plastik der DDR" mit Aufstellung von 45 Großplastiken im Außenraum;
Bronzerelief für die Tür zur Hochsäuligen Kapelle: Wieland Förster

1992
Bronzetürrelief von Werner Stötzer, ursprünglich für westliche Klausur, nun im unteren Kreuzgang montiert

ab 1994
systematische Erforschung der Geschichte des Klosters Unser Lieben Frauen
Anlegung eines Archivs

Verantwortliche Landeskonservatoren bzw. Chefkonservatoren des Instituts für Denkmalpflege/ Landesamts, Halle, seit 1946:
1946-1963 Prof. Dr. Wolf Schubert
1964-1984 Dr. Hans Berger
1985-1990 Prof. Dr. Helmut Stelzer
seit 1990 Gotthard Voß

Mit denkmalpflegerischen Aufgaben waren weiterhin betraut:
Dr. Hans-Joachim Krause
Gerhard Leopold
Reinhard Rüger
Reinhard Schmitt
Dr. Johannes Schneider

Grundlage sind die Bibliographie sowie Urkunden und Akten des Landeshauptarchivs, der Franckeschen Stiftungen, des Stadtarchivs Magdeburg und des Klosterarchivs.

BIBLIOGRAPHIE

Backmund, Norbert: Geschichte des Prämonstratenserordens. Grafenau 1986

Basilika, Baudenkmal und Konzerthalle. Hg. vom Rat der Stadt, Abt. Kultur Museen, Gedenkstätten und Sammlungen der Stadt Magdeburg. 4/1987

Behrends, Peter Wilhelm: Ausführliche Chronik oder Geschichte des ehemaligen Prämonstratenser-Klosters U. L. Fr. in Magdeburg. 1813

Berger, Hans: Magdeburg. Ehemaliges Kloster U. L. Fr. In: Denkmale der Geschichte und Kultur. Ihre Erhaltung und Pflege in der Deutschen Demokratischen Republik. Berlin 1969, S. 211

Berger, Hans: Magdeburg. Wiederaufbau und Erschließung großer Baudenkmale. In: Denkmale in Sachsen-Anhalt. Ihre Erhaltung und Pflege in den Bezirken Halle und Magdeburg. Weimar 1983, S. 125-148

Berghauer, Johann Christian Friedrich: Magdeburg und die umliegende Gegend. 2. Teil, Magdeburg 1801, S. 205-211

Beutler, Jürgen: Das Kloster U. L. Fr. in Magdeburg. In: Bauten und Kultur 5, 1980, S. 11-15

Beyer, Johann Friedrich: Von der Beschaffenheit dieses Klosters unter den vier ersten evangelischen Pröbsten. In: Programm des Klosters. 1753

Bierbach, Artur: Das Urkundenwesen der älteren Magdeburger Erzbischöfe. 1. T. Halle 1913

Bormann, Albert/Hertel, Gustav: Geschichte des Klosters U. L. Frauen zu Magdeburg. Magdeburg 1885

Breviarium secundum ordinem Praemonstratensem Magdeburgi in monasterio beatae Mariae Virginis. 1504
Buttner, Franz: Pseudonorbertus. Diss. Jena 1709

Claude, D.: Geschichte des Erzbistums Magdeburg bis in das 12. Jahrhundert, II. (= Mitteldeutsche Forschungen. 67,2) Köln, Wien 1975

Das Ecce zur Erinnerung an heimgegangene Lehrer und Schüler des Pädagogiums zum Kloster U. L. Frauen in Magdeburg, gefeiert am Vorabende des Todtenfestes am 23. Nov. 1872. Magdeburg 1872

Das Kloster Unser Lieben Frauen zu Magdeburg in Vergangenheit und Gegenwart. Festschrift zur Feier des 900jährigen Bestehens. Magdeburg 1920

Das Pädagogium zum Kloster U. L. Fr. in Magdeburg. Mitteldeutscher Kulturrat, Bonn. In: Aus der Geschichte bedeutender Schulen Mitteldeutschlands. Bd. 2: Gymnasien der ehemaligen Provinz Sachsen und des Landes Anhalt. Troisdorf 1966, S. 237ff.

Dausien, Werner: Aufklärung und Erneuerung, Beiträge zur Geschichte der Universität Halle im ersten Jahrhundert ihres Bestehens 1694-1806. o. O. 1994

Dehio, Georg: Handbuch der deutschen Kunstdenkmäler. Der Bezirk Magdeburg. Berlin 1974, S. 279-284

Der Klosterbote. Vierteljahresblätter für die alten und jungen Schüler, für alle Freunde und Gönner des Klosters Unser Lieben Frauen in Magdeburg. Wolfenbüttel 1924-1939;1974-1982

Die Einführung der Reformation im Kloster U. L. Frauen. In: Blätter für Handel, Gewerbe und sociales Leben. Beilage zur Magdeburgischen Zeitung 43, 1891, S. 89-90

Die Einweihung und Wiedereröffnung der Klosterkirche. In: Jahrbuch des Kloster 56, 1892, S. 51-62

Elm, K.: Norbert von Xanten. Adliger, Ordensstifter, Kirchenfürst. Köln 1984

Engel, Evamaria: Die deutsche Stadt des Mittelalters. München 1993 (zu S. 85)

Engelmann, Johannes.: Untersuchungen zur Klösterlichen Verfassungsgeschichte in den Diözesen Magdeburg, Meißen, Merseburg und Zeitz-Naumburg. Jena 1933

Festschrift zur Erinnerung an die vor 200 Jahren geschehene Errichtung des Pädagogiums zum Kloster Unser Lieben Frauen in Magdeburg. Magdeburg 1898

Findeisen, P.: Denkmalpflege in Sachsen-Anhalt. Von den Anfängen bis in das erste Drittel des 20. Jahrhunderts. Berlin 1990

Fischer, A.: Die Ordnung der evangelischen Gottesdienste in der Metropolitankirche zu Magdeburg zu Anfang des 17. Jahrhunderts. In: GM 7, 1872, S. 129-146 (zu S. 214)

Förster, Uwe: Dokumentation zur Baugeschichte - Kloster Unser Lieben Frauen Magdeburg, Typoskript 1995 (zu. S. 262)

Förster, Uwe: Unterricht und Erziehung an den Magdeburger Pädagogien zwischen 1775 und 1824. Diss. Magdeburg 1993

Friedensburg, Walter: Norbert - Erzbischof von Magdeburg, zu seinem 800. Todestag vom 6.6. 1134. In: M 76, 1934, S. 177-180

Giesau, Hermann: Eine deutsche Bauhütte aus dem Anfang des 13. Jahrhunderts. Halle 1912

Götze, Ludwig: Die Protokolle der ersten evangelischen Kirchenvisitation ... vom Jahre 1562. In: GM 10, 1875, S. 117-162, 209-259, 378-390

Goldschmidt, Adolf: Die Bauornamentik in Sachsen im 12. Jahrhundert. In: Monatshefte für Kunstwissenschaft 3, 1910, S. 299-314

Gottschlich, Christa: Die Entwicklung des Pädagogiums im Kloster Unser Lieben Frauen von den Anfängen bis 1945. Examensarbeit, Magdeburg 1968

Grauwen, Wilfried Marcel: Norbert, Erzbischof von Magdeburg (1126-1134). Duisburg 1986

Grube, Karl: Des Augustinerpropsts Johannes Busch Liber de reformatione monasteriorum. Geschichtsquellen der Provinz Sachsen und angrenzender Gebiete, Bd. 19, Halle 1886

Grosfeld, Peter: De archiepiscopatus Magdeburgensis originibus. Coppenrath 1857

H., G.: Kurze Geschichte der Marienkirche zu Magdeburg. In: M 44, 1892, S. 74-77

Hartmann, Alfred: Klosterkirche U. L. F. zu Magdeburg. In: Zeitschrift für praktische Baukunst, 1854, Sp. 135-148

Hasak, [Max]: Die Liebfrauenkirche. Wie ist die frühgotische Auswölbung der Liebfrauenkirche in Magdeburg zustande gekommen? In: M 64, 1912, S. 385-388

Hasak, [Max]: Die Liebfrauenkirche zu Magdeburg. In: GM 49/50, 1914/15, S. 371-394

Heinemann, Otto von: Codex diplomaticus Anhaltinus. Teil 1-6, Dessau 1867-1883

Hertel, Gustav: Die Wahl Norberts zum Erzbischof von Magdeburg. In: GM 10, 1875, S. 391-404

Hertel, Gustav: Die Überweisung des Klosters U. L. F. an die Prämonstratenser. In: GM 11, 1876, S. 74-79

Hertel, Gustav: Aktenstücke und Urkunden zur Geschichte des Klosters U. L. F. zu Magdeburg im 16. Jahrhundert. In: GM 13, 1878, S. 256-286

Hertel, Gustav: Nachlese zu den Urkunden des Klosters U. L. F. zu Magdeburg. In: GM 14, 1879, S. 106-110

Hertel, Gustav: Eine Urkunde des Klosters U. L. Fr. von 1459. In: GM 18, 1883, S. 200-202

Hertel, Gustav: Gotthilf Sebastian Rötger, Probst des Klosters U. L. Fr. zu Magdeburg. In: Blätter für Handel, Gewerbe und sociales Leben. Beilage zur Magdeburgischen Zeitung 36, 1884, S. 325-327, 330- 334, 337-340

Hertel, Gustav: Die Gegenreformation in Magdeburg. In: Neujahrsblätter der Historischen Kommission der Provinz Sachsen 10, 1886

Hertel, Gustav: Regesten und Urkunden zur Geschichte des Klosters U. L. Fr. In: GM 21, 1886, S. 306-328; 365-402

Hertel, Gustav: Kurze Geschichte der Marienkirche. In: M 10, 1892

Hertel, Gustav: Rückblick auf die Entwicklung des Klosters U. L. Fr. Magdeburg. In: Festschrift zur Erinnerung an die vor 200 Jahren geschehene Errichtung des Pädagogiums zum Kloster Unser Lieben Frauen in Magdeburg. 1898, S. 1-5

Hertel, Gustav: Über die Datierung einer Schenkungsurkunde Albrecht des Bären für das Kloster U. L. Fr. in Magdeburg. In: GM 37, 1902, S. 261-264

Hertel, Lothar: Verzeichnis der Abiturienten des Pädagogiums zum Kloster Unser Lieben Frauen in Magdeburg. Teil II (1870-1918). Hamburg 1940

Heussi, Karl: Kompendium der Kirchengeschichte. Tübingen 1992 (zu S. 214)

Holstein, Hugo: Geschichte der ehemaligen Schule zu Kloster Berge. Leipzig 1886 (zu S. 214)

Horstkötter, Ludger: Der heilige Norbert von Xanten und die Prämonstratenser. 8. Aufl., Duisburg 1992

Hosäus, Wilhelm: Die Alterthümer Anhalts. In: Mitteilung des Vereins für Anhaltinische Geschichte und Alterthumskunde. Dessau 1879

Hülße, Friedrich: Eine Urkunde des Klosters U. L. Fr. von 1302. In: GM 16, 1881, S. 221-222

Hutschenreiter, Georg Gottfried: Versuch. Die Reihe der Pröbste des Evangelischen Klosters U. L. Fr. in der alten Stadt Magdeburg. Von NORBERTO an bis jezt in eine mehrere Richtigkeit zu bringen. In: Programm des Klosters 1750

Isenmann, Eberhard: Die deutsche Stadt im Spätmittelalter 1250-1500. Stadtgestalt, Recht, Stadtregiment, Kirche, Gesellschaft, Wirtschaft. Stuttgart 1988 (zu S. 85)

Jahrbücher des Pädagogiums zum Kloster Unser Lieben Frauen. Magdeburg 1698-1929 mit teilweise längeren zwischenzeitlichen Unterbrechungen. (1698, 1715-1775 unter der Bezeichnung „Schulprogramme")

Janicke: (Artikel) Rötger. In: Allgemeine Deutsche Biographie, Bd. 29, Leipzig 1889 (zu S. 221)

Kawerau, Waldemar: Aus Magdeburgs Vergangenheit. Halle 1886

K., I.: Glockensprüche. In: Die Denkmalpflege 19, 1917, S. 80

Kehr, Paul: Päpstliche Urkunden und Regesten aus den Jahren 1353-1378, die Gebiete der heutigen Provinz Sachsen und deren Umlande betreffend. (Geschichtsquellen der Provinz Sachsen und angrenzender Gebiete, Bd. 22) Halle 1889

Kindscher, Franz: Zur Geschichte des Heiliggeist-Hospitals und der Capelle Sanct Annen zu Magdeburg. In: GM 14, 1879, S. 223-231

Knaut, Karl: Verzeichnis der Handschriften und alten Drucke der Kloster-Bibliothek. In: Jahrbuch des Kloster, 1877, S. 37-48

Knitterscheid, Emil: Der Kreuzgang des Klosters Unser Lieben Frauen in Magdeburg. In: Zeitschrift des Architekten-Ingenieur-Vereins in Hannover 32, 1886, S. 645-650

Knoblauch, E.: Erläuterungen über die Klosterkirche Unser Lieben Frauen in Magdeburg. In: Zeitschrift für praktische Baukunst 14, 1894, Sp. 327-335

Kohte, Julius: Das Kloster und die Kirche Unser Lieben Frauen in Magdeburg. In: Zeitschrift für das Bauwesen 45, 1895, Sp. 25-46 und 339

Kohte, Julius: Zur Baugeschichte der Kirche Unser Lieben Frauen in Magdeburg. In: GM 48, 1913, S. 181-185

Kohte, Julius: Die Liebfrauenkirche in Magdeburg. In: GM 53/54, 1918/19, S. 120-121

Laeger, Alfred: Vereinigtes Dom- und Klostergymnasium Magdeburg 1675-1950. Frankfurt/M. 1967

Lammert, Friedrich: Neue Beiträge zur Geschichte des Klosters U. L. Fr. in Magdeburg. In: Jahrbuch der Akademie gemeinnütziger Wissenschaften 49, 1930, S. 5-40

Laumann, Julius: Die Umwandlung des Klosters Unser Lieben Frauen in Magdeburg in ein Pädagogium (1828-1834). In: M 77, 1935, S. 244-247

Leinung, Wilhelm: Magdeburg im Wandel der Zeit. Geschichts- und Kulturbilder aus dem Werdegange Magdeburgs. Magdeburg 1910

Leuckfeld, Johann Georg: Antiquitates Praemonstratenses Oder Historische Nachricht von zweyen ehemals berühmten Praemonstratenser-Clöstern, S. Marien in Magdeburg und Gottes Gnaden bey Calbe. Magdeburg; Leipzig 1721

Machholz: Das Sterbe- und Beerdigungs-Register der Klosterkirche U. L. Fr. zu Magdeburg 1779-1825. Berlin 1925

Magdeburg. Kloster Unser Lieben Frauen. In: Deutsche Kunst und Denkmalpflege. 1935, S. 246

Meibom, Heinrich: Henrici Meibomii Chronicon Bergense. Helmstedt 1669

Meier, P. J.: Zur Baugeschichte des Klosters U. L. Fr. zu Magdeburg. In: GM 46, 1911, S. 409-416

Modde, Maximilian: Die St. Alexius Capelle. In: M 40, 1888, S. 139-140

Modde, Maximilian: Das St. Alexius-Hospital bei Unser Lieben Frauen. In GM 25, 1890, S. 257-324

Modde, Maximilian: Unser Lieben Frauen Kloster in Magdeburg. Magdeburg 1911

Möbius, Helga: Das Liebfrauenkloster in Magdeburg. (Das christliche Denkmal, 84) Berlin 1972

Möllenberg, Walter: Aus der Geschichte des Klosters Unser Lieben Frauen zu Magdeburg. In: GM 56-59, 1921/24, S. 116-126

Mrusek, Hans Joachim: Magdeburg. Leipzig 1959

Müller, F. O.: Zur Baugeschichte des Klosters U. L. Frauen zu Magdeburg. In: GM 16, 1881, S. 196-209

Müller, Philipp: Christliches Memoirenrecht. Jena 1699

Mueller, Philipp: Treuliche Ermahnung, Erbieten und Bitte, die Erziehung und Unterricht der inlandischen Jugend bey diesem Kloster ... zu befördern. Magdeburg, (1698)

Müller, Philipp: Kirchenrecht des Klosters U. L. Fr.. Magdeburg 1694

Mülverstedt, George Adalbert von: Regesta archiepiscopatus Magdeburgensis. Sammlung von Auszügen aus Urkunden und Annalisten zur Geschichte des Erzstiftes und Herzogthums Magdeburg. Teil 1-3, Magdeburg 1876-1886

Mülverstedt, George Adalbert von: Verzeichnis der im heutigen landräthlichen Kreise Magdeburg früher oder jetzt noch bestehenden Stifter, Klöster, Capellen usw.. In: GM 5, 1870, S. 522-531

Nachricht von einer uralten Weissagung, welche zu Magdeburg in St. Marien Magdalenen Kloster am St. Peters-Kirchhof einer der Jahreszahl 1328, gefunden worden... o. O. 1778

Narratio Translati e Saxonia in Boioemiam Sacri Corporis ... Norberti. Prag 1627

Nebelung, August: Sieben Schülerjahre im Pädagogium zum Kloster „Unser Lieben Frauen" in Magdeburg (1820-27). In: Blätter für Handel, Gewerbe und sociales Leben. Beilage zur Magdeburgischen Zeitung 45, 1893, Nr. 12-16

Neubauer, Ernst: Bibliographie zur Geschichte des Klosters U. L. Fr. In: Das Kloster Unser Lieben Frauen von Magdeburg in Vergangenheit und Gegenwart. Magdeburg 1920, S. 266-278

Neubauer, Ernst: Die Programme der Schulen Magdeburgs vor 1810. GM 49/50, 1914/15, S. 195-212

Neubauer, Ernst: Die Fortführung der Gebeine des heil. Norbert. GM 25, 1890

Neumann, Helga: Das Kloster U. L. Fr. zu Magdeburg. (Große Baudenkmäler, 438) Berlin 1993

Ordung/Statuta und Verfassung. Wie selbige bey dem Evangelischen Closter zu U. L. Fr. in Magdeburg seit der Reformation, in Uebung gewesen. 1698

Ordinarius ordinis Praemonstratensis. o. O. (16. Jh.)

Opfergelt, Friedrich: Die erste Predigt auf der neuen Cantzel in der uralten Magdeburger Kloster-Kirche nebst einer kurzen Nachricht von dieser Kirche. Magdeburg 1731

Opfergelt, Friedrich: Kurtze Nachricht von der lieben Frauen-Kirche. Magdeburg 1732

Peters, Anton: Beitrag zur Geschichte des Klosters Unser Lieben Frauen in Magdeburg. Verlust und Wiedererwerbung. In: Jahrbuch des Klosters 1909, S. 3-38

Peters, Otto: Magdeburg und seine Baudenkmäler. Magdeburg 1902

Peters, Otto: Woher stammen die antiken Säulen im Dom und Kloster? In: M 63, 1911, S.91-93

Peters, Otto: Aus der Geschichte der Marienkirche. In: Kloster Unser Lieben Frauen zu Magdeburg in Vergangenheit und Gegenwart. Magdeburg 1920, S. 251-265

Quast, Ferdinand v.: Archäologische Reiseberichte. In: Zeitschrift für christliche Archäologie und Kunst. I, 1856, S. 165-180

Quast, Ferdinand v.: Geschichte der Baukunst nördlich vom Harz, von der Elbe bis zur Oder. In: Korrespondenzblatt des Gesamtvereins der deutschen Geschichtsvereine 14, 1866

Rinn, Heinrich/Jüngst, Johannes: Kirchengeschichtliches Lesebuch. Tübingen/Leipzig 1904 (zu S. 214)

Rodenberg, C.: Die ältesten Urkunden zur Geschichte der deutschen Burggrafen. In: Neues Archiv der Gesellschaft für ältere deutsche Geschichtskunde 25, 1900, S. 481-489

Roetger, Gotthilf Sebastian: Ausführliche Nachricht von dem Pädagogium am Kloster Unser Lieben Frauen in Magdeburg. Magdeburg 1783

Roetger, Gotthilf Sebastian: Über Unterricht und Lehrmethode in Rücksicht auf das Pädagogium am Kloster U. L. Fr. Magdeburg 1791

Rötger, Gotthilf Sebastian: Kurze Nachricht von dem Pädagogium am Kloster U. L. Frauen. Magdeburg 1793

Rötger, Gotthilf Sebastian: Kurze möglichst zusammengedrängte Geschichte des Klosters und Pädagogiums zu Lieben Frauen in Magdeburg. In: Neues Jahrbuch des Klosters, 1817, S. 5-36

Rötger, Gotthilf Sebastian: Verzeichnis der Programme, welche durch Schulfeierlichkeiten bei dem Pädagogium zu Lieben Frauen in Magdeburg in früheren Jahren veranlaßt sind (1715-1774). In: Neues Jahrbuch des Klosters, 1817, S. 37-43

Rötger, Gotthilf Sebastian: Geschichte der Propstwahl bei dem Kloster U. L. F. zu Magdeburg. In: Neues Jahrbuch des Klosters, 1824, S. 3-52

Rötger, Sebastian: Rückblicke ins Leben. Magdeburg 1827

Rosenmund, R.: Die ältesten Biographien des Heiligen Norbert. Berlin 1874

Rosenkranz, Karl: Von Magdeburg bis Königsberg. Berlin 1873

Rüger, Reinhard: Wiederaufbau und neue gesellschaftliche Nutzung des Klosters U. L. Fr. in Magdeburg. In: Denkmalpflege in der DDR 2, 1975, S. 11-21

Schicketanz, Peter: Carl Hildebrand von Cansteins Beziehungen zu Philipp Jacob Spener. Witten 1967

Schicketanz, Peter: Der Briefwechsel Carl Hildebrand von Cansteins mit August Hermann Francke. Berlin/New York 1972

Schicketanz, Peter: Eine kirchenrechtliche Kontroverse zwischen J.J. Breithaupt und C.H.v. Canstein. In: Aufklärung und Erneuerung. Beiträge zur Geschichte der Universität Halle im ersten Jahrhundert ihres Bestehens (1694-1806). o.O. 1994, S. 207-216

Schiller, Hermann: Lehrbuch der Geschichte der Pädagogik. Leipzig 1887 (zu. S. 214)

Schmid, K. A.: Geschichte der Erziehung von Anfang an bis auf unsere Zeit. Bd. 5.1, Stuttgart 1901 (zu S. 214)

Schmidt, Gustav: Päpstliche Urkunden und Regesten aus den Jahren 1295-1352. (Geschichtsquellen der Provinz Sachsen und angrenzender Gebiete, Bd. 21) Halle 1886

Schneider, Johannes: Ein Spitzgraben unter dem Kloster U. L. Fr. in Magdeburg. In: Vom Faustkeil bis zum Kaiserplatz. Magdeburg 1980, S. 84-86

Schrader, Franz: Die Visitationen der Katholischen Klöster im Erzbistum Magdeburg durch die evangelischen Landesherren 1561- 1651. (Studien zur katholischen Bistums- und Klostergeschichte, Bd. 18) Leipzig 1978

Schulze, Gustav: U. L. Fr. zu Magdeburg. In: Der goldene Reiter 2, 1939, S. 73-75

Schwanneke Erich: Die Wirkungen des 30jährigen Krieges im Erzstift Magdeburg. Halle 1913

Schwarz, Friedrich Heinrich Christian: Erziehungslehre. 2. Bd., Leipzig 1829 (zu S. 221)

Silberborth, Hans: Erzbischof Albrecht II von Magdeburg seiner Erwähnung bis zum Tode Otto IV. Halle 1910

Sohn, Rudolph: Kirchengeschichte im Grundriß. Leipzig 1898 (zu S. 214)

Stara, Albert: Eine Urkunde Papst Cölestins III. für das Kloster U. L. Fr. zu Magdeburg. In: GM 51/52, 1916/17, S. 212-216

Störig, Hans Joachim: Weltgeschichte der Wissenschaft. Augsburg 1992 (zu S. 214)

Untermann, Matthias: Kirchenbauten der Prämonstratenser. Köln 1984

Urban, Karl: Verzeichnis der Pröpste, Rektoren und Lehrer des Klosters. In: Jahrbuch des Klosters, 1899

Urban, Karl: Verzeichnis der Abiturienten des Klosters 1780-1897. In: Festschrift zur Erinnerung an die vor 200 Jahren geschehene Errichtung des Pädagogiums. Magdeburg 1898, S. 6-76

Urkundenbuch des Klosters Unser Lieben Frauen zu Magdeburg. Bearb. v. G. Hertel. (Geschichtsquellen der Provinz Sachsen und angrenzender Gebiete, Bd. 10) Halle 1878

Weidel, Karl: Der Kreuzgang des Klosters U. L. Fr. in Magdeburg. In: M 63, 1911, S. 209-211

Weidel, Karl: Die Marienkirche in Magdeburg. In: M 63, 1911, S. 324-327, 330-332.

Weidel, Karl/Kunze, Hans: Das Kloster Unser Lieben Frauen in Magdeburg.(Germania Sacra, Serie B: Germania Sacra Regularis, I. Die Abteien und Canonien, C. Die regulierten Chorherrenstifte) Augsburg 1925

Weidel, Karl: Eine Druckerei im Magdeburger Liebfrauenkloster. In M 76, 1934, S. 249/250

Weidel, Karl: Stempel des Liebfrauenklosters in Magdeburg. In: M 77, 1935, S. 169-172

Weidel, Karl: Verfassungskämpfe im Kloster U. L. Fr. zu Magdeburg vor 100 Jahren. In: M 76, 1934, S. 313-316

Weinfurter, Stefan: Der Prämonstratenserorden im 12. Jh..In: Müller, M.(Hg.): Marchtal. Ulm 1992, S. 13-30

Weinfurter, Stefan: Norbert von Xanten im Urteil seiner Zeitgenossen. In: Xantener Verträge 1990-1992. Xanten 1994, S. 37-62

Winter, Franz: Die Prämonstratenser des zwölften Jahrhunderts und ihre Bedeutung für das nordöstliche Deutschland. Berlin 1865 (Neudruck der Ausgabe Aler 1966)

Winter, Franz: Die Kirchenpatronate des Klosters U. L. Fr. In: GM 14, 1879, S. 168-183

Zernial, Hugo: Der Herr Propst und seine Leute. Magdeburg 1903

Ziegler, August: Mitteilungen aus der Geschichte des Kandidaten-Konvikts beim Kloster U. L. Fr. und Verzeichnis seiner bisherigen Mitglieder. In: Jahrbuch des Klosters, 1907

ABKÜRZUNGEN

GM = Geschichtsblätter für Stadt und Land Magdeburg
M = Montagsblatt: Beilage zur Magdeburgischen Zeitung

DIE PATRONATE DES KLOSTERS

	Ort	Beginn	Ende	Bemerkungen
1.	Frohse (?)	1015	(?)	nur in der „Gründungsurkunde"
2.	Rottersdorf	um 1015	1405	an das Domkapitel gegen Altenweddingen
3.	Wulfen	vor 1045	1170	dafür St. Johannes in Magdeburg
4.	Salbke	um 1150		noch im 20. Jahrhundert
5.	Pretzien	um 1150	1307	dafür die 3 Kirchen in Burg und Schartau
6.	St. Stephan in Magdeburg	1152	1524 (?)	
7.	St. Johannes in Magdeburg	1170	1524	vgl. Nr. 3
8.	Hl. Geist in Magdeburg	1170	1524	
9.	Eichholz	vor 1185	nach 1562	
10.	Rothenförde	1194	1524	an Henning Kracht
11.	Volckmarsdorf	1199		im 14. Jh. verwüstet
12.	Welsleben	1272	1413	an das Domkapitel; 1564 wieder beim Kloster, bis?
13.	Löderburg	vor 1303	1363	an Herrn v. Egeln
14.	Maria, Nikolai und Petri in Burg	1307/8	1562	an die Stadt Burg
15.	Schartau	1309	1570	an Herrn v. Treskau
16.	Esterhusen	1310	1383 (?)	
17.	K.-Borne	1310	1383	an das Domkapitel
18.	Glinde	1310	1383	an das Domkapitel
19.	St. Jacobi in Schönebeck (3 Stellen)	1310		noch im 20. Jahrhundert
20.	St. Bartholomäus in Magdeburg	vor 1331	1524 (?)	
21.	Gr.-Salze (Schloß)	1335	1557	an die Stadt
22.	Schadeleben	1335	1557 (?)	
23.	Gr.-Borne	vor 1343		noch im 20. Jahrhundert
24.	St. Ulrich in Magdeburg	1349	1524	
25.	Wörmlitz	1349	1562	an Herrn v. Bieren
26.	Elmen (St. Gertraud)	1382 (?)	nach 1466	
27.	Gr.-Salze (St. Johannes)	1382	1562	
28.	Hohenwarsleben	vor 1562		noch im 20. Jahrhundert
29.	Biendorf	(?)	(?)	
30.	Altenweddingen	1405		noch im 20. Jahrhundert
31.	Eickendorf	1719		noch im 20. Jahrhundert
32.	Zens	1719		noch im 20. Jahrhundert
33.	Niederndodeleben	1804		noch im 20. Jahrhundert
34.	Jersleben	1804		noch im 20. Jahrhundert

DIE PRÖPSTE DES KLOSTERS

PRÄMONSTRATENSERPRÖPSTE

1. Norbert 1129-1134
2. Wiger 1134-1138
3. Evermod 1138-1154
4. Konrad I. 1156
5. Ludwig (v. Henneberg) 1159-1160
6. Balderam 1161-1179
7. Ulrich 1180-1199
8. Johann I. 1208-1209
9. Wichmann 1210-1228
10. Johann II. 1230-1246
11. Burchard 1259
12. Reiner 1265
13. Heinrich 1269
14. Nikolaus I. 1274-1285
15. Hermann 1287
16. Nikolaus II. 1295-1303
17. Werner 1307-1317
18. Konrad II. Reiche 1327-1333
19. Peter I. 1335
20. Konrad III. 1343
21. Peter II. Odilie 1349-1356
22. Johann III. 1365-1370
23. Jakob 1381
24. Bertram 1382
25. Konrad IV. Schartow 1386-1392
26. Johann IV. v. Wansleben 1400-1411
27. Johann V. Berting 1413-1423
28. Heinrich II. Segerdes 1424-1427
29. Johann VI. Auleben 1434
30. Konrad V. 1437-1440
31. Eberhard Woltmann 1447-1479
32. Andreas Witte 1482-1490
33. Johann VII. Algesheim 1493-1497
34. Heinrich III. Stott 1497-1534 (?)
35. Johann VIII. Erxleben 1534-1564 (?)
36. Balthasar Huft 1564-1576 (?)
37. Johann IX. Meyer 1576-1589
38. Adam Helfenstein 1584-1597

EVANGELISCHE PRÖPSTE

39. Adam Löder 1597-1612 († 25.11. 1612; begraben in der Klosterkirche)
40. Dietrich Löder 1613 († 9.3.)
41. Theodor Aue 1613-1614 († 11.8.)
42. Barthol. Jacobi 1614-1628 († 1631)
43. Joh. Bapt. Sylvius (Parcensis) 1628-1632 (Vizepropst neben dem eingesetzten Propst Martin Stricker)
44. Reinhard Bake 1642-1646 (resigniert)
45. Philipp Heinrich Malsius 1646-1655 († 27.8.)
46. Mauritius Schöne 1655-1660 (durch die Landstände abgesetzt; † 27.6. 1670 begraben in der Klosterkirche).
47. Fabricius 1660
48. Zacharias Hermann 1660-1665
49. Joh. Zimmermann 1665-1668 († 14.12., der 1. „postulierte" Propst, wie alle folgenden bis auf Rötger, der wieder bis 1632 „ex gremio" gewählt wird)
50. Samuel Closius 1669-1678 († 31.7.)
51. Philipp Müller 1679-1702 (resigniert; † 1713 in Jena)
52. Joh. Fischer 1702-1705 († 17.5.)
53. Joachim Justus Breithaupt 1705-1709 (dann Abt des Klosters Berge; † 16.3.1732)
54. Joh. Tribbechow 1710 (war nie in Magdeburg; † 31.3.1712)
55. Joh. Friedr. Botterweck 1712-1721 (seit 1843 Direktor; † 17.2.1875)
56. Friedrich Opfergelt 1721-1740 († 5.10.)
57. Joh. Gottfr. Ludw. Ebeling 1740-1750 († 26.3.; der 1. verheiratete Propst)
58. Gotthilf Christoph Bake 1750-1775 († 1.11.)
59. Joh. Justus Samuel Quirl 1775-1779 († 12.10.)
60. Gotthilf Sebastian Rötger 1780-1831 († 16.5.)
61. Karl Christoph Gottlieb Zerrenner 1832-1851 († 2.3.; der letzte vom Konvent gewählte Propst)
62. Gottlob Wilhelm Müller 1856-1867
63. Friedrich Ludwig Wilhelm Herbst 1867-1873 († 20.12.1882)
64. Albert Karl Ernst Bormann 1873-1882 († 12.5.)
65. Karl Christian Albert Urban 1882-1911 († 24.5.1913)
66. Otto Rößner 1911-1928
67. Wilhelm Bruns 1928-1932
68. Karl Weidel 1932-1936

Erstellt nach: Weidel/Kunze 1925; Akten des Landeshauptarchivs Sachsen-Anhalt, Magdeburg; Allgemeine Deutsche Biographie

AUSSTELLUNGEN 1974-1995 - AUSWAHL -

Jahr	Titel	Jahr	Titel
1975	Kleinplastik/Grafik 2. Wanderausstellung der Sektion Plastik des Verbandes Bildender Künstler (VBK) DDR	1979/80	Studioausstellung Plastik
		1980	Picard le Doux, Gobelins
	Zeitgenössischer Schmuck Halle, Magdeburg		Keramik in der DDR, 1970 - 1980 2. Zentrale Ausstellung des VBK-DDR
1976	Werner Tübke Handzeichnungen	1980/81	Hans-Hermann Richter Malerei, Zeichnungen
	Bernd Göbel Plastik, Grafik		Eberhard Roßdeutscher (1921-1980)
		1981	Bóško Kućanski, Sarajevo Plastik, Zeichnungen
	Ständige Ausstellung Kleinplastik Nationale Sammlung der DDR, Ersteinrichtung Magdeburger Museumsbesitz	1981/82	Heidi Manthey, Keramik
			Manfred Gabriel Malerei, Grafik
1977	Europäische Fayencen Magdeburger Museumsbesitz	1982	Antike Plastik, Tanagrafiguren Universität Leipzig
	Rudolf Bosselt (1871-1938), Plastik Adolf Rettelbusch (1858-1934), Malerei, Handzeichnungen Magdeburger Museumsbesitz		Rudolf Oelzner, Plastik Ulrike und Thomas Oelzner, Glas
		1982/83	Italienische Bronzen der Renaissance Bodemuseum, Berlin
	Keramik in der DDR 1. Zentrale Ausstellung des VBK-DDR	1983	Johann Philipp Guischard Fayence, Steingut Magdeburger Museumsbesitz
1977/78	Plastik Ausstellung der Sektion Bildhauer des VBK-DDR, Magdeburg, Schwerin		Keramik in der DDR 3. Zentrale Ausstellung des VBK-DDR
1978/79	Zeitgenössischer Schmuck Halle, Magdeburg		Lothar und Hildegund Sell Plastik, Porzellan
	Günter Glombitza Malerei, Handzeichnung	1983/84	Junge Bildhauer der DDR
1979	Antike Vasen Universität Leipzig	1984	Wilhelm Höpfner (1899-1968) Druckgrafik, Aquarelle
	Egon Wrobel, Keramik		Wilfried Heider, Metallgestaltung
	Gerhard Marcks (1889-1981) Ausstellung zum 90. Geburtstag		Paul Kuhfuss (1883-1960) Malerei, Grafik

Jahr	Titel	Jahr	Titel
1984/85	Friedrich Stachat, Keramik, Plastik	1991	Cocktail Heike Mühlhaus und Renate von Brevern, Keramik, Design
1985	Gertraud Möhwald, Keramik Otto Möhwald, Malerei, Grafik		Hartwig Ebersbach Malerei
1985/86	Bruno Beye (1895-1976) Ausstellung zum 90. Geburtstag		Kunstregion Südfrankreich, 1980-1990 Fonds Regional d'Art Contemporain, Region Provence-Alpes-Côte d'Azur
1985/86	Schmuck und Kleingefäße Halle, Magdeburg		
1986/87	Keramik in der DDR 4. Zentrale Ausstellung des VBK-DDR	1991/92	Worpswede Künstlerkolonie Norddeutschland Landkreis Osterholz
1987	Jürgen Weber, Plastik, Grafik	1992	Max Lachnit (1900-1972) Plastik, Malerei, Grafik
1987/88	Gabriele Mucchi, Malerei und Grafik Jenny Mucchi-Wiegmann, Plastik		Jochen Seidel (1924-1971) Malerei, Zeichnungen
	Theo Balden, René Graetz, Plastik		Werner Stötzer Skulpturen, Zeichnungen
1988	Will Lammert (1892-1957) Plastik, Zeichnungen		Die Kultur der Abtei St. Gallen
	Zeitgenössische Keramik aus der Bundesrepublik Deutschland		Keramik aus Sachsen-Anhalt
1989	Waldemar Grzimek (1918-1984) Plastik, Zeichnungen, Grafik	1992/93	Frieder Heinze, Olaf Wegewitz, Hans-Wulf Kunze Malerei, Objekte, Fotografie
	Wilhelm Gerstel (1879-1963) Kleinplastik, Zeichnungen		Erzbischof Wichmann (1152-1192) und Magdeburg im hohen Mittelalter Ausstellung zum 800. Todestag
	Keramik in der DDR 5. Zentrale Ausstellung des VBK-DDR		Schang Hutter Die Schlachtfeldbühne und andere Holzfiguren, Schweiz
	Nationale Sammlung Plastik der DDR Ausstellung anläßlich des 40. Jahrestages der DDR		Eisenplastik Berliner Bildhauer
1990	Junge Kunst aus der DDR Eine Atelierreise Niedersächsische Sparkassenstiftung, Hannover	1993	Weiße Fahne - Gebranntes Kind - Watzmann; Peter Herrmann, Hans Scheib, Reinhard Stangl Malerei, Plastik
1990/91	Gotthilf Sebastian Rötger (1749-1831) und das Pädagogium am Kloster Unser Lieben Frauen		Wege 1. Triennale Kunst aus Ton
	Helmut Lander Skulpturen, Zeichnungen		

Jahr	Titel	Jahr	Titel
1993/94	Die Kunstgewerbe- und Handwerkerschule Magdeburg (1793 - 1963)	1994/95	Der Leib als größere Vernunft Rolf Szymanski; Arbeitsprozesse, Gipsmodelle, Zeichnungen
	Die Kugel - eine Künstlervereinigung der 20er Jahre		Rudolf Bosselt (1871-1938) Bildhauer und Medailleur
1994	Mythos Leben Jörg Herold und Annelies Strba Objekte, Fotografie	1995	Querschnitte - Heinrich Apel, Plastik, Textilien, Collagen Ausstellung zum 60. Geburtstag
	z. B. Skulptur - ars viva 93/94 Kulturkreis der deutschen Wirtschaft im Bundesverband der Deutschen Industrie e. V., Köln		Liebe und Tod Wieland Förster, Plastik, Zeichnungen Ausstellung zum 65. Geburtstag
	Droysen-Keramik, Berlin		Die vier Lebensgrößen Heinz Breloh Plastik, Zeichnungen
	Otomfo - Okomfo Thomas Reichstein Afrikanischer Gelbguß		Skulpturen - Die 90er Jahre Auke de Vries Plastik, Zeichnungen Niederlande
	Aufzeichnungen Ulrich Tarlatt		
	Ruth Francken - Retrospektive Ausstellung zum 70. Geburtstag Frankreich	1995/96	Harmonie als Fragment Antike im Spiegel der Magdeburger Kunstsammlungen

KONZERTHALLE „GEORG PHILIPP TELEMANN"
ZEITTAFEL

1977 Eröffnung der Klosterkirche als Konzerthalle „Georg Philipp Telemann"
Eröffnungskonzert am 17.9.1977 mit Igor Oistrach, Violine, Ludwig Güttler, Trompete, und dem Städtischen Orchester Magdeburg unter Leitung von GMD Roland Wambeck
Durchführung von zwei Musikfestwochen mit Beiträgen von hoher nationaler und internationaler Bedeutung, die in den Folgejahren ihre Fortführung fanden.

1978 Aufbau von zwei Anrechtsreihen für Kammermusik und Beginn einer regen Veranstaltungstätigkeit.
Joachim Dalitz wird Organist am Kloster Unser Lieben Frauen und begleitet den Einbau der Konzertorgel

1979 Übergabe der Konzertorgel als „Op 1000" der traditionsreichen Orgelbaufirma Jehmlich, Dresden, im Rahmen einer feierlichen Orgelweihe mit dem Hausorganisten Joachim Dalitz, Jutta Schlegel, Sopran, Ludwig Güttler, Trompete, und dem Städtischen Orchester Magdeburg unter Leitung von GMD Roland Wambeck.
Beginn der jährlich stattfindenden Orgelfesttage
Aufbau einer Anrechtsreihe „Orgelmusik", die seitdem ausgebaut und fortgeführt wurde.

1980/83 Beginn von Veranstaltungsreihen, die charakteristisch für die inhaltliche Breite des Konzertangebotes der Konzerthalle waren:
„Junge Künstler musizieren"
„Ensemble international"
„Zeitgenössische Musik im Gespräch"
„Jazz in der Halle" u.a.

1984 Joachim Dalitz wird als Organist an das Schauspielhaus Berlin berufen
Hans Otto, bis dahin Domorganist der Silbermann-Orgel zu Freiberg/Sachsen, übernimmt die Aufgabe des Organisten am Kloster Unser Lieben Frauen

1987 Jubiläumsfeierlichkeiten anläßlich des 10jährigen Bestehens der Konzerthalle „Georg Philipp Telemann"

In den ersten 10 Jahren wurden bei ca. 2.200 Veranstaltungen insgesamt über 500.000 Besucher gezählt.

1989 Zum 10jährigen Jubiläum der Orgelweihe finden die Orgelfesttage letztmalig im Herbst statt und werden ab 1990 ins Frühjahr verlegt.
Die Öffnung der Grenzen beeinflußt die bis dahin rege und kontinuierliche Veranstaltungstätigkeit.

1990 Beginn einer langsamen Strukturveränderung des Musikbetriebes im Kloster, u.a. unter Einbeziehung neuer Veranstaltungsprojekte.

1991 Hans Otto tritt nach erfolgreichem Wirken in den Ruhestand.
Prof. Ulrich Bremsteller, Dozent für Orgel an der Hochschule für Musik und Theater Hannover, übernimmt das Amt des Organisten Titular am Kloster Unser Lieben Frauen.

1993 Herauslösung des musikalischen Veranstaltungsbetriebes aus dem Verantwortungsbereich des Klosters und Anbindung an das Kulturamt der Landeshauptstadt.

1994 1. Magdeburger Orgelakademie - Organist Titular Prof. Ulrich Bremsteller studiert mit jungen Nachwuchsorganisten die vier Orgelsonaten des Magdeburger Komponisten August Gottfried Ritter.
15jährige Orgelweihe - in einem Festkonzert finden sich Joachim Dalitz, Hans Otto und Prof. Ulrich Bremsteller, die drei Organisten des Klosters Unser Lieben Frauen, noch einmal zusammen.

1995 Generalreinigung, Erweiterung und Überholung der Konzertorgel durch den Jehmlich-Orgelbau, Dresden
Wiedereinweihung des Instrumentes nach 10-wöchiger Pause anläßlich der 17. Orgelfesttage
1. Internationaler August-Gottfried-Ritter-Orgelwettbewerb Magdeburg mit 17 Teilnehmern aus vier Ländern, die in insgesamt drei öffentlichen Wertungsrunden vor einer internationalen Jury ihre Programme präsentierten.

PUBLIKATIONEN DES KLOSTERS
- AUSWAHL -

Kleinplastik - Nationale Sammlung der DDR 1978
Sieben Protokollbände zu Plastik-Kolloquien, Berlin/Magdeburg 1976, 1977, 1978, 1979, 1980, 1982, 1984
„Zum gegenwärtigen Stand und zur weiteren Entwicklung sozialistisch-realistischer Plastik in der DDR"

Junge Bildhauer der DDR, 1983

Waldemar Grzimek, 1918-1984
Plastik, Zeichnungen, Grafik, Berlin/Magdeburg 1989

Plastik - Nationale Sammlung der DDR, (Sammlungskatalog), 1989

Helmut Lander, Skulpturen und Zeichnungen, 1990

Max Lachnit, 1900-1972, Plastik, Malerei, Grafik, 1992

Werner Stötzer, Skulpturen und Zeichnungen, Köln 1991 (hier lediglich die Ausstellung in Magdeburg)

Frieder Heinze, Olaf Wegewitz, Hans-Wulf Kunze, 1992

Ruth Francken, Werke 1950-1994, Hannover/Magdeburg 1994

Rolf Szymanski, Der Leib als größere Vernunft, Magdeburg/Heilbronn/Bremen 1994

Heinrich Apel - Querschnitte;
Collagen - Plastiken - Textilien, 1995

Auke de Vries, Skulpturen; Die 90er Jahre, Esslingen/Leipzig/Magdeburg 1994 (hier lediglich die Ausstellung in Magdeburg)

Wieland Förster, Liebe und Tod - Werklinien, Magdeburg/Mosigkau 1995

Heinz Breloh, Die vier Lebensgrößen, Magdeburg/Weitendorf 1995

Keramik in der DDR,
Kataloge zur 1., 2. und 5. Zentralen Ausstellung des VBK der DDR, Magdeburg/Berlin 1977, 1980, 1989

Cocktail, Heike Mühlhaus/Renate von Brevern, 1991

Keramik aus Sachsen-Anhalt, Unna/Magdeburg 1992

Triennale - Kunst aus Ton I, Wege, 1993

Droysen-Keramik Berlin, 1994

Organon - Organum - Orgel, Magdeburg 1979

ABBILDUNGEN

Antwerpen, Stelijk Prentenkabinet, S. 265 (Inv.-Nr. 1330)

Fa. Cuno, Calbe/S., S. 138/39; S. 163 (J.G. Schummel: Spitzbart. Eine komi-tragische Geschichte für unser pädagogisches Jahrhundert. Leipzig/Weimar 1983, Förster, privat); S. 170 (C.Ch.G. Zerrenner: Die wechselseitige Schuleinrichtung. Magdeburg 1837; Klosterschulbibliothek, künftig: KB);
S. 173 (Jahrbuch des Pädagogiums des Closters unserer lieben Frauen in Magdeburg, 1835, KB);
S. 198 (K. Rosenkranz: Georg Wilhelm Friedrich Hegel's Leben. Berlin 1844, KB)

Fa. Dieck, Magdeburg, S. 14 (Südliches Seitenschiff nach Westen); S. 15; S. 34; S. 112; S. 246; S. 254; S. 255; S. 257; S. 258; S. 304

Eschenburg, Rostock/Warnemünde, S. 271

Erika Fiedler, Grafikerin, Magdeburg, S. 50

Günther, Dessau, S. 270

Renate Hagedorn, Magdeburg, privat, S. 292; S. 294

Thea Henkel, Berlin, S. 305

Hans-Wulf Kunze, Magdeburg, S. 9-11; S. 13; S. 16-17; S. 18 (Epitaph des Samuel Closius, Propst am Kloster Unser Lieben Frauen, nach 1678, Sandstein, nördliches Seitenschiff); S. 19-24; S. 26; S. 31; S. 42; S. 67-77; S. 79; S. 81-90; S. 107-111; S. 113-118; S.122-123; S. 126; S. 140; S. 197; S. 260 (2x); S. 261; S. 278; S. 280; S. 283-284; S. 286-288; S. 290; S. 293; S. 296; S. 301-303; S. 306-322; S. 325: S. 327; S. 330; S. 332

Landesamt für Denkmalpflege Sachsen-Anhalt, Halle, Archiv, S. 28-29; S. 32; S. 242-244; S. 250; S. 298

Landeshauptarchiv Sachsen-Anhalt, Magdeburg, S. 40 (Rep.U3F, Nr. A1, Bl. 2v/3r); S. 124 (Rep. C 35, HBA-MD I/II, Nachtrag, Bd. 78);
S. 177-179; S. 183-186; S. 189; S. 247

Magdeburger Museen, S. 27 (Klosterarchiv); S. 58 (F. Buttner: Pseudo norbertus ex narratione Pragensi translati e Saxonia in Boioemiam corporis Norberti ..., Jena 1709);
S. 80 (KB);
S. 95 (m. Modde: Unser Lieben Frauen Kloster in Magdeburg. Magdeburg 1911);
S. 97 (Die Chroniken der niedersächsischen Städte, Bd. 1, fotomech. Nachdruck der Ausgabe Leipzig 1869, Anhang);
S. 100 (Modde 1911); S. 121 (E.v. Flottwell: Mittelalterliche Bau- und Kunstdenkmäler in Magdeburg. Magdeburg 1891);
S. 129 (Weidel, K./Kunze, H.: Das Kloster Unser Lieben Frauen in Magdeburg. Augsburg 1925, aus Merian, Topographia, Eigentliche Beschreibung der vornembsten Säte, 1654);
S. 130 (Klosterarchiv);
S. 131 (Klosterarchiv);
S. 132 (Klosterarchiv);
S. 144 (Scherenschnittalbum des Johann Adam Creutz, Stadtbibliothek Magdeburg);
S. 151 (Klosterarchiv);
S. 158 (Rötgerarchiv);
S. 169 (Lithographie von F.W. Wenig, nach einem Gemälde von Carl Sieg, Anf. 19. Jh., Kulturhistorisches Museum, Magdeburg);
S. 180 (Flottwell 1891);
S. 181 (Klosterarchiv);
S. 182 (Klosterarchiv);
S. 186 (Flottwell 1891);
S. 187 (Flottwell 1891);
S. 188 (Klosterarchiv);
S. 190 (rechts: Refektorium, Ostgiebel, Aufnahme 1891; Flottwell);
S. 191 (Klosterarchiv);
S. 192 (Klosterhof nach Südwesten; Flottwell 1891);
S. 195 (unbekannt, 19. Jh., Kulturhistorisches Museum, Magdeburg);
S. 200 (unbekannt, 19. Jh., KB);
S. 202 (M. Luther: Biblia ..., Wittenberg, Georg Rhuwen, 1561, KB);
S. 205 (S. Sacc: Leichpredigten, Magdeburg, Paul Donant, 1596, KB);
S. 206 (Magdeburger Zenturien, 1. Tl., Basel 1559, KB);
S. 209 (Novus-Atlas, Das ist Weld-beschreibung, 6. Teil, Amsterdam, Joan Blaeu, 1655, KB);
S. 210 (J. Rösel: Der monatlich hg. Insecten-Belustigung, 2. Tl., Nürnberg 1749, KB);
S. 211 (G.A. Böckler: Theatrum mechinarum novum, Schauplatz der Mechanischen Künste von Mühl- und Wasserwercken. Nürnberg 1661, KB);
S. 213 (R. Boyle: Nova Experimenta physico-mechanica ..., Rotterdam 1669, KB);

S. 217 (Jahrbuch des Pädagogiums 1793, KB);
S. 222 (Missale, um 1400, KB);
S. 225 (Friedrich Ehrlich, 1838-1887, Klosterarchiv);
S. 227 (Theophil Forchhammer, Klosterarchiv);
S. 228 (Einladung zur Redeübung im Kloster, 1757, KB);
S. 235 (Klosterarchiv);
S. 236/37 (Klosterarchiv);
S. 238 (Klosterarchiv);
S. 241 (Klosterarchiv);
S. 253 (Klosterarchiv);
S. 264 (Breviarium secundum oerdenem Praemonstratensem., Magdeburg, Mauritius Brandis, 1504, KB)

E. Müller, Halle, S. 266

Fa. Paul Schuster, Magdeburg, Archiv: S. 134-135; S. 239; S. 245; S. 248-249

Stadtarchiv Magdeburg, S. 240

Renate Stahlheber, Stadecken-Elsheim, privat, S. 59 (Acta Sanctorum, Juni I, Antwerpen 1695); S. 61 (Orig. im Bayerischen Nationalmuseum, München)

Westfälisches Landesmuseum für Kunst und Kulturgeschichte, Münster, S. 56; S. 93

AUTOREN

Prof. Ulrich Bremsteller, Hannover
Organist-Titular der Konzerthalle „Georg Philipp Telemann";
Professor an der Hochschule für Musik und Theater, Hannover

Prof. Dr. Kaspar Elm, Berlin
Professor an der Freien Universität Berlin, Fachbereich Geschichtswissenschaften

Olaf Eversmann, cand. phil., Leipzig

Dr. Uwe Förster, Magdeburger Museen, Museumspädagoge

Uwe Gellner, Magdeburger Museen, Wissenschaftlicher Mitarbeiter,
Stellvertretender Leiter des Klosters Unser Lieben Frauen

Dr. Renate Hagedorn, Magdeburger Museen,
Leiterin des Klosters Unser Lieben Frauen

Pater Dr. Ludger Horstkötter, Duisburg-Hamborn
Prämonstratenser-Abtei Duisburg-Hamborn

Dr. Karlheinz Kärgling, Magdeburger Museen,
Leiter des Bereichs Öffentlichkeitsarbeit- Museumspädagogik

Dr. Hans-Joachim Krause, Halle
Haupt-Konservator am Landesamt für Denkmalpflege, Halle

Dr. Wolfgang Mayrhofer, Magdeburg
Wissenschaftlicher Mitarbeiter an der Otto-von-Guericke-Universität Magdeburg,
Fakultät für Erziehungswissenschaften

Gudrun Olbrich, Magdeburger Museen,
Leiterin der Klosterschulbibliothek

Dr. Matthias Puhle, Magdeburger Museen,
Leitender Direktor

Brit Reipsch, Magdeburg
Wissenschaftliche Mitarbeiterin des Zentrums für Telemann-Pflege und Forschung, Magdeburg

Dr. Christof Römer, Braunschweig
Oberkustos am Braunschweigischen Landesmuseum

Heike Simon, München

Renate Stahlheber, Stadecken-Elsheim

Martin Wiehle, Magdeburg
Oberbibliotheksrat a.D., ehemaliger Direktor der Stadt- und Bezirksbibliothek Magdeburg

Dr. Gudrun Wittek, Magdeburg
Historikerin, Otto-von-Guericke-Universität Magdeburg

magdeburger museen

HERAUSGEBER
Magdeburger Museen - Kloster Unser Lieben Frauen
Matthias Puhle, Leitender Museumsdirektor
Renate Hagedorn, Leiterin des Klosters

LEITUNG DER PROJEKTGRUPPE
Renate Hagedorn, Cordula Hansmann

WISSENSCHAFTLICHE MITARBEIT
Ute Bednarz, Tobias von Elsner, Uwe Förster,
Uwe Jens Gellner, Renate Hagedorn,
Cordula Hansmann, Karlheinz Kärgling,
Erika Machholz, Wolfgang Mayrhofer,
Gudrun Olbrich, Martin Wiehle,
Gudrun Wittek

DOKUMENTATION
Erika Fiedler, Brigitta Gottschalk, Ingrid Hamann,
Andrea Heber, Anke Hennings, Regina Kruse,
Martina Pistorius, Studenten der Fakultät
für Erziehungswissenschaft
der Otto-von-Guericke-Universität Magdeburg,

REDAKTION
Ute Bednarz, Uwe Förster,
Uwe Jens Gellner, Almut Martin

FINANZIELLE PROJEKTBETREUUNG
Monika Gozdziela

SEKRETARIAT/SCHRIFTVERKEHR
Margot Einbeck, Lizzi Günther, Sabine Kuhn,
Marlies Melzer, Antje Ohl

PERSONELLE PROJEKTBETREUUNG
Elke Unger

Die Deutsche Bibliothek - CIP-Einheitsaufnahme

Kloster Unser Lieben Frauen <Magdeburg>:
Kloster Unser Lieben Frauen Magdeburg :
Stift, Pädagogium, Museum / Museen der Stadt
Magdeburg, Kloster Unserer Lieben Frauen.
[Hrsg.: Matthias Puhle ; Renate Hagedorn].
- Oschersleben : Ziethen, 1995
ISBN 3-928703-77-3

NE: Puhle, Matthias [Hrsg.]

GESAMTHERSTELLUNG

dr. ziethen verlag,
39387 Oschersleben, Friedrichstraße 15a,
Telefon & Telefax 03949 4396
1995

GESTALTUNG
Gerhard Raschpichler, Leipzig

LITHO & DRUCK
Graphisches Centrum Calbe

Für den Umschlag wurde eine Zeichnung aus der
Konzeption zum Ausbau des
Klosters Unser Lieben Frauen als Museum von 1968,
erarbeitet durch das Institut für Denkmalpflege,
Arbeitsstelle Dresden,
verwendet.

ISBN 3-928703-77-3
Gedruckt auf umweltfreundlich chlorfrei
gebleichtem Papier.